Welches Tier gehört zu dir?
Eine poetische Arche Noah
errichtet von Peter Hamm

Deutscher
Taschenbuch
Verlag

Dem Andenken meines Vaters,
Tierarzt Heinrich Hamm

Dezember 1987
Deutscher Taschenbuch Verlag GmbH & Co. KG,
München

ISBN 3-446-13973-7
Umschlaggestaltung: Celestino Piatti
Gesamtherstellung: C. H. Beck'sche Buchdruckerei,
Nördlingen
Printed in Germany · ISBN 3-423-10833-9

Das Buch

»Die Sache der Tiere steht höher für mich als die Sorge, mich lächerlich zu machen, sie ist unlösbar verknüpft mit der Sache der Menschen«, erklärte der große Emile Zola schon Ende des letzten Jahrhunderts. Peter Hamms ›Arche Noah‹, der dieses Zitat voransteht, ist die längst fällige Sammlung von Gedichten und Kurzprosa aus vielen Jahrhunderten und Sprachen, in der das Tier in seiner Fremdheit und seinem Zauber beschworen wird. Seit den Höhlenzeichnungen der Urzeit haben Menschen immer neu versucht, sich von Tieren ein Bild zu machen. Wenig Motive kehren in der Malerei, Bildhauerei, Dichtung, ja sogar in der Musik so häufig wieder wie das Tier-Motiv. Beschäftigt man sich mit Peter Hamms Anthologie, kann man entdecken, wie in der Auseinandersetzung mit dem Tier der anthropozentrische Standpunkt mehr und mehr ins Wanken geraten ist, zumal im Laufe der letzten 150 Jahre. Der Mensch vermag sich nach allem, was er angerichtet hat, immer weniger als Krone der Schöpfung zu fühlen und erkennt zugleich doch im Unglück der Tiere sein eigenes Unglück.

Der Herausgeber

Peter Hamm, geboren am 27. Februar 1937 in München als Sohn eines Tierarztes, lebt dort als Redakteur, Literatur- und Musikkritiker. Im Carl Hanser Verlag erschienen seine Gedichtbände ›Der Balken‹ (1981) und ›Die verschwindende Welt‹ (1985).

»Die Sache der Tiere stehet höher für mich als die Sorge, mich lächerlich zu machen, sie ist unlösbar verknüpft mit der Sache der Menschen, und zwar in einem Maße, daß jede Verbesserung in unserer Beziehung zur Tierwelt unfehlbar einen Fortschritt auf dem Wege zum menschlichen Glück bedeuten muß! Wenn alle Menschen eines Tages auf der Erde glücklich sein sollten, so können sie davon überzeugt sein, daß alle Tiere mit ihnen glücklich sein werden.«

Emile Zola

Friedrich Hebbel

Auf das Tier

Du bist der arme Kaliban der Welt,
Du hast dem Menschen jede Frucht gezeigt,
Die auf der Erde Saft und Mark enthält,
Und dich ihm stumm, als deinem Gott, geneigt,
Dir dankt ers selbst, daß er die Quellc kennt,
Worin er sich den Leib verjüngen kann,
Doch seit ihm deine heilge Leuchte brennt,
Verhängt er über dich den Todesbann,
Und das Geschöpf, das gleich verloren war,
Wenn du es nicht geleitet durch die Nacht,
Bringt dir den Dank durch alle Martern dar,
Wozu der Trieb in seiner Brust erwacht.

William Blake

Weissagungen der Unschuld

Ein Rotkehlchen, gesperrt in einen Vogelbauer,
Erregt des Himmels Zorn und Trauer.

Ein Hund, verhungert vor des Herren Haus,
Sagt den Verfall des Staates voraus.

Ein Pferd, mißhandelt durch Menschenwut,
Schreit zum Himmel nach Menschenblut.

Die Lerche, an der Schwinge verwundet,
Bringt einen Cherub zum Verstummen.

Auf grünem Blatt der Raupe Zahn
Gemahnt dich an deiner Mutter Gram.

Die Fledermaus, wenn der Abend graut,
Hat ein Hirn verlassen, das Gott mißtraut.

Die Eule, ruft sie die Nacht herbei,
Schreit der Ungläubigen Schreckensschrei.

Walt Whitman

Ich meine, ich könnte mich den Tieren zugesellen

Ich meine, ich könnte mich den Tieren zugesellen und mit ihnen leben, sie sind so ruhig und selbständig,
Ich stehe und betrachte sie lange, lange.

Sie schwitzen und wimmern nicht über ihre traurige Lage,
Sie liegen nicht im Dunkeln wach und weinen über ihre Sünden,
Sie erregen in mir keinen Ekel, denn sie debattieren nicht über ihre Pflichten gegen Gott,
Kein einziges ist unzufrieden, kein einziges ist verrückt von der Manie, Sachen zu besitzen,
Kein einziges kniet vor einem andern oder vor seinesgleichen, der vor Tausenden von Jahren lebte,
Kein einziges ist »respektabel« oder unglückselig auf der ganzen Erde.

So zeigen sie ihre Beziehungen zu mir, und ich erkenne sie an,
Sie bringen mir Zeichen von mir selbst und beweisen deutlich ihren Anteil daran.
Ich wundere mich selbst, woher sie diese Zeichen haben können?
Bin ich selber dort vor riesigen Zeiträumen vorbeigegangen und habe sie auch lässig hinfallen lassen?

Ich selber, vorrückend, damals und jetzt und ewig?
Immer mehr sammelnd und offenbarend, mit Schnelligkeit,
Unendlich und von allerlei Gattung, gleich wie diese unter ihnen,
Nicht zu vornehm gegen diejenigen, die mir meine Erinnerungszeichen geben,
Hier suche ich mir einen aus, den ich liebe, und nun gehe ich brüderlich mit ihm.

Ein Prachtstück von einem Hengst, lebhaft und empfänglich für meine Liebkosungen,
Sein Kopf ist hoch in der Stirn, breit zwischen den Ohren,
Die Glieder glänzend und geschmeidig, der Schweif streift den Boden,
Die Augen voll funkelnder Bosheit, die Ohren fein geschnitten, geschmeidig in der Bewegung.

Seine Nüstern blähen sich, wenn meine Fersen ihn umschließen,
Seine wohlgebauten Glieder beben vor Lust, wenn wir im Kreise herumtoben.

Ich benutze dich nur eine Minute, mein Hengst, dann gebe ich dich frei,
Wozu brauche ich deine Sprünge, da ich dich selbst im Galopp überholen kann?
Selbst wenn ich sitze oder stehe, komme ich doch schneller weiter als du!

Ochsen, die ihr mit dem Joch und der Kette rasselt oder unter schattigem Blätterdach haltet, was ist es, das ihr in euren Augen ausdrückt?
Es scheint mir weit mehr als alles Gedruckte, das ich in meinem Leben gelesen.
Mein Schritt verscheucht Waldenterich und Ente auf meinen entlegenen, tagelangen Streifzügen.
Sie fliegen zusammen auf, langsam kreisend.
Ich glaube an diese beflügelten Zweckmäßigkeiten,
Und bekenne Rot, Weiß, Gelb, spielend in mir,
Und halte Grün und das Veilchen blau und die Federbuschkrone für absichtlich,
Und nenne die Schildkröte nicht wertlos, weil sie nicht etwas anderes ist;
Die Elster im Walde hat die Tonleiter nicht studiert und trillert doch gut genug für mich,
Und der Anblick der kastanienbraunen Stute treibt beschämend alle Albernheiten aus mir.
Der wilde Gänserich lenkt seinen Flug durch die kühle Nacht,
Ja-honk! ruft er, und es klingt wie eine Einladung,
Die Vorwitzigen mögen es für bedeutungslos halten, ich aber finde aufhorchend,
Daß es seinen Zweck und Platz hat dort oben im winterlichen Himmel.

Francis Jammes

Von der Barmherzigkeit gegen die Tiere

Tief im Blicke der Tiere leuchtet ein Licht sanfter Traurigkeit, das mich mit solcher Liebe erfüllt, daß mein Herz sich als ein Hospiz auftut allem Leiden der Kreatur.

Das elende Pferd, das im Nachtregen mit bis zur Erde herabgesunkenem Kopfe vor einem Kaffeehause schläft, der Todeskampf der von einem Wagen zerfleischten Katze, der verwundete Sperling, der in einem Mauerloche Zuflucht sucht – all diese Leidenden haben für immer in meinem Herzen ihre Stätte. Verböte das nicht die Achtung für den Menschen, ich kniete nieder vor solcher Geduld in all den Qualen, denn eine Erscheinung zeigt mir, daß ein Glorienschein über dem Haupte einer jeden dieser Leidenskreaturen schwebt, ein wirklicher Glorienschein, groß wie das All, den Gott über sie ausgegossen hat.

Gestern sah ich auf dem Jahrmarkte zu, wie die hölzernen Tiere im Karussell sich drehten. Unter ihnen gab es auch einen Esel. Als ich ihn erblickte, habe ich weinen müssen, weil er mich an seine lebendigen Brüder, die gemartert werden, erinnerte. Und ich mußte beten: »Kleiner Esel, du bist mein Bruder! Sie nennen dich dumm, weil du nicht imstande bist, Böses zu tun. Du gehst mit so kleinen Schritten, und du siehst aus, als ob du im Gehen dächtest: »Schaut mich doch an, ich kann ja nicht schneller gehen . . . Meine Dienste brauchen die Armen, weil sie mir nicht viel zu essen geben müssen.« Mit dem Dornstocke wirst du geschlagen, kleiner Esel! Du beeilst dich ein bißchen, aber nicht viel, du kannst ja nicht schneller . . . Und manchmal stürzest du hin. Dann schlagen sie auf dich los und zerren so fest an dem Leitseile, daß deine Lefzen sich aufheben und deine armseligen gelben Zähne zeigen.«

Auf demselben Jahrmarkte hörte ich einen schreienden Dudelsack. Mein Freund fragte mich: »Erinnert er dich nicht an afrikanische Musik?« »Ja,« antwortete ich ihm, »in Tuggurt näseln die Dudelsäcke so. Das muß ein Araber sein, der hier bläst.« »Gehen wir doch hinein in die Bude,« sagte mein Freund, »es sind Dromedare zu sehen.«

Zusammengepreßt wie Sardinen in der Schachtel drehten sich hier ein Dutzend kleiner Kamele in einer Art Grube. Sie, die ich wie Wellen dahinziehen gesehen habe inmitten der Sahara, da es um sie nichts anderes gab als Gott und den Tod, mußte ich nun hier finden, o Elend meines Herzens! Sie drehten sich, drehten sich immerzu in dem würgenden Raume, und der Jammer, der von ihnen ausging, war wie ein Erbrechen über die Menschen. Sie gingen, gingen immerzu, stolz wie arme Schwäne und in einer Glorie der Verzweiflung, mit grotesken Negerlappen bedeckt, verhöhnt von den Weibern, die hier tanzten, und hoben ihren armen Wurmhals empor, Gott und den wunderbaren Blättern einer Oase des Wahnsinns entgegen.

O Erniedrigung der Geschöpfe Gottes! In der Nähe der Kamele gab es Kaninchen in Käfigen, daneben, als Lotteriegewinste zur Schau gestellt, schwammen Goldfische in Glasballons mit so engem Halse, daß mein Freund mich fragte: »Wie hat man sie nur da hineinbringen können?« »Indem man sie ein bißchen zusammengedrückt hat,« antwortete ich ihm. Anderswo wieder wurden lebende Hühner, gleichfalls Lotteriegewinste, vom Kreisen einer Drehscheibe mitgeschleppt. In ihrer Mitte lag, von grauenhafter Angst gepackt, ein kleines Milchschweinchen auf dem Bauche. Schwindel befiel die Hühner und Hähne, sie schrien und hackten in ihrem Wahnsinn aufeinander los. Nun machte mich mein Begleiter darauf aufmerksam, daß tote und gerupfte Hühner inmitten ihrer lebendigen Schwestern aufgehängt waren.

Mein Herz wallt heiß auf in diesen Erinnerungen und unendliches Mitleid ergreift mich.

O Dichter, nimm die gequälten Tiere in dein Herz auf, laß sie darin wieder erwarmen und leben in ewigem Glücke! Geh hin und künde das schlichte Wort, das die Unwissenden die Güte lehrt!

Gertrud Kolmar

Das Tier

Komm her. Und siehe meinen Tod, und siehe dieses ewige Ach,
Die letzte Welle, die verläuft, durchzitternd meinen Flaus,
Und wisse, daß mein Fuß bekrallt und daß er flüchtig war und schwach,
Und frag nicht, ob ich Hase sei, das Eichhorn, eine Maus.

Denn dies ist gleich. Wohl bin ich dir nur immer böse oder gut;
Der Willkürherrscher heißest du, der das Gesetz erdenkt,
Der das nach seinen Gliedern mißt wie seinen Mantel, seinen Hut
Und in den Mauern seiner Stadt den Fremdling drückt und kränkt.

Die Menschen, die du einst zerfetzt: an ihren Gräbern liegst du stumm;
Sie wurden leidend Heilige, die goldnes Mal verschloß.
Du trägst der toten Mutter Haut und hängst sie deinem Kinde um,
Schenkst Spielwerk, das der blutgen Stirn Gemarterter entsproß.

Denn lebend sind wir Vieh und Wild; wir fallen: Beute, Fleisch und Fraß –
Kein Meerestau, kein Erdenkorn, das rückhaltlos ihr gönnt.
Mit Höll und Himmel schlaft ihr ein; wenn wir verrecken, sind wir Aas,
Ihr aber klagt den Gram, daß ihr uns nicht mehr morden könnt.

Einst gab ich meine Bilder her, zu denen du gebetet hast,
Bis du den Menschengott erkannt, der nicht mehr Tiergott blieb,
Und meinen Nachwuchs ausgemerzt und meinen Quell in Stein gefaßt
Und eines Höchsten Satz genannt, was deine Gierde schrieb.

Du hast die Hoffnung und den Stolz, das Jenseits, hast noch Lohn zum Leid,
Der, unantastbar dazusein, in deine Seele flieht;
Ich aber dulde tausendfach, im Federhemd, im Schuppenkleid,
Und bin der Teppich, wenn du weinst, darauf dein Jammer kniet.

Nelly Sachs

O ihr Tiere!

Euer Schicksal dreht sich wie der Sekundenzeiger
mit kleinen Schritten
in der Menschheit unerlösten Stunde.

Und nur der Hahnenschrei,
mondaufgezogen,
weiß vielleicht
eure uralte Zeit!

Wie mit Steinen zugedeckt ist uns
eure reißende Sehnsucht
und wissen nicht was brüllt
im abschiedrauchenden Stall,
wenn das Kalb von der Mutter
gerissen wird.

Was schweigt im Element des Leidens
der Fisch zappelnd zwischen Wasser und Land?

Wieviel kriechender und geflügelter Staub
an unseren Schuhsohlen,
die stehn wie offene Gräber am Abend?

O der kriegszerrissene Leib des Pferdes
an dem fraglos die Fliegen stechen
und die Ackerblume durch die leere Augenhöhle wächst!

Nicht der sterndeutende Bileam
wußte von eurem Geheimnis,
als seine Eselin
den Engel im Auge behielt!

Jaroslaw Iwaszkiewicz

Der alte Dichter

Der Dichter sagt:
Frau! Siehst du die zwei Fliegen
dort auf dem Fensterbrett
mit Fliegengift getötet
Im Weltall gelten sie so viel

wie unsre lieben toten Hunde
hier unterm Stein

Erinnerst du dich noch an Schnüffels Ausdruck
wenn man ihm etwas sagte
und er es nicht verstand
die Stirne runzelte sich mühte
und nicht verstand
Weil er ein Tier war

Auch wir verstehen nicht

Schau zu uns sprechen Wolken
das Morgenrot die Sterne
der Wind
und wir verstehen nicht

Schau zu uns sprechen Weiten
von Himmelblau
und Bäume die in Saft stehn
Es sprechen Blumen
wachsen
und sprechen
und wir verstehen nicht

Und so wird es schon bleiben

Auch wir werden im Weltall
wie die zwei toten Fliegen
wie die zwei toten Hunde
wie zweimal Nichts sein
Und haben auch geliebt
und wollten auch verstehen

Jules Supervielle

Die Stadt der Tiere

Die Tür geht auf: eine Hinde
– Fern von hier geschieht das – steht da!
Kommt jenem Land nicht zu nah.
Vermeidet den Grund. Er gibt nach.

Die Stadt der Tiere ist's, die
Menschen nur selten betraten.
Schweinsborsten, Tigerkrallen
Leuchten im Schatten, beraten.

Hier einzudringen: wagt's nie!
Habt mehr als ein Tier in euch leben!
Fisch, Leguan, Sperber: sie
Würden das Haupt in euch heben.

Ihr wäret – verließet das Land
Ihr – getigert und trüget Flossen,
Hättet Rüssel vom Elefant
Der nun zu saufen wünschte.

Geraubt wär' die Seele euch hier;
Und die Süße des Leibes verdarb.
Ein Leben lang müßtet in euch ihr
Einen Menschen beweinen, der starb.

Miroslav Válek

Ode auf den Gott der Tiere

Tiere,
ich schwöre bei euren Zungen,
bei euren Zäumen,
bei euren empfindsamen Mündern:

das All ist leer.

Was tun wir?
Wen ermorden wir?
Wo verstecken wir die Knochen?

In uns,
Tiere,
in uns verstecken wir
auch all das Übrige
um ein Tier schwerer,
um einen Menschen leichter.

Wie nach der Hinrichtung
liegen auf Haufen
blutige Lodenmäntel von Bäumen.

Wälder sind fortgegangen,
nackt bis auf die Haut.
Und für immer Einsamkeit,
und in Ewigkeit

lila Tätowierung des Regens.
Erbarmen, Tiere,
ich erinnere euch
an die Unsterblichkeit der Käfer.
Erhabene Kröte,
verlasse uns nicht,
betet die Schnecke,
bitte für uns,
Pfleger des Kirchensilbers.

Wo ist Gott?
Der Transistorengott,
der Röhrengott?
Laßt ihn hervortreten,
unsre Sünden werden ihm vergeben.

Dachse, Geier, Füchsinnen,
bekennt euch:
irgendeinen Gott muß es geben,
einen taubstummen,
blinden,
verantwortlichen Gott.

Regenbogenfarbene Fliegen,
euren Gott,
den unsichtbaren,
ziehen wir an acht Fliegenbeinen
aus den Götterhimmeln.

Hör uns an, gnädiges Insekt,
winke mit Engelsflügeln,
antworten Sie, Alpenveilchenlaus:

sind Sie Gott?

Wir verhaften Sie,
zum ewigen Ruhm
der Tiere.

Jiří Kolář

Huldigung allen Fliegen Spinnen Fischen Mäusen und Hunden

Warte auf Regen
dann kaufe
  einen Fliegenfänger
  einen Besen
  eine Angel
  eine Mausefalle
  und ein Halsband

Auf dem Heimweg rede kein unnötiges Wort

Zu Hause zünde drei Kerzen an
alle verschieden groß
lege davor einen Gedichtband
ein Buch über den Kosmos
und ein Buch mit philosophischen Abhandlungen
Dann zertrete den Fliegenfänger
  zerbreche den Besen

zerreiße die Angel
zerschlage die Falle
zerschneide das Halsband
und verbrenne alles
oder wirf es in die Mülltonne

Homer

Wiedersehen mit Argos

(Als Odysseus zwanzig Jahre nach der Zerstörung Trojas in seine Heimat Ithaka zurückkehrt, erkennt ihn dort niemand wieder außer sein inzwischen altersschwach gewordener Hund Argos.)

Und ein Hund lag da, der hob den Kopf und die Ohren,
Argos, des leiderprobten Odysseus Hund, den er selbst einst
Aufzog, ohne sich seiner zu freuen, er ging ja zuvor schon
Fort zum heiligen Ilion; früher, da führten die jungen
Männer ihn aus auf wilde Ziegen und Rehe und Hasen.
Nun aber, da sein Herr weit weg war, lag er verwahrlost
Auf einer Menge von Mist, der von Maultieren und auch von Rindern
Da gehäuft vor den Toren lag, bis daß des Odysseus
Knechte ihn holten, den großen Bezirk des Königs zu düngen.
Dort lag Argos, der Hund, der von Hundeläusen bedeckt war.
Als der wahrnahm, daß es Odysseus war, der ihm nahte,
Wedelte er mit dem Schwanz und senkte die Ohren, die beiden.

Doch er vermochte nicht mehr, zu seinem Herren zu kommen.
Der aber blickte zur Seite und wischte sich ab eine Träne,
Sie vor Eumaios verbergend, und fragte ihn dann mit den Worten:
»Merkwürdig ist's, Eumaios, daß dieser Hund auf dem Mist liegt.
Schön ist er zwar von Gestalt, jedoch ich bin mir nicht sicher,
Ob er auch schnell im Laufe war bei solch einem Aussehn;
Oder war er nur so, wie die Hunde am Tische der Männer
Werden, welche die Herren des Prunkes wegen sich halten.«
Da erwidertest du und sagtest, Sauhirt Eumaios:
»Freilich, dies ist der Hund des Mannes, der in der Ferne
Starb; und wär er noch ebenso an Gestalt und an Werken,
Wie ihn Odysseus hier, nach Troja ziehend, zurückließ,
Würdest du staunen, wenn du die Schnelligkeit sähst und die Stärke.
Welches Wild er auch jagte in dichtbewaldeten Tälern,
Nie entging ihm eines; er war ihm stets auf der Fährte.
Aber nun liegt er im Elend hier, denn fern von der Heimat
Starb sein Herr, und die lässigen Weiber versäumen die Pflege.
Denn die Knechte, sobald ihnen nicht die Herren befehlen,
Wollen sogleich nicht mehr die gebührende Arbeit verrichten.
Nimmt doch der weitum blickende Zeus die Hälfte des Wertes
Jedem Mann, sobald ihn ergreift die Stunde der Knechtschaft.«
Sprach's und ging in die Häuser, die wohlbewohnten, hinein dann
Und schritt gleich in den Saal in die Mitte der trotzigen Freier.
Aber den Argos ergriff das Geschick des finsteren Todes
Gleich, nachdem er Odysseus sah im zwanzigsten Jahre.

Martial

Das Lieblingshündchen

Noch ein ärgerer Schelm als Lesbias Spätzchen,
noch viel reiner als Küsse einer Taube,
schlimmre Schmeichlerin noch als alle Mädchen
und weit köstlicher selbst als Indiens Perlen,
das ist Publius' Lieblingshündin Issa!
Wenn sie winselt, so ists, als ob sie rede,
Trauer fühlt mit dem Herrchen sie wie Freude.
Träumend liegt sie im Schlaf an seinem Nacken,
ruhig, daß man ihr Atmen kaum kann hören.

Muß sie aber verrichten ihre Notdurft,
fällt auf Teppich und Decke nie ein Tröpfchen,
nein, sie macht mit dem Pfötchen bitte, bitte,
daß man sie von dem Sofa trag ins Freie!
Und wie züchtig und schämig ist das Hündchen!
Hundeliebe? O nein! Wir fanden noch kein Männchen,
würdig der Zartheit dieses Weibchens!
Daß der Tod aber Issa ganz nicht raube,
ließ vom Künstler ihr Herr sie porträtieren,
und nun siehst du ihr Bild von solcher Treue,
daß sie selber so ähnlich sich nicht sehn kann!
Stellst du Issa mit ihrem Bild zusammen,
ja, dann glaubst du entweder: beide leben,
oder aber du siehst in beiden Bilder!

August Moritz von Thümmel

Auf einen Mops

Dies große Warnungsbild, das ich mit ihm verloren,
So weit ich blicken kann, ersetzt ein anders nicht.
Belehrender ward nie ein Sonderling geboren,
Und keiner trug bei kürzern Ohren
Ein philosophischer Gesicht.

Zwar sah ich manche Stirn von Königsberg bis Leiden
Mit diesem mystischen gelehrten Überzug:
Doch sah ich keine je, die Runzeln so bescheiden
Von allen Weisen zu beneiden,
Als meines Hundes Stirne, trug.

Er warf den hohen Ernst der kritischen Gebärde
Nie auf ein Mitgeschöpf – nie außer sich herum.
Der Schnarcher suchte nie, so weit ihn Gottes Erde
Auch trug, daß er bewundert werde,
Ein größer Auditorium.

Nur still erbaut' er mich. Von seinem gelben Felle
Blickt' ich gestärkter auf in die beblümte Flur:

Mein krankes Auge stieg von seiner Lagerstelle
Gemach vom Dunkeln in das Helle,
Bis zu dem Lichtquell der Natur.

Wenn er sich schüttelte, las ich in seinen Blicken
Den herrlichen Beweis vortrefflich kommentiert,
Den einst vom Übergang des Schmerzes zum Entzücken
Aus gleicher Notdurft sich zu jücken,
Der weise Sokrates geführt.

Kein unbequemer Freund, kein Trunkenbold, kein Fresser
In richtiger Mensur nicht stolz, nicht zu gemein,
Schlief er sein Leben durch, und wahrlich desto besser!
Er schläferte, wie ein Professor,
Auch seinen klügern Nachbar ein.

Wie hast, du guter Mops, nicht meiner Stirne Falten,
Sah ich dem Grillenspiel der deinen zu, gegleicht!
Gewarnter nun durch dich, frühzeitig zu veralten,
Sei immer dir mein Dank erhalten!
Auch dir sei Gottes Erde leicht! –

Leopold Friedrich Günther von Göckingk

Klagelied eines Schiffbrüchigen auf einer wüsten Insel über den Tod seines Hundes

Jammer! Meinen Freund hab' ich verloren,
Meinen einzigen auf dieser Welt!
Ach, da liegt er mit gesenkten Ohren,
Der mir oft noch Mut ins Herz gebellt
Und mir Trost hat zugewedelt! –
Ach, da liegt mein Letztes in der Welt!

Damals, als auf einer kleinen Trümmer
Mich die Flut an diese Küste trieb,
Sprang er aus dem Wracke, schwamm mir immer
Hinten nach und sah nur, wo ich blieb;

Leckte mich am Ufer trocken!
Welcher Mensch hat seinen Freund so lieb?

Hüt' und Schuhe, die am Ufer schwammen,
Holt' er unermüdet aus der See,
Trug zum Feuer Reiser Holz zusammen,
Fing mir alle Tag' ein junges Reh;
Vögel, die ihn noch nicht kannten,
Hascht' er listig in dem hohen Klee.

Und dann lagen wir bei unserm Feuer,
Aßen miteinander; süßer Ruh,
Caro, guter Caro! mein Getreuer!
Pflegten wir zusammen, ich und du.
Aber welcher Kokuswipfel
Säuselt nun mir wieder Schlummer zu?

Wachen werd' ich, mich zu Tode wachen,
Und das will ich, bester Caro, gern,
Wenn nicht früher eines Tigers Rachen
Schon erwürget deinen alten Herrn;
Oh! Er sollt' ihn nicht erwürgen,
Wärest du, mein Tapfrer, nur nicht fern.

Aber trennen sollen wir uns, trennen?
Niemals wieder in der bessern Welt
Als zwei Wesen bessrer Art uns kennen?
War dein Geist nur Stoff, der auch zerfällt?
Nein! auch er bleibt unverloren,
Wenn die Treue dort erst Lohn erhält.

Johann Nikolas Götz

Grabschrift des Mimy, eines kleinen Windspieles

Wandrer, der du dies Grabmal ansiehst,
sage:
Ist die Liebe was ewigs, warum gibt es
Keine Liebenden denn, die ewig lieben?

Mimy, dessen Geschichtchen ich erzähle,
War ein feuriger Brand getreuer Liebe.
Jetzo, seltsames Ding! ist er noch kälter,
Als die Zapfen des Eises an dem Hebrus.
Denn nun ist er gestorben. Wohl bekomm's ihm!
Götter, möchtet ihr ihn am Himmel jenem
Treuen Prócyon[1] ewig zugesellen!
Welche Ströme von Zähren hat nicht Iris
Seit dem Tage des Tods um ihn vergossen?
Manchen Ritter, der, wie ein Hekla flammend,
In dem Tode wie Heklas kaltes Eis wird,
Hätt' ihr Auge nicht halb so sehr betränet.
Sel'ger Mimy, du warst vom Riesenstamme,
Doch gelobtest du, stets ein Zwerg zu bleiben.
Und dein Hauptgrund war der: Ein großes Windspiel
Nützet Jägern; jedoch den Damen wenig.
Nur das kleineste kann sich beim Kamine,
Und in jeglicher Eck ein Nestchen bauen.
Dies betrachtet, verlangt' er von Jupinen,
Nicht zu wachsen. Jupin hat ihn erhöret.
Feiner Zwieback, Makronen, Zuckerplätzchen
Wurden niemals bei ihm zu fester Nahrung;
Sie verwandelten sich in heiße Liebe.
Der Verwegene glitt zuweilen unter
Der Gebieterin Reifrock, warm zu sitzen.
Ohn' Bedenken erlitt sie's, weil er artig,
Weil er klein war. – Beglückte Kleinheit! sprach er;
Wär' ich größer, so groß als meine Väter:
Dürft ich unter dem dämmernden Gewölbe
Dieses Tempels nicht frei spazieren gehen. –
Doch am Ende betrübt, daß er so klein war,
Starb er, sagt man, vor Lieb' und vor Verzweiflung.

1 Des Ikarius Hund, der sich über seines Herrn Tod zu Tode grämte, und deswegen unter die Sterne versetzt ward.

Johann Wilhelm Ludwig Gleim

Mops Epitaphium

Mops war weit glücklicher als Herr und Frau und Mägde;
Dieweil er seine Haut auf zarte Kissen legte
  Und ohne Sorgen schlief; das Essen stund bereit,
  Er fütterte den Bauch mit aller Zärtlichkeit.

Er fraß nicht trocken Brot, das mochte er kaum lecken;
Sein bestes Element, das Fleisch ließ er sich schmecken.
  Er schluckt es sans façon in seinen Magen nein.
  Wie muß dir jetzo Mops im Tod zu Mute sein?

Du kannst nicht wie vorhin von Kälberbraten essen,
Nun wird der dürre Tod die Höflichkeit vergessen
  Indessen, da du schläfst in deiner kühlen Gruft,
  So warte bis man dich zum Essen wieder ruft.

Erlaube, daß ich dir auf deinem Grabstein schreibe,
Hier liegt ein alter Mops so schwarz und fett vom Leibe,
  Der sich nicht modisch trug, dem schmeicheln keine Kunst
  Und gern was gutes fraß, schläft ewig nun und dunst.

Matthias Claudius

Als der Hund tot war

Alard ist hin, und meine Augen fließen
  Mit Tränen der Melancholie!
Da liegt er tot zu meinen Füßen!
  Das gute Vieh!

Er tat so freundlich, klebt' an mich wie Kletten,
  Noch als er starb an seiner Gicht.
Ich wollt' ihn gern vom Tode retten,
  Ich konnte nicht.

Am Eichbaum ist er oft mit mir gesessen,
In stiller Nacht mit mir allein;
Alard, ich will dich nicht vergessen,
Und scharr dich ein.

Wo du mit mir oft saßst, bei unsrer Eiche,
Der Freundin meiner Schwärmerei. –
Mond, scheine sanft auf seine Leiche!
Er war mir treu.

Lord Byron

Inschrift auf dem Denkmal eines Neufundländer-Hundes[1]

Kehrt zu der Erd ein stolzer Menschensohn,
Ruhmlos, doch von Geburt aus mächtig schon,
Erschöpft des Bildners Kunst des Schmerzes Pracht,
Bis, wer hier ruht, ein stolzes Mal besagt;

1 Inschrift auf dem Denkmal eines Neufundländer-Hundes: Das Denkmal für Byrons Lieblingshund wurde im Park von Newstead Abbey errichtet. Dem Gedicht ist folgende Prosainschrift vorangestellt: »In der Nähe dieser Stätte ruhen die Überreste eines, der Schönheit besaß ohne Eitelkeit, Stärke ohne Frechheit, Mut ohne Grausamkeit und alle Tugenden des Menschen ohne dessen Laster. Dieses Lob, das sinnlose Schmeichelei wäre, wenn es über menschlicher Asche eingegraben wäre, ist nur ein gerechter Tribut für das Andenken an BOATSWAIN, einen Hund, der geboren wurde in Neufundland im Mai 1803 und starb zu Newstead Abbey am 18. November 1808.«

Doch was er war, dies steht nicht auf dem Stein –
Nein, das nur, was er hätte sollen sein.
Der arme Hund jedoch, ein Freund so treu,
Der seinem Herrn doch steht so mutig bei,
Ihn stets zuerst bewillkommt und für ihn
Wacht, kämpft, lebt, atmet, duldend alle Mühn,
Stirbt, unbekannt sein Wert und ungeehrt,
Der Himmel seiner Seele selbst verwehrt,
Derweil der Mensch, der eitle Wurm, dort ein
Zu gehn gedenkt ausschließlich und allein.
O schwach Geschöpf der Stunde, Mensch! durch Macht
Verderbt, durch Sklaverei herabgebracht:
Wer recht dich kennt, sagt sich mit Ekel los
Von dir, belebten Staubes feilem Kloß;
Lust deine Liebe, deine Freundschaft Trug,
Dein Lächeln Heucheln, deine Rede Lug,
Feil von Natur, Mensch nur dem Namen nach,
Läßt jedes Tier erröten dich vor Schmach.
Zieht weiter, die ihr diese Urne seht,
Für keinen, den ihr ehret, hier erhöht;
Sie klagt um einen Freund, einst teuer mir –
Nur einen kannt ich: dieser lieget hier.

Newstead Abbey, 30. November 1808

Heinrich Heine

Daß ich dich liebe, o Möpschen,
Das ist dir wohlbekannt.
Wenn ich mit Zucker dich füttre,
So leckst du mir die Hand.

Du willst auch nur ein Hund sein,
Und willst nicht scheinen mehr;
All meine übrigen Freunde
Verstellen sich zu sehr.

Adelbert von Chamisso

Der Bettler und sein Hund

Drei Taler erlegen für meinen Hund!
So schlage das Wetter mich gleich in den Grund!
Was denken die Herrn von der Polizei?
Was soll nun wieder die Schinderei?

Ich bin ein alter, ein kranker Mann,
Der keinen Groschen verdienen kann;
Ich habe nicht Geld, ich habe nicht Brot,
Ich lebe ja nur von Hunger und Not.

Und wann ich erkrankt, und wann ich verarmt,
Wer hat sich da noch meiner erbarmt?
Wer hat, wann ich auf Gottes Welt
Allein mich fand, zu mir sich gesellt?

Wer hat mich geliebt, wann ich mich gehärmt?
Wer, wann ich fror, hat mich gewärmt?
Wer hat mit mir, wann ich hungrig gemurrt,
Getrost gehungert und nicht geknurrt?

Es geht zur Neige mit uns zwein,
Es muß, mein Tier, geschieden sein;
Du bist, wie ich, nun alt und krank,
Ich soll dich ersäufen, das ist der Dank!

Das ist der Dank, das ist der Lohn!
Dir geht's, wie manchem Erdensohn.
Zum Teufel! ich war bei mancher Schlacht,
Den Henker hab ich noch nicht gemacht.

Das ist der Strick, das ist der Stein,
Das ist das Wasser, – es muß ja sein.
Komm her, du Köter, und sieh mich nicht an,
Nur noch ein Fußstoß, so ist es getan.

Wie er in die Schlinge den Hals ihm gesteckt,
Hat wedelnd der Hund die Hand ihm geleckt,

Da zog er die Schlinge sogleich zurück,
Und warf sie schnell um sein eigen Genick.

Und tat einen Fluch, gar schauderhaft,
Und raffte zusammen die letzte Kraft,
Und stürzt' in die Flut sich, die tönend stieg,
In Kreise sich zog und über ihm schwieg.

Wohl sprang der Hund zur Rettung hinzu,
Wohl heult' er die Schiffer aus ihrer Ruh,
Wohl zog er sie winselnd und zerrend her, –
Wie sie ihn fanden, da war er nicht mehr.

Er ward verscharret in stiller Stund,
Es folgt' ihm winselnd nur der Hund,
Der hat, wo den Leib die Erde deckt,
Sich hingestreckt und ist da verreckt.

Friedrich Hebbel

Schau ich in die tiefste Ferne

Schau ich in die tiefste Ferne
  Meiner Kinderzeit hinab,
Steigt mit Vater und mit Mutter
  Auch ein Hund aus seinem Grab.

Fröhlich kommt er hergesprungen,
  Frischen Muts den Staub der Gruft,
Wie so oft den Sand der Straße,
  Von sich schüttelnd in der Luft.

Mit den treuen braunen Augen
  Blickt er wieder auf zu mir,
Und er scheint, wie einst, zu mahnen:
  Geh doch nur, ich folge dir!

Denn in unsrem Hause fehlte
  Es an Dienern ganz und gar,

Doch die Mutter ließ mich laufen,
   Wenn er mir zur Seite war.

Besser gab auch keine Amme
   Je auf ihren Schützling acht,
Und er hatte schärfre Waffen
   Und gebrauchte sie mit Macht.

Seine eignen Kameraden
   Hielt er mit den Zähnen fern,
Und des Nachbars Katze ehrte
   Ihn von selbst als ihren Herrn.

Doch, wenn ich dem alten Brunnen
   Spielend nahte hinterm Haus,
Bellte er mit heller Stimme
   Meine Mutter gleich heraus.

Er erhielt von jedem Bissen
   Seinen Teil, den ich bekam,
Und er war mir so ergeben,
   Daß er selbst die Kirschen nahm.

Wie die beiden Dioskuren
   Brachten wir die Tage hin,
Einer durch den andern glücklich,
   Jede Stunde ein Gewinn.

Macht ich nicht auch halb vom Tode
   Meinen treuen Pollux frei,
Ließ ichs nur, weil ich nicht ahnte,
   Daß ich selbst der Kastor sei.

Aber allzu bald nur trübte
   Uns der heitre Himmel sich,
Denn er hatte einen Fehler,
   Diesen, daß er wuchs, wie ich.

Und an ihm erschien als Sünde,
   Was an mir als Tugend galt,
Da man mich ums Wachsen lobte,
   Aber ihn ums Wachsen schalt.

Immer größer ward der Hunger,
  Immer kleiner ward das Brot,
Und der eine konnte essen,
  Was die Mutter beiden bot.

Als ich eines Morgens fragte,
  Sagte man, er wäre fort
Und entlaufen, wie mein Hase,
  Doch das war ein falsches Wort.

Noch denselben Abend kehrte
  Er zu seinem Freund zurück,
Den zerbißnen Strick am Halse,
  Doch das war ein kurzes Glück.

Denn, obgleich er mit ins Bette
  Durfte, ach, ich bat so sehr,
War er morgens doch verschwunden,
  Und ich sah ihn niemals mehr.

Ward er an die Eisenkette
  Jetzt gelegt von seinem Herrn,
Oder fiel sein Los noch härter,
  Weiß ich nicht, doch blieb er fern!

Blick ich in die tiefste Ferne
  Meiner Kinderzeit hinab,
Steigt mit Vater und mit Mutter
  Auch ein Hund aus seinem Grab.

Friedrich Rückert

Mein Hündchen

Mein Hündchen, das auf Tritt und Schritt
Mir nachwill, und wenn's meinen Tritt,
Den schweren, auf der Trepp' erkennt,
Wie toll gleich aus der Türe rennt:
Ich kann dich doch zum Weggeleit

Nicht brauchen in der Schnee-Eiszeit,
Die mir jed' andern Weg verlegt,
Als der die Markttagsgänger trägt,
Denn dich, im Sommer auch schon schlimm,
Macht grimmig ganz des Winters Grimm,

Daß ich nicht durch den Menschenhauf
Mit dir darf wagen meinen Lauf.
Ich ginge gern, gradaus den Blick,
Ohn' umzuschau'n durch Dünn und Dick:
Doch alle Leute bellst du an,
Daß man hindurch nicht kommen kann,
Ohn' allseits grüßend Alt und Jung,
Zu bitten um Entschuldigung.
Drum bleib du Winterlang zu Haus,
Und schlaf den Grimm am Ofen aus,
Bis mild die Frühlingslüfte wehn,
Und wir im Feld spazieren gehn;
Da ist die Luft von Menschen rein,
Da sind wir unter uns allein,
Da bellst du, was ich leiden kann,
Statt Weib und Mann
Ein aufgescheuchtes Häschen an.

Annette von Droste-Hülshoff

Instinkt

Bin ich allein, verhallt des Tages Rauschen,
Im frischen Wald, im braunen Heideland,
Um mein Gesicht die Gräser nickend bauschen,
Ein Vogel flattert an des Nestes Rand,
Und mir zu Füßen liegt mein treuer Hund,
Gleich Feuerwürmern seine Augen glimmen –
Dann kommen mir Gedanken, ob gesund,
Ob krank, das mag ich selber nicht bestimmen.

Ergründen möcht' ich, ob das Blut, das grüne,
Kein Lebenspuls durch jene Kräuter trägt,

Ob Dionaea[1] um die kühne Biene
Bewußtlos ihre rauhen Netze schlägt,
Was in dem weißen Sterne[2] zuckt und greift,
Wenn er, die Fäden streckend, leise schauert,
Und ob, vom Duft der Menschenhand gestreift,
Gefühllos ganz die Sensitive trauert?

Und wieder muß ich auf den Vogel sehen,
Der dort so zürnend seine Federn sträubt,
Mit kriegerischem Schrei mich aus den Nähen
Der nackten Brut nach allen Kräften treibt.
Was ist Instinkt? – tiefsten Gefühles Herd;
Instinkt trieb auch die Mutter zu dem Kinde,
Als jene Fürstin, von der Glut verzehrt,[3]
Als Heil'ge ward posaunt in alle Winde.

Und du, mein zott'ger Tremm, der schlafestrunken
Noch ob der Herrin wacht und durch das Grün
Läßt blinzelnd streifen seiner Blicke Funken,
Sag' an, was deine klugen Augen glühn?
Ich bin es nicht, die deine Schale füllt,
Nicht gab der Nahrung Trieb dich mir zu eigen,
Und mit der Sklavenpeitsche kann mein Bild
Noch minder dir im dumpfen Hirne steigen.

Wer kann mir sagen, ob des Hundes Seele
Hinaufwärts, oder ob nach unten steigt?
Und müde, müde drück' ich in die Schmehle
Mein Haupt, wo siedend der Gedanke steigt.
Was ist es, das ein hungermattes Tier,
Mit dem gestohlnen Brote für das bleiche
Blutrünst'ge Antlitz in das Waldrevier
Läßt flüchten und verschmachten bei der Leiche?

Das sind Gedanken, die uns könnten töten,
Den Geist betäuben, rauben jedes Glück,
Mit tausendfachem Mord die Hände röten,

1 Dionaea muscipula, auch »die Fliegenfalle« genannt.
2 Sparrmannia.
3 Beim Fest des Fürsten Schwarzenberg während des Wiener Kongresses.

Und leise schaudernd wend' ich meinen Blick.
O schlimme Zeit, die solche Gäste rief
In meines Sinnens hermlos lichte Bläue!
O schlechte Welt, die mich so lang und tief
Ließ grübeln über eines Pudels Treue!

Adalbert Stifter

Briefstelle

»Mein größerer Hund erkrankte vor zwölf Tagen. Anfangs hielten wir es nicht für bedeutend, weil das Tier bisher ausnehmend gesund war; aber nach einigen Tagen wurde die Sache bedenklich, ich kam in große Unruhe und pflegte das Tier, wie man fast einen Menschen pflegt, ich stand nach Mitternacht auf und heizte ihm in meinem Zimmer, das ich ihm eingeräumt hatte, ein. So tat ich auch heute morgens um zwei Uhr. Das Tier ging noch auf mich zu und wedelte. Es hatte, damit es sein Wasser finden könne, ein Nachtlicht im Zimmer. Heute um siebeneinhalb fand ich es tot. Es wurde im Garten der Gebrüder Kaindl begraben. Ich habe aus Kummer mehrere Tage nichts gearbeitet, und es dürften noch drei bis vier Tage in Betrübnis vorübergehen. Man kann das an mir sehr tadeln; aber ich sage: Wenn es Gott der Mühe wert achtet, ein Tier mit so kunstreichen feinen Werkzeugen auszurüsten, wenn er ihm eine ganze Kette von Lebensfreuden und Glückseligkeiten mitgab, so dürften wir es der Mühe wert achten, diesem Dinge einige Aufmerksamkeit zu schenken! Und das gestorbene Tier hatte nur einen einzigen Lebensinhalt, in dem alles andere aufging: Liebe zu mir! Es hat mich während neun Jahren nie gekränkt, nie beleidigt, und in seiner Krankheit hätte es manchem Christenmenschen zum Beispiele dienen können. Nicht einen einzigen Seufzer stieß es über sein Leiden aus. Es war ihm genug, wenn ich im Zimmer war und freundlich zu ihm sprach, und es litt geduldig. Ich habe ihm diesen einzigen Trost, den es hatte, nicht entzogen und blieb stets bei ihm. Nun sei es genug . . .«

Justinus Kerner

Der Arzt an sein Hündchen

Treues Tier! wenn freudig du
Aufspringst und dein Schwänzlein lacht,
Wenn man weckt aus Schlafes Ruh'
Deinen Herrn um Mitternacht,

Und wenn dann du vor der Tür
Bellst und eilest mitzugehn,
Mein' ich, daß du, gutes Tier!
Mehr als ich fühlst Menschenwehn.

Als ein leichter Geist voran
Laufst du deinem schweren Herrn,
Der geht seufzend seine Bahn,
Du doch gehst sie freudig gern.

In dir lebt ein innres Schaun,
Das dem Menschenhirn gebricht,
Möchte oft dich fragen, traun!
Stirbt *der* oder stirbt *der* nicht?

Denn schon kam's, daß meinem Blick
Einer schien noch frisch und rot,
Du doch flohst vor ihm zurück
Und dann folgte bald sein Tod.

Schaust wohl auch, du gutes Tier,
Mir den Tod schon im Gesicht,
Treu doch gehst du nicht von mir,
Lässest den bald Toten nicht.

Durch die Straßen dieser Stadt
Wirst du wohl noch mit mir gehn,
Wenn den Leib die Erde hat,
Du nur wirst den Geist noch sehn.

Charles Baudelaire

Die braven Hunde

Ich habe mich niemals, auch nicht vor den jungen Schriftstellern meiner Zeit, wegen meiner Bewunderung für *Buffon* geschämt; aber heute rufe ich nicht den Geist dieses Beschreibers der erhabenen Natur zu Hilfe. Nein.

Viel lieber wende ich mich an *Sterne*, und ich will ihn bitten: »Steige herab vom Himmel oder erhebe dich zu mir aus den Elysäischen Gefilden, um mir zum Lob der guten Hunde und der armen Hunde einen Gesang einzugeben, der deiner würdig wäre, empfindsamer Spötter, unvergleichlicher Spötter! Kehre zurück rittlings auf dem vielgerühmten Esel, der dich im Andenken der Nachwelt für immer begleitet; und der Esel soll vor allem nicht vergessen, zwischen seinen Lippen vorsichtig seine unsterbliche Makrone zu tragen!«

Weg mit der akademischen Muse! Ich habe mit dieser alten Jungfer nichts im Sinn. Ich rufe die Muse des Alltags, die städtische und lebendige, damit sie mir beisteht, die guten Hunde zu besingen, die armen Hunde und die schmutzigen Hunde, jene, denen alle aus dem Weg gehen, weil sie krätzig und verlaust sind, alle außer dem Armen, dessen Gefährte sie sind, und außer dem Dichter, der sie mit brüderlichem Auge betrachtet.

Pfui über den Zierhund, diesen vierbeinigen Gecken, die dänische Dogge, den King–Charles, den Mops oder den Wachtelhund, der von sich so eingenommen ist, daß er sich lästig zwischen die Beine oder auf den Schoß des Besuchers drängelt, als sei er sicher, willkommen zu sein, ungezogen wie ein Kind, einfältig wie eine Kokotte und manchmal muffig und widerspenstig wie ein Dienstbote! Pfui vor allem über diese vierbeinigen Schlangen, fröstelnd und faul, die man Windspiel nennt und die in ihrer spitzen Nase weder genug Witterung haben, um die Spur eines Freundes aufzunehmen, noch in ihrem platten Schädel genug Verstand besitzen, um Domino zu spielen!

Ins Körbchen mit all diesen lästigen Schmarotzern!

Weg mit ihnen in ihr ausgepolstertes Seidenkörbchen! Ich besinge den schmutzigen Hund, den armen Hund, den heimatlosen Hund, den streunenden Hund, den Gauklerhund, den Hund, dessen Instinkt gleich dem des Armen, des Zigeuners und des Komödianten wunderbar geschärft ist durch die Not, diese gute Mutter, diese wahre Erzieherin zur Klugheit!

Ich besinge die Elendshunde, die einsam in den gewundenen Schluchten der riesigen Städte herumirren, und jene anderen, die zu dem einsam verlassenen Menschen mit verständnisvoll blinzelnden Blicken sagen: »Nimm mich mit, und aus unserem zweifachen Elend werden wir vielleicht eine Art Glück machen!«

»Wohin gehen die Hunde?« fragte dereinst Nestor Roqueplan in einem unsterblichen Feuilleton, das er selbst wohl vergessen hat und an das außer mir vielleicht nur Sainte-Beuve sich heute noch erinnert.

Wohin gehen die Hunde, fragt ihr, gedankenlose Menschen? Sie gehen ihren Geschäften nach.

Geschäftliches Stelldichein, Liebes-Stelldichein. Durch Nebel, durch Schnee, durch Schmutz, in brennender Hitze, im strömenden Regen gehen sie, kommen sie, traben sie, schlüpfen sie unter den Wagen hindurch, gehetzt von den Flöhen, von Leidenschaft, von Bedürfnis oder von Pflichtbewußtsein. Wie wir sind sie zeitig aufgestanden und suchen ihren Lebensunterhalt oder rennen ihren Vergnügen nach.

Manche schlafen in einem verfallenen Haus der Vorstadt und kommen jeden Tag zu bestimmter Stunde an die Tür einer Küche des Palais Royal, um ihre Sportel einzufordern; andere laufen truppweise mehr als fünf Meilen über Land, um sich eine Mahlzeit zu teilen, die ihnen das Mitleid alter Jungfern zubereitet, deren unbesiedeltes Herz sich an die Tiere verschenkt hat, seit die törichten Menschen nichts mehr von ihm wissen wollen.

Andere, von Liebe besessen wie braune Neger, verlassen an bestimmten Tagen ihren Bezirk, um in die Stadt zu eilen und eine Stunde lang eine schöne Hündin zu umschwänzeln, ein wenig vernachlässigt in ihrer Toilette, aber stolz und dankbar.

Und alle sind sehr pünktlich, ohne Kalender, ohne Notizbuch und ohne Brieftasche.

Kennen Sie das geruhsame Belgien, und haben Sie wie ich die vielen kraftvollen Hunde bewundert, die vor den Karren des Fleischers, der Milchfrau oder des Bäckers gespannt sind, und die mit triumphierendem Gebell ihren freudigen Stolz kundtun, mit den Pferden in Wettbewerb zu treten?

Hier sind zwei Hunde, die einem noch etwas gehobenerem Stand angehören! Erlauben Sie mir, Sie in das Zimmer des abwesenden Gauklers zu führen. Ein Bett aus gebeiztem Holz, ohne Vorhänge, die herumliegenden Decken von Wanzen beschmutzt, zwei Strohstühle, ein eiserner Ofen und ein oder zwei zerbrochene Musikinstrumente. Ach, ein kümmerliches Mobiliar! Aber betrachten Sie bitte diese zwei klugen Geschöpfe in ihrer einerseits ärmlichen und doch auch anspruchsvollen Kleidung, geschniegelt wie Troubadoure oder Soldaten, die mit der Aufmerksamkeit von Hexenmeistern das auf dem Ofenfeuer schmorende namenlose Werk beaufsichtigen, aus dessen Mitte sich ein langer Löffel erhebt, wie die Richtfestmaste auf dem Dach, die verkünden, daß die Maurer ihre Arbeit getan haben.

Ist es nicht ganz in Ordnung, daß sich so eifrige Komödianten nicht auf den Weg machen wollen, bevor sie ihren Magen mit einer kräftigen und schmackhaften Suppe gefüllt haben? Und verzeihen Sie diesen armen Teufeln nicht etwas von ihrem Genießertum, die jeden Tag die Gleichgültigkeit des Publikums und die Ungerechtigkeiten eines Direktors über sich ergehen lassen müssen, der den Hauptanteil für sich selbst beansprucht und alleine mehr Suppe schlürft als vier Komödianten?

Wie oft habe ich sie bewundert, lächelnd und wohlwollend, diese vierbeinigen Philosophen, diese geduldigen Sklaven, willfährig und ergeben, die das republikanische Lexikon durchaus als pflichtbewußt lobend erwähnen könnte, wenn die zu sehr mit dem Wohlergehen der Menschen beschäftigte Republik nur auch etwas Zeit hätte, sich um die Ehre der Hunde zu kümmern!

Und wie oft habe ich gedacht, daß es vielleicht irgendwo (wer weiß das schließlich?) als Belohnung für soviel Mut, soviel Geduld und Mühsal, ein besonderes Paradies gibt für die guten Hunde, die armen Hunde, die schmutzigen und verzweifelten Hunde. Swedenborg versichert, daß es ein Paradies für die Türken und eines für die Holländer gibt!

Die Hirten bei Vergil und Theokrit erwarteten als Preis für ihre Wechselgesänge einen guten Käse, eine Flöte vom besten Meister oder eine Ziege mit vollem Euter. Der Dichter, der die armen Hunde besungen hat, erhielt als Geschenk eine schöne Weste von zugleich üppiger wie verblaßter Farbenpracht, die an die Herbstsonne erinnert, an die Schönheit reifer Frauen und an Altweibersommer.

Keiner von jenen, die in der Taverne der Rue Villa Hermosa anwesend waren, wird je vergessen, mit welchem Ungestüm sich der Maler seiner Weste entledigt hat, um sie dem Dichter zu schenken, hatte er doch so gut verstanden, daß es gut und ehrenvoll sei, die armen Hunde zu besingen.

Ähnlich schenkte ein großer italienischer Herrscher der guten alten Zeit dem göttlichen Aretino einen mit Edelsteinen geschmückten Dolch oder einen Galamantel als Gegengabe für ein kostbares Sonett oder ein besonders gutes Spottgedicht.

Und jedesmal, wenn der Dichter die Weste des Malers trägt, muß er an die guten Hunde denken, an die philosophischen Hunde, an Altweibersommer und an die Schönheit reifer Frauen.

Francis Jammes

Mein niedrer Freund...

Mein niedrer Freund, mein treuer Hund, nun littest du den Tod,
Vor dem du oft so wie vor einer bösen Wespe dich versteckt,
Die dich bis untern Tisch, wo du dich bargst, bedroht.
Dein Kopf, in dieser kurzen Trauerstunde, hat sich zu mir aufgereckt.

Alltäglicher Gefährte, Wesen benedeiter Art,
Du, den der Hunger stillt, sobald dein Herr ihn teilt,
Der mit Tobias und mit Raphael hinausgeeilt,
Da sie zusammen sich aufmachten auf die Pilgerfahrt.

Getreuer Knecht: du sollst mir hohes Beispiel sein.
Du, der an mir so wie an seinem Gott ein Heiliger hing.
All deine dunkle Klugheit, die wir nie begriffen, ging
Lebendig nun in einen fröhlich unschuldsvollen Himmel ein.

Soll mir dereinst, mein Gott, die Gnade werden,
Dich anzuschaun von Angesicht zu Angesicht am jüngsten Tag,
Gib, daß ein armer Hund ins Angesicht dem schauen mag,
Der immer schon sein Gott ihm war auf Erden.

Rainer Maria Rilke

Eine Begegnung

Ein beliebiger Weg vor der Stadt. (Einzige Bedingung, daß man niemand begegnet.) Der Hund ist plötzlich da, wie ein Einfall. Er benimmt sich absichtlich hündisch, scheinbar ganz erfüllt von seinen geringen Verrichtungen, aus denen er aber unbemerkt abgezielte, merkwürdig sichere Blicke nach dem Fremden wirft, der seinen Weg fortsetzt. Keiner dieser Blicke geht verloren. Der Hund ist bald vor, bald neben dem Gehenden, immerfort in heimlicher Beobachtung begriffen, die sich steigert. Plötzlich, den Fremden einholend:

Also doch! Also doch!

Er giebt überstürzte Zeichen der Freude von sich, mit denen er schließlich den Weitergehenden aufzuhalten sucht. Dieser macht eine schnelle, freundliche, beruhigende und zugleich abtuende Gebärde und kommt mit einem halben Schritt nach links leicht an dem Hund vorbei.

Der Hund in freudiger Erwartung:

Es steht noch bevor.

Er schluchzt vor Gefühlsüberfülle. Endlich stürzt er sich, das Gesicht hinaufhaltend, nochmals vor den rascher ausschreitenden Mann: Jetzt kommt es, denkt er, und hält sein Gesicht hin, inständig, als Erkennungszeichen. Jetzt kommt es.

Was? sagt der Fremde, einen Augenblick zögernd. Die Spannung in den Augen des Hundes geht in Verlegenheit über, in Zweifel, in Bestürzung. Ja wenn der Mann gar nicht weiß, was kommen soll, wie soll es dann kommen? – Beide müssen es wissen;

nur dann kommt es. Der Gehende tut wieder seinen halben Schritt nach links, ganz mechanisch diesmal; er sieht zerstreut aus. Der Hund hält sich vor ihm und versucht – nun fast ohne besondere Vorsicht anzuwenden – dem Fremden in die Augen zu sehen. Einmal glaubt er ihnen zu begegnen, aber die Blicke haften nicht aneinander.

Ist es möglich, daß diese Kleinigkeit . . . denkt der Hund. Es *ist* keine Kleinigkeit, sagt der Fremde plötzlich, aufmerksam und ungeduldig.

Der Hund erschrickt: Wie (er faßt sich mühsam), wenn ich doch fühle, daß wir . . . Mein Inneres . . . meine . . . Sprich es nicht aus, unterbricht ihn der Fremde fast zornig. Sie stehen einander gegenüber. Diesmal gehen ihre Blicke ineinander, die des Mannes in die des Hundes, wie Messer in ihre Scheiden gehn.

Der Hund giebt zuerst nach; er duckt sich, springt zur Seite und mit einem von rechts seitwärts kommenden, untenbleibenden Aufblick gesteht er:

Ich möchte etwas für dich tun. Alles möchte ich für dich tun. Alles.

Der Mann ist schon wieder beim Gehen. Er tut, als ob er nicht verstanden hätte. Er geht scheinbar achtlos, aber er versucht doch, nach dem Hunde hinzusehen, ab und zu. Er sieht ihn linkisch und eigentümlich ratlos herumlaufen, voraussein, zurückbleiben. Auf einmal ist er ein paar Schritte voraus, dem Nachkommenden zugewendet in einer scharrenden Haltung, aus dem hochgestellten, versammelten Hinterkörper heraus nach vorn gestreckt. Mit großer Selbstüberwindung macht er ein paar leichtsinnige und kindische Spielbewegungen, wie um die Täuschung hervorzurufen, als hielten seine Vorderpfoten Lebendiges. Und dann nimmt er ohne ein Wort den Stein, der diese Rolle zu spielen hatte, ins Maul.

Nun bin ich unschädlich und kann nichts mehr sagen; das liegt in dem Nicken, mit dem er sich zurückwendet. Es ist etwas beinah Vertrauliches in diesem Nicken, eine Art Vereinbarung, die aber, bei Gott, nicht zu ernst genommen werden soll. So obenhin und scherzhaft ist die ganze Sache, und so wird auch das Tragen des Steines aufgefaßt.

Aber jetzt, da der Hund den Stein im Maul hat, kann der Mann es nicht lassen zu reden:

Wir wollen vernünftig sein, sagt er im Weitergehen, ohne sich zu dem Hunde hinabzubeugen.

Es hilft uns ja doch nichts. Was nützt es, wenn wir uns einander zu erkennen geben? Man darf gewisse Erinnerungen gar nicht aufkommen lassen. Mir war ja auch eine Weile so, und ich war nahe daran, dich zu fragen, wer du bist. Du hättest Ich gesagt, denn Namen sind ja nicht zwischen uns. Aber, siehst du, das hätte nicht geholfen. Es hätte uns nur noch mehr verwirrt. Denn ich kann es dir jetzt gestehen, daß ich eine Weile recht fassungslos war. Nun bin ich ruhiger. Wenn ich dich nur überzeugen könnte, wie sehr es für mich dasselbe ist. In meiner Natur liegen womöglich noch mehr Hindernisse für ein Wiedersehen. Du glaubst nicht, wie schwer wirs haben.

Da der Fremde so sprach, hatte der Hund eingesehen, daß es nichts half, die Verstellung oberflächlichen Spielens fortzusetzen. Er war es einerseits froh, aber gleichzeitig schien er, von einer zunehmenden Befürchtung erfüllt, den Redenden unterbrechen zu wollen.

Erst jetzt gelingt ihm das, da der Fremde, erstaunt und erschrocken, das Tier sich gegenüber sieht in einer, wie er zuerst meint, feindseligen Haltung. Freilich im nächsten Augenblicke weiß er, daß der Hund, weit entfernt, Haß oder Feindschaft zu zeigen, gequält und geängstigt ist; in der scheuen Helligkeit seines Blickes und in der schrägen Haltung seines Kopfes ist das deutlich ausgesprochen, und es kommt noch einmal vor in der Art, wie er jetzt den Stein trägt, der unter den krankhaft hochgezogenen Lefzen in seiner ganzen Härte und Schwere daliegt.

Plötzlich begreift der Mann, und er kann das Vorübergehen eines Lächelns nicht mehr verhindern:

Du hast Recht, Lieber, es soll unausgesprochen bleiben zwischen uns, das Wort, das zu so viel Mißverständnissen Anlaß gab.

Und der Hund legt den Stein vorsichtig hin wie etwas Zerbrechliches und seitwärts, um den Fremden nicht länger aufzuhalten.

Der geht auch wirklich und merkt in seiner Versunkenheit erst später, daß der Hund ihn begleitet, unauffällig, anhänglich, ohne eigene Meinung, wie ein Hund seinem Herrn nachgeht. Das schmerzt ihn fast.

Nein, sagt er, nein; nicht so. Nicht nach dieser Erfahrung. Wir würden beide vergessen, was wir heute erlebt haben. Das Tägliche stumpft ab, und deine Natur hat die Neigung, sich unter meine zu ordnen. Dabei wächst schließlich eine Verantwortung an, die ich nicht übernehmen kann. Du würdest gar nicht merken, wie dein ganzes Vertrauen sich auf mich stellt; du würdest mich überschätzen und von mir erwarten, was ich nicht leisten kann. Du würdest mich beobachten und gutheißen, auch was nicht gut ist. Wenn ich dir eine Freude bereiten will: find ich denn auch eine? Und wenn du eines Tages traurig bist und klagst – werd ich dir helfen können? – Und du sollst nicht meinen, daß *ich* es bin, der dich sterben läßt. Nein, nein, nein. Geh, ich bitte dich: geh.

Und der Mann begann beinah zu laufen, und es sah aus, als ob er vor etwas flüchtete. Erst allmählich mäßigte sich sein Schritt und schließlich ging er langsamer als vorher. Er dachte langsam: Was wohl sonst heute gesprochen worden wäre zwischen uns. Und wie man sich zum Schluß die Hand gereicht hätte –.

Eine unbeschreibliche Sehnsucht regt sich in ihm. Er bleibt stehen und wendet sich rückwärts. Aber das Stück Weg biegt gleich hinter ihm in die Dämmerung hinein, die inzwischen eingebrochen ist, und es ist niemand zu sehen.

Hanns von Gumppenberg

Einem bettelnden Hunde

Du Köter, der sich näher schlich
An meinen Tisch, wehmütiglich
Und unverwandt mich anzuschauen,
Halb Furcht und halb Vertrauen:

Dir gelt ich wohl der Gott, das Glück,
Das Himmelsgeschick
Und die Hölle dazu –
Köter, du dummer und armer!
Ich bin kein Teufel und kein Allerbarmer,
Ich bin nicht mehr als du.

Als ein Hund, der harrt in zäher Geduld,
Bis ihm von rätselhafter Huld
Ein Brocken fällt –
Ein Hund, der nicht weiß, wie
Lang er behagt,
Und wann man ihn jagt
Vor die Tür, aus der Welt.

Karl Kraus

Grabschrift für ein Hündchen

(Woodie, gestorben 22. Mai 1913.)

Ein kleiner Hund mit langem Haar, den ich persönlich kannte,
er lachte, wenn man zu ihm sprach, er weinte, weil er stumm war,
sein Blick war Dank der Kreatur, für sich und für die andern.
Da kam ein Wagen ohne Pferd und tötete das Hündchen.
Wer hatte es so eilig, ach, wer hatte es so eilig.
Wie wenig Raum hat der Passant für sich gebraucht im Leben.
Wie eine Schlange konnte er, wenn du ihm pfiffst, erscheinen.
Wer füllt die schmale Stelle aus? Unwürdige sind am Leben,
sie brauchen mehr und dennoch bleibt der Würdige unersetzlich.
Und auch sein Beispiel bessert nicht, sein Opfer nicht die andern,
die immer allzu übrig sind. Der dort ging seines Weges
und starb daran. Die kleine Frau, sie sah sich um und rief ihn,
sie rief und rief und sah ihn nicht, da lag er in der Sonne.
So wenig Stelle nahm er ein. Und so viel Stille bleibet,
wo Leben keine Worte hat.

Karl Kraus

Als Bobby starb

Der große Hund ist tot. O Herz steh still,
das diese Trauerbotschaft fassen will!

Das stolze Aug, der stummen Gottheit Pfand,
das Licht der Liebe ist nun ausgebrannt.

Wie lautlos lebte er vorbei dem Streit.
Würdig und weise schritt er durch die Zeit.

Wir andern leben auf des Glaubens Grab.
Sein Auge dankte, daß es andre gab.

Die Not des Tages lehrt' ihn keine List
und nur im Traum bestand er unsern Zwist.

Oh Freude, wenn ihn seine Herrin rief!
Oh Wirrsal, wenn er ihr zu Füßen schlief.

Doch eh' er schlief, des Hundes Majestät
sich um sich selbst herum im Kreise dreht.

Wenn er die Stelle fand, hier auszuruhn,
so hatt' er es mit manchem Feind zu tun.

Mag wacher Haß die Hundeseele schelten:
im Schlaf nur lebt der Hund in unsern Welten.

Im Wachen wendet Wahn die Menschenseele,
daß sie sich um den eignen Vorteil quäle.

Kein Wort, kein Handschlag waren zu Gebote
dem Glauben je wie diese gute Pfote.

Verlorner Einfalt letztes Lebenszeichen
war dieses greisen Hunds beflißnes Keuchen.

Nie hat der Hund die Ansicht uns verhehlt.
Er zeigt sich eifrig, hat er was verfehlt.

Was er verfehlt hat, tat ihm ehrlich leid.
Wedelnd bewährt sich Ehrenhaftigkeit.

Ein Tanz vor uns war seines Eifers Dank.
Aus Sehnsucht wird die Hundeseele krank.

Das Menschenherz kennt Hunger nur aus Haß.
Verlaß den Hund, und er verläßt den Fraß.

Dem hier ruf' nach ich's in die Ewigkeit:
Er hungerte aus einer Trennung Leid!

Nun aber, da das Schicksal sich verkehrte,
er selber uns die Sehnsucht kennen lehrte.

In Thränenschrift sei's darum aufgeschrieben:
Er ist dahin und wir sind hinterblieben!

Und abschiedsvoller schlägt mir jede Stund',
nun du noch stummer bist, du großer Hund.

(22. Februar 1917)

Oskar Loerke

Des Hundes Nickel Antwort

Mit wacher Nüster und mit weisen Ohren
Hast du entschieden zwischen Recht und Trug.
Betrübten, die dich hegten und verloren,
Gib kund: war dir die Welt nicht Welt genug?

»Gewiß. Darin gestorben wie geboren,
Nahm ich sie traulich an und schelmenklug.
Wie euch, den Nächsten, war ich ihr verschworen,
Ich log ihr nicht, und sie war ohne Lug.

Und ich verschwand ja nur wie einst, ihr Toren,
Im Busch, der über mir zusammenschlug.
Laßt euch den Blick nicht meinethalb umfloren!
Ich belle euch voran im größten Zug.«

Oskar Loerke

Das frische Hundegrab

Was wißt ihr von den Toten?
Weht über meinem Grab die Blitzstandarte:
Ich hebe meinen Kopf im grauen Barte,
Die Schnauze lege ich zurück auf meine Pfoten
Und warte.

Ihr sucht den Kameraden.
Und einer von euch – ach, es will nichts sagen! –
Sah am Großglockner meinen Schatten jagen.

Sehr andres wird euch – ihr seid schon geladen! –
Behagen.

Ihr helft mir nicht, dem Kleinen.
Die wir doch alle aus der Güte stammen,
Ihr kocht mir nichts, ihr schürt mir nicht die Flammen.
Ich halte euch für immer als die Meinen
Beisammen.

Mein Schmerz ist nun vergangen.
Der Schmerz der andern auch verläßt die Toten.
Ihr pflückt wie einst die Pfirsiche, die roten.
Und mir ist, euch auf ewig anzuhangen,
Geboten.

Was eurem Lebensreste
Noch kommen mag an Menschenschuld und Reue,
Und wie ihr hingeht in die Leere aus dem Feste,
Ich weiß es nicht: ich lasse euch das Beste,
Die Treue.

Gertrud Kolmar

Ein Hund

Er läuft durch eine große Stadt.
Er kennt sie nicht, sie kennt ihn nicht,
Sie blickt ihn nicht mit Augen an,
Mit Augen seines Herrn.

Er sucht das Haus mit blauer Tür,
Ein kleinres Haus mit rotem Dach;
Das scheint ihm morgens immer nah
Und ist am Abend fern.

Er lebt von Fremden als ein Dieb,
Gestohlnem Fleisch, erlognem Brot,
Der Abfallstätte eklem Fund,
Von Wassern, zäh und faul.

Und Menschenfüße heißt er »Tritt«,
Und Menschenhände nennt er »Schlag«,
Die hübschen Pinscher grinst er an
Mit bös verzerrtem Maul.

Er kannte einst den Schattenbaum,
Die Hütte drunter, gut und alt,
Und in der Hütte warmes Stroh,
Den vollen irdnen Napf.

Nun schmiert er sich an Kellerwand,
Er friert in schwarzen Höfen fest
Und schleicht durch Bretterlücke ein
Mit tückischem Gestapf.

So irrt er durch die kalte Stadt;
Er liebt sie nicht, sie liebt ihn nicht
Und blickt ihn nicht mit Augen an,
Mit Augen seines Herrn.

Die blaue Tür flog ewig zu,
Das irdne Schüsselchen zerbrach,
Die Schattenwipfel sind verdorrt,
Und nachts glänzt nie ein Stern.

Hermann Broch

Eine Hundehütte

Hier wohnt mein Freund,
Mein lieber Freund;
Er ist nur ein Tier,
Doch was er träumt,
Ist Seele.
Mein Freund wohnt hier,
Träumt vom Revier,
Manchmal von mir,
Daß ich sein treues Herz befehle.

Joachim Ringelnatz

Frau Werner hieß das Tier

Mein Hund, den ich einmal an Oertners gab,
Weil sie ihn überlieb gewonnen hatten,
Den mußten sie heute bestatten,
Betteten ihn in ein Hundegrab.

Eine Terrierhündin, die vierzehn Jahr
Alt wurde und Kriegskameradin mir war,
Ist sanft und rührend entschlafen.
Nun weinen die Oertners, die braven.

Mich tröstet traurig: So ging's, so geht's.
Hat Bug wie Heck seine Wellen. –
In meinem besten Erinnern wird stets
Etwas wedeln und etwas bellen.

(22. Juni 1931)

Ernst Blass

Der Hund

Ich denke an eine Straße zurück,
Die war verzaubert und bunt.
An reizvolle Mädchen, zufälliges Glück,
An diesen und jenen Hund.

Besonders an einen, der zottelig und grau,
Dessen Rasse man Skyeterrier nennt,
Er war in der Großstadt gegründetem Bau
Ein seltsames Element.

Er führte wie in ein Märchen hinein
Und war wie ein springender Quell.
Sein Augenaufschlag war warm und rein,
Und tief sein dunkles Gebell.

Der Tag schwand dahin, und der Abend kam,
Der Hund ging still wie ein Lamm
Im toller werdenden Zauberkram
Des funkelnden Kurfürstendamm.

Kurt Tucholsky

Der kleine Hund an der Ecke

Da stehst du wie ein kleines Gummischweinchen
und gehst auf deinen dicken Batterbeinchen
  recht zittrig um den großen Mann herum.
Mama war Ziehhund. Doch du seist von Rasse,
sagt jener (er ist schlecht bei Kasse) –
  du bist so klein . . . man gab dir so viel Rum . . .
    Und manchmal nimmt er dich an sein Jackett.
    Nachts liegst du ganz bescheiden unterm Bett.

Du kommst, wenns gut geht, zu der feinen Dame,
die so schön riecht; Frau Mimi ist ihr Name.

Sie liebkost dich – besonders süß vor Herrn.
Und du hörst alles, was sich da vollziehn wird,
und wie zum Hahn auf einmal ganz Berlin wird,
denn ganz Berlin hat deine Herrin gern.
Wie sie auch haucht, verlöschend, im Falsett . . .
Du liegst bescheiden unter ihrem Bett.

Und du hörst abends, wenn Madame zur Ruhe geht,
von ihren Herrn, wie es im Leben zugeht –:
wie man dem Regisseur ein Ding gedreht.
Du hörst von düstern Polizeimysterien,
von allem Klatsch aus allen Ministerien,
und wer zu Haniel konferieren geht.
Da staunste, Kleener? Siehste, so fluscht det . . .!
Und du liegst ganz bescheiden unterm Bett.

Merks dir genau! Spitz deine kleinen Ohren!
Sonst geht dir noch der letzte Tip verloren –
hoch auf dem Nachttisch raschelt ein Papier . . .
Der Reichstag und die Presse? Liebes Kleinchen,
guck sie verächtlich an und heb ein Beinchen!
Das wahre Leben hast du nur bei ihr.
Fassaden sind nur Falle und nie wichtig.
Mit einer klugen Frau spricht jeder richtig.
Du hörst im Dunkel leis die beiden Stimmen . . .
Du witterst, daß da Zigaretten glimmen . . .
Da, da lügt keiner. Da ist jeder ganz honett.
Das Ding an sich: du hörst es.
Unterm Bett.

Carl Zuckmayer

An einen braunen Setter, der im Green-Park seine Herrschaft sucht

Könnt' ich dir helfen, sie finden!
Aber ich kenne sie nicht.
Ich seh dich nur schnobern und winden –
Sie werden bestimmt nicht verschwinden!

Mach kein so armes Gesicht.
Bald pfeift es irgendwo,
Und dein Herz wird froh.

Du liebst sie, mein englischer Setter,
Mit heiliger Liebespein.
Dir sind sie lebendige Götter –
So bildet man, sagen die Spötter,
Sich jegliche Liebe nur ein.
Doch einzig die Phantasie
Heiligt Mensch wie Vieh.

Schon ist deine Rute gekniffen,
Dein lockiges Rothaar gesträubt.
Da! Hat es nicht wirklich gepfiffen?
Du stehst, wie vom Wunder ergriffen –
Und rennst, daß der Wegsand stäubt,
Zum Gott mit dem Goldgebiß
Und der scheelen Miß.

Du bringst sie fast um vor Entzücken –
Ich aber schau nicht mehr zu.
Küssen, die andre beglücken,
Wendet man besser den Rücken.
Ach, könnt' ich so treu sein wie du –!
Ich denke beim Brandy an meine
Verstorbenen Hunde, und weine.

Iwan Bunin

Der Hund

O träum nur, träum! Dein goldner Blick erhebt
Zum Fenster sich, vor dem sich Flocken regen,
Zum Dach, an dem ein Streifen Schnee schon klebt,
Zu wehenden Pappeln, die den Himmel fegen.

Du rückst ein wenig näher zu mir her,
Rollst dich zusammen, willst, daß wir uns wähnen

In einer Weite, grenzenlos und leer,
Verlockt von grauem Himmel und Moränen,

Vom Schneebereich, aus dem du einmal kamst,
Mir fremd, von nebelüberdeckten Räumen,
Der Tundra, von der du dein Dasein nahmst.

Ich teil mit dir und teil mit deinen Träumen:
Ich bin ein Mensch, wie Gott bin ich bereit
Zur Trauer aller Welt und aller Zeit.

Fjodor Sollogub

Hoch steht heut der Mond des Herren.
Schwer ist mir,
quälen tut die Stille, zerren
Tut sie schier.

Von den Freundinnen im Kreise
Keine bellt,
Schrecklich still und furchtbar leise
Ist die Welt.

Leer ists in den hellen Gassen,
Tot und leer.
Kein Geräusch, kein Schritt zu fassen –
Garnichts mehr.

Ratlos schnuppern auf dem Boden . . .
Schlimm ist das.
Auf dem Weg ein dünner Brodem –
Aber was?

Und kein Schritt, der fern herein irrt,
Wir mir scheint;
Käm ein Wandrer – wers wohl sein wird, –
Freund? Feind?

Kalter Mond, wie einsam glänzt er, –
  Einsam Los.
Nein, das ist zu schwer – vorm Fenster
  Jaul ich los.

Hoch steht, hoch der Mond des Herren,
  Hoch und weit.
Schwermut fühl ich an mir zerren,
  Leid um Leid.

Auf, wacht auf, die Ruh vergällen
  Ungewohnt!
Schwestern! Laßt uns jaulen, bellen
  Auf zum Mond!

Sergej Jessenin

Gesang von der Hündin

In der Roggenkammer am Morgen,
Wo goldfarbig Matten in Reihn,
Hat die Hündin sieben Junge geworfen,
Sieben rote Welpen klein.

Und hat die liebkost bis zum Abend,
Abgeschleckt mit der Zunge auch,
Schnee taute wie ein kleiner Graben
Unter ihrem warmen Bauch.

Doch abends, als auf der Leiter
Schon hockte das Hühnerpack,
Trat der Bauer heraus nicht heiter,
Tat alle sieben in den Sack.

Schritthaltend mit seinem Gange,
Über Schneewächten lief sie ihm nach,
Und so lange zitterte, lange
Das offene Wasser nach.

Als sich elend geschleppt dann nach Hause
Die Flanken leckend das Tier,
Schien ihr der Mond überm Hause
Wie einer der Welpen von ihr.

Ins Blau über ihrem Scheitel
Starrte sie lautjaulend hinauf,
Der schmale Mond glitt weiter
Und verschwand hinterm Hügel drauf.

Und stumpf wie beim Apportieren,
Wenn zum Spaß man ihr warf einen Stein,
Glitten die Augen des Tieres,
Goldne Sterne, in den Schnee hinein.

Christine Lavant

Kreuzzertretung! – Eine Hündin heult
sieben Laute, ohne zu vergeben,
abgestiegen in die Hundehölle
wird ihr Schatten noch den Wurf verwerfen.

Oben bleibt der Vorhang ohne Riß,
nichts zerreißt um einer Hündin willen,
und der Herr – er ließ sich stellvertreten –
sitzt versponnen bei den ganz Vertrauten.

Auch die Toten durften nicht herauf!
Vater, Mutter, – keines war am Hügel,
und die Sonne hat sich bloß verfinstert
in zwei aufgebrochnen Augensternen.

Von der Erde bebte kaum ein Staub,
nur ein wenig sank die Stelle tiefer,
wo der Balg, dem man das Kreuz zertreten,
sich noch einmal nach dem Himmel bäumte.

Der Kadaver – da ihn niemand barg –
kraft der Schande ist er auferstanden,
um sich selbst in das Gewölb zu schleppen,
wo Gottvater wie ein Werwolf haust.

Gyula Illyés

Unter fliegenden Steinen

So schrecklich, fast Brechreiz erregend,
wie untrennbar waren die beiden.

Die zwei, miteinander verbunden,
wie siamesische Hunde.

Die beiden, von schmerzlichster Fessel,
gefangenen struppigen Köter.

Wie sie da, nicht bellend, und wie sie,
gepackt von der schrecklichen Klammer

des eigenen Fleisches, verzweifelt
hinstürzend, sich wieder erhebend,

sich gegeneinander schon beißend,
geflohn unter Steinen, die flogen

vom Hof her. Ich hörte sie winseln:
Ihr Wahnsinnigen, ihr Pharisäer!

Gabriela Mistral

Acht kleine Hunde

Für Esteban Tomic

Die kleinen Hunde öffneten die Augen
zwischen dem dreizehnten und fünfzehnten Tag.
Mit einem Schlag erblickten sie die Welt,
voll Sehnsucht, Schreck und Freude.
Erblickten den Leib ihrer Mutter,
die Tür, die Eingangspforte auch für mich,
die Flut des Lichts,
die aufgeblühten Azaleen.

Sie sahen mehr: sie sahen sich alle,
den roten, den schwarzen, den aschgrauen,
wie sie herumkrochen, auf die Beine sprangen,
behender als Eichhörnchen;
sie erblickten die Augen der Mutter,
mein Schreien, mein Lachen.
Gern wär' ich mit ihnen geboren.

Warum nicht ein anderes Mal?
Springen aus Hainen von Bananen
an einem Morgen der Wunder
als Hund, als Coyote, als Hindin.
Aus großen Augen die Welt anschaun,
herumlaufen, anhalten, rennen, mich hinlegen,
wimmern und hopsen vor Freude,
inmitten von Sonne und lautem Gebell,
Gottes Tochter, unbekannte, doch himmlische Magd.

Pablo Neruda

Ein Hund ist gestorben

Mein Hund ist gestorben.

Ich begrub ihn im Garten
neben einer alten, verrosteten Maschine.

Dort, nicht weiter unten,
nicht weiter oben,
wird er sich einmal mit mir vereinen.
Jetzt ist er weg, mit seiner Haarfarbe,
seiner üblen Erziehung, seiner kühlen Nase.
Und ich, Materialist, der nicht daran glaubt,
daß es den verheißenen himmlischen Himmel
für irgendeinen Menschen gibt,
glaube für diesen Hund oder für jeden Hund
an den Himmel, ja, ich glaube an einen Himmel,
in den ich nicht komme, doch wo er mich erwartet,
seinen Fächerschwanz schwenkend,
damit es mir bei der Ankunft nicht an Freundschaft fehle.

Ach, ich will nicht von der Traurigkeit reden,
daß ich ihn hier auf der Erde nicht mehr als Gefährten habe,
ihn, der mir niemals ein Diener gewesen ist.
Er hegte für mich eine Igelfreundschaft,
die seine Unabhängigkeit wahrte,
die Freundschaft eines selbständigen Sterns,
ohne überflüssige Vertraulichkeit,
ohne Übertreibungen:
er sprang nicht an meiner Kleidung empor,
bedeckte mich nicht mit Haaren und Schorf,
er rieb sich nicht an meinem Knie,
wie es andre, geschlechtsbesessene Hunde tun.

Nein, mein Hund schaute mich an,
schenkte mir die Aufmerksamkeit, die ich brauche,
soviel Aufmerksamkeit, wie nötig ist,
um einen Eitlen begreifen zu lassen,
daß er, als Hund,

mit diesen Augen, reiner als die meinen,
die Zeit verlor, doch er schaute mich an
mit dem Blick, der sein ganzes
sanftes, zottiges Leben für mich bereithielt,
sein verschwiegenes Leben,
dicht bei mir, ohne mich je zu belästigen
und ohne irgendwas von mir zu verlangen.

Ach wie oft wünschte ich mir einen Schwanz,
wenn ich neben ihm ging über die Ufer
der See, im Winter von Isla Negra,
in der großen Einsamkeit: droben die Luft
durchschossen von eisigen Vögeln,
und hüpfend mein Hund, struppig, erfüllt
von der wellenwerfenden Kraft elektrischer Meeresspannung,
mein streunender, schnupperseliger Hund,
hissend den goldenen Schweif
im Anblick des Ozeans und seines Gischts.

Fröhlich, fröhlich, fröhlich,
wie die Hunde glücklich sein können,
einfach so, mit der Unumschränktheit
unverschämter Natur.

Kein Adieu für meinen Hund, der gestorben ist.
Zwischen uns gibt es und gab's keine Lüge.

Er ist weg, und ich begrub ihn, und das war alles.

Stevie Smith

O Mops!

(An den Mops von Brownes auf meinem Schloß,
in ihrem Auto, auf der Heimfahrt von Norfolk.)

O Mops, manche Leute mögen dich nicht,
doch ich mag dich,
manche Leute sagen, du atmest nicht, du schnarchst,
mir macht das nichts,

einer sagt, er sieht immer nur deinen Hintern,
ist das ein Fehler?

Deine eigenen Leute lieben dich,
alle Leute in der Familie, die dich besitzt,
lieben dich: Guter Mops, rufen sie, glücklicher Hund,
Mops-komm-Gassi.

Du bist nun ein alter Hund,
und in deinem ganzen Leben
hattest du niemals Grund, einen Augenblick ängstlich zu sein,
doch
in diesen deinen großen Augen,
diesen feuchten und hervortretenden Kugeln,
liegt der Schatten einer grenzenlosen Unsicherheit. Darin
geht Panik um.

Ja, ja, ich weiß,
wenn dein Frauchen bei dir ist,
wenn dein Herrchen,
dich auf den Schoß nimmt,
gerade dann, für einen Augenblick,
bist du beinahe nicht verschreckt.
Doch im Herzen bist du verschreckt, du warst es immer.

O Mops, eigensinniger, alter Nervenzusammenbruch,
inmitten von *so* viel Liebe
und solchem Beistand
noch immer sich unsicher zu fühlen und Angst zu haben,

wie einem das Herz dir entgegenschlägt!

Eugenio Montale

Die Arche

Der Frühlingssturm hat das schirmende
Dach der Weide zerrüttelt,
im Wirbelwind des Aprils

hat sich im Garten das Goldene Vlies
verfangen, das meine Toten verbirgt,
meine getreuen Hunde, meine alten
Dienerinnen – wieviele seitdem
(als die Weide noch blond war und ich ihre Ringe
mit der Schleuder zerriß) sind gesunken,
lebend, in die Fallgrube. Der Sturm
wird gewiß sie vereinen unter dem Dach
von einst, doch fern, weit ferner
von dieser vom Blitz getroffenen Erde,
wo Mörtel und Blut kochen im Abdruck
des menschlichen Fußes. Der Schöpflöffel
dampft in der Küche, der Widerschein seiner Wölbung
vereint die hageren Gesichter, gespitzten Münder,
und sie beschützt im Grund die Magnolie,
wenn ein Windstoß sie ihnen zuwirft. Der Sturm
des Frühlings schüttelt mit einem Gebell
der Treue meine Arche, o Verlorene.

Umberto Saba

Seitdem

Seitdem ich fast völlig verstummte,
liebe ich Wesen, die selbst kaum sprechen,
wie ein Baum, oder so wenig, wie das fügsame Tier,
das mir folgt – es bleibt stehn, wenn ich raste, und
trabt willig hinter mir her, wenn ich weitergeh.
Es fügt sich dem Joch, das ihm auferlegt,
wirft mir höchstens einen ergebenen Blick zu.
Und schweigend lehrt es bleibende Wahrheit.

Lawrence Ferlinghetti

Hund

Der Hund trottet frei durch die Straße
und sieht die Wirklichkeit
und die Dinge die er sieht
sind größer als er selbst
und die Dinge die er sieht
sind seine Wirklichkeit
Betrunkene in Hauseingängen
Monde auf Bäumen
Der Hund trottet frei auf der Straße umher
und die Dinge die er sieht
sind kleiner als er selbst
Fische auf Zeitungspapier
Ameisen in Löchern
Hühner in Chinatown-Fenstern
Ihre Köpfe einen Häuserblock weg
Der Hund trottet frei durch die Straße
und die Dinge die er riecht
riechen etwas wie er selbst
Der Hund trottet frei durch die Straße
an Pfützen vorbei und an Babies
Katzen und Zigarren
Billiardsälen und Polizisten
Er hat nichts gegen Bullen
Er hat bloß keine Verwendung für sie
und er geht an ihnen vorbei
und an den toten Kälbern die im Stück
vorm San Franzisko-Fleischmarkt aufgehängt sind
Er würde eher ein zartes Kalb
als einen zähen Polizisten fressen
obwohl sies beide täten
Und er geht vorbei an der Romeo Ravioli-Fabrik
und an Coit's Tower
und am Kongressmitglied Herrn Doyle
Er hat Angst vor Coit's Tower
aber er hat keine Angst vorm Kongressmitglied Doyle
obwohl was er hört recht entmutigend ist
recht deprimierend

recht absurd
für einen jungen Hund wie er es ist
für einen Hund der ernst und traurig ist wie er
Aber er hat zum Leben seine eigene freie Welt
zum Fressen seine eigenen Flöhe
Er wird keinen Maulkorb bekommen
Kongressmann Doyle ist nur ein
Feuerhydrant mehr
für ihn
Der Hund trottet frei durch die Straße
und hat sein eignes Hundleben zu leben
und darüber nachzudenken
und darüber zu reflektieren
und alles zu betasten und beschnüffeln und probieren
und alles zu untersuchen
ohne den Nutzen des Meineids
ein echter Realist
mit einer echten Story zu erzählen
und einem echten Schwanz die Story zu erzählen
ein echter lebendiger
bellender
demokratischer Hund
der engagiert ist für
freies Unternehmertum
der etwas zu sagen hat
über Ontologie
etwas zu sagen hat
über die Wirklichkeit
und wie sie anzusehen sei
und anzuhörn
mit seinem seitwärts erhobenen Haupt
an Straßenecken
als wär er grad dabei
sein Bild geknipst zu kriegen
für RCA Victor
dieweil er
Die Stimme Seines Herrn hört
und genau
wie ein lebendiges Fragezeichen
in das
große Grammophon

des verwirrenden Daseins
hineinäugt
mit seinem wunderlichen hohlen Horn
das immer wirkt
als würd es grad auf alles
irgendeine Victoriose Antwort
ausspein wolln

Theodor Kramer

Auf unsern toten Hund

Wenn's dich nach Tagen aus Gehölz und Stätten
vom Streunen heimtrieb und du schlichst ins Haus,
verdorrt die Lefzen und das Fell voll Kletten,
dann kam ich Bub und schimpfte recht dich aus.
Und 's war doch gut von dir der Hof bewacht,
lagst angekettet sonst bis in die Nacht.

Ach, dumm und schlecht von mir war's, dir zu grollen;
die Pfoten waren ganz verklebt von Kot,
ich hätt dich baden und dich kämmen sollen
und brocken dir in Milch das harte Brot.
Doch mir schien's recht, daß ich von mir dich stieß,
bis ich vom Wedeln mich erweichen ließ.

Hätt ich dich heut – das war vor vielen Jahren –,
ich würd es besser machen, gutes Tier;
ich weiß, wie Staub und Schweiß beißt in den Haaren,
und weiß, wie einen dürstet, schwand die Gier.
Denn alt schon bin ich, bin nicht recht gesund
und doch noch töricht wie ein junger Hund.

Christine Busta

Vorsprache eines Hundes im Himmel

Herr, deine Engel sind müde:
Jahrhunderte währt schon ihr Amt,
die Menschen sind störrische Bürde,
und krumm sind die Wege auf Erden.

Wir Köter kennen die Straßen,
wir haben nur kurze Zeit
zum Bellen, Beißen und Wedeln,
zum Streunen und auch für die Treue.

Wir lieben bald einen Knochen
und bald einen armen Sünder,
wir nehmen vieles ins Maul,
auch eine lumpige Seele.

Wir stehlen sie manchmal den Engeln
an einem ratlosen Kreuzweg,
wir zerren sie dir vors Tor
und melden die ruhmlose Ankunft.

Wir haben dazu keinen Auftrag,
auch kein Dekor für den Himmel,
ein Fell voll Prügel ist alles,
ein bißchen Geheul und Flöhe.

Aber wir lieben die Erde
und ihre wilden Gerüche
der Armut, Angst und Gefahr,
verschmähn nicht die klägliche Beute.

Vergib uns den diebischen Eifer
und tröste die Engel, die leer gehn.
Einer gab einen von uns
zum Geleit deinem jungen Tobias.

Michael Guttenbrunner

Der tote Hund

Unten in der Stadt steht ein Mann,
der dem Mann im Mond
wie ein Hering dem Hai gleicht.
Und eine Nacht ist wie die andre
dunkel, von oben gesehen,
aus einem Fenster des Vaterhauses.

Einst galten die Lockrufe der Engel
nicht den Hirten allein,
sondern auch ihren Untergebenen,
die mit eigener Wolle bekleidet sind.

Dem Geschrei der Mütter, die ihre Früchte
in den Händen des Henkers verderben sehen,
gleicht jetzt die Klage des Dichters.
Er sieht Worte wie Schlachtvieh
von Journalisten zusammengetrieben,
und Zigeuner, deren Augen sonst
wie Tollkirschen leuchteten,
weinen in Kellern der Kommandantur.

Der Mann in der Stadt
hält einen Sarg in den Armen.
Aber niemand denkt an das Grab.
Sterne sterben wie Fliegen, und ungehört
verhallt das erschaffene Wort.

Im Sarg, zwischen Blumen,
liegt die Leiche des kleinen Hundes,
der chinesisch sprechen konnte

und alle Gedichte Litaipes memorierte.
Ich werde ihn nie mehr hören.

Den Mann, der dem Mann im Mond
wie ein Hering dem Hai gleicht,
werde ich immer hören und sehen.

Die großen Fische fressen die kleinen.
Fang', wen du willst, und schlitz' ihm den Bauch auf,
dem großen, dem kleinen:
immer sind andre noch kleiner!
Kein Beutegänger, der nicht Beute würde.
Aber kein Hund mehr, der Gedichte liebt.

Silja Walter

Mein kleiner weißer Hund und ich

Mein kleiner weißer Hund und ich,
Wir gehn durch alle Türen.
Wir suchen dich. Wir suchen mich.
Wir weinen und wir frieren.

Der Regen kreiselt groß im See,
Wirft Ringe in die Runde.
Ich weiß nicht, wo ich geh und steh
Mit meinem kleinen Hunde.

Die Welt ist weit. Und weit bist du.
Wo enden Weg und Reise?
Ich hör dem großen Regen zu –
Mein kleiner Hund bellt leise.

Ich find dich nicht. Ich find mich nicht.
Mit dir ging ich verloren.
Mein Hund blickt trüb, und mein Gesicht
Preß ich an seine Ohren.

Ernst Jandl

ottos mops

ottos mops trotzt
otto: fort mops fort
ottos mops hopst fort
otto: soso

otto holt koks
otto holt obst
otto horcht
otto: mops mops
otto hofft

ottos mops klopft
otto: komm mops komm
ottos mops kommt
ottos mops kotzt
otto: ogottogott

Günter Eich

Mittags um zwei

Der graue Spitz des Pfarrers
an der Sakristeitür.
Vor seinen erblindenden Augen
schwirren im Sand die Flügel der Sperlinge.

Er spürt wie Erinnerungen
die Schnur des Fasanenbündels,
die in der Friedhofsmauer als Riß erschien,
das Beben der Grabsteine,
wenn die Raupe buckelt vorm lähmenden Stich,
die Verfärbung der Ziegel
beim Schrei des sterbenden Maulwurfs.

Gelassen vernimmt er
das Gerücht aus den Wäldern,
die Tore des Paradieses würden geöffnet.

Unbekannter irischer Dichter

[9. Jahrhundert]

Der Mönch und sein Lieblingskater

Ich und mein Kater Pangur weiß
erstreben jeder unsern eignen Preis;
nach Mäusefang steht ihm der Sinn,
ich meiner eignen Kunst dagegen Meister bin.

Lieb ist die Ruhe mir – lieber als aller Ruhm –
bei meines Buchs geflissentlichem Studium;
der weiße Pangur fühlt darob nicht Neid,
mit kindischem Spiel vertreibt er sich die Zeit.

Sind wir in unserm Hause ganz allein,
gebannt ist alle Langeweile so zu zwein.
Wie haben Scherz und Kurzweil wir getrieben,
um unseren Verstand zu üben!

Zuweilen fängt durch einen klugen Streich
er eine Maus in seinen Fängen sich sogleich;
zuweilen bleibt in meinen Geistesfängen
ein groß Problem gar schwer auflöslich hängen.

Freund Pangurs runde Feueraugen
sich in die Wand der Zelle saugen;

ich richte meine Augen, die zwar schwachen
doch klaren, auf der Wissenskünste Sachen.

In schnellen Sprüngen zeigt sich sein Gefallen,
blieb eine Maus in seinen scharfen Krallen;
auch ich erfreue mich, wenn ich erfaßt
ein schwer Problem, jetzt lieb, doch einst verhaßt.

Obwohl wir so zusammen allezeit,
stört keiner doch des andern Zeitvertreib;
ein jeder ist mit seiner eignen Kunst zufrieden,
in der ihm Lust, Zufriedenheit beschieden.

Mein Pangur weiß ist seines Werkes Meister
und er vollbringt es täglich immer dreister,
indessen ich mich muß beschäftigen,
das Klare mit Unklarem zu bekräftigen.

Martin Opitz

Auf des Petrarchae Katze

Der Dichter von Florenz hat zweierlei geliebet,
Mich vor, die Laura dann, der er viel Ehre gibet.
Was lachst du? Ihre Zier war würdig solcher Brunst,
Und meine große Treu verdiente gleichfalls Gunst.
Sie machte, daß er Lust und Mut gewann zum Schreiben,
Ich machte, daß die Schrift vor Mäusen konnte bleiben.

Heinrich Heine

Mimi

Bin kein sittsam Bürgerkätzchen,
Nicht im frommen Stübchen spinn ich.
Auf dem Dach, in freier Luft,
Eine freie Katze bin ich.

Wenn ich sommernächtlich schwärme,
Auf dem Dache, in der Kühle,
Schnurrt und knurrt in mir Musik,
Und ich singe was ich fühle.

Also spricht sie. Aus dem Busen
Wilde Brautgesänge quellen,
Und der Wohllaut lockt herbei
Alle Katerjunggesellen.

Alle Katerjunggesellen,
Schnurrend, knurrend, alle kommen,
Mit Mimi zu musizieren,
Liebelechzend, lustentglommen.

Das sind keine Virtuosen,
Die entweiht jemals für Lohngunst
Die Musik, sie blieben stets
Die Apostel heilger Tonkunst.

Brauchen keine Instrumente,
Sie sind selber Bratsch und Flöte;
Eine Pauke ist ihr Bauch,
Ihre Nasen sind Trompeten.

Sie erheben ihre Stimmen
Zum Konzert gemeinsam jetzo;
Das sind Fugen, wie von Bach
Oder Guido von Arezzo.

Das sind tolle Symphonien,
Wie Capricen von Beethoven
Oder Berlioz, der wird
Schnurrend, knurrend übertroffen.

Wunderbare Macht der Töne!
Zauberklänge sondergleichen!
Sie erschüttern selbst den Himmel,
Und die Sterne dort erbleichen.

Wenn sie hört die Zauberklänge,
Wenn sie hört die Wundertöne,

So verhüllt ihr Angesicht
Mit dem Wolkenflor Selene.

Nur das Lästermaul, die alte
Prima-Donna Philomele
Rümpft die Nase, schnupft und schmäht
Mimis Singen – kalte Seele!

Doch gleichviel! Das musizieret,
Trotz dem Neide der Signora,
Bis am Horizont erscheint
Rosig lächelnd Fee Aurora.

Friedrich Hebbel

Aus der Kindheit

»Ja, das Kätzchen hat gestohlen,
  Und das Kätzchen wird ertränkt.
Nachbars Peter sollst du holen,
  Daß er es im Teich versenkt!«

Nachbars Peter hats vernommen,
  Ungerufen kommt er schon;
»Ist die Diebin zu bekommen,
  Gebe ich ihr gern den Lohn!«

Mutter, nein, er will sie quälen,
  Gestern warf er schon nach ihr,
Bleibt nichts andres mehr zu wählen,
  So ertränk ich selbst das Tier.

Sieh, das Kätzchen kommt gesprungen,
  Wie es glänzt im Morgenstrahl!
Lustig hüpfts dem kleinen Jungen
  Auf den Arm zu seiner Qual.

Mutter, laß das Kätzchen leben,
  Jedes Mal, wenns dich bestiehlt,

Sollst du mir kein Frühstück geben,
Sieh nur, wie es artig spielt!

»Nein, der Vater hats geboten,
Hundert Mal ist ihr verziehn!«
Hat sie doch vier weiße Pfoten!
»Einerlei! Ihr Tag erschien!«

»Nachbarin, ich folg ihm leise,
Ob er es auch wirklich tut!«
Peter spricht es hämscher Weise,
Und der Knabe hörts mit Wut.

Unterwegs auf manchem Platze
Bietet er sein Liebchen aus,
Aber keiner will die Katze,
Jeder hat sie längst im Haus.

Ach, da ist er schon am Teiche,
Und sein Blick, sein scheuer, schweift,
Ob ihn Peter noch umschleiche –
Ja, er steht von fern und pfeift.

Nun, wir alle müssen sterben,
Großmama ging dir vorauf,
Und du wirst den Himmel erben,
Kratze nur, sie macht dir auf!

Jetzt, um sie recht tief zu betten,
Wirft er sie mit aller Macht,
Doch zugleich, um sie zu retten,
Springt er nach, als ers vollbracht.

Eilte Peter nicht, der lange,
Gleich im Augenblick herzu,
Fände er, es ist mir bange,
Hier im Teich die ewge Ruh.

In das Haus zurückgetragen,
Hört er auf die Mutter nicht,
Schweigt auf alle ihre Fragen,
Schließt die Augen trotzig-dicht.

Von dem Zucker, den sie brachte,
 Nimmt er zwar zerstreut ein Stück,
Doch den Tee, den sie ihm machte,
 Weist er ungestüm zurück.

Welch ein Ton! Er dreht sich stutzend,
 Und auf einer Fensterbank,
Spinnend und sich emsig putzend,
 Sitzt sein Kätzchen blink und blank.

»Lebt sie, Mutter?« Dem Verderben
 Warst du näher, Kind, als sie!
»Und sie soll auch nicht mehr sterben?«
 Trinke nur, so soll sies nie!

Eduard Mörike

Die Katzen »Weißling« und »Sauberschwarz« heben an:

Heut in der Frühe weckten
Wir zweie uns und leckten
Die Pelze um und um,
Mit schönen Reverenzen
Dich freundlich zu umschwänzen;
Das ganze Haus weiß ja, warum.

Du halfest uns vom Tode
Zu einem sichern Brode,
Du gabst uns Dach und Fach.
Wieviel hast du berichtigt,
Wie treulich stets beschwichtigt
Der strengen Hausfrau Weh und Ach!

Du lehrtest selbst die Jugend
Die erste Christentugend,
Daß man ein Tierlein pflegt,
Und wie man, o du Gute,
Sie beinah ohne Rute
Möglichst zur Reinlichkeit bewegt.

Was uns an Lieblichkeiten
Der Schöpfer lieh bescheiden,
Wer würdigt es wie du?
Wer fühlt sich so gemütlich,
Gedankenvoll und friedlich
Hinein in unsre Seelenruh?

Jetzt wünschen wir dir eben
Gesundheit, langes Leben,
Ein Stübchen obendrein;
Da wollen wir zu dreien
Uns ganz der Ruhe weihen,
Da wird es wie im Himmel sein.

Charles Baudelaire

Die Katze

Komm an mein liebreiches herz · schöne katze
Verbirg die klauen der tatze
Wenn mein auge naht
Dem deinen gemischt aus metall und achat!

Wenn meine finger mit musse schmeicheln
Dem biegsamen kopf und rücken
Und bebt meine hand im entzücken
Den funkenstiebenden körper zu streicheln ·

Dann seh ich im geist eine frau: ihr blick
Gleich deinem · freundliches tier ·
Trifft wie ein pfeil und ist tief und hell.

Es schwimmt vom fuss zum genick
Ein feiner gefährlicher odem dir
Rings um das braune fell.

Robert Walser

Das Kätzchen

Was gab es für einen schönen Regenbogen, die Welt so zart, alles so glänzend, aber ich will von was anderem reden. Ich dachte heute an nichts als an ein Kätzchen. Ist das nicht total belanglos? Ich gebe es zu, aber Nebensächlichkeiten sind oft wie Sonnenschein. Ich sah das Kätzchen schon gestern, jetzt zeichne ich es. Von Farbe ist es gestreift wie ein Tigerchen. Gähnen kann es prächtig, ganz wie jemand, der sich langweilt. Wie sprang es herum, bald war's in der Küche, bald im Eßzimmer, bald im Salon. Klubsessel und Plüschsofa gefallen ihm sehr. Alle schenkten ihm eine Aufmerksamkeit, die der Sorgfalt ähnelte. Eines fragte, ob es wohl sein früheres Heim schon vergessen habe oder noch vermisse. Welche Anteilnahme! Unter anderem hing es sich an einen Zottel, ließ sich hin- und herschwenken wie ein Akrobat, der für Geld turnt. Äugelchen hat es große, schwarze; Tatzen harmlose. Kratzen kann es noch nicht recht, wird es aber mit der Zeit schon lernen. Im Bratloch sollte es übernachten, zog hierfür jedoch einen Stuhl vor. Jede Kiste, jede Schachtel untersucht es, machte zahlreiche Entdeckungen. Im Herunterreißen von Tüchern und Umwerfen von Vasen erwies es sich, so jung und unerfahren es ist, als Meister. Es hat dies Talent wohl mit zur Welt gebracht. Bereits leckt es Milch auf; ferner versteht es sich zusammenzukugeln und wie ein Kreisel sich herumzudrehen. Ein Kater wurde ihm vorgestellt. Die Zumutung war etwas stark. Es hob sich empor, sträubte die Haare, machte einen Buckel und blieb minutenlang noch ganz nachdenklich und zaghaft. Jemand spielte Klavier. Husch, verschwand es unter die Kommode, kam erst wieder zum Vorschein, als das Konzert verklungen war. Anscheinend macht es sich aus Musik nicht viel. Es spielt lieber selber, zwar nicht nach Noten, eher mit einem Rölleli oder Hobelspan. Das Närrchen zu machen, geht ihm über alles, ist ihm das Höchste. Ein Mädchen wollte den Pfarrer spielen und es taufen, selbstverständlich nur im Spaß. Wer spräche so etwas im Ernste? Diese Skizze ist ein wenig schnurrig, gleichwohl hoff' ich sie als Beitrag brauchbar.

Laco Novomeský

Oblomow im Gefängnis

Die Katze im Zigarettenrauch, geschreckt
vom Getöse der Stille hier.
– Komm, damit dich niemand entdeckt,
die Schergen umlauern die Tür.

Tzitzi, tzitzi – wenn sich der Wachschritt verliert,
komm und lagere in meinem Schoß.
Und im Gefängnis dies Zellengeviert
wird vom Duft fernfremder Welten groß.

Welt, die mir erschien so manchen Tag
und die schillerndsten Wunder vor mich flog,
wenn ich wach zwischen den Kissen lag
und über mir der Rauch zu Wolken zog.

Und die Katze in ihrem schweigenden Fleiß
mit grauer Stimme Lieder spinnt
von einem Zimmer, rauchig und weiß,
ein Anblick, der Poesie gewinnt,

darin sich ein Abstück des Lebens versteckt
mit seinem hundertfachen Verlauf.
Und der, den sie auf die Pritsche gestreckt,
jagt die Katze in die Wolken auf.

Hans Carossa

An eine Katze

Katze, stolze Gefangene,
Lange kamst du nicht mehr.
Nun, über dämmerverhangene
Tische zögerst du her,

Feierabendbote,
Feindlich dem emsigen Stift,
Legst mir die Vorderpfote,
Leicht auf begonnene Schrift,

Mahnst mich zu neuem Besinnen,
Du so gelassen und schön!
Leise schon hör ich dich spinnen
Heimliches Orgelgetön.

Lautlos geht eine Türe.
Alles wird ungewohnt.
Wenn ich die Stirn dir berühre,
Fühl ich auf einmal den Mond.

Woran denkst du nun? An dein Heute?
Was du verfehlt und erreicht?
An dein Spiel? Deine Jagd? Deine Beute?
Oder träumst du vielleicht,

Frei von versuchenden Schemen
Grausamer Gegenwart,
Milde teilzunehmen
An der menschlichen Art,

Selig in großem Verzichte
Welten entgegen zu gehn,
Wandelnd in einem Lichte,
Das wir beide nicht sehn?

René Schickele

Katzen

Sie liegen irgendwo in den gewohnten Ecken
und scheinen zu sinnen.
Die Augen schimmern grün.
Man darf sie necken,
sie lassen sich gewinnen.
Und alsdann
legen sie sich auf den Bauch und runden
den Leib, versuchen mit Schnauze und Pfoten
deine Hände zu greifen,
und ihre Augen glühn,
die grünblaugraugelbroten.
Irgendwann
erheben sie sich und beginnen
eine kleine Vergnügungsreise durchs Haus.
Schließlich sehn sie zu einem offnen Fenster hinaus,
sie strecken
die Schnauze in die Luft und lassen die Augen schweifen,
prüfen: kann diese Witterung
einem Katzentiere munden?
Und schon sind sie mit wahrhaft musikalischem Sprung
in der blauen Luft verschwunden.

Am Abend sind sie plötzlich wieder da.
Man findet sie wie seidige, o so
geschmeidige Damen, die man vor Stunden
glänzend und stark aus der Haustür treten sah,
mit ausgestreckten Beinen
weich zerknittert irgendwo,
wo sie in Erinnerungen versunken scheinen.

Paul Léautaud

Aus dem Tagebuch

Donnerstag, 22. Oktober [. . .] Als wir heute früh in Vallettes Büro über eine Arbeit sprachen, mit der ich gerade beschäftigt war, hören wir es laut miauen. Wir suchen: ist es Vallettes Katze oder

Zizi, der Kater des Hausmeisters, der sich gern im Büro aufhält? Das Miauen fängt wieder an. Es kommt von der Straße. Wir gehen zum Fenster. Auf dem gegenüberliegenden Gehsteig drückt sich ein schwarzer Kater gegen die Mauer, anscheinend derselbe, den Rachilde vor zehn oder zwölf Tagen aus dem Gully neben der Polizeiwache gezogen hat (oder andere hat ziehen sehen) und den sie im Hotel gegenüber dem Mercure untergebracht hatte. Seither war er nicht wieder gesehen worden. Ich setze meinen Hut auf und gehe hinunter. Ein äußerst anschmiegsames, keineswegs scheues Tier, das sofort zu mir kommt, als sollte ich es aufnehmen, und vor Kälte ebensosehr zittert wie vor Angst – die letzte Nacht hatte es gefroren, und es ist sehr kalt. Ich nehme den Kater in die Arme, erkundige mich in der rue Crébillon; niemand erkennt ihn als seinen wieder. Ich setze ihn auf den Gehsteig zurück und laufe zum Markt Saint-Germain – wohin ich ohnedies wegen meiner anderen Tiere mußte. Dabei frage ich in der rue Saint-Sulpice nach, wo ich eine schwarze Katze kenne. Sie war da. Ich kehre zurück, finde meinen Kater wieder, füttere ihn – er frißt. [. . .] Anschließend gehe ich in das kleine Hotel, dessen Besitzerin mir als tierlieb bekannt ist. Vor zwei oder drei Tagen erst hat das Hotel die Besitzerin gewechselt. Ich finde eine kleine blonde Frau vor, die sich auf meine Bitte, das Tier aufzunehmen, zu nichts entschließen kann, und danach einen Rohling von Mann, der rundheraus erklärt, daß er von ihm nichts wissen will. Ich kehre zu meinem Kater zurück, der noch immer frißt. Rachilde stand an ihrem Fenster und sah uns zu. Sie winkte mir, ich solle mit dem Kater heraufkommen. Ich trage ihn auf den Schultern hinauf, und wir bringen ihn im ersten Stock in einem kleinen Zimmer neben der Küche unter. Von dort geht er sehr bald in einen Wandschrank voller Papiere, um sich zu wärmen. Rachilde und ich überlegen danach, was aus ihm werden soll. Frau Huot? Der junge Huot? Sie haben bereits so viele! Vallette weiß noch nichts von dem Kater. Dennoch sagt er als der gutherzige Tierfreund, der er ist: »Wir müssen ihm aber eine Bleibe besorgen.« Ich gehe Mittag essen. Unterwegs fällt mir plötzlich die Hausmeistersfrau in der rue de Vaugirard ein, die so freundlich die weiße Katze aus dem Luxembourg-Park aufgenommen hatte – doch war das Tier nicht so klug, in diesem Haus zu bleiben, sondern hat sich wieder aufs Streunen verlegt. Ich gehe zu ihr und empfehle ihr meinen neuen Schützling, den sie annimmt; sie sagt, es sei ihr nur recht, denn sie habe der anderen derart nachgetrauert, daß sie sogar mehrfach mit ihrem Mann zusammen durch den Luxembourg-

Park gegangen sei und nach ihr gerufen habe. Ich bitte sie, meinen Spazierstock aufzubewahren, sage ihr, daß ich den Kater in meinem Büro habe und ihn ihr bringen werde. Im Mercure treffe ich auf der Treppe Rachilde und erzähle ihr die Geschichte. Sie findet, daß ich es ein bißchen zu eilig damit habe. Der Kater hat gefressen, ruht. Er muß erst verschnaufen. Dann schlägt sie vor, mit mir zu kommen. Die Überführung wird auf zwei Uhr verschoben. Ich gehe noch einmal weg und sage zu der Hausmeistersfrau, der Kater fresse gerade, ich wolle ihn nicht stören und brächte ihn ihr gegen zwei Uhr. Um ein Uhr bin ich im Mercure, Rachilde hat ihn bereits in ihren Korb getan – der Kater hat mit den beiden, auf Vallettes Knien, zu Mittag gegessen –, und wir gehen los. Ich befürchtete – und habe das vor unserem Aufbruch Rachilde und Vallette rundheraus dargelegt –, das Erscheinen Rachildes könnte die Frau mißtrauisch machen: ›Warum nimmt diese Dame den Kater nicht zu sich?‹ würde sie sich vielleicht fragen. Wir beschlossen, ich sollte Rachilde als eine Dame vorstellen, die zur Erleichterung des Transports ganz einfach ihren Korb zur Verfügung gestellt hätte. Zum Glück ergab sich, daß die Hausmeistersfrau gerade zum Waschen war. Wir finden ihre kleine Tochter vor, ein hübsches, etwa zehnjähriges Kind, das mich gut kennt. Ist entzückt von dem Kater, den wir ihr die ersten Tage gut im Auge zu behalten und zu verhätscheln raten. Rachilde gibt ihr etwas, damit sie sich Bonbons kaufen kann und nimmt sie so vollends für sich ein; wir gehen zum Mercure zurück. Heute abend, als ich zum Essen nach Hause ging – den ganzen Tag über hatte ich nichts essen mögen –, war ich bei den Leuten, um zu sehen, wie es dem Kater ginge. Er hatte sich auf einem Kleiderbündel zusammengerollt und lag ruhig neben den Kindern. Immer noch sehr furchtsam, aber auch sehr empfänglich für Liebkosungen. Ich hatte wieder Leber mitgebracht. Ein wenig davon hat er gefressen, und den Rest habe ich dagelassen. Die Hausmeistersfrau war zurück. Das Tier mißfällt ihr nicht. Wenn der Kater will, wird er hier ein gutes Zuhause, sehr liebevolle Menschen haben und sein Leben fristen können. Wird er es auch wollen? Er ist noch nicht verschnitten. Ich habe der Frau angeboten, die Kosten für die Operation zu übernehmen. Sie erwidert darauf, es eile ja nicht, jetzt schon gar nicht, da der Winter nicht die Jahreszeit sei, wo die Katzen läufig würden. Das stimmt, eilig ist es nicht. Man schiebt es auf, der Kater wird nicht verschnitten, läuft erst vorübergehend, dann für immer aus dem Haus, und wieder ist er ein streunendes Tier. Ich muß sehen, daß ich das vermeide. Der

Kater ist in keineswegs schlechter Verfassung, sehr sauber, sehr gesund, nur etwas mager – er muß eine Zeitlang gut gefüttert werden. Wieder ein Tier, das irgendein Lump beim letzten Umzug auf der Straße gelassen hat. [. . .]

Freitag, 23. Oktober [. . .] Nur das eine interessiert mich noch wirklich: die Tiere.

Sonntag, 25. Oktober Mit meinen Tiergeschichten werde ich allmählich leicht lächerlich. Ganz wie ein spätes Mädchen, eine Katzen- oder Hundemutter. Und was für Zeit mich diese Dinge kosten! Ich kann nicht dagegen an. [. . .] Ein Tier, das ich zwei- oder dreimal gefüttert habe, wird für mich zur Verpflichtung, weil ich fühle, daß ich es an etwas gewöhnt habe und es enttäuscht wäre, wenn ich meine Fürsorge einstellte – ja, daß es dann sogar Not litte. Im Mercure, draußen, zu Hause, beim Spazierengehen, beim Essen, beim Arbeiten, immer ist der Gedanke an die Tiere gegenwärtig. Regnet es, schon denke ich, daß sie keinen Unterschlupf haben. Ist es kalt, schon sehe ich sie schlottern. Ist beim Essen etwas übriggeblieben, schon lasse ich es für sie beiseite tun. Sehe ich, wie Boule warm auf einem Schal, in einem Karton, mitten auf einem Sessel liegt, schon gibt es mir einen Stich ins Herz bei der Vorstellung, daß die anderen zusammengerollt unter freiem Himmel liegen, an einer Mauer oder einem Baum, auf dem feuchten, kalten Boden, und daß sie überglücklich wären, wenn sie nur eine kleine Ecke meines Teppichs für sich hätten. Alle Bände, deren ich im Mercure habhaft werden kann, bringe ich auf die Seite und verkaufe sie zugunsten der Tiere, gebe den Erlös für Futter aus. Neulich, in der rue de Seine, bei einem neuen Bouquinisten, bekam ich große Lust auf einen illustrierten Stendhal und einen illustrierten Balzac. Diese Lust verging mir bei dem Gedanken, daß ich dieses Geld lieber für meine Tiere aufheben wollte. [. . .]

Gunnar Ekelöf

Römische Nächte

Strenger Himmel, sieh nieder auf mich!
Strenge Welt –

Strenge Unterwelt!

Unter dem Himmel des Pantheon
brüllt eine liebeskranke Katze –

Ich habe Abende gesehn wie Theaterstücke
Kulissen von Gassen und Menschen wie Masken
ein Schattenspiel aufführend im Gegenlicht der Kneipen
gestikulierend mit eingebildeten Degen
eingebildeten Söldnertruppen. Und die Armeleuteschlange
windet sich mit Suppenschüsseln hinauf zur kryptischen Küche
in der Mauer des Quirinals. Und vom Tiber her dampfen rauhe
Winternebel –

Irgendwo in dieser Stadt
muß der kritische Stein zu finden sein
der dem Fuß nachgibt
der eines Schrittes harrt, um ihm nachzugeben
so daß man Hals über Kopf abstürzt in die Unterwelt der
Substrukturen –

Irgendwo in der Nacht
steht schneeumhüllt der weiße Sorakte
Das antike Wasser klingt –

Auch blieb ich stehn und sah ein Katzenjunges
großäugig, zum ersten Mal oben auf der Erde
neugeboren aus dem Rinnsteinloch daneben
ganz erfüllt vom Rattenspiel mit einem Fleischfetzen
nichts ahnend von Hunde- und Vespa-Gefahren
Ich dachte: Du weißt mehr von der Unterwelt als ich
Wo bist du geboren? In einem schmutzigen Abzugsloch
oder in einem halb zusammengestürzten Gemach
wo noch eine Aphrodite aus Marmor unentdeckt ruht

jungfräulich, ungesehn über mehr als tausend Jahre hin
War es in ihrem Schoß wo die magere schmutzige Katze mit dir niederkam?

Unter dem Himmel des Pantheon
brüllt eine Katze liebeskrank
Ich bete für alle meine Mitkatzen
Strenge Unterwelt!

Jorge Guillén

Katzen in Rom

Die Katzen –
nicht Vagabunden, aber herrenlos,
eingeschlafen in der Sonne
auf pflasterlosen Straßen
oder wartend auf eine schenkende Hand
vielleicht zwischen Ruinen,
die Katzen,
unsterblich auf so demütige Art,
fordern die Zeit heraus, dauern
durch alle Wechsel,
ohne von der Geschichte zu wissen,
die Gebäude errichtet
oder sie in noch schönen Stücken
stürzen läßt, edle Stützen heute
für diese Gestalten: frei.
Fester Blick aus grünen Augen,
blond das Fell, erleuchtete Ruhe.
Aufgerichtet neben einem Marmor,
überlebender Rest einer Säule,
putzt sich eine glücklich und schön
mit der glattgeleckten Pfote.
Katzen. Angesichts der Geschichte
sensibel, ernst, einsam, voll Unschuld.

Miguel Angel Asturias

Die Katzen von Venedig

Aus venezianischem Glase Krallen im Schnee,
in Gold oder im Halbschatten. Weiße Katzen
mit Nilaugen, schwarze kurzen Gangs,
und Bernstein zuckend auf Bildern

aufgenommen mit funkenregnendem Blitzlicht
die gelben Katzen. Entzücken
dieser Stadt, die auf Gondeln dahinfährt
zwischen Katern und Katzen, die Umgang pflegen.

Auf katzenhaften Gondeln,
welche aufrecht, ohne Ohren und mit Mandolinen-
Zähnen dem Mond nachstellen,

Wollknäuel, das sich entwirrt
unter dem Rückgrat der Brücken
von Ufer gebeugt zu Ufer.

Pablo Neruda

Katzentraum

Wie schön schläft eine Katze,
schläft mit Pfoten und Schwere,
schläft mit ihren grausamen Krallen
und ihrem blutgierigen Blut,
schläft mit allen den Ringen,
die wie versengte Kreise
die Geologie eines sandfarbenen
Schweifs errichteten.

Ich möchte wie eine Katze schlafen
mit allen Haaren der Zeit,
mit des Feuersteins Zunge,
dem trocknen Sexus des Feuers

und dann mit niemand sprechen,
mich ausstrecken über die Welt,
über Dachziegel und die Erde,
angespannt darauf aus,
die Ratten des Traums zu jagen.

Ich hab gesehn, wie die Katze
im Schlafe dünte: es rann
durch sie die Nacht wie dunkles Wasser,
und zuweilen war sie im Begriff zu fallen,
war sie vielleicht im Begriff, hinabzustürzen
in nackte Schneeschluchten,
vielleicht wuchs im Schlaf sie so sehr
wie eines Tigers Urahn
und wollte im Finstern
auf Dächer, Wolken und Vulkane springen.

Schlafe, schlaf, nächtliche Katze
mit deinen Bischofszeremonien
und deinen steinernen Schnurrhaaren:
bestimme all unsere Träume,
lenke die Dunkelheit
unserer schlummernden Großtaten
mit deinem blutgierigen Herzen
und dem langen Hals deines Schweifs.

Zbigniew Herbert

Katze

Sie kann beliebig sein; verwildert, römisches Rotfell mit kahlen Stellen und Narben am Maul, wie ein Veteran der kaiserlichen Legion, den ich vergeblich aus den Ruinen des Forum Romanum herauszulocken mich mühte.

Oder ungezähmt, eine schwarze Riesin aus Pasadena, die mich gewarnt hatte vor dem Erdbeben, doch ohne Verständnis gefunden zu haben fortging für immer, damit ich im Dunkel des Unwissens von den Ozeanen, Sternen, Vulkanen begraben bliebe.

Oder eine heimische, eine im Stall geborene zwischen den Wiesen des Heus, den Urinbächen und den milden Fleischbergen, die nach Milch duften.

Sie kann beliebig sein – nur eben Katze – eine unverstandene Seele, keine, die über den Wassern in Nebelschwaden schwebt, sondern eine, die auf Pfaden der einsamen Weisen auf ihren vier weichen Tatzen wandelt.

Michael Krüger

Die Katze ist tot

Ich fand sie
neben der Mülltonne
steif
nach einem beweglichen Leben.

Seltsam,
sie lag auf dem Bauch
mit ausgestreckten Pfoten.

In dieser Haltung
hatte sie vor mir gelegen
wenn ich ihr vorlesen mußte.

Am liebsten
hörte sie alte Reiseberichte.
Die wahre Geschichte
von Oblomows Weltumseglung
zum Beispiel
kannte sie auswendig.
(Bekanntlich
hatte dieser zaristische Beamte
während der ganzen Fahrt
das Schiff nicht einmal verlassen.)
Das Fremde
zog ihn nicht an,

sagte ich ihr,
wenn sie nachts das Haus noch
verlassen wollte.

Oft
behandelte sie mich
wie ein Kind.

Aber wenn ich mich dann
wie ein Kind benahm
sträubte sich augenblicklich
ihr Fell.

Fehler, Nachlässigkeiten
korrigierte sie
höflich
mit einem Zittern der Schnurrhaare.

Jeder von uns
führte ein Doppelleben,
sie in der Nacht
ich tagsüber,
das wir streng
voreinander verbargen.

Kürzlich erst
gab sie mir zu verstehen
mich in ihr fellwarmes Leben
einzuweihen

als Belobigung
für geduldiges Beobachten.

Nun starb sie
in der Haltung des Zuhörens.

Und ich fühle mich
als das Opfer.

Justinus Kerner

Das Kalb

Du Tier, im dunklen Stall geboren,
Eh' du des Lebens recht bewußt,
Greift dich ein Schlächter bei den Ohren
Und reißt dich von der Mutterbrust.

Dein großes Auge fromm und helle,
Sieht *da* die Au' zum erstenmal,
Doch angstvoll; denn des Hunds Gebelle
Treibt rastlos dich durchs grüne Tal.

Bald binden sie dir deine Glieder,
Sie achten nicht dein Angstgeschrei,
Man wirft dich auf die Schlachtbank nieder
Und schneidet dir den Hals entzwei.

Doch bei dem letzten Hauch der Kehle
Ein Glanz aus deinem Auge spricht:
»In mir auch wohnet eine Seele,
Für mich auch hält ein Gott Gericht.«

Thomas Hardy

Die Ochsen

Weihnachten einst in der Mitternacht
Wir hockten im Kreis am Kamin,
Da hat uns der ältere Bruder gesagt:
»Jetzt liegen sie all auf den Knien.«

So war es. Wir glaubten den Stall zu sehn
Und was dort im Heu geschah;
Wir wußten die sanften Tiere knien,
Keiner von uns, der's nicht sah.

Es war so gut zu glauben, so leicht
Zu erschaun; doch ich weiß, wenn dies
Einer mir spräch in der Weihnacht heut:
»Komm, schaun wie die Ochsen knien

In der Kate drunten um Mitternacht,
Wie wir Kinder sie sahen im Heu.«
Ich ginge mit ihm durch die schwarze Nacht
Und hoffte, daß es so sei.

Giosuè Carducci

Dich lieb ich, frommer Ochse

Dich lieb ich, frommer Ochse, den so milde
Gewaltge Kraft umhaucht. Wie friedensreich,
Erhaben, ruhig einem Denkmal gleich,
Siehst du den Acker an und die Gefilde.

Wie du, dem schweren Joche gern dich beugend,
Im Dienst des Menschen ernst gehorsam gehst!
Der stachelt dich und stößt: du aber drehst
Das Haupt, blickst ihn geduldig an und schweigend.

Aus deinen dunklen Nüstern strömt beflügelt
Wie Dampf ein Geist; dein muhendes Gebrüll
Dringt als ein Hymnus zu den reinen Lüften.

In deinem klaren Auge aber spiegelt
Das grüne Land sich, in ihm ruhen still
Der Himmel schweigend und die weiten Triften.

Emile Verhaeren

Die Kuh

Als kaum die Finsternis anhub zu weichen,
um fünf Uhr früh, im ersten Morgenrot,
schrieb auf der Stirn der Kuh ein Knecht des Kreuzes Zeichen,
band ihr das Halfter um und führte sie zum Tod.

Die Nebel schwebten noch wie feuchte Wollenflocken,
und von der kalten Nacht lag rings das Land noch starr;
aber das Feld ward wach im Klang der Morgenglocken,
grüßte den jungen Tag und lachte wunderbar.

Schweigsame Bauern, die verschlafen nahten,
gingen gebückt dem schweren Tagwerk nach;
auf ihrem Rücken blitzte der Stahl der Spaten,
ein heller Spiegel, in den grauen Tag.

Man hörte Wagenräder scheltend knarren,
alte Gefährte auf dem Pflaster ziehn;
fern schaukelten sich schwere Futterkarren
zwischen den Korn- und Leinenfeldern hin;

die Tore gingen auf an allen Wegen,
der Riegel wich mit knirschend heiserm Schrei;
und Tiere grüßten sich ringsum aus den Gehegen;
und leise brüllend ging die Kuh vorbei.

Rechts schimmert die Unendlichkeit der Weiten;
wie rote Kacheln blitzt es aus dem Grün;

und durch die Dörfer und die Weiler schreiten,
im großen Zickzack lange Straßen hin.

Links hat der Juniwind die weißen Bälle
der Blütenbäume froh zum Spiel gerafft;
darüber lacht des blauen Himmels Helle
auf diesen Ausbruch sommerlicher Kraft.

Dann wendet sich der Weg zum letzten Male;
Das Dorf ist da, das auf der Höhe liegt;
und da, weit offen, steht die Schlächterhalle,
in Wiesen und in Wasser eingefügt.

Die Kuh will nicht die Schwelle überschreiten.
Um sie herum raucht alles, und sie sieht,
wie man dabei ist, einen Stier zu häuten,
und wie sein Blut am Boden Lachen zieht.

Da hängen Hämmel an der Wand, zerspalten,
verstümmelt liegen Schweine auf dem Stroh,
und da ein schwarzes Kalb, und seines Rumpfes Falten
durchsucht das scharfe Messer tief und roh.

Doch schaut sie durch dies rote Funkenstieben
von fern des jungen Kornfelds zartes Grün,
und brave Rinder sieht, von Mädchen angetrieben,
sie Furchen durch die fette Erde ziehn.

Und endlich, daß das Licht vollkommen werde,
wirft durch des fernen Horizontes Dunst
der große goldne Tag mit sieghafter Gebärde
aufs Land die Flammen seiner Feuersbrunst

und taucht die Felder ein in dichte, schwere Fluten
bis an den Lebenskern, den sein Verlangen sucht,
und küßt sie heiß und toll in tiefen Liebesgluten
und legt in ihren Schoß den Keim zu künft'ger Frucht.

Sie sieht es noch, die Kuh, wie sich die Welt entzündet,
sieht fern die Schelde schimmern, wunderklar,
als jäh das Beil sie trifft und ihr Bewußtsein schwindet,
indeß ihr letzter Blick voll Sonne war.

Alfred Polgar

Der Ochs in Todesangst

Im allgemeinen – sagen die praktischen Metzger – dürfe gelten, daß Schlachtvieh keine Todesangst empfinde. Besonders für Hornvieh treffe dies zu. Das Huhn, wenn die Köchin es so gewiß zwischen die Fäuste nimmt, das Schwein, zum Block geschleift: sie mögen ahnen, was ihnen bevorsteht. Aber Hornvieh ist eben Hornvieh. Dumpf, dumm, dämlich. Wehen des Todesfittichs spürt es nicht, und Schatten des Fittichs kann es nicht sehen, weil der gütige Mensch dem Ochsen die Augen verbindet, ehe er ihm die Keule auf das Stirnblatt schmettert. So ist er schon einmal, der Mensch.

Also Schlachtvieh hat keine Ahnung, was kommt. Zu Kriegsbeginn ist der Beweis im großen Stil erbracht worden. Da sah man es fröhlich brüllend durch die Straßen ziehen und die Stirnen, der Keule verfallen, hoch tragen.

Es leben aber auch Fleischhauer, die behaupten, dann und wann geschehe es, daß das dumme Vieh in articulo mortis sich benehme, als empfinde es Todesangst. Die meisten Ochsen betreten den Platz, wo an ihnen die entscheidende erste Handlung in der Reihe jener Handlungen vollzogen wird, die sie aus Lebewesen in einen Komplex von Eßportionen verwandeln, ruhigen Herzens, ohne Zeichen von Gemütsbewegung. Der Schlag trifft sie, und sie sterben eines schönen Todes. Bei einem oder dem andern Vieh jedoch trifft solche Erfahrung nicht zu; es gebärdet sich, als hätte es Beklemmungen, Ahnungen, Vorgefühle.

In der pikanten Stadt Budapest hat sich jüngst derartiges ereignet. Ich las darüber im Illustrierten Blatt, das auch von der Endphase des Vorfalls eine photographische Aufnahme zeigt.

Jener Ochs, jener Besonder-Ochs, von dem die Budapester Nachricht erzählt, wurde, zwei Schritt vorm Schafott – schon schneuzte sich, Luft und Klarheit seinem Hirn erblasend, der Hinrichter in die rot quadrillierte Schürze – von Todesangst befallen. Er zitterte, ächzte, stürzte in die Knie, als wollte er um Gnade bitten. Vielleicht erblaßte er auch, aber man sieht es einem Ochsen nicht an, wenn er erblaßt. Funktion des Lachens und Erbleichens ist den Tieren versagt: diese äußeren Zeichen der Heiterkeit und der Angst sind Reservatrecht des Menschen, des schamlosen Dünnhäuters. Ehe man dem Ochsen noch den Standpunkt als Schlachtvieh klarmachen konnte, hatte er sich losgerissen, tobte den Weg, den er gekommen war, zurück, überrannte Hindernisse, durchbrach Tore, lief auf die Straße. Er lief zehn Kilometer weit, und die Menschen sprangen zur Seite und brüllten wie Ochsen, die Wachleute hoben die Hand und ließen sie resigniert wieder sinken, in den Gasthäusern stürzten die Leute kauend, die Gabel in der Faust, ans Fenster, und ein zufällig des Wegs schlendernder Dichter sah Feuer aus den Nüstern des rasenden Tieres sprühen. Zehn Kilometer weit lief der Ochs, der Schönheiten Budapests nicht achtend. Endlich wurde er müde und suchte Unterschlupf, denkt euch – in einem Keller! Welche Folgerichtigkeit des Fluchtgedankens! Hinab, unter die Erde, ins Dunkle, Abseitige, schwer zu Durchspähende. Sie fanden ihn natürlich doch, »gänzlich erschöpft«, wie der Bericht meldet. Er lag auf der Seite, geschlossenen Auges und ließ mit sich geschehen, was die andern wollten. Um die Vorderbeine kam ein Seil, um die Hinterbeine kam ein Seil; so schleiften sie ihn aus seinem Versteck ins Freie. Dann gruppierten sie sich um den Gefangenen, ein Mann hielt straff das rechte Seil, einer straff das linke Seil, einer, ein kurzer Kerl mit Schirmkappe, dickem Schnurrbart und Arbeitsschürze, setzte dem Hingestreckten den Stiefel auf die Flanke, und dann kam der Photograph und knipste für das Illustrierte Blatt. – Es wurde ein erschütterndes Bild. Wie er daliegt, der Bruder Ochs, des heiligen Lukas sanfter Freund, und um ihn die Schar der schrecklichen Gesichter, aufgebrochen von Gelächter, das ein Privileg ist der Menschenschaft!

Wahrscheinlich haben sie ihn dann mit zwiefacher Passion geschlachtet, im Schwung des Beils nicht Arbeitspflicht erfüllend, sondern auch Rachlust befriedigend. Ein widerspenstiger Ochse, ein Ochse, der, wo es sich doch nur um Fleisch handelt, es mit der Seele bekommt, hat keinen Anspruch auf Sympathie.

Immerhin dürften die, die von ihm gegessen haben – ich hoffe das inständigst –, von Bauchgrimmen heimgesucht worden sein. Denn dieser Ochs war psychisch vergiftet. Kaum denkbar, daß die Toxine der Todesangst nicht auch in seine Fasern und Gewebe gesickert sein sollten.

Ich will den Herrn im Gasthaus, der beim Essen stets aus der mittleren Sammlung Majjhimanikayo des Pali-Kanons liest, fragen, was der Buddha über die Todesfurcht der Tiere weiß und sagt. Der Narr ist immer so vertieft in seine Lektüre, daß er auch, während er den Bissen zum Munde führt, nicht die Augen vom Buch wendet. Oft tropft ihm, und er merkt es gar nicht, der Bratensaft über die Weste.

Guido Gezelle

Das Abendtuthorn

Ins Tuthorn stößt die Kuh: zur Ruh
Vom Käuen und vom Nagen,
Hat lang genug durch Raut und Kraut
Den Euter schwer getragen.
Den Euter schwer, der molken-voll
Fast bis zum Grunde langt
Und immer mit auf Schritt und Tritt
Leiblästig schwappt und schwankt.

Sie stößt ins Horn mit Braus, um aus
Der Weide heimzukommen,
Da sie zur Melkestund gesund
Des Süchtens werd entnommen,
Des Soges, der so rar und klar,
So linde, laue Last,
Für alle, Kind und Ingesind,
Ein' Trinkbarkeit befaßt.

Ins Tuthorn stößt die Kuh, dazu
Genötigt bis sie hören,
Die gegen Abend lahm- und klamm-
Gewercht nach Rüste gehren.
Der Mensch will ruhn, die Kuh will ruhn;
Und jedereiner tracht't
Nach Sommers schwerem Werk ohn Stärk
Zur segenvollen Nacht.

Federico Garcia Lorca

Kuh

Die Kuh, todwund, hat sich gestreckt;
an ihren Hörnern klommen Bäche hoch und Bäume.
Zum Himmel blutete ihr Maul.

Ihr Maul wie Bienen
unterm trägen Bart des Geifers.
Ein weißes Heulen trieb den Morgen in die Höhe.

Die toten und lebendigen Kühe,
Licht, das rot wird, oder Stalles Honig,
brüllten mit halboffnen Augen.

Die Wurzeln solln es wissen
und der sein Messer schleift, der Knabe,
daß sie die Kuh schon essen können.

Da oben werden Lichter
und Halsschlagadern blasser.
Vier Hufe zittern in der Luft.

Der Mond auch soll es wissen
und diese Nacht der gelben Felsen,
daß die Kuh aus Staub schon ging.

Daß sie muhend schon gegangen
durch der starren Himmel Trümmer,
wo die Betrunknen Tod zur Vesper essen.

Joseph Roth

Stierkampf am Sonntag

Langsam füllt sich die Arena. Die Erwachsenen, die Kinder und die Soldaten sitzen vom ersten, tiefsten Rang bis zum höchsten, und selbst am obersten Rande der Mauer hocken und stehen noch

Zuschauer. Die Arena ist ungefähr drei Stockwerke hoch. Die steinernen Galerien sind mit Menschen gespickt, die ganz klein sind in diesem weißen, runden Ungeheuer. Die vielen Köpfe neben- und übereinander wachsen aus dem Stein wie Rüben aus einem Feld. Es ist, als hätten die Menschen sich nicht gesetzt, sondern als hätte man sie gesät und sie wären aufgegangen. Die Sonne liegt weiß schmelzend auf dem kahlen Rund in der Mitte. Ringsum ein Zaun mit vielen Toren und mehreren verborgenen Ein- und Ausgängen. Aus einem dieser Tore stürzt nach einem feierlichen Trompetenstoß der erste Stier, empfangen vom Geheul der Zuschauer und geblendet von der schmerzenden Sonne. Der Stier kommt aus dem guten dunklen und kühlen Stall. Ihm ist diese Arena eine wüste Hölle aus weißgelbem Brand und Geschrei. Die Hörner gesenkt, die Vorderbeine geknickt, setzt er zum ersten Sprung an, der ihn retten soll. Nach einer Sekunde hat er bereits gesehn, daß aus diesem Ring kein Ausweg ist. Er läuft den runden Zaun entlang und säubert ihn von den Zuschauern, den Männern, die alle mit flinken Sprüngen über die Planken setzen. Sie schreien dabei, beschimpfen das Tier, werfen ihm Mützen in den Weg. Der Stier stößt gegen den Zaun. Indessen sind die jungen Leute wieder in der Mitte der Arena. Sie locken den Stier, schreien, schrecken ihn. Einer läuft dem Tier entgegen, streckt die Hand aus, der Stier stößt gegen den Mann vor, der Mann entweicht. Er ist flinker, er ist zweibeinig, er hat Genossen, die ihm helfen und den wütenden Stier ablenken, er ist in einer unvergleichlich besseren Situation, der tapfere Mensch. Er darf alle Waffen benützen: die List, die Feigheit, die Zweibeinigkeit, den Zaun, die Ausgänge, den eisernen Kamm. Der Stier hat nichts, man hat ihm über die Hörner Schläuche aus Leinwand gestülpt, um seine Stoßkraft zu mindern.

Der Stier ist schwarz, kräftig, um seinen Nacken kräuselt sich das Fell, sein guter, breiter Schädel glänzt bläulich in der Sonne, seine Augen sind groß, ratlos, dunkelgrün und in aller Wildheit noch fromm.

Die Menschen, die ihn reizen, sind jung, braunhäutig, dumm. Unter ihnen sind zwei, die ich nie vergessen werde: der eine dick, schwer, mit einem würfelförmigen Schädel, den linken Unterarm bandagiert, die Hände klotzig, die Finger aus primitiv geschnitztem Holz, die Nase kurz und stumpf, eine Stirn, die aus zwei Querfalten besteht und zwei Wülsten, die Augen groß unter ganz kleinen Lidern. Das ist der flinkste Jäger, trotz seiner Körperschwere. Er setzt mit einem hohen Sprung über den Zaun. Er läßt sich im richtigen Moment fallen. Er vollführt fünf Drehungen in einer Sekunde. Er ritzt die Stirn des Stiers mit dem eisernen scharfen Kamm und ist im nächsten Augenblick verschwunden. Er wird zwanzigmal beklatscht, ein paarmal von der Präsidentenloge geehrt, die Musik bläst ihm zu Ehren einen Tusch. Nichts kann seinem Ehrgeiz genügen. Das ist kein Spiel mehr. Dieser Mann haßt den Stier mit der ganzen Kraft seiner Seele. Das Tier ist sein Feind. Dieser Mann will den Stier bluten sehen.

Sein Kollege ist dünn, groß, schwarz, mit langen Gliedmaßen, die ihn hindern. Seine schmale Nase ragt wie ein Messer aus dem Gesicht. Dieser Mann haßt das Tier ebenfalls. Er greift zu Mitteln, die noch hinterhältiger sind als die üblichen. Er rächt sich am Stier für sein eigenes Ungeschick. Er spannt einen violetten Damenschirm auf und hält ihn dem Stier vors Angesicht. Verfolgt, und vom Schirm geschützt, kriecht er über den Zaun und stößt aus seiner feigen Sicherheit die Spitze des Schirms gegen das Geschlecht des Stieres. Großes Gelächter in der Arena. Die Zuschauer halten sich die Bäuche. Das häßlichste Requisit, das der Menschengeist erfunden hat, wird zur Waffe gegen das kräftigste der Tiere. Der Mann konnte kein besseres Symbol für die Würde der Menschheit finden.

Ratlos, erschöpft, mit fließendem Schaum steht der Stier, den Blick gegen das Tor gerichtet, hinter dem der gute, warme, riechende Stall ist, die bergende Heimat. Ach! das Tor ist geschlossen und öffnet sich vielleicht nicht wieder! Die Menschen schreien und lachen, und es scheint, daß der Stier jetzt schon zu unterscheiden weiß zwischen den reizenden Rufen und dem billigen Spott. Eine ungeheure Verachtung, größer als diese Arena, erfüllt die Seele des Stiers. Jetzt weiß er, daß man ihn auslacht. Jetzt ist er zu schwach, um wütend zu sein. Jetzt erkennt er seine Ohnmacht. Jetzt ist er kein Tier mehr. Jetzt ist er, in einem, die Verkörperung aller Märtyrer der Weltgeschichte. Jetzt sieht er aus wie ein verspotteter, geschlagener Jude aus dem Osten, jetzt wie ein Opfer der heiligen Inquisition, jetzt wie ein zerrissener Gladiator, jetzt wie ein gemartertes Mädchen vor dem mittelalterlichen Rat, und in seinem Blick liegt ein Schimmer von dem leuchtenden Schmerz, der im Auge des Gekreuzigten gebrannt hat. Der Stier steht und hofft nicht mehr.

Da erscheint hinter dem Zaun mein Tischgenosse, der Bauer, der so freundlich den Hund gefüttert hat, die gute Seele, mit einer langen Mistgabel und stößt zwei spitze Zinken in den Rücken des

Tieres, um es aufzumuntern. Der Stier springt auf, schlägt aus, scharrt den Sand zu einer Wolke auf, rennt gegen den ersten Schreier, stößt mit dumpfen Laut gegen den Zaun, springt über das Geländer, rast im engen Raum zwischen Zaun und Zuschauern. Der Jubel ist schauderhaft und betäubend. Man hört ihn gewiß eine Meile in der Runde.

Oh, jetzt werden noch die schönsten Dinge kommen! Noch wartet man auf den stolzen und rotgoldenen Reiter, die funkelnden Springer, die Träger der roten Tücher, die Pfeilewerfer. Alles, was sich bis jetzt ereignet hat, war nur ein Vorspiel. Die gutherzigen, wohlerzogenen, höflichen Bürger, die sich mit tapferen Zurufen und heroischen Taschentüchern am Spiel aus gesicherter Entfernung beteiligen, die Schneider und Friseure im Sonntagsanzug, sie sind schon aufgeregt. Der Schaum genügt ihnen nicht. Sie wollen Blut sehen, die Braven!

Ich werde die rotgoldenen Helden nicht mehr sehen. Wenn ich das Aussehen eines Tieres hätte unter diesen Menschen – ich bliebe vielleicht. Aber ein Stier könnte mich Unglücklichen für einen Menschen halten. Mein einziger Genosse ist ein kleiner, weißer Hund, den eine Frau mitgebracht hat. Der Hund bellt immer aufgeregt, wenn ein Mensch dem Stier entflohen ist. Der Hund möchte dem Stier beispringen. Ich auch.

Aber, ach! was können zwei arme Hunde gegen fünftausend Menschen?!

Carl Sandburg

Milchweißer Mond, laß die Kühe schlafen

Milchweißer Mond, laß die Kühe schlafen.
Seit fünf Uhr am Morgen,
Seit sie sich erhoben aus dem Gras,
Wo sie auf den Knien hockend, geschlafen,
Haben sie Gras gefressen und Milch gegeben,
Und wieder Gras gefressen und Milch gegeben,
Und Schädel und Zähne am Antlitz der Erde gehabt.
Nun sehen sie dich an, milchweißer Mond,

Sorglos, wie sie in die weite Landschaft starren,
Sorglos, wie sie auf den Eimer starren mit frischer weißer Milch.
Sie sehen dich an, kein Erstaunen ist da, keines.
Ob der Mond die obere Fläche ist eines Eimers voll Milch?
Kein Fragen ist da, nur sorgloses Schauen.
Laß die Kühe schlafen, milchweißer Mond.
Laß die Kühe schlafen.

Carlos Drummond de Andrade

Das Rind

O Einsamkeit des Rindes auf dem Feld,
O Einsamkeit des Menschen auf der Straße!
Zwischen Wagen, Zügen, Telefonen,
Zwischen Schreien welche tiefe Öde!

O Einsamkeit des Rindes auf dem Feld,
O Millionen welche leiden ohne Fluch!
Ob es Nacht ist oder sonnig bleibt sich gleich,
Die Dunkelheit bricht an sobald es tagt!

O Einsamkeit des Rindes auf dem Feld,
Menschen winden sich und sagen keinen Ton!

Die Stadt ist unerklärlich
Und die Häuser haben keinen Sinn.

O Einsamkeit des Rindes auf dem Feld!
Und das Gespensterschiff fährt
Schweigsam durch die überfüllte Straße.
Wie, wenn ein Liebessturm herniederbräche!
Die Hände verschlungen, das Leben gerettet . . .
Doch das Wetter ist beständig. Und das Rind allein.
Auf dem riesig weiten Feld: der Bohrturm.

Harry Martinson

Abend im Binnenland

Das Rätsel spiegelt sich schweigend. Es webt den Abend im schlaftrunknen Ried
Eine Unberührtheit ist hier, im Geflecht des Grases, die keiner sieht.

Aus grünen Augen starrn die schweigsamen Rinder.
Sie trotten dämmerstill zur Wasserstelle.
Und ihren Mäulern reicht der See
seine riesengroße Kelle.

Guido Zernatto

Kälbern

Wir warteten lange in jener Nacht
und haben die Zeit mit den Karten verbracht.
– Die Weiber spannen, der Großvater schlief –
bis endlich die Kuhdirn vom Stall her rief.

Wir sprangen hinaus. Die Nacht war schön,
die Rindeln tropften, es wehte der Föhn,
im Stall aber trieb es die graue Kuh
in Schmerzen und Qualen dem Kälbern zu.

Der Bauer trat näher, mit kundiger Hand
fühlt er vor, drängt das Tier bis nah an die Wand,
dann spricht er heiser: »Das Kalb liegt quer!«
Und zu mir: »Es wird hart, zieh den Rock aus, komm her!«

Ich weiß nicht wie lang es und wie es war.
Uns klebte verschwitzt an den Schläfen das Haar.
Die Kuh aber stand, den Kopf gelegt,
ganz still, kaum von tieferem Atmen bewegt.

Ganz still! So, als hätte sie gar nicht acht,
daß sie qualvoll ein Junges von sich gebracht.
Ganz still! Und sie sah nicht das Kalb im Verschlag,
das erbärmlich und tot auf den Streuhaufen lag.

Erst dann, als der Föhn durch die Stalltüre pfiff
und wir gingen, so spät erst begriff
die Kuh, daß kein Leben möcht um sie sein.
Sie brüllte. Es ging uns durch Mark und Bein.

Das war im April. Die Nacht war schön.
Die Rindeln tropften. Es wehte der Föhn.
Auf der Liegerstatt lagen wir lange noch.
Schlaflos. Und sahen den Sternhimmel. Hoch.

Christine Busta

Auf ein Rind

Du bist der sanfte König der Weiden:
wenn dein fahler gewaltiger Leib
zwischen den Bäumen sich schwer erhebt,
müßten dich deine harten Treiber
um seine Kraft beneiden.
An der Stirn die eiserne Kette der Fron
schmückt schöner dich als die schönsten Weiber
goldener Liebeslohn,
weil sie von deinen Augensternen
nimmer die dunkle Ergebung lernen.

Den Abendwind schnaubst du aus feuchten Nüstern,
die Paare, die an den Zäunen flüstern,
sind vor seiner Wärme erbebt.
Manchmal brüllst du, daß ich erschrocken
vor deinem Anruf stehen bleib;
in tödlich langsamen Speichelflocken
tropft dir vom Maul die Verlassenheit
jeglicher Kreatur unsrer Erde,
und die dumpfe Schwermut der Herde
wiegt sich im Mondbug der Hörner dir breit.

Jan Skácel

Wie Kälbchen zur Welt kommen

Wehmütig muht zuweilen die Kuh
und blickt sich um
mit Augen, blauer als Achat.

Milchquellen rasseln an Melkkübel,
im Luftzug wehn goldene Saiten des Mistes.
Immer, wenn die Tür sich öffnet,
tritt der Morgen ein.

Der Kuhstall ist voll ausgeatmeter Nacht.

Wir warten.

Auf einmal zeigen sich zarte kleine Hufe,
berühren das Licht,
schütteln die warme Finsternis ab,
und alle ziehen wir mit sanfter Kraft am Strick,
bis das nasse Kälbchen
durch unsere Arme ins Stroh gleitet.

So haben wir, sakra, wenigstens Freude miteinander
und gehen schnell heim, uns zu rasieren,
die Stoppeln unterzuschälen, das weiße Gras einer Nacht.

Am Himmel schwimmt ein Stab voll Gesang.

(So kommen Kälbchen zur Welt
und alles Schöne.)

Schwarzfuß-Indianer

Büffelgesang

Büffel, ihr steigt empor, daß alle euch sehen können.
Es ist lange her, seit wir euch ausmachen konnten.
Büffel: sie sind weg am Gipfel der Berge da drüben.
Büffel: sie sind gewaltig, da sie niedersteigen –
da unten das ist ihre Medizin.

Büffel: an den Bergen sind sie gewaltig gelagert.
Büffel: sie steigen gewaltig hinauf
und kommen gewaltig herunter.
Da unten das ist ihre Medizin.
Büffel: sie rennen gewaltig herunter –
da unten das ist ihre Medizin.

Carl Sandburg

Büffel-Dämmerung

Die Büffel sind fort.
Und die die Büffel gesehen, sind fort.
Die Tausende der Büffel gesehen und wie sie das
        Gras zu Staub zermahlten mit ihren Hufen,
        die großen Schädel gebeugt, stampfend im
        Zwielicht. Ein großes Schauspiel!
Die die Büffel gesehen, sind fort.
Und die Büffel sind fort.

Johann Nikolaus Götz

Hylas an seinen Hahn

(Nach der zwölften Ode Anakreons.)

Wie soll ich dich bestrafen,
Unruhigster der Hähne?
Soll ich dich deiner Sporen,
Und deiner Purpurkrone,
Und deines Barts berauben?
Den schönsten Traum von Iris
Verjagte mir dein Krähen,
Und stürzte mich vom Gipfel
Der Seligkeit herunter.
Ich weiß, wie ich dich strafe:
Ich will der süßen Freuden
der Venus dich berauben;
Du sollst mir stracks ein Priester
Der Dyndiméne[1] werden.

1 Die Priester der Dyndiméne oder Cybele waren Kastraten.

Joseph von Eichendorff

Wann der Hahn kräht

Wann der Hahn kräht auf dem Dache,
Putzt der Mond die Lampe aus,
Und die Stern ziehn von der Wache,
Gott behüte Land und Haus!

Theodor Storm

In der Frühe

Goldstrahlen schießen übers Dach,
die Hähne krähn den Morgen wach;
nun einer hier, nun einer dort,
so kräht es nun von Ort zu Ort;
und in der Ferne stirbt der Klang –
Ich höre nichts, ich horche lang.
Ihr wackern Hähne, krähet doch!
Sie schlafen immer, immer noch.

Ho Chi Minh

Ich höre den Hahn

Bist du auch bloß ein Hahn –
Es tagt, es tagt! verkündet laut dein Schrein.
Das reißt die Schläfer hoch aus blauer Nacht.
So ist dein Ruhm nicht klein.

Pablo Neruda

Ode an den Hahn

Ich sah einen Hahn
mit castilischem
Gefieder:
zugeschnitten
sein Hemd
aus schwarzem und weißem Stoff,
seine Beinkleider, die kurzen,
und die Federbögen
seines Schweifs.
Seine Klauen, in gelben
Schaftstiefeln,
ließen,
herausfordernd, die Sporen
erglänzen
und oben
das feurige
blutgekrönte
Haupt
unterstrich
die ganze Anmut:
ein Standbild
des Stolzes.

Niemals
auf
Erden
sah ich solche Sicherheit,
solche würdevolle Grazie:
es war,
als hißte
das Feuer
die endgültige Präzision
seiner Schönheit:
zwei pechschwarze
Funken
Gagats
waren

gerad noch
die Augen, verachtungsvoll,
des Hahns,
der, als
tanze er, da einherschritt,
fast ohne die Erde zu berühren.

Doch kaum
erblickten seine Augen
ein Maiskorn, ein Krümchen
Brot,
schon hob er im Schnabel sie empor,
wie ein Juwelier
einen Diamanten in die Höhe hebt
mit zärtlichen Fingern,
und dann
rief mit gutturaler Beredsamkeit er
seine Hühner
und ließ von seiner Höhe herab
die Nahrung fallen.

Keinen Präsidenten
mit Tressen geschmückt und Sternen
sah ich
wie diesen
Körner
verteilenden
Hahn,
noch sah ich je
solch unerreichbaren Tenor
wie diesen reinen
Heldensänger von Gold,
der von
der thronenden Mitte
seines Universums aus
die Frauen
seines Stammes schützte,
nichts als Stolz
auf der Zunge,
und nach allen vier Himmelsrichtungen um sich
blickend,

auf der Suche immer
nach Nahrung
der Erde
einzig und allein
für seine gefräßige
Familie,
indem er seine Schritte
zur Sonne wandte, zu den Abhängen hin,
zu einem weiteren
Weizenkorn.

Deines, eines Turmes Hoheit,
eines milden
Kriegers,
deine Hymne
zu den Höhen
auf,
deine jähe
Liebe, hingerissen
von gefiederten Schatten
und berühmt,
schwarzer,
weißer
Hahn,
stolz aufgerichtet,
Summe
der ländlichen, männlichen Integrität,
Vater
des zerbrechlichen Eis, Paladin
der Morgenröte,
Vogel hochgemuten Stolzes,
Vogel ohne Nest,
der sein eigenes Opfer
dem Menschen weihte,
ohne zu unterwerfen
sein Geschlecht
noch seinen Sang zu beugen.

Deine Anmut
braucht keinen Flug,
Marschall der Liebe

und Meteor,
hingegeben
so vielen Vortrefflichkeiten,
sollte
diese
Ode
hinabfallen
in den Hühnerhof,
picke sie auf, mit äußerstem Mißvergnügen,
und verteile sie unter dein Hühnervolk.

Peter Huchel

Hahnenkämme

Eines Abends, nach dem Markt,
bot mir eine Alte
zwei junge Hähne an.
Gebündelt,
die Füße gefesselt,
den Kopf nach unten,
hingen sie
schlaff
an erdiger Hand.
Ich ging vorüber.

Hinter den Pfählen
an der Bucht
sah ich im Widerschein der sinkenden Sonne
die Hahnenkämme gezackter Felsen
im Wasser leuchten.

Zbigniew Herbert

Henne

Die henne ist das beste beispiel dafür, wo das enge zusammenleben mit menschen hinführt. Sie hat die leichtigkeit und die anmut des vogels gänzlich verloren. Über dem stattlichen pürz ragt das federgebüsch empor wie ein zu großer hut von schlechtem geschmack. Ihre seltenen augenblicke der erregung, wenn sie sich auf ein bein stellt und die runden augen mit dem lidhäutchen zuklebt, sind erschütternd widerlich. Und dazu noch diese parodie des gesangs, abgeschnittne supplikationen über eine unsagbar lächerliche sache: das runde, weiße, beschmierte ei.

Sie erinnert an manche dichter, die henne.

Gustav Januš

Die Henne

Die Henne hat ein Ei
gelegt.
Irgendwo auf der Tenne
hat die Henne
ein Ei gelegt,
und jetzt freut sie sich

und gackert.
Und wir, o Henne, die wir
erst wurden, als
du längst schon da warst,
werden dir das Ei wegnehmen,
es aufschlagen und aufessen.
Du weißt doch, daß
wir alles essen,
nicht bloß deine Eier.
Aufessen werden wir auch dich,
wenn du keine brave Legerin mehr bist.
Du weißt doch, daß
wir am Leben bleiben
und noch lange nicht sterben wollen.
Und deswegen leg
brav deine Eier, wenn
auch du am Leben bleiben willst.

Rosa Luxemburg

Brief an Gertrud Zlottko

Königl. Frauengefängnis.
Barnimstr. 10, 25. 5. 15

... Denken Sie, hier in meiner Nachbarschaft ist irgendwo auch eine Gans, ich meine: eine richtige, gefiederte Gans; und die schreit manchmal zu meinem Entzücken; leider nur zu selten. Wissen Sie, weshalb mir das so gefällt? Ich habe es jetzt raus: Das Gackern der Hühner oder das Quaken der Enten, das ist so ein echt hausmütterlicher, sorgenvoller Laut eines alten Haustieres, aber in dem Gänseschrei, da steckt noch ganz der wilde, ungezähmte Vogel, der nach dem Süden zieht über Winter, da ist noch trotziger Hochflug drin, das gegenseitige Locken über weite Fernen; wahrhaftig, wenn ich diesen unartikulierten Gänseschrei höre, da zuckt in mir alles vor Sehnsucht nach – was weiß ich nach was, einfach nach der Ferne, nach der Welt. Himmelkreuzhageldonnerwetter! wenn ich so weit weitweg fliegen könnte wie eine Wildgans! Ich würde Sie gleich mitnehmen. Bis zu diesem Gänseflug leben Sie recht wohl und behalten Sie den Kopf oben.

Rajzel Zychlinski

Es hat die Gans

Es hat die Gans ihren Kopf
unter weißen Flügeln versteckt.
In ein halbes Rad gebogen
ist ihr langer Hals.
Ihr langer weißer Hals –
eine stille Brücke,
darauf wankt der Tod
herüber hinüber,
herüber hinüber.

William Blake

Das Lamm

Kleines Lamm, wer schuf dich?
Weißt du wohl, wer schuf dich?
Gab dirs Leben, bot dir Gras
Auf der Wiese, bei dem Bach;
Gab dirs Kleid so freudenreich,
Kleid aus Wolle, weiß und weich;
Gab das zarte Stimmlein drein,
Drob sich rings die Täler freun?
Kleines Lamm, wer schuf dich?
Weißt du wohl, wer schuf dich?

Kleines Lamm, so hör mich,
Kleines Lamm, so hör mich:

Ruft man Ihn, so ists dein Nam,
Denn Er nennt sich selbst ein Lamm.
Er ist sanft und Er ist lind;
Und Er ward ein kleines Kind.
Ich ein Kind und du ein Lamm,
Beiden uns gehört Sein Nam.
    Kleines Lamm, Gott schirm dich.
    Kleines Lamm, Gott schirm dich.

Robert Musil

Schafe, anders gesehen

Zur Geschichte des Schafes: der Mensch findet heute das Schaf dumm. Aber Gott hat es geliebt. Er hat die Menschen wiederholt mit Schafen verglichen. Sollte Gott ganz Unrecht haben?

Zur Psychologie des Schafes: der sichtbar gestaltete Ausdruck hoher Zustände ist dem der Blödheit nicht unähnlich.

In der Heide bei Rom: Sie hatten die langen Gesichter und die zierlichen Schädel von Märtyrern. Ihre schwarzen Socken und Kapuzen an dem weißen Fell gemahnten an Todesbrüder und Fanatiker.

Ihre Lippen, wenn sie über dem kurzen, spärlichen Gras suchten, zitterten nervös und stäubten den Ton einer erregten Metallsaite in die Erde. Schlossen sich ihre Stimmen zum Chor, so klang es wie das klagende Gebet der Prälaten im Dom. Sangen aber ihrer viele, so bildeten sie einen Männer-, Frauen- und Kinderchor. In sanften Rundungen hoben und senkten sie die Stimmen; wie ein Wanderzug im Dunkel war es, den in jeder zweiten Sekunde das Licht traf, und es standen dann die Stimmen der Kinder auf einem immer wiederkehrenden Hügel, während die Männer das Tal durchschritten. Tausendmal schneller rollten Tag und Nacht durch ihren Gesang und trieben die Erde dem Ende entgegen. Manchmal warf sich eine einzelne Stimme empor oder stürzte hinab in die Angst der Verdammnis. In den weißen Ringeln ihrer Haare wiederholten sich die Wolken des Himmels. Es sind uralte katholische Tiere, religiöse Begleiter des Menschen.

Noch einmal im Süden: Der Mensch ist zwischen ihnen doppelt so groß als sonst und ragt wie der spitze Turm einer Kirche gegen Himmel. Unter unseren Füßen war die Erde braun, und das Gras wie eingekratzt graugrüne Striche. Die Sonne glänzte schwer am Meer wie in einem Spiegel von Blei. Boote waren beim Fischfang wie zu Sankt Petri Zeiten. Das Kap schwang den Blick wie ein Laufbrett zum Himmel und brach lohgelb und weiß, wie zur Zeit des verirrten Odysseus, ins Meer.

Überall: Schafe sind ängstlich und blöd, wenn der Mensch naht; sie haben Schläge und Steinwürfe des Übermuts kennengelernt. Aber wenn er ruhig stehen bleibt und in die Weite starrt, vergessen sie ihn. Sie stecken dann die Köpfe zusammen und bilden, zehn oder fünfzehn, einen Strahlenkreis, mit dem großen, lastenden Mittelpunkt der Köpfe und den andersfarbigen Strahlen der Rücken. Die Schädeldecken pressen sie fest gegeneinander. So stehen sie, und das Rad, das sie bilden, regt sich stundenlang nicht. Sie scheinen nichts fühlen zu wollen als den Wind und die Sonne, und zwischen ihren Stirnen den Sekundenschlag der Unendlichkeit, der im Blut pocht und sich von einem Kopf zum andern mitteilt wie das Klopfen von Gefangenen an Gefängnismauern.

Stefan George

Lämmer

Zu dunkler schwemme ziehn aus breiter lichtung
Nach tagen von erinnerungschwerem dämmer
In halbvergeßner schönheit fahler dichtung
Hin durch die wiesen wellen weißer lämmer.

Lämmer der sonnenlust und mondesschmerzen
Ihr keiner ferngeahnten schätze spürer!
Lämmer ein wenig leer und eitle herzen
Stolz auf die güldnen glocken eurer führer!

Alternde uns! in eurem geiste junge!
Lämmer von freuden die für uns erkühlen
Lämmer mit schwerem schritt mit leichtem sprunge
Mit einem heut kaum mehr begriffnen fühlen!

Vorsichtige! vor keinen hängen scheue!
Lämmer der wohlumfriedigten zisternen
Lämmer zu alter doch bewährter treue
Lämmer der schreckenlosen fernen!

Paul Zech

Die Ballade von einem Lamm auf der Schlachtbank

Der Bauer hatte ihm die Wolle noch geschoren
und ohne Abschied ging er von ihm fort.
Da hing es traurig in den Wind die Ohren
und in den Augen schien das Grüne wie verdorrt.

Es fühlte nicht die Fäuste, die es hoben,
und an den Beinen kaum den schwarzen Strick.
Es sah nur, wie die Wolken sich verschoben
und reckte nach der Sonne das Genick.

Das Maul, mit einem Hauch von Silberhaaren,
gab langsam die erschrocknen Zähne frei.
Ein Husten wollte ihm den letzten Schrei ersparen,
da brach auch schon das bange Herz entzwei.

Die Zunge schmeckte nichts als Galle,
der Himmel schien unendlich weit
und hatte den Geruch von einem Stalle
in Bethlehem zur Weihnachtszeit.

Und das Geflimmer vom Gestirn der Weisen
durchfuhr den Leib und fand die Seele bald,

und nahm sie mit auf seinen weiten Reisen
als wär sie schon Millionen Jahre alt.

Ein wenig Staub ist nur zurückgeblieben,
der neigte sich herab zu seinem Grund,
und hat das Gras empor getrieben,
das wieder Lämmer hat und Blume, Wolf und Hund.

Max Pulver

Das Lamm

Durch goldbraune Schollen,
Durch wogende Strudel
Samenden Grases geht das Lamm.
Reingekämmt von taufrischen Sträuchern des Morgens,
Überschwemmt mit Frühe.
Vor Augen ihm wellt sich
Unerfaßlich
Hügel um Hügel, fließende Kuppen.
Frisch mit kieselharten Gräsern
Schürft die Welt seine ängstliche Stummheit.
Und es weidet und geht
In die Glutschlucht des Mittags,
Sonnenspeere auf dampfendem Rücken,
Vom Schatten gelabt, der aus balligen Büschen
Sich über den Weg schlägt.
Und rot rollt der taube Ball
Hinter Rüsterschleier, und es erschrickt
Vor dem Hundegebell
Im frostigen Abendhauch,
Wenn messerscharfen Schnittes erster Stern
Seine Zacken aus dem Dunkel streckt.

Zur Erde gebückt hebt es das Haupt
Schwer von den leibvertrauten Bildern des Lichts.
Aus rieselnder Leere starrt es
In sich geschreckt
In die Schauer des Getrenntseins.
Seine Stimme ist bang vor dem Tod.

Tudor Arghezi

Die Herde

Um Mitternacht ziehen die Schellen der Herde vom Gebirge ins Moor. Wenn die Kinder längst eingeschlafen sind und auch die Pflüger und die Ochsen, und die Hähne vor lauter Schläfrigkeit zu krähen vergessen haben, dann wandern die *Schafe*. Wallfahrende kleine graue Hütten, wie Bonapartes Soldaten zuweilen mitten im Marsch einnickend, folgen sie, Pelz an Pelz, kleine Hufe neben kleinen Hufen, dicht aneinandergedrängt, wie eine Schatteninsel, die sich sanft durchs Dunkel fortbewegt, der weißschimmernden Linie des Weges. Und solidarisch mit ihrer Müdigkeit und ihrer Geduld, die Last des Packsattels auf dem Rücken, trottet auch *der prophetische Esel* an ihrer Seite, der Mythos der Herden und der treue Gefährte in Ruhm und Sieg unseres Erlösers. Wie ein Multiplikationszeichen auf das Rückgrat hingeworfen, trägt er das Kreuz, an dem die groben Decken und die Quersäcke hängen. An beiden Flanken zählen die *Hunde*, Schildknappen der Hirten, die Schafe und die Widder, und sie zählen auch die Ziegenhirten an den Kreuzwegen, vor dem Bahnwärterhäuschen, wo die Landstraße sich mit der Eisenbahnlinie überschneidet, und vor der lutherischen Kirche, deren Glockenturm wie eine dünne Bleistiftspitze in die nebligen Lüfte emporragt.

Ihrem einzigen, von den Ahnen ererbten Instinkt gehorchend, daß ein Schaf dem andern folgen muß, sowohl auf dem Kreideweg der finstern Nacht als auch in den Abgrund, scheuen diese Tiere weder vor einer Lokomotive zurück noch versetzt sie das elektrische Licht in Erstaunen, und auch der Motor der Kraftwagen, die mit zwei Monden in ihren Scheinwerfern vom Himmelsrande heruntersausen, läßt sie unberührt. Ein hochmütiger Widder mit dreimal geringelten Schläfenlocken aus Bein ist vor dem Tor der Volksschule stehengeblieben: da bleiben alle Schafe stehen. Der Widder hat nachgedacht: da denken alle Schafe nach. Der Widder hat sich vom Fleck gerührt: da setzen sich auch die Schafe in Bewegung. Ihre winzigen Schuhe mit den zwei Lackspitzen drücken sie nicht allzusehr, so lange der Widder und der Esel zu wandern gewillt sind. Legen sich diese beiden Herrscher zur Ruh, so schlafen auch die Schafe.

Gleich einem Weiler, der aufgebrochen ist, um eine neue Heimstatt zu suchen, rattert eine Reihe von Planwagen, von Pferden gezogen, mit Töpfen, Scheffeln und Gurken zum Markt. Die Schafe weichen ihnen aus und ziehen ruhig weiter, und der mit einer Kette an den Wagen gebundene Hund blickt zu den Wesen hin, die seinesgleichen sind, zu den freien Schäferhunden, die zwischen den Bergen und der Donau ein Nomadenleben führen.

Aus der Stimme der Weideglocken mit ihrem langgezogenen Läutebrettklang steigen wie aus einem alten Piano Erinnerungen auf. Im Staub des Flachlands und mitten unter Steinen hört es sich wie die Stimme der Erde selbst an – hingehaucht in zwei unbetonten Silben –, mit der die Herde, über Stoppelfelder und Weiden gebückt, in gaumigen Flüsterton Zwiesprache hält. Eine stete Vesper geleitet die Herden, die einsam und zur Erde geneigt, die Schritte von Rosenkränzen umschlungen, zwischen Einsiedeleien, zwischen Klöstern und zwischen Einöden einherwandeln.

Horch, wie der Schindelklöppel der Leithammel an das Holz der Nacht schlägt ... Lausche auf den Trott der winzig kleinen Schritte: das Geräusch eines Zuges von Krücken im Dunkeln ... Der Brunnenschwengel hat einen leeren Eimer heraufgezogen, und nun fallen Äpfel und Mirabellen auf dessen Boden ... Die Dörfer schlafen, die Schafe wandern. Weithin dehnt sich das Weideland des Nebels.

Und im Gefolge der Herde, nachdem sowohl die Esel als auch die Hunde vorbeigezogen sind, erscheinen, gebückt unter der Last ihrer zottigen Bauernmäntel und selber wie größere Schafe aussehend, die Hirten. Schweigsam schreiten sie auf dem heiligen Planeten des Überflusses und des Schweißes und lauschen dem Gebet, das einer aus ihrer Mitte auf seiner Flöte angestimmt.

Francesco Petrarca

Er begegnet seiner Geiß im Walde

Nicht will ich mehr das Tier im Glück beneiden:
der da sein Weib besitzt, in Freuden lebe!
Nun ich mich selber aller Qual behebe,
bin ich imstand, in Wonne mich zu kleiden.

Beim süßen Klange meiner Liebesleiden
ließ sich die Geiß, entschlüpft dem Waldgewebe,
an meiner Seite nieder, hold in Schwebe,
aufmerksam horchend, lieblich unter Weiden.

Es gab mir Mut, dies trauliche Beisammen,
mein Herz ihr auszuschütten, ihr zu beichten,
von welchem Zwiekampf meine Wunden stammen.

Worauf sie näher sich mir zugeschlichen,
um mir zu lauschen, da die federleichten
Beklemmungen bereits der Brust entwichen.

Christian Morgenstern

Bergziegen

Vor dem Abendhimmel gehen
längs der Felsen schärfsten Kanten
ein – (da bin ich schon gesehen!)
Bock und seine Geißtrabanten.

Und nun spähen sie herunter,
stehen, wie aus Stein geschnitten.
Aber blitzschnell sind sie munter,
bin ich meines Wegs geschritten!

Und in weiten Sätzen eilt die
Herde, mich ins Dorf zu bringen:

bleib ich stehen, so verweilt sie,
geh ich, hör ich's wieder springen.

Endlich sprech ich Donnerstrophen,
wende mich an ihre Bärte:
»Laßt des Philosophen Fährte!
Seid doch selber Philosophen!«

Feierlich und fragend schauen
lang wir einer auf den andern . . .
Und mit hochgezognen Brauen
lassen sie mich endlich wandern.

Umberto Saba

Die Ziege

Ich sprach mit einer Ziege.
Festgepflockt stand sie allein auf der Wiese.
Hatte das Gras satt, triefte
vom Regen und meckerte.

Eintönig meckerte sie; brüderlich schiens
meinem Leid. So gab ich Antwort, anfangs
im Scherz, dann sah ich ein, daß das Leid nie endet
und immer dieselbe Sprache spricht.
Seine Stimme, sie klagte hier
aus einer verlassenen Ziege.

In einer Ziege mit semitischen Zügen
vernahm ich die Klage des Leids in der Welt,
die Klage des Lebens.

Francis Ponge

Die Ziege

»Und wenn die Hölle Fabel ist im Mittelpunkt der Erde,
In meinem Herzen ist sie wahr.« *Malherbe*

Für Odette

Unsere Rührung beim Gedanken an die Ziege ist unmittelbar, trägt sie doch zwischen ihren dünnen Beinen – den Dudelsack mit herabhängenden Daumen blähend, den das Bettelweib, unter dem als Schal benutzten groben Wollteppich über ihrem stets schiefen Rückgrat, nur schlecht versteckt – die ganze Milch, die mittels einiger abgegraster, seltener Halme oder Reben von aromatischer Würze aus den allerhärtesten Steinen gewonnen wird.

Nichts als Halme, wie Sie selbst gesagt haben, wird man uns sagen.

Gewiß; aber eigentlich doch recht zähe.

Dann das Glöckchen, das nie aufhört.

Sie ist so glücklich, zu Gnaden, und meint, dies ganze Gebimmel sei für ihr Kleines, das heißt für die Aufzucht dieses kleinen Hockers aus Holz, der mit allen Vieren auf der Stelle Luftsprünge macht und Tanzschritte übt, bis er sich nach dem Vorbild der Mutter eher wie ein Schemel benimmt, der seine beiden Vorderfüße auf die erste beste Naturstufe setzt, die ihm in die Quere kommt, um immer ein wenig höher zu grasen als das, was sich in seiner unmittelbaren Reichweite befindet.

Und wunderlich bei alledem, starrköpfig!

So klein seine Hörner auch sind, er bietet die Stirn.

Ach, sie werden uns zu Ziegen machen, murmeln sie – fleißige Ammen und ferne Prinzessinnen nach dem Bilde der Milchstraße – und knien nieder, um sich auszuruhen. Mit geradem Kopf übrigens und einem märchenhaft bestirnten Blick unter den schweren Lidern. Doch mit einem jähen Ruck entkreuzigen sie ihre steifen Glieder und erheben sich sogleich wieder, denn sie sind sich ihrer Pflicht bewußt.

Diese Schönen mit den langen Augen, die behaart sind wie Tiere, diese Schönen und Dickköpfchen – oder besser gesagt: diese Belzebübischen –, wenn sie meckern, worüber, über welche Qual, über welchen Ärger beklagen sie sich dann?

Wie alte Junggesellen lieben sie Zeitungspapier, Tabak.

Und zweifellos muß man, wenn man von Ziegen spricht, vom Strick sprechen und sogar – was für ein Zerren! was für eine sanfte, ruckartige Verbohrtheit! – von gebrauchtem Strick bis zum Strick und vielleicht von der Peitschenschnur.

Dieses Bärtchen, dieser Akzent gravis . . .

Sie belästigen die Felsen.

Durch eine ganz natürliche Modulation der Stimme und daher ein wenig psalmodierend – und uns selbst vielleicht ein wenig zu sehr am Strick fassend, um die wörtliche Gelegenheit an den Haaren herbeizuziehen –, tun wir mit hochgerecktem Kinn kund, daß chèvre, nicht weit von cheval entfernt, jedoch weiblich und mit Akzent gravis, nur dessen modulierte Abart ist, die weder galoppiert noch hinunterjagt, sondern eher, mit ihrer letzten Silbe, auf jene schroffen Felsen klettert bis hin zum Abflughorst, zum hängenden Nest der stummen Silbe.

Kein Karacho aber diesbezüglich. Kein triumphierendes Aufbrausen. Keiner dieser dicht vorm Abgrund von schwindelndem Schauder gestoppten Gemsensprünge.

Nein. Da sie Schritt für Schritt zum Gipfel gelangt ist, durch ihr Studium immer näher hinangeführt – und fälschlich dorthin gelangt –, scheint sie sich vielmehr dafür zu entschuldigen, indem sie demütig ein wenig mit den Lefzen zittert.

Ach, stammelt sie, dies ist nicht eigentlich mein Platz; hier sieht man mich nicht wieder; und sie steigt wieder hinab bis zum ersten Gebüsch.

Gerade so erscheint uns die Ziege am häufigsten, im Gebirge oder in den von der Natur stiefmütterlich behandelten Gegenden: tierischer Fetzen, der an Büschen, den pflanzlichen Fetzen, hängt, die ihrerseits wieder an mineralischen Fetzen hängen, welche die schroffen Felsen, die ausgezackten Steine sind.

Und gewiß kommt sie uns nur deshalb so rührend vor, weil sie von einem bestimmten Gesichtspunkt aus nichts ist als dies: ein fehlerhafter Fetzen, ein Lumpenpack, ein elender Zufall; eine trostlose Annäherung; eine etwas ärmliche Anpassung an Zufälligkeiten, die selbst ärmlich sind; und am Ende weiter gar nichts fast als zerrupftes Zeug.

Und trotzdem ist dies die Maschine eines uns verwandten Modells, das wir drum brüderlich lieben, ich meine, die im Reich des vagabundierenden Lebens schon seit langem von der Natur erdacht und technisch vervollkommnet worden ist, um noch unter schlechtmöglichsten Bedingungen Milch zu liefern.

Sie ist nur ein armes, bemitleidenswertes Tier, gewiß, aber sie ist auch ein wunderbarer Organismus, ein Wesen, und es funktioniert.

So daß die Ziege, wie alle Kreaturen, ein Irrtum und zugleich die vollendete Perfektion dieses Irrtums ist; und daher beklagenswert und bewunderungswürdig, beängstigend und begeisternd zugleich. Und wir? Wir können uns ganz gewiß mit der Aufgabe begnügen, dies (unvollkommen) auszudrücken.

So werde ich mir die Ziege jeden Tag auf meinem Notizblock entworfen haben: Skizze, Entwurf, Bruchstücke einer Studie – wie die Ziege selbst von ihrem Besitzer auf die Berge geworfen wird; mitten in diese Büsche, diese Felsen – dieses abenteuerliche Dickicht, diese leblosen Worte – von denen sie sich auf den ersten Blick kaum unterscheidet.

Wenn man sie aber genau beobachtet, lebt *sie*, bewegt *sie* sich ein wenig. Wenn man ihr nahekommt, zieht sie an ihrem Strick, will sie auf und davon. Und man braucht sie nicht viel zu bedrängen, um sogleich ein wenig von dieser Milch aus ihr zu ziehen, die köstlicher und würziger ist als jede andere – und genauso duftet wie der Funke aus dem Kieselstein, der verstohlen auf die höllische Metallurgie hindeutet –, aber auch, gerade wegen des Ungestüms, der Milch der am Nachthimmel aufschießenden Sterne ganz ähnlich ist, deren unendliche Fülle und Entfernung bereits aus ihren Lichtern dieses Milcherne erzeugen – Getränk und Samen zugleich –, das sich unaussprechlich in uns ergießt.

Nährend, lindernd, ach, zweifellos warm noch, diese Milch, ziemt es sich, daß wir sie trinken, doch keineswegs, uns ihrer zu rühmen. Auch war sie, zu guter Letzt, als der Saft unsrer Worte, nicht so sehr uns bestimmt als vielleicht – durch Zicklein und Ziege hindurch – für eine undurchschaubare *Regeneration*.

So jedenfalls die Gedankengänge des erwachsenen Bocks.

Herrlicher Hörnerträger, Träumer großen Stils, der seine Ideen in aller Öffentlichkeit hoch aufpflanzt und ihre Last nicht ohne einigen Groll erträgt, der ihm für die kurzen Akte seiner Bestimmung von Nutzen ist.

Diese Gedanken zu Waffen auf seinem Kopf vollendet, aus Motiven hoher Ritterlichkeit ornamental nach hinten zurückgekrümmt;

Im übrigen wohl wissend – wenngleich aus okkulter Quelle und bald schon in seinen tiefen Beuteln zuckend –,

Womit, mit welcher Liebe er beauftragt ist und bleibt;

Solches, mit seiner Phraseologie auf dem Kopf, kaut er zwischen zwei Stößen wieder.

Zigeunerlied

Mir unter die Füße kommt ein Schwein;
Ich sehe mich so ganz allein;
Da hebt es an, so laut zu schrei'n:
»Zigeunerlein, Zigeunerlein!
Ich bin ja dein, ich bin ja dein;
Rasch zugelangt, die Müh' ist klein,
Und hurtig in's Gebüsch hinein!«

Detlev von Liliencron

Das sterbende Schwein

Ein sonniger, aber rauher Herbsttag. In dem holsteinischen Landstädtchen hatten die Wohlhabenden sich schon längst auf den Winter vorbereitet: Kohlen und Holz, in sicherm Gewahrsam, lagen gut geschichtet in den Kellern und auf dem Boden. Die Ärmeren dachten erst jetzt mit Schrecken an den anzuschaffenden Brennstoff. In dem hart an den Flecken grenzenden Dorfe war das erste Schwein geschlachtet worden in diesem Jahr. Triumphierend, mit dem laub- und blumenbedeckten Leichnam zogen die Bauern von Haus zu Haus unter Lachen und derben Witzen. Und abends war »Swinsköst«.

Der alte Kätner Ehler Reimers sah den Siegeszug von der Tür seiner Kate aus. Er machte kein neidisches oder auch mißvergnügtes Gesicht, aber er rauchte in schnelleren Zügen, als es sonst seine Gewohnheit war. Und dann machte er bedächtig Kehrt und ging in den kleinen Stall, der im Garten hinter seinem Haus lag. Durch die geöffnete Tür des bretternen Verschlages schien die Sonne hinein. Sie beschien eine Gruppe: ein schwer, oft hastig atmendes Schwein lag auf der rechten Seite mit ausgestreckten, zuweilen eine kleine Bewegung zeigenden Beinen. Vor ihm knieten eine junge schwarzäugige Bauernfrau mit besorgten Mienen und ein achtjährig Kind, das unablässig kläglich sprach: »Min Fieke, min Fieke, so sup doch mal.« Wenn es ihm dann die Milchschüssel an die Schnauze brachte und diese zu heben suchte, stöhnte das Schwein, und der Versuch, ihm Linderung zu schaffen, mußte immer wieder aufgegeben werden. Es mußte außerordentliche Schmerzen erdulden; bei der geringsten Bewegung, die mit ihm vorgenommen wurde, stöhnte es ängstlich auf. Das Tier hatte den Milzbrand. Der Kreistierarzt hatte es aufgegeben, und der Wunderdoktor des Dorfes hatte vergeblich seine homöopathischen Mittel angewandt.

Der Alte trat herzu, nahm seine Pfeife aus dem Mund und bog sich zu dem armen Geschöpf. Mutter und Enkelkind beobachteten ängstlich sein Gesicht. Mit dem Kopfe schüttelnd, sagte er: »Nä, dats ut; da ward nix mehr vun.« Und es war, als wenn ihn eine Rührung überkäme: er hatte es großgezogen. Wenn er mit dem Futter ankam, hörte er schon das freudige Grunzen und Rumoren in der Ferne: sein Schützling merkte seine Nähe. Zuweilen hatte er es in Luft und Licht hinausgelassen, ihm freudig einen Schlag gebend auf den feisten Rücken.

Sahen die kleinen gekniffenen Augen der Sau nicht der Reihe nach die Wohltäter an: den Alten, die junge Frau, die lütt Bertha? oder kam es den dreien nur so vor? sie knieten mit verhaltnem Atem. Die Kleine versuchte noch einmal, die Milchschüssel unter die Schnauze zu bringen: »Min Fieke, min Fieke, du muß do ni starbn.« Aber der Alte verwies es ihr. Das Röcheln wurde immer langsamer, bis es endlich ganz aufhörte. Das arme Tier hatte ausgelitten.

Die Nachmittagssonne beleuchtete grell durch die offenstehende Tür in dem sonst dunkeln Raume die Flachsköpfe der jungen Frau Marie und lütt Berthas, die weißen Haare des Großvaters und die Borsten der verendeten Sau. Nach der vornehmen Art der Holsteiner verhielten Großvater und Tochter ihren Schmerz; nur das Kind schluchzte heftig: »Min Fieke is dod.«

Das Schwein war nicht versichert gewesen. Die drei Menschen hätten, wenn es Weihnachten geschlachtet worden wäre, ein halbes Jahr davon leben können.

Ted Hughes

Blicke auf ein Schwein

Das Schwein lag tot auf einem Karren.
Es wog, sagten sie, soviel wie drei Mann.
Seine Augen waren geschlossen, rosaweiß die Wimpern.
Seine Beinchen standen gerade ab.

So ein Gewicht, ein dicker rosa Haufen,
reglos im Tod, schien nicht recht tot.
Es war noch weniger als leblos, noch weiter weg davon.
Es war wie ein Sack Weizen.

Ich schlug es, ohne innere Regung.
Man fühlt sich schuldig, einen Toten zu beleidigen,
wenn man über Gräber geht. Doch dieses Schwein
schien nicht fähig anzuklagen.

Es war zu tot. Gerade so etliche
Pfunde wert in Fett und Fleisch.
Seine letzte Würde war völlig vergangen.
Es war keine spaßige Figur.

Zu tot schon für mein Mitleid.
Zurückzudenken an sein Leben, den Lärm, die Festung
irdischen Vergnügens, wie es gewesen war,
schien vergebliche Mühe, und wozu auch.

Eine zu tote Tatsache. Sein Gewicht
lastete auf mir – Wie konnte man es heben?
Und die Mühe, es aufzuschneiden!
Der Schlitz in seiner Kehle war scheußlich, doch nicht
 ergreifend.

Einmal auf dem Markt lief ich ins Geschrei,
ein beschmiertes Ferkel zu fangen,
das flinker war und gewandter als eine Katze,
sein Quieken war das Bersten von Metall.

Schweine müssen heißblütig sein, sie fühlen sich an wie Öfen.
Ihr Biß ist schlimmer als der vom Pferd. –
Sie hauen einen sauberen Halbmond heraus.
Sie fressen Asche, tote Katzen.

Bewundernswerte Besonderheiten,
wie dieses eine sie längst hinter sich hatte.
Ich starrte es lange an. Sie begannen, es abzubrühen,
es abzubrühen und zu scheuern wie eine Treppenstufe.

Aloysius Blumauer

Lob des Esels

Du gutes Tier, auf dessen Haut wir schreiben,
 Das uns bald trägt, bald führt,
Nein länger will ich dir nicht schuldig bleiben
 Das Lob, das dir gebührt.

Man spottet deiner Ohren widerrechtlich,
Und höhnt dich, armer Tropf!
Doch tröste dich; sie wurden nur verächtlich
An eines Königs Kopf.

Und wer es dir etwa verargen könnte,
Daß du so langsam bist,
Der denke, daß der Spruch: Festina lente:
Der Weisen Losung ist.

Du bist aus allen Tieren, die wir reiten,
Allein ein Sonntagskind;
Du sahst dereinst den Engel schon von weiten,
Und Bileam war blind.

Du bist das Bild der nun in unsern Tagen
Gepries'nen Duldsamkeit!
Dir gilt es gleich, Gold oder Mist zu tragen,
Und hältst, wenn man dich bläut.

Du bist das Tier, das seinem Herrn zur Speise
Mehl trägt und Disteln frißt;
Wer leugnet nun, daß du auf diese Weise
Der beste Bürger bist?

Auch ist kein Tier an Freunden und Bekannten
So reich, als du es bist,

Obgleich von deinen Brüdern und Verwandten
Nicht jeder Disteln frißt.

Und singst du gleich nicht so wie Nachtigallen,
So ist doch laut dein Ton:
D'rum braucht man auf dem Weg des Ruhms vor allen
Dich nun zum Postillon.

Bei alle dem ist dir kein Tier auf Erden
Gleich an Genügsamkeit;
Du trägst trotz all den Plagen und Beschwerden,
Ein simples graues Kleid.

Du lebst mit deinen Disteln hier zufrieden,
Die dir dein Fleiß gewinnt,
Und mancher, ach! frißt Ananas hienieden,
Der Disteln nicht verdient.

Matthias Claudius

Der Esel

Hab nichts mich dran zu freuen,
Bin dumm und ungestalt,
Ohn' Mut und ohn' Gewalt;
Mein spotten, und mich scheuen
Die Menschen, jung und alt;
Bin weder warm noch kalt;
Hab' nichts, mich dran zu freuen,
Bin dumm und ungestalt;
Muß Stroh und Disteln käuen;
Werd' unter Säcken alt –
Ah, die Natur schuf mich im Grimme!
Sie gab mir nichts, als eine schöne Stimme.

Karl Stauffer-Bern

Der Tod und der Esel

Tod. Du bist der Esel, drum kriegtest du Schläge
Auf deinem unseligen Lebenswege.
Sie hieben dich vorn, sie brannten dich hinten,
Sie taten dich, wie sie konnten, schinden,
Und das will was heißen, ich kenne sie;
Sie nennen sich Menschen, sind ärger als Vieh.
Hast ihnen die schweren Lasten getragen,
Drum täten sie dich schinden und plagen.
Darfst dich nicht wundern über das Pack;

Es schlägt den Esel und meint den Sack,
Oder umgekehrt, wie's grad in den Kram
Einem jeden dient. – Du gehst ja lahm
Auf allen Vieren; komm mit mein Tier,
Für dich ist das Leben kein Pläsir. –

Da fällt er um, da ist er tot
Und ist befreit von Last und Not.

Fedor M. Dostojewski

Aus »Der Idiot«

Fürst Myschkin erzählt: »Als man mich aus Rußland fortbrachte und wir durch verschiedene deutsche Städte fuhren, sah ich nur schweigend, was an uns vorüberzog, und ich weiß noch, ich stellte keine einzige Frage. Es war das nach einer ganzen Reihe von sehr starken und qualvollen Anfällen meiner Krankheit. Und nach einer solchen Zeit, wenn meine Krankheit so heftig aufgetreten war und die Anfälle sich mehreremal wiederholt hatten, verfiel ich regelmäßig in vollkommene geistige Stumpfheit, verlor ganz und gar mein Gedächtnis, und wenn der Verstand auch noch arbeitete, so wurde doch die logische Entwicklung meiner Gedanken gleichsam immer abgeschnitten. Mehr als zwei oder drei Gedanken vermochte ich nicht nacheinander zu denken. So scheint es mir wenigstens jetzt.

Ließen dagegen die Anfälle nach, so wurde ich wieder gesund und kräftig, ganz so wie ich jetzt bin. Ja, ich entsinne mich noch: es war eine unerträgliche Traurigkeit in mir; ich hätte weinen mögen. Ich wunderte mich nur und war sehr unruhig. Doch am entsetzlichsten wirkte auf mich, daß alles um mich herum so *fremd* war; das begriff ich. Diese Fremdheit vernichtete mich förmlich. Aus diesem Zustand, aus dieser Dunkelheit, dessen entsinne ich mich noch deutlich, erwachte ich eines Abends – es war in Basel, als wir in der Schweiz angelangt waren – und was mich weckte, war der Schrei eines Esels auf dem Marktplatz. Dieser Esel frappierte mich ungeheuer: er gefiel mir aus irgendeinem Grunde über alle Maßen. Und im selben Augenblick wurde es gleichsam hell in mir, und die Dunkelheit verschwand.«

»Ein Esel? Das ist sonderbar«, meinte die Generalin. »Aber übrigens, was soll Sonderbares dabei sein – manch eine verliebt sich sogar in einen Esel«, bemerkte sie mit zornigem Blick auf die lachenden Töchter. »Auch in der Mythologie gibt es etwas Ähnliches. Fahren Sie fort, Fürst.«

»Seit der Zeit habe ich die Esel sehr gern. Ich empfinde geradezu Sympathie für sie. Ich erkundigte mich sofort nach ihnen – es waren meine ersten Worte nach langer Zeit. Ich wollte Näheres über sie hören, denn ich hatte ja noch nie welche gesehen; und so überzeugte ich mich bald selbst, daß sie überaus nützliche Tiere sind: arbeitsam, stark, geduldig, billig, ausdauernd. Durch diesen Esel aber begann mir von Stund an die ganze Schweiz zu gefallen, und so verging meine frühere Traurigkeit.«

Jules Renard

Der Esel

Ihm ist alles gleich. Allmorgendlich fährt er mit den klappernden Trippelschritten eines Beamten den Gemeindeboten Jacquot umher, der auf den Dörfern verteilt, was er in der Stadt besorgt hat: Kolonialwaren, Brot, Fleisch vom Metzger, einige Zeitungen, einen Brief.

Ist diese Rundfahrt beendet, arbeiten Jacquot und der Esel auf eigene Rechnung. Der Wagen dient jetzt als Karren. Sie fahren zusammen in die Reben, in den Wald, auf die Kartoffeläcker. Bald bringen sie Gemüse, bald grüne Besenreiser nach Hause, oder auch andere Dinge, wie es kommt.

Jacquot ruft unaufhörlich »Hüh! Hüh!«, ohne Grund, als ob er schnarchte. Manchmal, weil er eine Distel wittert oder weil ihm etwas durch den Kopf geht, bleibt der Esel stehen. Dann legt Jacquot einen Arm um seinen Hals und schiebt. Sträubt der Esel sich, beißt Jacquot ihn ins Ohr.

Sie essen im Straßengraben, der Herr eine Brotkruste und Zwiebeln, das Tier, was es mag.

Erst bei Dunkelheit kehren sie heim. Ihre Schatten wandern langsam von einem Baum zum andern.

Plötzlich wird der See des Schweigens, in dem die Welt schon ruht und schlummert, wild aufgewühlt.

Welche Hausfrau zieht denn um diese Stunde noch an einer rostigen, kreischenden Winde die vollen Wassereimer aus ihrem Brunnen?

Nein, das ist der Esel, der heimkehrt und aus vollem Halse schreit, bis ihm die Stimme versagt: daß er sich um gar nichts, um gaar nichts schert!

Francis Jammes

Gebet, mit den Eseln ins Himmelreich einzugehn

Wenn einst zu dir, mein Gott, der Ruf zu gehn mich heißt
Dann gib, daß feiertäglich rings das Land im Sommerstaube gleißt.
Ich will nur so, wie ich getan hinieden,
Einen Weg mir wählen und für mich in Frieden
Ins Himmelreich hinwandeln, wo am hellen Tag die Sterne stehn.
Ich greife meinen Stock, und auf der großen Straße will ich fürbaß gehn
Und zu den Eseln, meinen Freunden, sprech ich dies:
»Hier, das ist Francis Jammes: der geht ins Paradies,
Ins Land des lieben Gottes, wo es keine Hölle gibt,
Kommt mit mir, sanfte Freunde, die ihr so die Himmelsbläue liebt,
Arme geliebte Tiere, die mit einem kurzen Schlagen

Des Ohrs die Fliegen und die Prügel und die Bienen von sich jagen.«

Dann will inmitten dieser Tiere ich mich vor dir zeigen,
Die ich so liebe, weil den Kopf so sänftiglich sie neigen
Und ihre kleinen Füße aneinanderstemmen, wenn sie stille stehn,
Recht voller Sanftmut, daß es rührend ist, sie anzusehn.
So tret' ich vor dich hin in dieser tausend Ohren Zug,
Gefolgt von solchen, denen einst der Korb um ihre Lenden schlug,

Und denen, die im Joch der Gauklerkarren gingen,
Und vor geputzten Wagen, die voll Flittergold und Federn hingen,
Und solchen, über deren Leib verbeulte Kannen schwankten,
Und trächtigen Eselinnen schwer wie Schläuche, die zerbrochnen Schrittes wankten,
Und denen, über deren Bein man kleine Hosen streift,
Die Fliegen abzuwehren, deren Schwarm vom Blute trunken sie umschweift
Und ihrem Leib die blauen, sickernd offnen Male läßt –

Laß mich, mein Gott, mit diesen Eseln zu dir schreiten,
Gib, daß einträchtiglich die Engel uns geleiten
Zu den umbuschten Bächen, wo im Winde zitternd Kirschen hangen,
So glatt und hell wie Haut auf jungen Mädchenwangen,
Und gib, daß ich in jenem Seelenreiche,
Zu deinen Wassern hingebeugt, den Eseln gleiche,
Die alle sanfte, arme Demut ihres Gangs auf Erden
Im lautern Quell der ewigen Liebe spiegeln werden.

Juan Ramón Jiménez

Platero

Platero, mein silbergrauer Esel, ist klein, haarig, weich, so sanft fühlt er sich an, daß man sagen möchte, er sei ganz aus Watte und habe keine Knochen. Nur die Jettspiegel seiner Augen sind hart, wie zwei Skarabäen aus schwarzem Kristall.

Wenn ich ihn freilasse, geht er auf die Wiese, und mit seinem laulichen Maul liebkost er, sie kaum berührend, die kleinen rosa, blauen und gelben Blumen. Ich rufe ihn leise: Platero! Und er kommt auf mich zu in einem munteren kleinen Trab, so daß es klingt, als ob er lache und Glöckchen in der Ferne läuteten. Er frißt alles, was ich ihm gebe. Es schmecken ihm Apfelsinen und Mandarinen, die Muskateller-Trauben, die ganz aus Ambra sind, die violetten Feigen mit ihrem kristallklaren Honigtröpfchen. Er ist sanft und zärtlich wie ein kleiner Junge, wie ein kleines Mädchen . . ., aber in seinem Innern stark und trocken wie aus Stein. Wenn ich am Sonntag auf ihm durch die letzten Gassen des Dorfes reite, bleiben die sauber gekleideten, gemächlichen Landleute stehen und betrachten ihn: Er ist aus Stahl!

Aus Stahl . . . aus Stahl und Mondsilber zugleich.

Der Schindanger

Wenn du vor mir stirbst, mein Platero, wirst du nicht im Karren des öffentlichen Ausrufers zu der großen Maremme gefahren noch zu der Schlucht zwischen den Bergen wie die anderen armen Esel, wie die Pferde und Hunde, die von niemandem geliebt werden. Du wirst, wenn die Handelsreisenden mit dem Sechsuhrwagen nach der Station von San Juan fahren, ihnen nicht das häßliche Schauspiel deiner blutenden von Raben zerfleischten Rippen bieten, als stünde das Wrack eines Schiffes vor dem dunkelglühenden Sonnenuntergang. Du wirst auch nicht, steif und geschwollen, zwischen den verfaulten Muscheln in der Grube der Schrecken der Kinder sein, die mutig und neugierig sich über ihren Rand beugen und sich an den Zweigen festhalten, wenn sie im Herbst am Sonntagnachmittag in den Wald gehen, um geröstete Pinienkerne zu essen.

Sei ganz beruhigt. Ich werde dich im Garten von La Piña am Fuße des großen Pinienbaumes begraben, den du so gern hast. Du wirst weiter an dem frohen und heiteren Leben teilhaben. Bei dir werden die Kinder spielen und die kleinen Mädchen auf ihren niedrigen Stühlchen nähen. Du wirst die Verse kennenlernen, die mir die Einsamkeit schenkt. Du wirst die Mädchen singen hören, wenn sie bei den Orangenbäumen waschen, und das Geräusch des Ziehbrunnens wird froh und frisch in deinen ewigen Frieden klingen. Und das ganze Jahr über werden die Stieglitze und Distelfinken zwischen deinen Schlaf und den ewig blauen Himmel von Moguer in dem immergrünen Wipfel ein kleines Dach aus Musik bauen.

Wilhelm Lehmann

Der Esel

nach G. K. Chesterton

Als Feigen trug der Dornenknick,
Es flog der Fisch, es schritt der Hag –
Blutrot der Mond, den Augenblick
Begann ich meinen Lebenstag.

Mit Monsterkopf und Wackelohr,
Wenn meine Stimme gellt,
Wie Parodie komm ich mir vor,
Vierfüßer, eurer Welt.

Ein Wille wollte, alt und krumm;
Man striemte mich, man femte mich.
So prügelt, höhnt nur: ich bin stumm,
Und mein Geheimnis wahre ich.

Ihr Narren! Weiß den Tag ich doch,
Die große, süße Stunde noch,
Die Palmen streute meinem Huf
Und in mein Ohr den Jubelruf.

Paul Adolf Brenner

Der Esel

Daß er die Schläge ertrug und die Last und den Bauern,
Hat ihn zum Duldendsten unter den Tieren gemacht.
Manchmal – vom Wege ab – sucht er die Schatten der Mauern,
Oder die Tränke: er fände dies alles zur Nacht.

Aber er findet sich nirgends zurecht in der Trauer,
Die in ihm aufsteigt, wenn man ihn peinigt, verlacht.
O ihn verwirrt schon, wenn ihm vom Meer her ein lauer,
Kühlender Wind kosend die Ohren umfacht.

Seine Bewegungen sind mit den Tieren verbündet,
Die er beim täglichen Trabe zum Marktplatze sieht,
Wo er laut schreiend am Morgen sein Kommen verkündet,

Wenn sein Gefährte den Karren über die Steinbrücke zieht.
Dann kanns geschehen, daß seine verwunderten Blicke
So auf mir ruhen, als teilten wir gleiche Geschicke.

Paul Zech

Die Kriegsballade von den Mauleseln

Im Krieg, da mußten sie Geschosse tragen,
Maulesel und gemeiner Mann,
denn bis zum Graben kamen keine Wagen
und manchmal auch der Fraß nicht ran.

Der Schnee lag in den tiefen Schluchten
sehr dick und eisig weiß herum
und fror uns in den Lausebuchten
die Leiber krumm und dumm.

Durch die verfilzten Haare
der Esel schien kein Frost zu gehn,
in ihren Augen konnte man den klaren
Sternhimmel sehn.

Und wenn wir glaubten, daß die Tiere
uns wärmen konnten mit dem Fell,
und die Granate nicht krepiere
bevor es Morgen war und hell:

begann die lange Schlacht zu toben
und fraß viel Munition,

und schließlich wußte man nicht mehr, was oben
und unten war bei Blitz und Donnerton.

Die armen Tiere schwitzten aus den Flanken
Angstschweiß und helles Blut
und sahn, wie wir mit Fusel uns betranken,
weil er für Ängste heilsam ist und gut.

Sie hätten auch gern einen Schluck genommen,
denn vor dem Sterben hat das Tier
das gleiche Zittern mitbekommen
wie wir.

Sie konnten sich vor Schwäche kaum bewegen
wir stiegen sieben Stunden bis zum Paß
und wußten: wenn sich jetzt die Tiere legen,
beißt auch der Mann ins Gras.

Da half kein Streicheln mehr, kein Treiben
sie fielen einfach um mit ihrer Last,
und mußten auf dem Schneefeld liegen bleiben
zur letzten, leisen Rast.

Sind einer nach dem anderen gefallen:
Maulesel und gemeiner Mann.
Die Letzten konnten nur noch lallen
als das Verhör begann.

Das Tier bekam eins in das Hirn geschossen,
und dem gemeinen Mann stands auch bevor.
Er wurde krumm an einen Baum geschlossen,
bis er den Rest Verstand verlor.

Die toten Esel hat man heimlich aufgefressen,
weils oben längst kein Brot mehr gab,
auch den gemeinen Mann hat man darüber nicht vergessen
und warf ihm ein paar Knochen in das Grab.

Peter Huchel

Die Kreatur

Das Brennglas dünnen Eises,
das morgens im Eimer schwimmt,
zeigt den Stand der Sonne an.

Ein Mann in abgeschabter Jacke
zieht auf dem Hof
im müden Kreis
die Maultierstute hinter sich her,
das Fell vom Kummet wundgestoßen.

Sie lahmt, als läge
ein Stein unter dem lockeren Eisen
des linken Hinterhufs.
Es näßt der Fesselbehang.

Mit einem Strohwisch
die Flanke des Tieres reibend,
starrt er mit schweißig leerem
Gesicht die Berge an.
Er sieht den Hafer in der Kiste,
dumpf und schimmlig,
von Pilzen befallen.
Er sieht die Stute mit schlechtem Gebiß,
die Hungergrube in den Wolken.

An der rußigen Mauer
der Abdeckerei
neigt sich die Sonne zur Unterwelt.

Aus dem Koran

Als Gott das Pferd erschaffen hatte,
sprach er zu dem prächtigen Tier:
»Dich habe ich gemacht ohnegleichen.
Alle Schätze der Erde liegen
zwischen deinen Augen.
Du wirst meine Feinde werfen
unter deine Hufe, meine Freunde
aber tragen auf deinem Rücken.
Dieser soll der Sitz sein, von dem
Gebete zu mir aufsteigen.
Auf der ganzen Erde sollst du
glücklich sein und vorgezogen werden
allen übrigen Geschöpfen:
denn dir soll die Liebe werden
des Herrn der Erde.
Du sollst fliegen ohne Flügel
und siegen ohne Schwert.«

Mahomed / Daumer

Ein Mann von Temim gibt dem König von Hira seine Stute nicht

Gott segne dich, o König!
Doch jene, die Sakab,
Die heg' ich und die pfleg' ich
Getreu bis in das Grab.

Kurah, der Hengst, erzeugte
Ihr edles Elternpaar,
Das, in die Wette rennend,
Nie ohne Palme war.

Und sie, die Feine, selber,
Wie wundervoll gebaut,
Wie trefflich auf der Reise,
Wie klug, wie sanft, wie traut!

Sie ist so werth gehalten –
Es hungern alle gern
Die mir im Hause walten,
Daß ihr der Hunger fern.

Solch eine Perle zahlen,
Das siehst du selber ein,
Nicht kann's ein Haufe Goldes,
Nicht kann's ein edler Stein.

Gott segne dich, o König,
Doch jene, die Sakab,
Die heg' ich und die pfleg' ich
Getreu bis in das Grab.

Indianisches Pferdelied

(Navaho-Stamm)

Wie fröhlich es wiehert!
Horch, das Türkispferd des Sonnengottes,
Wie fröhlich es wiehert!
Dort auf kostbaren Fellen steht es,
Wie fröhlich es wiehert!
Dort die Spitzen junger Blumen weidet es,
Wie fröhlich es wiehert!
Dort trinkt es heiliger Wasser Mischung,
Wie fröhlich es wiehert!
Dort wirbelt es glänzenden Sternstaub auf,
Wie fröhlich es wiehert!
Verborgen im Nebel geweihten Blütenstaubs,
Wie fröhlich es wiehert!
Dort vermehren sich seine Sprößlinge in Ewigkeit,
Wie fröhlich es wiehert!

Du Fu

Das Pferd des Prokonsuls

Das Pferd des Prokonsuls Gau
Kam von An-hsi nach Osten her,
Ein blaugescheckter mongolischer Renner,
Sein Ruhm flog noch schneller als er.

Diesem Roß ist kein andres gewachsen,
Sprengt es dahin in die Schlacht,
Eines Herzens mit seinem Reiter
Hat es hohe Taten vollbracht.

Man pflegt es nach seinem Gefallen,
Ist das Gefecht vorbei.
Wie schwebend kam es von fern her
Aus dem Flugsand der Mongolei.

Doch an der Krippe zu bleiben,
Ist zu wenig dem feurigen Sinn.
Sein Mut begehret von neuem
Der Walstatt kühnen Gewinn.

Gewaltig, als trät es auf Eisen,
Rührt es Fessel und Huf beim Gang.
Oft ist es über den Djiau-Fluß gestampft,
Daß die mächtige Eisdecke sprang.

Sein Fell ist wie Blumenmuster
Und wie von Wolken gefleckt.
Die zehntausend Meilen sieht man ihm an:
Blutroter Schweiß es bedeckt.

Von der Jugend der Hauptstadt hat niemand
Es zu reiten gewagt.
In Tschang-an kennt es ein jeder,
Das dem Blitz gleich vorüberjagt.

Alternd für seinen Herren
Steht es seiden gezäumt im Haus.
Kehrt es noch einmal im Leben
Den Weg zum Westtor hinaus?

Zigeunerlied

Der Reiter und sein Pferd

Weit bin ich gereist. Weit.
Meinem Pferd gab ich kein Wasser.
Müde ists, es stirbt fast unterm Sattel.
Ich ermutige es mit leiser Stimme.
Ich rede ihm zu wie einem Kinde
und sage ihm, daß ich es liebe.
Müde ist mein Pferd, todmüde.
Weit sind wir geritten, weit.
Weiß von Schaum, die Mähne schweißig.
Es stöhnt unter mir. Ich flehe es an

auszuhalten. Ich sage: Lauf, mein Guter,
gleich sind wir zu Hause.
Es wendet den Kopf, sieht mich an.
Augen wie die meiner Mutter.
Gute Augen können sehr traurig sein.
Weit bin ich geritten. Weit.
Meinem Pferd gab ich kein Wasser.
Lauf, mein Guter! Hinterm Berg
das weiße Zelt der Schönen.
Ein tiefer Brunnen.
Und goldener Hafer.
Da beiß dich durch
bis an die Sterne.

Alexander Puschkin

Das Pferd

»Warum wieherst du so traurig,
Senkst den Kopf so müd zur Erd',
Schüttelst nicht mehr deine Mähne,
Schäumst nicht mehr, mein feurig Pferd?
Hab dich gut gepflegt, zum Fressen
Hafer dir nie knapp bemessen!
Ist dein Zaum nicht wunderbar,
Sind von Seide nicht die Zügel,
Nicht vergoldet die Steigbügel,
Die Hufeisen Silber gar?«

Sprach das Pferd: »Ich bin so traurig,
Weil mir in die Ohren dringt
Hufgetrappel, Kampfgetümmel,
Hörnerschall von fern erklingt.
Kläglich ist drum mein Gewieher,
Weil ich mich nicht länger mehr
Sorglos tummeln kann und prunken
Mit dem Goldzaum wie bisher.

Zerren werden mir die Feinde
Frech von Huf das Silber bald,
Statt der kostbaren Schabracke
Wird vielleicht mir aufgeschnallt
Über den verschwitzten Rücken
Eine Decke aus der Haut,
Die dir selbst ward abgezogen ...
Und das ist's, wovor mir graut.«

Robert Burns

Des alten Farmers Neujahrsmorgengruß an seine alte Mähre Maggie – als er ihr die übliche Handvoll Korn als Neujahrsgeschenk hinstreute

Prost Neujahr dir, du alte Mähre!
Friß dich nur satt an Korn und Ähre;
Dein hohles Kreuz, mich dauert's sehr;
Ich sah den Tag,
Als du, ein Füllen, sprangst einher
Durch Busch und Hag.

Du rührst dich kaum noch von der Stell,
Schon gänseblümchenweiß dein Fell;
Du warst ein Schecke, schlank und schnell –
So großartig!
Weh ihm, der's wagte, armer Gesell, im Werden,
Mit sichrem Huf auf Stein und Erden,
So schrittst du hin.
Man dacht, du würdst zum Vogel werden
So flogst du kühn.

's ist neunundzwanzig Sommer her,
Da warst du Schwiegervaters Mähre;
Gab dich als Mitgift mir – und mehr

Als fünfzig Mark;
War's wenig auch, ich nahm's mit Ehr –
Und du warst stark.

Als um die Jenny ich gefreit,
Liefst du an deiner Mutter Seit;
Du warst ein Schelm, zu Scherz bereit,
Doch ohne List;
Ein Tier, so fügsam, sanft, gescheit,
Wie's selten ist.

An jenem Tag mit stolzem Schritt
Trugst du die schönste Braut, mein Tier;
Wie sanft und anmutsvoll sie ritt,
Wie schmiegsam, weich;
In ganz Kyle-Stewart gab es nicht
Ein Paar wie euch.

Lahmst du auch heut und schaukelst sehr
Wie'n schwanker Fischerkahn im Meer,
An jenem Tag warst du, auf Ehr,
Ein edler Traber;
Ließt all die andern hinter dir,
Da gab's kein Aber!

Als beide uns der Hafer stach,
Und dir das Heu im Stall zu fad,
Triebst du mit Schnauben, Tänzeln Staat,
Wenn Markttag war;
Beiseite sprang die halbe Stadt:
»So'n Biest, fürwahr!«

Hattst du dein Korn und ich mein Bier,
Wie eine Schwalbe flogen wir;
Kein andres Pferd nahm's auf mit dir
Bei Hochzeitsrennen;
Kein Schwanz im Dorf, der sich mit dir
Hätt messen können.

Das schmale Jagdpferd, wenn's erregt
Vielleicht im schnellen Spurt dich schlägt;

Doch Meilen dich dein Atem trägt,
Wenn seiner keucht;
Nicht Sporn, noch Peitsche dich bewegt –
'ne Gerte leicht.

Du warst ein gutes Spannpferd mir,
Wie selten eines im Geschirr!
Wie oft haben in acht Stunden wir,
Wenn grün der Hag,
Sechs Ruten Land gepflügt, mein Tier –
Das Tag für Tag.

Du tolltest, sprangst und bocktest nicht;
Schlugst vielmehr mit dem Schweife dicht,
Warfst in die Brust voll Hitze dich,
Gespannt die Flanken,
Bis Wurzelhügel klaffend frisch
Zur Seite sanken.

Wenn's lange fror und Schnee lag tief,
Daß beinah alle Arbeit schlief,
Zu dir oft in den Stall ich lief
Mit reichlich Heu;
Ich wußt, daß meine Mag nicht schlief,
War's auch kein Mai.

Vor Wagen, Karren, im Gespann,
Du gingst die steilsten Hügel an;
Kein Mensch dich springen, bocken sah,
Verschnaufen gar,
Den Schritt beschleunigt, zogst du da,
Als wenn nichts war.

Was heut im Stall steht, gabst du mir,
Vier stolze Rappen, schöne Tier;
Hab noch verkauft sechs Stück von dir,
Die du genährt;
's war dreizehn Pfund, zwei Shilling mir
das schlechtste wert.

Manch Tagewerk haben wir vollbracht,
Der Welt geliefert manche Schlacht!

An trüben Tagen oft ich dacht:
Jetzt geht's ins Loch!
Wenn Gicht uns auch zu schaffen macht,
Wir krauchen noch!

Und denk bloß nicht, mein treuer Knecht,
Dir ging's auf die alten Tage schlecht –
Dir wird genausogut dein Recht!
Mein letztes Heu,
Ein Viertel Korn, wie's mir auch geht,
Dein Futter sei.

Wir wurden steif vom Rheuma beide,
Und schlurfen lahm nun Seit an Seite,
Ich steck den Pflock dir auf der Weide,
Wo saftiges Grün,
Damit du grast zu deiner Freude,
Mit wenig Müh.

Nikolaus Lenau

Lied eines Schmiedes

Fein Rößlein, ich
Beschlage dich,
Sei frisch und fromm,
Und wieder komm!

Trag deinen Herrn,
Stets treu dem Stern,
Der seiner Bahn
Hell glänzt voran!

Bergab, bergauf
Mach flinken Lauf,
Leicht wie die Luft
Durch Strom und Kluft!

Trag auf dem Ritt
Mit jedem Tritt

Den Reiter du
Dem Himmel zu!

Nun, Rößlein, ich
Beschlagen dich,
Sei frisch und fromm,
Und wieder komm!

Hoffmann von Fallersleben

Das treue Roß

Ich hab mein Roß verloren,
Mein apfelgraues Roß.
Es war so treu im Leben,
Kein treueres wird es geben
Im ganzen Zug und Troß.

Und als es wollte sterben,
Da blickt' es mich noch an,
Als spräch's mit seinen Mienen:
Kann dir nicht weiter dienen,
Ade, mein Reitermann!

Und als es war gestorben,
Da grub ich's ehrlich ein;
Wohl unter grünen Matten
In eines Lindenbaumes Schatten,
Das soll sein Denkmal sein!

Da sitzen die kleinen Vögel
Und halten das Totenamt.
Ihr braucht nicht erst zu lesen,
Wie treu mein Roß gewesen –
Sie singen's insgesamt.

Moritz von Strachwitz

Mein altes Roß

Mein altes Roß,
Mein Spielgenoß,
Was siehst du mich wiehernd an?
Deine Sehne wie lahm,
Mein Mut, wie zahm,
Wir reiten nicht mehr hindann!

Du schüttelst dein Haupt,
Deine Nüster schnaubt!
Ich glaube, du träumst, Kamerad,
Wir fliegen zusamm'
Überm Bergeskamm,
Den alten, geliebten Pfad!

Ein knarrendes Tor,
Du scharrst davor,
Deine schäumende Stange tropft!
Ein rauschend Gewand,
Eine weiße Hand,
Die den funkelnden Hals dir klopft!

Es stäubt der Kies,
Schlaf süß, schlaf süß,
Und hinaus in die blauende Nacht!
Auf tauigen Rain,
Im Mondenschein,
Dahin mit Macht, mit Macht!

Verhängt den Zaum,
Im Herzen ein Traum,
Auf der Lippe den letzten Kuß;
Dumpf hallender Huf,
Und Wachtelruf,
Und fern ein rauschender Fluß!

Einen letzten Blick
Zurück, zurück

Auf der Liebsten schlafendes Haus!
Mein Kamerad,
Wie schad, wie schad,
Daß alles, alles ist aus!

Mein Kamerad,
Den geliebten Pfad,
Den hat verweht der Schnee!
Und das Tor verbaut
Und verloren die Braut,
Und mein Herz so weh, so weh!

Detlev von Liliencron

Zwei Meilen Trab

Es sät der Huf, der Sattel knarrt,
Der Bügel jankt, es wippt mein Bart
  In immer gleichem Trabe.

Auf stillen Wegen wiegt mich längst
Mein alter Mecklenburger Hengst
  Im Trab, im Trab, im Trabe.

Der sammetweichen Sommernacht
Violenduft und Blütenpracht
  Begleiten mich im Trabe.

Ein grünes Blatt, ich nahm es mit,
Das meiner Stirn vorüberglitt
  Im Trabe, Trabe, Trabe.

Hut ab, ich nestle wohlgemut,
Hut auf, schon sitzt das Zweiglein gut,
  Ich blieb im gleichen Trabe.

Bisweilen hätschelt meine Hand
Und liebkost Hals und Mähnenwand
  Dem guten Tier im Trabe.

Ich pfeif aus Flick und Flock ihm vor,
Er prustet, er bewegt das Ohr,
Und sing ihm eins im Trabe.

Ein Nixchen, das im nahen Bach
Sich badet, plantscht und spritzt mir nach
Im Trabe, Trabe, Trabe.

Und wohlig weg im gleichen Maß,
Daß ich die ganze Welt vergaß
Im Trabe, Trabe, Trabe.

Und immer fort, der Fackel zu,
Dem Torfahrtslicht der ewigen Ruh,
Im Trabe, Trabe, Trabe . . .

Fráňa Šrámek

Der Pferdehirt

Wär ich ein Pferdehirt, würde zur Abendstunde
einmal das wunderbare Wunder geschehn:
das fremde, weiße, hübsche Rößlein könnt mich verstehn,
wenn ich es rief, und das Wunder würde geschehn:
es schmiegte sich an mich und spräche mit menschlichem Munde.

Wunderschön spräch es, als kläng in der Kehle ein Quell.
Pferdehirt Franz, spräch es klar und hell,
alle Pferde auf der Weide lassen dir sagen,
beim nächtlichen Feuer überfiel sie ein dunkles Wehklagen,
sie schweigen und lassen ängstlich die Köpfe hängen,
traurig sind sie, traurig über sich selbst,
sing für sie, als ob sie selber sängen!

Ich bin kein Hirt. Doch wenn die Finsternis sinkt,
fällt dasselbe große Weh über mich,
und auch ich kann nicht singen, und ich denk,
wenn rings das bange Wiehern klingt,
an dich, weißes Pferdchen.

Nikolaj Sabolotzkij

Antlitz des Pferdes

Die Tiere schlafen nicht. In tiefer Nacht
Stehn sie wie eine Mauer auf der Wacht.

Der steile Kopf der Kuh wühlt raschelnd
Mit glatten Hörnern durch das Heu.
Die Backen drängen an die Stirne,
Die fast das säkulare Haupt erdrückt.
Darunter dreht das träge Augenpaar
Zwei müde, mühevolle Kreise.

Des Pferdes Angesicht ist schön und klug,
Es lauscht den Steinen, hört den Blätterflug,
Es kennt die Tiere, deren Schreie fallen
Im alten Wald beim Lied der Nachtigallen.

Wem aber wird es, das um alles weiß,
Die großen Traumgesichte schildern?
Die Nacht ist tief. Am dunklen Himmelskreis
Erscheinen Sterne, gliedern sich zu Bildern.

Das Pferd steht wachsam wie ein Ritter da,
Der Nachtwind spielt mit seinem leichten Haar,
Die Augen brennen wie zwei große Welten
Und seine Mähne fließt wie Purpur, stolz und selten.

O wäre es dem Menschen möglich,
Des Pferdes Angesicht zu sehen!
Er risse sich die schlaffe Zunge aus
Und gäbe sie dem Pferd. Es ist der Zunge würdig,
Das schöne zauberische Pferd.

Wir würden Worte hören: groß
Wie reife Früchte, zäh wie gelber Honig, Worte
Wie Milch, die weiß und fest geronnen ist,
Die wie die Flamme sich in alles bohren –
In unser Herz: wie Feuer, das in Hütten fällt,
Das alte Bett, den Schemel zu erhellen,
Die Worte, die uns alle überleben:
Im Lied, das unser ferner Enkel singt.

Jedoch der Stall hat sich geleert,
Die Bäume sind davongeschlichen,
Der karge Morgen hat den Berg beschlagen,
Die Felder stehen schon bereit.
Die Mähre zieht den schweren Leiterwagen,
Im Deichselkäfig eingeschirrt,
Und blickt mit ausgelöschten Augen
In die geheimnislose, starre Welt.

Sergej Jessenin

Die Pferde

Mit ihren Nüstern blasen sie im Schreiten
vom Gras hinweg den goldnen Staub der Zeiten.

Über den Hügel hin zur blauen Bucht
geht flatternd ihrer schwarzen Mähnen Flucht.

Ihr Antlitz schwankt im stillen Wasserspiegel,
vom Mond gehascht mit silberblankem Zügel.

Der eigne Schatten macht sie schreckhaft schnaufen;
die Nacht durchdämmern sie, um froh im Licht zu laufen.

Hell klingt der Frühlingstag ums Ohr der Pferde
und lockt die ersten Fliegen aus der Erde.

Und mittags schon, wenn heiß die Wiesen dröhnen,
schlagen sie aus und schütteln ihre Mähnen!

Stets schärfer will der helle Hufschlag klinken,
ins Leere bald, bald im Gebüsch versinken.

Doch hebt die erste Welle sich zum Stern,
schwirren die Fliegen überm Wasser fern.

Das Licht erlosch. Nun sind die Wiesen müd.
Der Hirte bläst auf seinem Horn ein Lied.

Gesenkter Stirne hör'n die Pferde zu,
was ihnen spielt der bärtige Mann in Ruh.

Das Echo aber führt mutwillig ihren Sinn
auf unbekannte grüne Wiesen hin.

Liebend die Tage dein und deine Nacht,
hab ich, o Heimat, dir dies Lied gemacht.

Wladimir Majakowski

Gute Behandlung der Pferde

Hufe hieben
die alte Weise:
»Gripp,
grub,
grob,
Grab.«

Winde rieben,
beschuht vom Eise,
die schlüpfrige, steile
Straße ab.
Da kracht auf die Kruppe
einer der Gäule.

Am Kusnezki-Most
staun sich schon gaffende Mäuler.
Die Hosen schlappern ihr Glockenmaul,
Gelächter klimpern
vor Langerweile:
»Ein Gaul ist gestürzt!«
»Gestürzt ist ein Gaul!«

Der Kusnezki lachte.
Nur ich allein
trat hin
und tat keinen Ton ins Geheule.
Ich schaute
in die Augen des Gauls hinein ...
Und kopfstand, umstürzend, die Straßenzeile ...

Trat hin, sah:
Träne um Träne träuft,
rinnt über die Backen,
versiegt in der Mähne ...
Und tierische Schwermut,
die überläuft,
brach strömend aus mir
in verrauschender Strähne.

»Mein Pferd, nicht weinen,
Ich kenne die Beschwerde –
Wer sagt Ihnen denn, Sie sei'n weniger wert?
Kindchen,
wir alle sind ein wenig Pferde,
jeder von uns ist auf seine Art Pferd.«

Vielleicht, weil es
– bejahrt –

keine Amme mehr brauchte,
vielleicht fand es meine Zumutung
würdelos, –
kurz,
das Pferd
gab sich einen Ruck,
trat aufs Bein, aufs verstauchte,
wieherte laut
und ging los.

Es schwenkte den Schweif.
Ein Kind, ein rothaariges –
heiter gings heim
in den Stall, wo es wohnte.
Ihm war nun, es wär noch
ein Fohlen, ein fahriges –
und es lohnte zu leben,
und zu arbeiten lohnte.

Paul Zech

Das Grubenpferd

So schwarz weint keine Nacht am schwarzen Gitter
wie in dem schwarzen Schacht das blinde Pferd.
Ihm ist, als ob die Wiese, die es bitter
in jedem Heuhalm schmeckt, nie wiederkehrt.

Es wittert durch das schwarze Fleisch der Steine
den Tod und sieht ihn mit den toten Augen an,
und ist mit ihm die ganze Nacht alleine
und geht nur widerwillig ins Gespann.

Der Knabe, der es durch die Gänge treibt,
will es mit Brot und Zucker fröhlich machen.
. . . Es kann nicht mehr wie andere Pferde lachen.
In seinen Augen wurmt die Nacht und bleibt.

Nur manchmal, wenn mit dem Geruch von Laub
waldfrisches Holz nach unten wird gefahren –:

hebt es den Kopf und beißt sich in den Haaren
des Knaben fest und stampft ihn in den Staub.

Und rast durch schwarzer Schächte Labyrinth
und stürzt im Fliehn die steile Felsentreppe
herab und wiehert durch die grüne Steppe,
auf der die toten Pferde mächtig sind.

Berthold Viertel

Bauernpferde

Ich sehe oft die Bauernpferde,
Die nachts durch die Straßen zu Markte gehn.

Wenn sie angelangt sind und wartend stehn
Wie roh geformte Klumpen Erde,
Da ruht das Dunkel so schwer auf ihnen.
Aber wenn sie noch gehn und wandern,
Ihre Wagen führen, eins nach dem andern,
Sind sie stark in ihrem Dienen.

Wie manches allein geht, sorglos, fest,
Bedächtig ziehend an den Strängen,
Und seinen Kutscher schlafen läßt,
Während die Zügel unnütz hängen;
Und treulich ausmißt jeden Meter
Seines Wegs und auf der Hut ist,
Wie ein breiter Mann, der rauh und gut ist,
Und Xaver heißt oder Franz oder Peter.

Bertolt Brecht

Ein Pferd klagt an

Ich zog meine Fuhre trotz meiner Schwäche
Ich kam bis zur Frankfurter Allee.

Dort denke ich noch: O je!
Diese Schwäche! Wenn ich mich gehenlasse
Kann's mir passieren, daß ich zusammenbreche.
Zehn Minuten später lagen nur noch meine Knochen auf der Straße.

Kaum war ich da nämlich zusammengebrochen
(Der Kutscher lief zum Telefon)
Da stürzten sich aus den Häusern schon
Hungrige Menschen, um ein Pfund Fleisch zu erben
Rissen mit Messern mir das Fleisch von den Knochen
Und ich lebte überhaupt noch und war gar nicht fertig mit dem Sterben.

Aber die kannte ich doch von früher, die Leute!
Die brachten mir Säcke gegen die Fliegen doch
Schenkten mir altes Brot und ermahnten noch
Meinen Kutscher, sanft mit mir umzugehen.
Einst mir so freundlich und mir so feindlich heute!
Plötzlich waren sie wie ausgewechselt! Ach, was war mit ihnen geschehen?

Da fragte ich mich: Was für eine Kälte
Muß über die Leute gekommen sein!
Wer schlägt da so auf sie ein
Daß sie jetzt so durch und durch erkaltet?
So helfet ihnen doch! Und tut es in Bälde!
Sonst passiert euch etwas, was ihr nicht für möglich haltet!

Guido Zernatto

Abschied vom verkauften Pferd

Ich schämte mich, bei Tag zu gehn,
die Leute lachen schnell.
Und dennoch muß ichs einmal sehn
ein letztes Mal am Barren stehn;
noch einmal glänzt das Fell.

Ich heb den Striegel von der Wand
und streich den Rücken ab.
Mir zittert dieses Mal die Hand,
ich trete langsam aus dem Stand
und leg den Striegel ab.

Noch einmal schütt ich Hafer vor,
noch einmal schau ich hin,
dann geh ich leise aus dem Tor
und schieb den Riegel außen vor,
als hätt das einen Sinn.

Am Morgen, es ist nebelgrau,
fährt einer fort damit.
Und wie ich aus dem Fenster schau,
ist leer der Stall. Im Nebelgrau
trabt viel Verlornes mit.

Carl Zuckmayer

Über die Pferde

Das Paradies auf dieser Erde
Liegt auf dem Rücken der Pferde,
In der Gesundheit des Leibes
Und am Busen des Weibes.
Alter Reiterspruch

Über die Pferde hat der Herr die himmlische Satteldecke gebreitet,
Die in schönem sattem Blau von ihren Flanken strahlt,
Wenn sie abends im Sommer, die Brust von Heuduft geweitet,
Schnaubend zur Tränke gehn und der Flug ihrer Mähnen im Winde prahlt.

Über die Pferde hat der Herr die Reiter gesetzt,
Daß sie die Pferde lenken und daß sie den Pferden dienen.
Wer aber sein Pferd ohne Not sporniert, ins Maul reißt, peitscht, schindet und blutig hetzt,
Der wird im Jenseits von Pferden zerstampft und verreckt tausendmal unter ihnen.

Früher trugen die Pferde Männer zum Kampf und waren
Helfer und Retter vorm Feind, vorm Steppenbrand, vor Gefahren.
Unterm Kalifen Ali ward es Gesetz, mit den Pferden abends die Sure zu beten.
Schmal und blutig war der Mond im Aufgang, wie der krumme Säbel des Propheten.

Und die Lieblingsstute des Propheten war an Schweif und Mähne wunderbar
Mit drei Wirbeln geziert, deren jeder ein erblicher Adel war:
Ausdauer, Klugheit, Mut! Der Nüstern lodernd es Rot,
Der Augen Feuer: Zeugnis von brennendem Herzensgebot.

Herr, laß uns mit unsrem Pferd verwachsen zu einem Leib,
Daß uns ein Wesen lebt, mit dem wir das gleiche wollen.
Denn wir bleiben im Wandel der Jahre allein, und nur wenige haben ein Weib,
Dem sie mit Recht gleiche Liebe wie ihrem Pferde zollen.

Über die Pferde ist sehr viel Böses verhängt,
Viele krepierten im Krieg mit aufgedunsenen Bäuchen,
Und ihr Gewieher ward Rachegeschrei, das zum Himmel drängt,
Und der Himmel hört ihr Geschrei und ihr tödliches Keuchen.

Über die toten Pferde reitet der große Wind,
Küßt ihren Rücken und flüstert in ihren Haaren:
Wenn Eure Reiter längst in der Erde zerfallen sind,
Werdet Ihr Pferde erstehn in brausenden Jubelscharen!

Ios Vandeloo

Es gibt noch Pferde

Es gibt noch Pferde
die an den Menschen glauben
Sie stehn mit runden Augen
geduldig in den schmalen Straßen
und lesen gutmütig
die düstere Sprache der Städte
sie tragen wie ganz alte Männer
die Last ihres letzten Frühlings
verborgen im Blut
Ihre Körper wachsen aus den Häusern
Sollten sie die Stunden zählen
die Wolken oder die Tage
vielleicht wie es licht und dunkel wird
Ebbe und Flut der Stadt
das leise Murmeln des Wassers

Es gibt noch Pferde
die an Menschen glauben
Sie treten ein in die Steinzeit
der sterbenden braunen Städte
ihre Leiber vibrierende Antennen
jeden Laut jede Stimme
jeden Traum registrierend
Stumm und verdrossen
sterben sie aus wie Feuer im Regen
tränenlos wie nur Tiere es sind
unmenschlich und unbeschwert
bis wir die Unsterblichkeit
ihres ferne verhallenden Trabens
ihre dauernde Gegenwart im Menschen
nur mehr erahnen

Jorge Guillén

Pferde

Behaarte Wesen, traurige Natur,
in langen anmutlosen Mähnen
unbeweglich, den Grenzen unterworfen,
die ihnen ihre Weideplätze setzen,

stehn ein paar Pferde. Sie zeigen keine Zeichen
von Erstaunen, doch wachsen sie gemeinsam
mit dem Gras. Kein Zügel, keine Last
hält sich an ihrem Frieden: pflanzlich sind sie.

Was so sehr tut, was ihm bestimmt ist, wird zu Seele.
Es wachen Schatten träumend die Pupillen,
und hilfreich wirken an der Himmel

Stille mit – die allen Wesen nah, allein
dem Vierfüßler verborgen – die ruhigen
Ohren. Da sind sie: übermenschlich schon.

Robert Frost

Die Flucht

Einst, als der Schnee des Jahres zu fallen begann,
hielten vor einer Bergweide wir, zu sagen: »Weß Füllen?«
Ein Fohlen setzt' auf die Mauer einen Vorderfuß an,
der andere an seiner Brust sich kräuselnd. Es schnob
gesenkten Kopfes uns an, dann jagt' es davon.
Wir hörten den Miniaturdonner, der sich erhob,
und wir sahns oder glaubtens zu sehn, grau, undeutlich schon,
einem Schatten gleich gegen den Vorhang fallender Flocken.
»Mir scheint, der kleine Kerl ist vorm Schnee so erschrocken.
Er ist nicht Winter-gewohnt. Kein Spiel ist das dort
mit dem kleinen Kerl, keineswegs.« Er läuft fort.
Ich zweifle, ob selbst seine Mutter ihm sagen könnt, schlicht:
»Grund ist bloß das Wetter.« Es dächte: sie weiß es nur nicht.

Wo ist seine Mutter? Allein sein kanns doch nicht drauß.
Und nun kommt es wieder mit Steingerassel im Saus,
erklettert mit weißen Augen die Mauer aufs neu,
der Schwanz, was nicht Haare sind, kerzengrad aufwärts steht.
Es schüttelt das Fell, als ob es die Fliegen zerstreu.
Wer immer es sein mag, der es drauß läßt so spät,
wenn andere Tiere im Stall und Verschlag sind, dem
müßt Einer es sagen, daß er es einholen käm.

Saint John-Perse

Ich liebte ein Pferd – wer war es? – es sah mich an, geraden Blicks, unter seinem Gelock.
Seiner Nüstern atmende Höhlen waren zwei Dinge schön anzuschaun – mit jener atmenden Grube, die aufschwillt über jedem Auge.
Nach dem Lauf war es voll Schweiß: voll Glanz! – und ich preßte Monde in seine Flanken mit meinen Knabenknieen . . .
Ich liebte ein Pferd – wer war es? – und zuweilen (denn ein Tier weiß besser, welche Kräfte uns rühmen)
hob es zu seinen Göttern ein ehernes Haupt: schnaubend, durchfurcht von verästelten Adern.

Jacques Prévert

Place du Carrousel

Auf der Place du Carrousel
an einem schönen Sommerabend
rann das Blut
eines verletzten Pferdes das ausgespannt
dort reglos stand
aufs Pflaster
Und das Pferd stand dort
aufrecht
reglos

auf drei Beinen
Und das vierte das verletzte Bein
abgerissen und allein
hing herab
Dicht daneben
aufrecht
reglos
stand der Fuhrmann
stand der Wagen
reglos
nutzlos
wie eine zerbrochene Uhr
Und das Pferd schwieg still
es klagte nicht
es wieherte nicht
es stand dort
es wartete
und war so schön so traurig so schlicht
und so vernünftig
daß man seinen Tränen nicht gebieten konnte

O verlorene Gärten
vergessene Quellen
besonnte Prärien
O Schmerz
Glanz und Geheimnis des Mißgeschicks
Blut und Glut
Geschlagene Schönheit
Brüderlichkeit.

Françis Ponge

Das Pferd

Mehrmals so groß wie der Mensch, hat das Pferd offene Nüstern, runde Augen unter halb geschlossenen Lidern, aufgerichtete Ohren und langen, muskulösen Hals.

Das höchste aller Haustiere des Menschen und wahrhaft sein vorbestimmtes Reittier.

Der Mensch, der sich auf dem Elefanten ein wenig verloren vorkommt, wirkt zu Pferd vorteilhaft: es ist wirklich ein Thron nach seinem Maß.

Wir werden es doch hoffentlich nicht aufgeben?

Es wird doch nicht etwa eine Kuriosität im Zoo oder im Tiergarten?

... Schon ist es in der Stadt nur noch ein jämmerlicher Autoersatz, das jämmerlichste aller Zugmittel.

Ach, es ist doch auch – ob der Mensch es merkt? – noch etwas ganz anderes! Die Nüstern gewordene *Ungeduld.*

Die Waffen des Pferdes sind die Flucht, das Beißen, das Ausschlagen.

Es hat offenbar eine gute Witterung, ein gutes Gehör und ein scharfes Auge.

Eine der schönsten Huldigungen, die man ihm darbringen muß, ist die, daß man ihm Scheuklappen anlegen muß.

Aber keine Waffe ...

Daher die Versuchung, ihm eine zuzulegen. Eine einzige. Ein Horn.

So kommt's zum Einhorn.

Das Pferd, ein Nervenbündel, leidet an Luftschlucken.

Überempfindlich, beißt es die Kiefer zusammen, hält den Atem an, dann stößt es die Luft aus, und dabei erzittern die Wände seiner Nasengänge heftig.

Deswegen erzeugt das edle Tier, das nur von Luft und Gras lebt, lediglich Strohgebäck und grollende, duftende Fürze.

Duftendes Grollen.

Was sage ich da, lebt von Luft? Es berauscht sich an ihr. Saugt sie tief ein, schnüffelt an ihr, prustet mit ihr.

Es stürzt sich in sie, schüttelt in ihr seine Mähne, schlägt nach hinten in sie aus.

Offensichtlich möchte es in sie hineinfliegen.

Die ziehenden Wolken inspirieren es, machen es vor Eifer rasend.

Es ahmt sie nach: läuft mit zerzauster Mähne, dreht sich im Kreise ...

Wenn der Blitz der Peitsche knallt, überstürzt sich der Galopp der Wolken, und der Regen stampft auf den Boden ...

Komm schleunigst herbei aus der Tiefe des Parks, aufbrausender,

überempfindlicher Schrank mit rundlichen, gut gebohnerten Knorren!
Schöne, große Stilkonsole!
Aus Ebenholz oder gebeiztem Mahagoni.
Streichelt nur einmal den Hals dieses Schranks, gleich sieht er geistesabwesend drein.
Das Staubtuch an den Lippen, den Staubwedel hinten, den Schlüssel im Schloß der Nüstern.
Seine Haut schrickt, erträgt nur ungeduldig die Fliegen, sein Huf hämmert den Boden.
Es senkt den Kopf, beugt das Maul zur Erde und weidet Gras.
Man braucht eine Fußbank, um auf das obere Fach zu gucken.

Kitzlige Haut, sagte ich . . . doch sein ungeduldiges Wesen sitzt so tief, daß sich im Innern seines Körpers die Teile seines Skeletts wie Kiesel in einem Sturzbach verhalten!

Von der Apsis her gesehen das höchste Tierschiff im Stall . . .

Großer Heiliger! Großer Hengist! Des Stalles Hintern-Beau . . .
Was ist das für ein prächtiger Kurtisanenhintern, der mich willkommen heißt?
Auf schlanken Beinen, hohen Absätzen?
Hohes Geflügel mit goldenen Eiern, merkwürdig geschoren.
Ah, der Geruch des Goldes springt mir ins Gesicht!
Leder und Mist durcheinander.
Das Omelett mit dem starken Geruch, vom Huhn mit den Goldeiern.
Strohomelett, Erdomelett: mit dem Rum deines Urins, der aus der Spalte unter deinem Schweif spritzt . . .
Wie auf dem Blech des Bäckers das Gebäck aus dem Ofen kommt, das rumgetränkte Strohblätterteiggebäck des Pferdestalls.
Großer Heiliger, deine Jüdinnenaugen, verschlagen, unterm Geschirr . . .

Eine Art Heiliger, demütiger Mönch im Gebet, im Halbschatten.

Was sage ich da, ein Mönch? . . . Nein, ein Bischof, ein Papst auf seiner kotigen Streusänfte, – der dem ersten besten zunächst einmal seinen prächtigen Kurtisanenhintern hinhalten würde, in der Fülle des Herzens, auf nervösen Beinen, die unten elegant in Hufen mit sehr hohen Absätzen stecken.

Weshalb dieses Kettengeklirr?
Dies dumpfe Stampfen im Verschlag?
Was geschieht hinter der Box?
Betet ein Bischof?
Sitzt ein Pennäler nach?
Großer Heiliger! Großer Hengst (Hengst oder Heros?) des Stalles Hintern-Beau,
Warum, heiliger Mönch, trägst du Lederhosen?
– In seiner Messe gestört, wendet er uns Jüdinnen-Augen zu . . .

Ion Alexandru

Das Fohlen

Das Licht der Welt erblickte ich in einer Lehmkate, im Winter, zu ebener Erde im Stroh, zusammen mit einem rotbraunen Fohlen. Es erhielt denselben Namen wie ich.

Als ich mich ins Geschirr meiner ersten Laute legte
und zwei Wörter schon halbwegs hervorbrachte,
eins an das andre gereiht, beherrschte unser Fohlen
längst sämtliche Sprachen der Glocken
und stand, neben der Mutter
vor den hölzernen Wagen gespannt,
ganz gut seinen Mann.

Als ich vier war, nannte sich unser Fohlen
bereits Pferd,
stolz trug es den Sattel ebenbürtig
an der Seite der anderen Pferde.

Als ich zur Schule kam,
war unser Pferd
während der Dürre eine Woche lang unterwegs nach Mais
auf den Feldern Siebenbürgens.

Als ich in der Stadt lebte,
brachte mir unser Pferd
auf einem Karren
Milch und Äpfel, Quitten
und herdgebackenes Brot im Hafersack.

Als ich zu den Soldaten ging,
da starb es, unser rotbraunes Pferd, mit dem ich das Licht der Welt erblickt hatte,
in einem Winter vor langer Zeit, und das meinen Namen trug,
es starb oberhalb des Dorfes, an Altersschwäche,
auf dem trockenen Feld.

Friedrich Hebbel

Das zahme Eichhörnchen

Wir haben ein kleines Eichkätzchen, das uns allen unendliche Freude macht.

Wir drei, ich, meine Frau und das Kind, können mit ihm machen, was wir wollen, es läßt sich alles gefallen, im Schlaf wie im Wachen; aber wenn eine der Mägde sich ihm nähert oder es gar berührt, weist es sie durch die possierlichsten Töne des Unwillens und des Zorns zurück, und wenn das nicht hilft, bedient es sich seiner Zähnchen.

Größer geworden, nahm es, wie es mir des Morgens immer ins Bett gebracht wurde, regelmäßig an unserem Abendessen teil, kostete überall, speiste auf das zierlichste, trug in den ersten anderthalb Jahren, später nicht mehr, Nüsse und Zucker beiseite, schleppte oft eine ganze Semmel den Fenstervorhang hinauf und versteckte sie oben in der Brüstung, glitt dann wieder herunter, knäulte die Servietten in seinem Mäulchen zusammen, trug sie, eine nach der anderen, in den Schoß meiner Frau, stürzte sich zuletzt selbst hinein und bedeckte sich damit. Dagegen sang es in der Frühe, beim Kaffee, so lieblich wie ein Vogel, und modulierte die Stimme auf das mannigfaltigste; wenn das Stück Zucker, das es zu seiner eingeweichten Semmel erhielt, zu groß war, trug es den Rest selbst in den Zuckerkasten zurück und vergrub ihn unter dem anderen Zucker.

Dreimal war es mit in Gmunden; dort schlief es das erste Jahr in seinem Käfig, der nachts vor meinem Bett stand und aus dem es des Morgens, die kleinen Arme auf die Tür gestützt, wie ein Müllerknappe hervorschaute, später in einem Wandkorb, auf den es gleich wieder zustrebte, als wir zurückkehrten. Setzte ich es in einen Baum, so kletterte es hinauf, sah sich um, probierte eine Zwetschge, betrachtete die Vögel, die es verwundert umkreisten, und glitt dann in meine Hand zurück. Setzte es sich auf die Erde, so hüpfte es auf dem gebahnten, mit Sand bestreuten Wege mit unendlicher Eile ins Haus zurück.

Mit diesem lieben Tierchen teile ich eben eine Haselnuß. Es hält sie im Mäulchen, ich beiße die Hälfte ab, es läßt es ruhig geschehen. Kann es weiter gehen?

Wenn das Eichkätzchen reden könnte, welche wunderlichen Gedanken über Sonnenschein und Duft würden wir vernehmen?

24. September 1860 (Brief an den Dichter Franz Dingelstedt).

Wenn Du mich jetzt schreiben sähest, würdest Du Deinen Spaß daran haben. Mein kleines Eichkätzchen will den Brief durchaus nicht zustande kommen lassen; bald zupft es an der Feder, bald hüpft es über das Papier, und wenn ich das Tintenfaß nicht immer zudeckte, würde es gewiß seine Pfötchen hineintauchen und Dir ein Autograph mitschreiben. Hast Du je ein solches Tierchen in der Nähe gehabt? Ich kenne nichts Anmutig-Possierlicheres; wir haben das unsrige schon zwei Jahre, und es macht uns sehr viel Vergnügen, denn es ist so zahm, daß es die Hand leckt und hinterher läuft wie ein Hündchen.

6. November 1861 (Tagebuch).

Der gestrige Tag war ein sehr trauriger für uns alle; unser Liebling Herzi-Lampi-Schatzi ist verschieden, kaum drei Jahre und einige Monate alt. Erst zwei Tage bin ich von einer Reise zurück, alle meine kleinen Zwecke habe ich erreicht, eine neue schönere Wohnung hat mich empfangen, aber ich wollte, das alles wäre anders und das liebe Geschöpf lebte noch. Wieder etwas vorüber, und diesmal etwas Himmlisch-Schönes, das so nicht wiederkehrt!

Das Tier war so einzig, daß es jedermann wie ein Wunder vorkam, und mir wie eine Offenbarung der Natur. Ich glaube jetzt an den Löwen des Andronikus, an die säugende Wölfin der Römer, an die Hirschkuh der Genoveva, ich werde nie wieder eine Maus oder auch nur einen Wurm zertreten, ich ehre die Verwandtschaft mit dem Entschlafenen, sei sie auch noch so entfernt, und suche nicht bloß im Menschen, sondern in allem, was lebt und webt, ein unergründliches göttliches Geheimnis, dem man durch Liebe näherkommen kann.

So hat das Tier mich veredelt und meinen Gesichtskreis erweitert; wenn ich nun aber gar die Unsumme von Freude und Heiterkeit aufzählen sollte, die es für seine paar Nüsse und seinen Fingerhut voll Milch ins Haus brachte, so würden wir wie arme Schlucker dastehen, die ihre Schuld nie bezahlen können . . .

Der Abend verstrich uns unendlich trübe, und ich schäme mich der Seufzer und Tränen nicht, obgleich ich kurz zuvor in Hamburg den Tod eines Universitätsgenossen ohne die geringste Bewegung vernommen hatte, denn hier war ein inniges Band zerrissen, wenn auch nur zwischen Mensch und Tier, dort war nie eins vorhanden gewesen.

Von Essen war nicht die Rede, von Schlafen in der Nacht ebensowenig, den nächsten Tag ließ ich die kleine Leiche liegen und bedeckte Mund, Brust, Hände und Füße mit unendlichen Küssen . . .

Nun legte ich die Reste in eine Schachtel, ging tief in den Prater hinab, höhlte in der morschen Wurzel eines Baumes, bei dem ich vor Jahren oft mit meinem Töchterlein gespielt hatte, ein Grab aus, stellte die Schachtel hinein, legte einen Stein darauf und bedeckte alles dicht mit Erde, die ich in einem Tuch aus den benachbarten Maulwurfshügeln zusammentrug. Veilchen werden deinem Grabe entsprießen, du allerbestes Kind, wie ich dich unzähligemal rief! und nie werde ich etwas Übles tun, wenn ich an dich denke, denn du hast dich zu den Genien meines Lebens gesellt und blickst mit anderen teuren Toten auf mich herab.

Robert Burns

An eine Maus – als ich sie November 1785 mit ihrem Nest aufpflügte

Du kleines Ding, so furchtsam, bang,
Welch Schreck dir wohl ins Herze drang!
Nein, nein, brauchst nicht die Furchen lang
Zu eilen gleich!
Wer sagt, daß ich zum Pflugstab lang
Und dich mit scheuch?

Es betrübt mich sehr, daß Menschenhand
Getrennt hat, was Natur verband;
Daß ich solch Schrecken dir gesandt,
Ich, der wie du
Geboren bin aus Staub und Sand,
Sterblich wie du.

Gewiß, du stiehlst, so ist das eben,
Ein armes Tier wie du muß leben;
Mal eine Ähr ist dein Bestreben –
Der Hunger treibt;
Bin glücklich, ist mir das gegeben,
Was übrigbleibt.

Dein kleines Haus ist auch dahin!
Die Wände trug davon der Wind!
Und nirgendwo mehr Gräser sind
Für einen Bau!

Ins Land Dezemberstürme ziehn,
Gar kalt und rauh!

Du sahst die Felder nackt und leer,
Den Winter nahen, lang und schwer;
Und glaubtest, Wärm und Ruh dir wär
An sichrem Ort,
Bis daß die Pflugschar kam einher
Und trieb dich fort.

Du mußtest für den Stoppelhaufen
Gar manche lange Furche laufen,
Umsonst das Plagen und sich Raufen –
Ohn Dach und Spalt;
Hast nichts, bei Hagel zu verschnaufen,
Bei Rauhreif kalt.

Ja, liebe Maus, manch andrer sann
Auf Vorsorg schon, die ihm zerrann;
Wie oft schlägt fehl der beste Plan
Bei Mensch und Mäusen
Und Not und Kummer bleiben dann,
Wo Freud verheißen!

Und doch, mein Tier, du's besser hast,
Das Heute nur am Fell dich faßt:
Derweilen ich Zurückschau halt
Auf trübe Tage!
Und Vorschau, blind und nebelhaft,
Ins Dunkle, Vage!

Eduard Mörike

Mausfallen-Sprüchlein

Das Kind geht dreimal um die Falle und spricht:

Kleine Gäste, kleines Haus.
Liebe Mäusin oder Maus,
Stell dich nur kecklich ein

Heut nacht bei Mondenschein!
Mach aber die Tür fein hinter dir zu,
Hörst du?
Dabei hüte dein Schwänzchen!
Nach Tische singen wir,
Nach Tische springen wir
Und machen ein Tänzchen:
Witt witt!
Meine alte Katze tanzt wahrscheinlich mit.

Paul Verlaine

Dame Maus trottet
Schwarz im Grau des Abends, sacht,
Dame Maus trottet
Grau im Schwarz der Nacht.

Glocke wird geläutet:
Lieber Sträfling, leg dich, brav.
Glocke wird geläutet,
Ja, nun heißt es: schlaf!

Keine schlimmen Träume,
Eure Liebste sollt ihr schaun.
Keine schlimmen Träume,
Stets die schönen Fraun.

O der große Mond scheint!
Fest geschnarcht wird Seit an Seit.
O der große Mond scheint
In der Wirklichkeit!

Wolke zieht vorüber,
Finster wird es wie im Sack.
Wolke zieht vorüber,
Sieh, da ist der Tag!

Dame Maus trottet
Sacht im Blau mit rosigem Maul.
Dame Maus trottet:
Auf! und seid nicht faul.

Edith Sitwell

Dame Maus trabt

›Dame Souris trotte grise dans le noir.‹
Verlaine

Dame Maus trabt,
Grau in schwarzer Nacht!
Dame Maus trabt:
Pelzig ist das Licht.
Die Elefantenrüssel
Trompeten vom Meer ...
Grau in schwarzer Nacht
Trabt frei die Maus.
Heiser wie Hundegebell
Sind die schweren Blätter eingerollt ...
Die Katz ist hinterm Ofen
Und die Welt gut bestellt.

Regina Ullmann

Die Maus

Der Tod war hergerichtet in Gestalt einer Falle. Aber bis zu dieser letzten Zeit hatte die Maus noch eine Wand zu durchnagen, die in mein Schlafgemach führte. Sie hatte einen langen schmalen Weg zu durchnagen und meinen Schlaf zu durchnagen.

Manchmal schlug ich mit der Faust an mein Bett und erschrak selber davor, so donnerte es über alles, was in der Nacht denkbar ist. Und ich glaubte zu fühlen, daß auch die Maus die Furcht empfand.

Aber ehe noch die Welle dieses Schreckens zu dem Frieden hinüberführte, war auch von ferne schon wieder dieses leise Nagen zu hören. So leise war es, daß es nur für den hörbar sein konnte, der vor einer mondbeschienenen Wiese am Rande eines Waldes allein in seinem Hause sich überlassen ist. Er behütet sich wie sein eigener Jagdhund, und käme auch während des Schlafes eine Gefahr über ihn, er hätte sie lange gehört. Er ist wie der Nebel, wenn es finster ist, der Nebel, der gleichsam in seinem eigenen Lichte lebt. Er ist wie der Regen weit und breit, hoch und fern, im Himmel und auf Erden. Wie sollte ihm das Nagen einer Maus entgehen, diese wieder sich selbst zugewandte Betätigung. Er fühlte sie mit seinem Blute. So zündete ich also von neuem das Licht an, diesen Bannfluch aller fremden Vierfüßer. Die Kerze aber schien nicht wie in anderen Nächten zu sein, wo sie mit ihren Engelsfittichen schützend über dem dunklen Abgrunde des Fürchtens schwebt, ein Geist des Schattens werdend, um noch als Licht zu dienen . . . Sie wandte sich plötzlich abtrünnig meinem Feinde zu, begann gleichfalls eine Art nagendes Wesen zu werden in ihrem Leuchter. Sie fraß meinen Schlaf weg, und die Maus fürchtete sie nicht.

Sie war ja aber auch noch nicht, wo ich war, in dieser nächtigen Helle. Das sollte erst kommen. Einstweilen schlief ich ein und träumte im Scheine der Kerze. Ich träumte von einer Stadt, von ihren unterirdischen Gängen. Da erwachte ich wieder. Diese uneigene Nacht nahm mir die Ruhe wieder, wie sie sie mir gegeben hatte. Die Maus nagte, und lauter als zuvor. Das Licht brannte immerzu. Ich donnerte nochmals mit der sich selber peinigenden Faust. Darauf wurde es stille, aber nicht länger als der Schrecken währte, unser gemeinsamer Schrecken. Und als er noch nicht auslief in das Nichts, wo dieses leiseste Nagen von neuem begann, wandte ich mich, schon Hilfe suchend, abermals in den Fußstapfen des Unendlichen einem sich selbst gehörenden Geräusche zu: der Uhr. Sie tickte, als wäre es ein Spiel zu den Sternen, diese Minuten. Ich fühlte mich eins mit ihr. Ich lauschte ihr wie meinem eigenen klopfenden Blute. Aber da begann, mit ihr wetteifernd, und leiser und ferner als irgendein Ührchen es vermag: die Maus. Ich mußte beinah lachen. Aber bei Nacht lacht man nicht. Es ist gefährlich, in der Nacht zu lachen. Dieses Lachen grenzt an den Wahnsinn. O Gott der Schlaflosen: Du hältst kein Kraut in seinem Wachstum auf, (Du tötetest es denn). Du hältst nicht einen Regentropfen auf in der Fahrt von der Wolke – warum den Schlaf?

Die Maus, wenn es ihr not tut, soll nagen, soll immerzu nagen,

Nacht für Nacht, und fiele auch das Haus ein einmal über ihren Wegen. Ich nur, armer Mensch, will Ruhe finden. Ruhe bedarf ich vor allem anderen im Leben. Sie ist die unvergängliche Nahrung der Seele. Wem sie versagt wurde, dem wird Nacht zum Tage. Es brausen ohne Ende dem Schlaflosen die Wasser und die Winde in den Wipfeln. Alle Wege, auch jene mondbeschienenen, durchhellten, führen in Abgründe der Himmel. Er ist wie ein Verdammter.

Und am Tage hat die Sonne Macht über ihn, wie ein Mond. Er schließt die Augen vor ihr und geht tastend wie ein Blinder so durch ihre verzauberte Welt. Und gedenkt nur des Bösen, was von ihr selber ihr schon zugefügt wurde.

Und dann, als wären vor Jahrzehnten schon diese schlaflosen Nächte vorbereitet worden, erinnert er sich der Geschichten, die ihm damals Menschen von diesen Tieren, den Mäusen, erzählt hatten. Da wellten die Äcker von den lebendigen Wogen der Feldmäuse. Immer aus einem Erdloch, wo sie die Wurzeln der Früchte abbissen, sprangen sie in ein anderes Erdloch. Der Acker und alle Äcker dieses Landstrichs waren vernichtet. Sie gehörten nicht mehr den Bauern oder den Pflanzen, sie gehörten den Mäusen. Und die Geschichten, die im Anblick dieses Vernichtens erzählt wurden, waren so grauenerregend, daß sie nicht wiedererzählt werden können. Und die Frauen blieben alle zu Hause, sie durften nicht auf den Acker, und sie wollten nicht auf den Acker. Und ich dachte: wenn ich einmal sterbe, wie furchtbar ... werden mich dann auch die Mäuse zernagen? Und ich sah aus einem Totenschädel die Mäuse hüpfen.

Dann, als sei so ein Menschenhaupt nicht mehr als ein hohler Kürbis mit einem Licht darin, das zu Ende brennen kann, kam plötzlich eine Stunde, wo ich der Mondnacht nicht, noch den Mäusen mehr etwas nutz schien: wo ich endlich schlafen konnte. Ich schlief ohne Traum. Ich schlief vergänglich, wie etwa ein verwettertes, strohgelbes Gras, einen inhaltlosen Schlaf. Ich erwachte beinah erstaunt. Nur ein zitterndes Geräusch war in meiner Erinnerung. Es bebte im kleinen gleichsam von einer einzigen Stelle aus, nah an meinem Bette: aber ich fühlte es in seinem eigensten Sinne gewaltig, ein Wesen wollte sich aus seinem Gefängnis befreien! Bald hing das Geschöpf mit allen seinen Beinen an den Drähten der verschlossenen Falle, als sei es in der Luft freier, bald saßen die Nagezähne machtlos an dem Eisen still. Es war unverdaulich, dies Gefängnis. Es schien licht wie noch kein anderes, und es war doch das Gefängnis aller Gefängnisse. Eine Maus schon konnte das fühlen, und der Mensch, der in diesem Leiden, er weiß nicht wie noch wann, auch ihr Leidensgefährte werden kann (wenn auch nicht um eines Stücklein Specks willen), der Mensch weiß durch und durch, was dieses Tier leidet. Darum war auch ich sogleich mitten in dem Ereignis. Ich begriff es mit den noch Sekunden zuvor schlafenden Augen. In mir zitterte es gleichfalls. Aber dennoch, meiner schlaflosen, qualvollen Nacht gedenkend, lächelte ich schadenfroh. Nun war das Tier daran. Es hatte so lange an meiner Nacht gezetert, bis sein Tag gekommen war, der es forderte in meiner Person. Ich beabsichtigte zwar nicht, es umzubringen, obwohl ich nur mit seinem Tode meiner Ruhe gewiß sein konnte. Aber ich wollte seines Schreckens mich bemächtigen, daß es fortan vielleicht dieses Haus meide. Im Walde waren ja so viele Eicheln, Wurzeln und Beeren. Die mochte es in süßer Lust der Freiheit genießen. So manche Wurzel, wärmer als ein Haus, konnte es bergen im Winter. Ich lobte das Geschöpfchen in Gedanken, mir gefiel es, sobald es nicht mehr mein Hausgenosse sein wollte. Ich eilte ihm zuliebe sogar. Ich kleidete mich nur, um die Schale, die diese überstandene Nacht immer und ewig mir wollte anhaften lassen wie eine hohle Larve, abzuwaschen. Und ab und zu blickte ich besorgt nach dem Tierchen. Es war still geworden. Sein graues, sanftes Fell war wie zu Stacheln aufwärts gekehrt. Es schien etwas zu halten, wie alle schlafenden Tiere: sich selber. Das beruhigte mich. Ich wendete mich häuslicher Tätigkeit zu. »Angst«, dachte ich, »sollst du nicht mehr haben, als dir zugehört. Nur das Frühstück will ich mir noch bereiten, ehe ich in den Wald gehe.« (Man denke sich, mir mundete noch etwas, obgleich eine Kreatur vor Todesangst in meinem Hause eingeschlafen war. Es war nicht mein erster Schritt nach dem Erwachen, sie zu befreien. Ich wollte noch eine Mahlzeit halten.) Und nicht, daß es nur eine Maus war, die schädigend aufgespeicherte Vorräte, ja sogar unsere Kleidung, von einer Jahreszeit zur anderen zurückgelegt, in Stücke beißt, und nicht, daß es nur ein kleines Tier war, im Gegensatz zu dem großen Leben, das ich noch nicht einmal zu erfüllen begonnen hatte, entschuldigte mich da. Nichts ließ mein peinigendes Gewissen als übergroß, als übertrieben erscheinen. Es war nicht nur eine Maus, es war nicht nur die Maus, es war eine Kreatur, ein Geschöpf. Und auf der andern Seite: es war nicht von irgendwoher gepredigte Liebe, ein Spielen und Verwechseln des Großen mit dem Kleinen: es war mein Leben.

Ich erinnerte mich einer Katze, die eine befreite Maus aufgeschnuppert hatte. Es war auch an einem Morgen. Ich stand wie angewurzelt und schaute über sie hinab. So perlgrau wie diese Maus hier, mit Augen, die in der Angst nicht mehr schauten, sondern nur noch eingefügte Perlen schienen in einem unwirklichen Wesen, stand sie auf ihren Hinterbeinen und bat. Sie bat um ihr Leben. Sie pfiff. Sie gestikulierte mit den Pfötchen. Aber sie ging nicht von der Stelle. Ihre Augen waren wie kleine marternde Stecknadeln, offen und schwarz glänzend. Die Katze, wie abwesend über sie hinwegschauend, eine Pfote in der Luft, hörte auch und sah auch. Ihr konnte das Tierchen nur nicht entkommen, darum vergaß sie es. Sie vergaß, wie ich jetzt vergaß. Und ich sah danach jene Maus wieder, die während meiner Reise in die Falle gegangen war. Sie war zu Staub geworden. Das verhungerte Skelett gab einen furchtbaren Anblick, wie es mit den Hinterbeinen am weitesten zurückgriff und mit den Vorderfüßen in die Luft stach gleichsam. Und anderes noch fiel mir ein, denn wir sind gebunden an alle Qualen, die gelitten werden um uns. Sie sind in unser Leben eingegraben. Sie betreffen uns alle wie eine Schuld. Wie im Vorübergehen vertausendfachen sie unsre Erlebnisse mit der großen Natur. Wären wir unschuldig, freilich, so vollzöge sich ein schöner, heiliger Anblick. Wie ein Sternenregen bejahte er unser Leben.

Daraufhin ging ich langsam und gesenkten Hauptes an den Käfig zurück. Ich wußte es schon: die Maus war verendet.

Peter Gan

Die Mäuse

Allein in der Welt? fast kommt mir's so vor.
Die Stille! fast hör' ich mich leben.
Ein Flüstern, ein inneres, will an mein Ohr
und kommt doch von außen (so kommt es mir vor)
und flüstert, als stünde ich neben

mir selber. Was wimmert der Wind im Kamin?
Was reden die raschelnden Mäuse?
»Laß du nur die Wolken ins Friedlose ziehn,
am Monde vorbei, und ins Frierende fliehn –
wir wohnen im warmen Gehäuse

gesellig mit dir, wir verlassen dich nicht,
wir innigen, sinnigen Mäuse.
Wir rascheln, dich schaudert's, so wird's ein Gedicht.
Die Lampe verschwendet ihr schweigendes Licht,
wohnt mit uns im warmen Gehäuse.

Die Lampe, die Mäuse, der wimmernde Wind,
du selber (der Andre, der Zweite) –
wir bleiben bei dir bis zum Morgen; wir sind
(die Mäuse, die Lampe, der Andre, der Wind,
und dort in der Ecke das winkende Kind)
zur Nacht die geselligsten Leute.«

Albin Zollinger

Die Wühlmäuse

Was ist groß? Wir sind größer! Denn wir sind viel.
Euer Erhabnes ist Fraß und nur Spiel.
Wir in der Finsternis untrer Region
Wimmeln und wühlen, wir sind Legion,
Unteres Volk der verkümmerten Gnome,
Raschelnde, raspelnde Nachtphantome.
Himmlischer Heerschar schauernder Schatten,
Wandern wir unter der Erde, begatten
Wir uns so viel und so wohl als sie oben
In Verzückung den Höchsten loben.
Baut ihr das Korn, wir holen es munter
Ungesehen und jenseits herunter.
Türmt Kathedralen, wir nagen, wir nagen.
Habt ihr Gehirn, so haben wir Magen.
Schlagt eure Schlachten um Ideale,
Wir fällen die letzten Heldenmale.
Hegt eurer Wahrheit zerbrechliche Schale:
Was ist wahr? Wir sind wahrer! Wir sind das Reale.

Jaroslav Durych

Die Ratte

Lag eine Ratte, an den Tod verletzt,
lag hinter der Scheune allein,
ihr Fell war blutig und zerfetzt.
Kam das Kind, nahm die Ratte wie ein Kind,
nahm wie eine Mutter sie in die Arme lind –
eia popeia schlaf ein!

Das Mädchen wiegt die Ratte sacht,
hüllt in die Schürze sie ein.
In seinen Augen ein Lächeln erwacht,
und aus dem Lächeln klingt es leis,
ein silbernes Stimmchen singt ganz leis:
eia popeia schlaf ein!

Ratte, totes, entstelltes Tier,
mich ekelt, wie du blutig verschleimt,
vor dem giftigen Aas und faulenden Grind. –
Wär Gott der Welt ich und säh das Kind
mit der toten Ratte in seinem Arm –
ich beugte mein Haupt und weint'.

Gottfried Benn

Schöne Jugend

Der Mund eines Mädchens, das lange im Schilf gelegen hatte,
sah so angeknabbert aus.
Als man die Brust aufbrach, war die Speiseröhre so löcherig.
Schließlich in einer Laube unter dem Zwerchfell
fand man ein Nest von jungen Ratten.
Ein kleines Schwesterchen lag tot.
Die andern lebten von Leber und Niere,
tranken das kalte Blut und hatten
hier eine schöne Jugend verlebt.
Und schön und schnell kam auch ihr Tod:
Man warf sie allesamt ins Wasser.
Ach, wie die kleinen Schnauzen quietschten!

Georg Britting

Die Ratten

Im Keller rührn die Ratten sich. Abends hörst
Dus: ihre kleinen Pfiffe erklingen sanft.
Das Volk muß sich von Asseln nähren,
Oder von Spinnen und bleichen Würmern!

Gern eilt es drum bei Nacht in das Nebenhaus:
Dort lebt noch unbeschädigtes Dasein, hängt
Die Wurst am Haken und im Hofe
Schimmelt verlockend der Tonnenabfall.

Die glatt gekämmte Katze des Hauswarts stört
Sie nicht – die scheut die ruppigen Gäste, scheut
Den Biß in grau verfilzte Nacken.
Lieber doch liegt sie im warmen Körbchen!

Im Schlaf nur singt sie Jägergesänge, riecht
Das Blut, und träumt den prächtigen Mord, derweil

Die Schüssel mit der Milch schon auf sie
Wartet, der süßen, mit Weißbrotbrocken!

Faul schnarcht die zahm gewordene Tigerin.
Den Mond, der gelb, mit tückischem Katzenblick
Am schwarzen Himmel steht, ihn fürchten
Nimmer die Ratten: er jagt die Sterne!

Johann Wilhelm Ludwig Gleim

Die Fledermaus

Ein kleines Mäuschen kroch
Stets unzufrieden in sein Loch;
Stets wünscht' es: Wär' ich doch
Der kleinste Vogel nur
Und flög' in freier Luft! Zeus sagte zum Merkur:
Ich will der Närrin Wunsch gewähren,
Erscheine, Maus! – Sie kam, den Götterspruch zu hören.

Wohlan, sprach Zeus, zum Zeitvertreib
Geb' ich dir Flügel an den Leib.
Nun flieg!
Halb Vogel und halb Maus,
Flog sie und hieß die Fledermaus.
Merkur sah sie und lachte;
Nun fliegt sie nur bei Nachte.

Victor Hugo

Die Fledermaus

> Was willst du mir? ein Engel schwebte
> über meinem Herzen, und du hast ihn
> verscheucht . . . Komm denn, ich
> will dir Lieder singen, welche die Geister
> der Kirchhöfe mich gelehrt haben.
>
> Maturin, Bertram.

Du bist es! ja – ich habe dich gesehen
In meinen Träumen! doch vergebens wehen
Mir deine Schwingen Moderdüfte zu!
Geh'! was dir aufgetragen ward von Leichen,
Bestell' es Schuld'gen! möge dir erbleichen,
Wer glücklich ist! geh', mir laß meine Ruh'!

O warte, bis, nach Hoffen und nach Sehnen,
Um meines Herzens schönsten Wunsch zu krönen,
Sich mir ergibt die Jungfrau meiner Wahl;
Dann, um der süßen Feier Lust zu stören,
Wirst du zurück auf nächt'gem Fittig kehren,
Und wirst umschwirren mich und mein Gemahl.

O du, des Käuzleins Schwester und der Eule!
Die Töchter Satans rufen mit Geheule
Dich an, dir opfernd, was auf Gräbern wächst!
Flieh' mein Asyl! verhaßt ist mir dein Schauen!
Nicht meine Lyra streife mit den Klauen,
Aus Furcht, daß Tote du erweckst!

Nachts, wenn die Geister tanzen auf den Matten,
Folgst ihren Chören flatternd du im Schatten;
Zum Höllenfeste lädt ihr Hymnus dich.
Flieh'! diese Blumen spenden süße Düfte!
Fort! in den Moderdunst der Grüfte
Laß tauchen deine Flügel sich!

Wer sendet dich? kommst du von den Ruinen,
Vom Monde dort geheimnisvoll beschienen?
In ihrer Blässe düster ist, gleich dir,

Des Mondes Stirn. – So zog aus deinen Trümmern
Dich meiner Lampe fern und einsam Schimmern?
Vom Ruhm gelockt, naht so das Unglück schier.

Kommst aus dem Turm du, wo der Schwindel hauset,
Der tolle Zwerg, der das Gebirg durchsauset
Und Feuerkugeln durch den Äther schiebt,
Das Irrlicht rötet, niederlacht aus Lüften,
Und jeden Abend, schweifend an den Klüften,
Des Abgrunds Geiern einen Wandrer gibt?

O, schüttle, nur die schlappen Flügelhäute,
Auf die ein Kobold Menschenasche streute:
Du bist mir lästig, doch nicht grauenvoll!
Flieh' nur! und bald! daferne nicht zur Sühne
Der alte Schäfer über dem Kamine
Als finstern Wandschmuck dich befest'gen soll!

Dann wird dein Zahn nicht mehr die Kinder schrecken;
Ein Mädchen kommt, um schüchtern dich zu necken;
Sie nahet dir, indes sie furchtsam lacht.
Und ausgestoßen, ach, vom Himmel,
Wird durch der Vögel fröhliches Gewimmel
Der Tag mit schwerem Flug dich suchen sehn die Nacht.

Harry Martinsson

Die Fledermaus

Lautlos schwingt sich
die Fledermaus in kühnen Kurven.
Zu schnell, als daß man das kleine
abgeplattete Gesicht zu sehen bekäme,
sammelt sie schweigend die Mücken in ihren Lederbeutel.
Wenn sie genügend zum Sattwerden erbeutet hat,
hängt sie sich mit allem, was sie hat,
zusammengefaltet unter den Balken.

Malcolm Lowry

Die verwundete Fledermaus

. . . ein Sommernachmittag, heiß,
und auf dem staubigen Weg eine Fledermaus,
mit verletzter Membrane und kleinen Händen,
eine Begegnung, die den jungen Aeschylos umgeworfen hätte,
ihr roter Mund hilflos, wie eine Maus oder Katze,
ein summendes wie von einem Summer, elektrisches,
pathetisches Knistern in dem Weg.
Sie umklammerte den Zweig, ich legte sie in den Schatten,
voll Mitleids, aber blinden Entsetzens auch,
betend, daß nicht zu bald
den Tod es kümmern möge, so viel für mich zu tun.

Marcel Jouhandeau

Die Fledermaus

Sobald das Tageslicht den Hof zu verlassen begann, trat eine Fledermaus an seine Stelle. Sie kam aus einem unsichtbaren Loch, wo sie gewiß geboren war, und schickte sich an, in großen Kreisen allmählich aufwärts zu steigen. Wenn sie die Höhe von Théophiles Fenster erreicht hatte, wich sie von ihren Kreisen ab, als wollte sie zu ihm hereinfliegen. Manchmal krallte sie sich ganz verwirrt in den roten Vorhang oder in den Musselin. Manchmal warf sie sich ihm ins Gesicht. Er fragte sich, ob das nicht die Seele der Spenglersfrau war, die da umging. Er fragte sich, ob dies nicht die Hölle sei – etwas Trübseliges zu sein, das immer um sich selber kreist. Nie würde sie die Kraft haben, zur Höhe der Dächer aufzusteigen und sich dort in die Unendlichkeit zu werfen, wo die Begeisterung ihre Flügel kräftigen und sie in immer weiteren Kreisen dahintragen würde. Wie sie zu leiden schien, daß sie so ins Enge gesperrt, zwischen die Steine dieser Gruft verbannt war; überall stieß sie an, und mit matten, verletzten Flügeln erreichte sie ganz verstört den zweiten Stock. Die letzten Schwalben, die mit freudigen Schreien vorbeistoben, erschreckten sie; sie senkte ihren Flug wieder. Sicherlich würde sie in dem Hof sterben, in dem sie geboren war. Sie würde von der Welt nie etwas anderes sehen als diesen kleinen Abgrund. Théophiles Licht besaß eine große Anziehungskraft für sie. Eines Abends schien sie keine Kreise mehr zu beschreiben. Fast senkrecht stieg sie verzweifelt in die Höhe, mit immer spitzerem Ächzen. Für einen Augenblick erreichte sie den Taubenschlag, dann fiel sie in einer Windung zurück. Augenscheinlich hatte sie, um ihre Flügel eine weitere Bahn zu führen, sich vorgenommen, ihren Kreis nach oben zu beschreiben. Er war groß, doppelt so groß wie die anderen. Sie stieg, und stieg. Anderntags sah Théophile sie nicht wieder. Er sah sie niemals wieder, ihre Anstrengung hatte sie wohl das Leben gekostet.

Lêdo Ivo

Die Fledermäuse

Die Fledermäuse verstecken sich im Gesims
des Zollamts. Aber wo verstecken sich die Menschen,
die doch das ganze Leben im Dunkeln fliegen
und an die weißen Wände der Liebe stoßen?

Das Haus unseres Vaters war voll von Fledermäusen,
die wie Lampen an den alten Dachsparren hingen,
die das vom Regen bedrohte Dach stützten.
»Diese Söhne saugen unser Blut«, seufzte mein Vater.

Welcher Mensch wird den ersten Stein auf dieses Säugetier
werfen, das wie er sich vom Blut der anderen Tiere nährt
(mein Bruder, mein Bruder!) und aus Gemeinsinn
den Schweiß des anderen noch in der Dunkelheit fordert?

Im Lichthof einer Brust, jung wie die Nacht,
versteckt sich der Mann; im Kapok seines Kopfkissens, im Licht des Scheinwerfers
bewahrt der Mann die goldenen Münzen seiner Liebe.
Aber die Fledermaus, schlafend wie ein Pendel, bewahrt nur den gekränkten Tag.

Sterbend hinterließ Vater uns (mir und meinen acht Brüdern)
sein Haus, in das es nachts durch zerbrochene Dachziegel regnete.
Wir tilgten die Hypothek und behielten die Fledermäuse.
Und sie zappeln zwischen unseren Wänden: blind wie wir.

Barthold Hinrich Brockes

Der Igel

Unmöglich kann man dies Geschöpf ohn einige Bewundrung sehn,
Als dessen sonderlicher Körper, zumalen wie er eingekleidet,
Von allen uns bekannten Tieren verwunderlich sich unterscheidet.
Man sieht auf seiner ganzen Haut, anstatt der Haare, Hörner stehn,
Die ihn auf eine Weise schützen und so für allen Anfall decken,
Daß es nur seltene Gefahren, die ihm bedrohen und ihn schrecken.
Es wird, in dieses Tierchens Bildung, ein recht absichtlicher Verstand,
Ein richtig überlegter Endzweck, vor vielen andern noch erkannt.
Der ungezählten harten, starren und sonderbaren Stacheln Spitzen,
Die zur Erhaltung ihm so nötig, und die ihn rings umgeben, sitzen
In seiner Haut so ordentlich, und so beweglich eingesenkt,
Daß er dieselbe, nach Gefallen, erhebt, sie durch einander schränkt,
Verbreitet, spreizt und von sich strecket, auch schnell sie wieder niederleget,
Und sie, dem Schein nach sonder Ordnung, dennoch ganz ordentlich beweget.
Er richtet aus sich selber gleichsam lebend'ge Palisaden auf;
Er macht sich selbst zum Spanschenreuter; er pflanzet einen Zaun von Dornen

Im Augenblick um sich herum; er ist von hinten und von vornen
In seiner scharfen Schanze sicher, und er verlässet sich darauf.
Droht ihm von außen wo ein Feind, Tier oder Mensch, ihn anzufallen,
Verändert er gleich seine Form und wird zu einem runden Ballen.
Das, so an ihm verletzbar ist, den Kopf, die Füße, zieht er ein,
Und dadurch wird er unerkannt, ja, auch erkannt doch sicher sein.
Was fast noch stärker zu bewundern, so braucht er diese seine Waffen,
Um, ohne Hände, doch zu sammeln und sich die Nahrung zu verschaffen.
Wo abgefallne Früchte liegen, da wälzt er sich; ein' jede Spitz
Ist dann, dieselben zu bekommen, so gut, als eine Hand, ihm nütz.
Der Stachel dringet in die Frucht,
Die Frucht bleibt auf derselben feste.
Da wandert er, mit reicher Beute beladen, bald nach seinem Neste.
Uns wird von diesem kleinen Tier auch mancher Vorteil noch gewährt,
Indem es Mäuse, Frösche, Kröten, und mancherlei Gewürm verzehrt.
Sie wissen sich wohl zu verbergen, so daß man sie nicht leicht erkennet.
Man findet zahm und wilde Igel, auch ist die Gattung zweierlei,
Von welchem man die eine Säu- die andern Hundes-Igel nennet.
Es nützet uns dies kleine Tier besonders in der Arzenei,
Indem die Galle, nebst der Leber, der Kot, die Milz, das Fett, das Blut,
Zusammt des Magens innerm Häutlein oft ganz besondre Wirkung tut.
Zumalen soll von einem Igel die Asche, wenn wir ihn verbrennen,
Ein kräftig Mittel sein für die, so den Urin nicht halten können.
Es ist demnach auch dieses Tier, sowohl als alle andre, wert,
Daß man in ihm auch einen Schöpfer erkennt, und selbigen verehrt.

Ludwig Strauß

Schlafender Igel

Nachts, als ich draußen ging,
Schleirig zu sehn anfing
Unten das rauhe Land –
Hauch in mein Ohr sich fand,
Rückte mein Fuß an was:
Kleindunkler Hügel
Aus Schlaf im dunklen Gras
Lag da ein Igel.
Die Augen macht ich weit,
Sah, daß sichs regte,
Das harte Stachelkleid
Von innen bewegte,
Doch lags so innig fest
Im Grunde eingepreßt,
Langsam mit Heben
Und Senken, als wolle
Erdene Scholle
Sich atmend beleben.
Und ich ersah es kaum,
So zogs mich bang vom Ort.
Träum du der Wiese Traum,
Schlafe den Schlummer des Bodens nur fort.

Eugenio Montale

Im Parterre

Wir stellten fest, daß dem Stacheltier
Spaghetti mit Fleischsoße schmeckte.
Es kam mitten in der Nacht, und wir ließen
den Teller auf dem Küchenboden.
Die Kinder, halb eingegraben, hatte es
bei der Garagentür untergebracht.
Sie waren sehr klein, Knäuel.
Ob es viele waren, konnte der immer

angeheiterte Wächter nicht sagen.
Später wurde der Igel
im Gemüsegarten der Carabinieri gesichtet.
Wir hatten ein Loch
zwischen den Rankpflanzen übersehen.

Hans Assmann Freiherr von Abschatz

Dachses Grabschrift

Hier liegt ein strenger Katzen-Feind, ein schlauer Hasen-Fänger,
Ein Stürmer manchen festen Gruft, ein kühner Fuchs-Bedränger,
Man sah kaum so viel Haar auf seinem abgelebten Rücken,
Als er sein Leben lang hat Wild zu Grabe helfen schicken.
Man wird, wie er zugleich der Hund und Jäger sei gewesen,
Mit Wunder in den Chroniken berühmter Hunde lesen.
Die Treue, die er lebenslang erzeiget Herr und Frauen,
Ließ er an der Gespielen noch in seinem Tode schauen.
Wie sie zusammen Weidewerk ins zehnte Jahr getrieben,
So sind sie auch in kurzer Frist von gleichem Tode blieben.
Sieht gleich die Welt kein Ebenbild von seinen Kindern leben,
So wird ihm der gestirnte Hund doch seine Stelle geben.

Justinus Kerner

Auf einen Dachs

Armes Tier, im engen Bau
Liegest du verdrossen,
Wiesengrün und Himmelblau
Bleibt dir stets verschlossen.

Nur in finstrer Mitternacht
Kommst heraus gegangen
Schüchtern: denn sie halten Wacht,
Daß sie dich bald fangen.

Deinem Felle nur wird Teil,
Was dir nie geworden,
Oft ein schönes Reiseheil
Nach den fernsten Orten.

So wie dir, also ergeht's
Mir im engen Leben,
Muß an eine Stelle stets,
Wie du Armer kleben.

Nach dem Tode träget man
Mich wohl auch ins Freie,
Aber ach! sie scharren dann
Ein mich flugs aufs neue.

Kenneth Patchen

Die Füchsin

Weil der Schnee tief ist
und fleckenlos das weiße Fallen durch weiße Luft

Weil sie ein wenig hinkt – blutet
wo sie sie trafen

Weil Jäger Flinten haben
und Hunde Henkerbeine

Weil ich sie gern in meine Arme nehmen möchte
und ihre Wunde pflegen

Weil sie sich nicht erlauben kann zu sterben
und die Jungen umzubringen in ihrem Bauch

Weiß ich nicht was ich sagen soll wenn ein Soldat stirbt
weil es im Tod keine Maßstäbe gibt.

Ted Hughes

Fuchsjagd

Zwei Tage nach Weihnacht, wie ich so lausche,
wechseln hinter dem Hügel
die Jagdhunde ihr Revier, eine Wolke Erregung,
ihre Stimmen, sich sträubend wie ein rostiger Zug,
der umrangiert wird. Die Hetzjagd
ist über einen Fuchs gestolpert,
am Eingang des Dorfs. Eine Krähe in der Fichte
inspiziert ihren Nistplatz und protestiert
gegen den unziemlichen Lärm. Eine Amsel
setzt ihren Katzenalarm ingang. Die grauwolkige Schwüle
des Jahrs in der Senke sammelt Kraft für Neubeginn
und röhrt in der Ferne. Alles durchnäßt. Der Fuchs
flieht und bezieht seine erste Lektion
vom blöden Meute-Lärm, vom welpischen Winselgekläff,
das sich hundsschwänzig ringelt, und vom rauh-militärischen
  Bellen:
Maschine, die einzig zwei Dinge hervorbringt:
Hundsdreck und tote Füchse. Lastwagenmotoren,
die ihr Brummen wie stets an der Straßensteige verändern,
beschweren die Luft, und der Fuchs rennt in einen Vorort
mit gleichgültig gemäßigten Geräuschen. Jetzt ziert
das Kläffen seinen Brokat und schwillt
im Labyrinth der Luftströme. Obstgärten

und Hecken liegen im Koma. Die Wiesen
kamen bisher noch davon, sind sicher, die Rinder
schnauben noch hoffnungsvoll, als möchte Frühling hier
Winter überspringen. Die größeren Lämmer
sammeln ihre Scharen in Gattern. Der Fuchs
hängt seine Zunge in die lärmige Welt
über seine besudelten Pfoten. Wird er flüchten,
bis seine Muskeln plötzlich Eisen werden,
bis Blut den Mund umschäumt und die Lungen reißen,
bis seine Füße rohe blutige Strünke sind und sein Schwanz
dünn hängt wie der einer Ratte? Oder macht er
einen Fehler, einen Fehlsprung und springt just
in des Jagdhunds Maul? Wie ich dies schreibe,
rennt er noch unerschöpft, hat alle Chancen vor sich.

Richard Eberhart

Das Murmeltier

Im Juni sah ich inmitten der goldenen Felder
ein totes Murmeltier liegen.
Tot lag es da; meine Sinne erbebten,
und der Geist machte unsere nackte Gebrechlichkeit erschreckend sichtbar.
Dort in dem kraftvollen Sommer
begann unbeachtet seine Gestalt ihren sinnlosen Wandel,
und meine Sinne verdunkelten sich,
als sie die Natur so grausam in ihm wirksam sahen.
Das Werk der Maden und das brodelnde Gefäß
seines Seins genau untersuchend,
halb mit Abscheu, halb mit einer seltsamen Liebe,

stocherte ich zornig mit einem Stock in ihm herum.
Das Fieber erhob sich, wurde zur Flamme,
und Lebenskraft umzog den Himmel,
ungeheure Energie in der Sonne,
und durch mein Gebein ein sonnenloses Zittern.
Mein Stock hatte weder genützt noch geschadet.
Dann stand ich still in den Tag hinein,
betrachtete den Gegenstand wie zuvor,
und bewahrte meine Ehrfurcht vor dem Wissen,
das versucht, Selbstbeherrschung zu üben, still zu sein,
die Leidenschaft des Blutes zu dämpfen,
bis ich mich niedergekniet hatte
und betete vor Freude im Angesicht des Zerfalls.
Und so ging ich davon; und ich kehrte
im Herbst mit scharfem Auge wieder und sah,
wie der Saft aus dem Murmeltier gewichen war;
nur der knochige, aufgedunsene Kadaver war geblieben.
Aber das Jahr hatte seine Bedeutung verloren,
und in den Fesseln des Intellekts
gingen mir Liebe und Abscheu verloren,
in die Wand des Wissens eingemauert.
Wieder kam ein Sommer über die Felder,
mächtig und brennend, voller Leben;
aber als ich durch Zufall auf die Stelle traf,
fand ich nur ein wenig Haar
und Knochen, die im Sonnenlicht
wie ein schönes Bauwerk blichen;
ich betrachtete sie wie ein Geometer
und schnitt mir einen Wanderstock von einer Birke.
Das ist nun drei Jahre her.
Von dem Murmeltier ist keine Spur mehr da.
Ich stand da in dem wirbelnden Sommer,
meine Hand auf einem welken Herzen ruhend,
und dachte an China und an Griechenland,
an Alexander in seinem Zelt,
an Montaigne in seinem Turm,
und an die Heilige Theresa in ihrer wilden Klage.

Hans Morgenthaler

Der Maulwurf

Geheimnisvoll ist meine Welt!
Ich bau im Finstern mir ein Schloss
Mit hartem Kopf, mit stolzer Brust
Und schaffe unverdrossen.
Und wo es mir gefällt,
Da wird mit dunkler Lust
Ein Maulwurfhügel aufgestossen.

Dort oben eine Welt, hier unten meine!
Die Sonne sinkt, der Schatten wächst,
Die Einsamkeit ist gross.
Ich wühle mich durchs Dunkel fort,
Ich stosse hier, ich stosse dort,
Wär's mitten in dem schönsten Klee
Und tät dem Bauern noch so weh:
Dies Schaffen bringt mir Zuversicht,
Ich grabe mich empor ans Licht
Und stosse mich zu Tode!

Peter Gan

Der tote Maulwurf

Da liegst du, Dunkler, doppelt blind
und kugelförmig gasgebläht,
allein im bunten Tulpenbeet,
und schnelle schwarze Käfer sind

an dir, der's unbewegt erträgt,
geschwind geschäftig, blind und bunt.
Feucht wimmelt neben dir der Grund,
wenn man dich auf den Rücken legt.

Vier blinde Hände, nackt und hell,
hebst du zum Himmel, gasgespreizt,

und widersprichst; und gierig geizt
dein Leichnam noch mit deinem Fell

und einem Rest von Form und Sinn.
Gib's auf! Gib's zu: dich gibt's nicht mehr.
Gib nach! Zerfallen fällt nicht schwer,
wenn man sich aufgibt. Gib dich hin!

Günter Bruno Fuchs

An einen Maulwurf

für Günter Eich

1

Deine vierundvierzig Zähne gelten als altertümlich, sind aber wirksam. Ich hörte, Ohrmuscheln brauchtest du nicht, besser noch als die Luft leite die Erde den Schall. Diese Genossin.

2

In deinen wohlverdienten Schloßgängen läufst du schneller umher, als man dir glauben möchte. Hier, an dieser Stelle soeben nicht faul, hast du sofort an jener nächsten reichlich zu tun und hinzuhören. So geht das den ganzen Tag.

3

Bei großer Gefahr, dann zum Beispiel, wenn die Felder auf plötzliche Weise ganz und gar umgepflügt werden, nimmst du rasch deine Kinder ins Maul. Du trägst sie hinein in einen stillen Laubhaufen, wo sie deine vielen Künste ungestört erlernen können nach und nach.

4

Es läßt sich kaum leugnen, daß du aufgrund solcher Aktionen mancherlei Kopfschütteln und Beifall erregst. Aber das soll dir erst einer nachmachen, du schaufelhändiges Mitglied der Arbeiterklasse: Täglich nimmst du deinen Namen beim Wort.

Marianne Moore

Das Waldwiesel

bricht zart hervor, der Skunk –
lacht nicht – in waldig schwarz und weißer Eichhörnchen-
Königswürde. Das tintendunkle Ding,
weiß angetan mit schimmernd-hellem
Ziegenfell, ist Waldhüter. In seiner
hermelingefütterten, schön tintenfischgefärbten Wolle ist es
das Totem der Bestimmung. Vogel-
frei? Sein süßes Antlitz, seine kraftgestählten Füße gehn
in Häuptlingstracht aus indianischem Tuch einher.
Er ist sein eigner Schutz vor Motten,

ein adeliger, kleiner Kämpfer. Das
Otterfell an ihm, diesem lebendigen Iltis,
betäubt alles, was beißt, mit Dunst. Gut, –
eben dies Wiesel ist spielfreudig und seine Wieselfreunde
sind es auch; sie passen gut zusammen.
Waldwiesel mögen mir Gefährten sein.

Mechtilde Lichnowsky

Das Wiesel

Dieser Planet aus Erde und Gestein, auf dem ich frei gehen und schlafen kann wie meine Kameraden, die Tiere, ohne daß wir gegenseitig je das erlösende Wort sprechen können, das uns verbindet, dieser Planet, den wir Erde nennen, dieses Perpetuum mobile, das verschlingt, was es hervorbringt, stumm und unerbittlich, wer oder was ist das, in welcher Beziehung steht es zu mir? Es hat mich an der Leine – mehr weiß ich nicht. Es bringt Schönheit hervor, es sendet mir Boten zur Freude. Ein Wiesel läuft mir über den Weg, ein scheues und, wie man sagt, ein listiges, blutrünstiges Wiesel. Ich muß an Tirili denken, an das zarteste, sanfteste, zahmste Wiesel, das nie einen Zoologen, nur mich gekannt hat, und das war sein Verhängnis. Wie heute hat vor Jahren ein Wiesel meinen Weg gekreuzt mit einem Jungen, das ihm quer im Mäulchen hing. Es lief eine Mauer entlang, ich ihm nach, es verschwand hinter einem gegen die Mauer gekeilten Meilenstein. Als ich hinzukam, war die Alte verschwunden, das Junge lag hinter dem Granit verborgen. Ich hielt es in der Hand, steckte sie mit ihm in die tiefe Manteltasche. So blieben wir, Wiesel in Hand, es schlief, ich ging mit ihm herum, brachte es nach Hause und war guter Dinge, egoistisch, wie der Mensch immer wieder zu sein sich erlaubt. Aus allen Geräuschen der Glückseligkeit tönte noch einmal eine warnende Stimme empor: »Tu's nicht! Leg es zurück, wo du es gefunden hast, es wird leiden, hab nichts mit ihm zu tun! Es gehört der Erde, nicht dir!« Es war kalt draußen, ich wollte das kleine Tierchen nicht an den Fundort zurücklegen. ich gab ihm also zu Hause Nest- und Wieselwärme seiner Brüder in Gestalt einer Gummiwärmflasche, leckte es sorgfältig mit meinem Zeigefinger von der Stirne bis zum Schweifchen, sprach leise Zwitscherworte vor seinem Einschlafen, hauchte es an, und es schloß seine Augen in kindlicher Zuversicht. Es konnte noch nicht gehen, sondern zog die kleinen Hinterfüße nach. Die ersten Schritte machte es auf meinem Schreibtisch. Seine erste Losung hatte ich mikroskopisch untersucht und darin feinste Härchen von Mauspelz entdeckt, somit hatte es schon Fleisch gegessen. Rohes kleingehacktes Kaninchenfleisch war seine Nahrung, die es begeistert mit hellem Vogelpiepsen aufnahm. Es suchte meine Hand, sie war ihm Mutter, Nest und Kamerad. Es schlief in ihr, und wie mein Lurch träumte es mit geschlossenen Augen. Es hatte ein samtenes milchkaffeefarbiges Fellchen, winzige Ohren, das Ganze glich einer beigen Fellschlange auf Füßen. Es war schöner als alles, es war vollkommen. Kein Mensch und keine menschliche Leistung konnte vor ihm bestehen. Man denke an X-Beine, angewachsene Ohrläppchen, Plattfüße, an »Mehlsteuer-Katastralreinertrag«, an Agenten, an alle Fachmänner!

Ich küßte es. Mein Kuß bedeckte seine Schultern, es war so klein! Es erschrak nie, jeden Kuß erwiderte es mit einem flötenfeinen inneren Triller, bei dem es den Mund nicht verzog. Wenn ich sein Schlafkörbchen öffnete, sprang es an den Rand, dehnte sich erwartungsvoll im sicheren Besitz von Zeit und Wohlbehagen.

Niemals verunreinigte es seinen Wohnraum. Noch minderjährig, erkannte Tirili die Vorteile des kleinen Privat W. C., das ich ihm eingerichtet hatte.

Es lief mir nach auf Schritt und Tritt; setzte ich mich, stand es auf meinem Schuh und stieg wieselschnell zu mir empor. Es wurde zusehends größer. Lurch, der damals sehr jung war, tat ihm nichts, Romein beroch es mütterlich, machte aber mit der rechten Hand eine abwehrende Bewegung. Bei der ersten Begegnung mit Hund und Katze wendete Tirili seinen furchtbaren Trick an, Feinde wegzuscheuchen; es gebrauchte die ihm zu diesem Zweck von der Natur verliehene Geruchsdrüse, die eine widerlich riechende Substanz spontan ausscheidet. Niemals aber wehrte sich das Wiesel so mir gegenüber. Es folgte mir so nahe und so unentwegt, selbst auf Treppen und im Garten, kein Hund hält so rein in der Nachfolge. Ich war wie verzaubert vor Glück, und meine Liebe glich einem Orkan, der nicht losbrechen darf, weil das Objekt, ein kleiner Zephir, so zart war. Das kleinste aller Wiesel stellte sich dem Orkan entgegen, ohne mit einem Haar zu zucken, es war nicht umzublasen, nicht einzuatmen, herrlich in seiner Anmut. Orkan und Zephir halten sich beide in Atem, keiner weicht, und wenn sie zusammenwehen, vermischen sie sich nicht. Ein himmlischer Zusammenklang. Wie liebte ich sein Leben, seine Fröhlichkeit, seinen Heißhunger, seine Sattheit, seinen Schlaf, seine Neugier und über alles sein Vertrauen. Ich war klein und demütig vor ihm, aber ich durfte es rückhaltlos lieben. Wir waren beide Kinder Gottes, es hatte alle Rechte, ich alle Pflichten.

Da brach der Zauber – der kleine Zephir tanzte nicht mehr um mich. Eine tausendstel Sekunde Ewigkeit war es alt geworden, ein halbes Jahr. Sein fröhliches Flötenherz zersprang, und ich werde es mir nie verzeihen können.

Wie stets war es mir auf allen Wegen in mein Zimmer gefolgt. Ich arbeitete an einem Schrank, mußte, um eine Schachtel herauszuholen, auf den Fußspitzen stehen, und als ich mich wieder herablassen konnte, war das Schlimmste geschehen. ». . . Es wird deiner Ferse nachstellen, sie wird dir den Kopf zertreten . . .« Nie werde ich das Bild aus der Erinnerung verlieren: der zarteste Märtyrer lag am Boden, krümmte sich flehend, das Tierchen konnte sein Haupt nicht heben, weil Nacken und Kiefer, grausam verrenkt, mit Blut am Boden klebten. Es faltete die Hände, blind vor Blut und Pein. Ich selbst mußte seiner Qual ein rasches Ende bereiten. Ich bettete es in Rosenblätter und grub ihm sein Grab.

Ich stand tief im Unrecht.

Aus des Knaben Wunderhorn

Häsleins Klage

Ich armes Häslein im weiten, weiten Feld,
Wie wird mir doch so nachgestellt!
Bei Tage und bei Nachten,
Da tut man mir nachtrachten;
Man stellt mir nach dem Leben mein:
Wo bleib ich armes Häselein?

Ich eß ja nur ein Gräslein grün,
Was kann denn das für Schaden tun;
Ich pflücke nur ein Blättchen,
Daran tun ich mich sätt'gen;
Ich trinke das Wasser aus meinem Revier
Und gehe dann wieder in mein Quartier.

Kriegen mich dann die Hunde zu sehn,
Muß ich mit ihnen ein Gänglein gehn,
Durch Berg, durchs tiefe Tal
Da jagt man Marten all;
Dann ruft der Jäger: Hei, hopsasa!
Du hast verspielt, Viktoria!

Und greift mich dann am End der Wind,
Der Jäger mich an seinen Sattel bindt;
Wohl an dem großen Prangen,
Da muß ich Marten hangen,
Da schlicker und schlacker ich hin und her,
Als wenn ich ein Dieb vom Galgen wär!

Kriegt mich die Köchin dann zur Hand,
Hängt sie mich Marten wohl an die Wand;
Sie bringen mich ans Feuer und drehn mich herum,
Das Mädchen kommt gegangen,
Die Herren tun verlangen;
Sie saßen, sie aßen alle frisch,
Sie hatten einen gebrat'nen Hasen auf'm Tisch.

Darum, ihr Brüder insgemein,
Soviel wir in dem Walde sein,
Entlaufet vor dem Jäger,
Entfliehet vor dem Schläger!
Entfliehet, eilet und säumt auch nicht!
Nun gute Nacht! lieber Marten spricht.

Robert Burns

Der wunde Hase

Entmenschter Mensch, o möchtest du erblinden!
Dir sei dein Mörderauge ausgefeuert,
Und nie soll dich ein Seufzer Mitleids finden,
Da du die Kunst zum Töten nur geheuert.

Leb, armer Wanderer von Feld und Wiese,
Das bittre Restlein Lebens, das noch dein!

Nie werden Dickicht mehr und Paradiese
Des grünen Felds dir Nahrung, Spielplatz sein.

Verstümmelter, daß dir ein Plätzchen werde,
Der Ruhe nicht mehr, nur ein Ort, zu sterben;
Wo dir zu Häupten Binsen flüsternd beben,
Press'st du die Brust voll Blut zur kalten Erde.

Beim stillen Bächlein zwischen Wald und Ähren
Am kühlen Abend, vor der Morgenau,
Entbehr ich nun dein Gleiten durch den Tau:
Ein Fluch der Menschengier! Fluch den Gewehren!

Jorge Carrera Andrade

Das rechte Leben

Häschen, furchtsamer Bruder, mein Lehrer und Philosoph,
dein Leben hat mich das Schweigen gelehrt.
Da die Einsamkeit deine Goldmine ist,
kümmert dich wenig der ewige Gang der Welt.

Kleiner Sucher nach Weisheit,
du blätterst im einfachen guten Kohl wie in einem Buch
und beobachtest die Manöver der Schwalben,
wie der heilige Simeon aus deiner dunklen Höhle.

Bitte den lieben Gott um einen Garten im Himmel,
in der Glorie, einen Garten mit gläsernen Kohlköpfen,
einen Strahl süßes Wasser für dein zartes Schnäuzchen
und über deinem Kopf den Flug der Tauben.

Du stehst im Geruch ein Heiliger zu sein,
und wenn du stirbst, ist dir der Knotenstrick
des heiligen Franziskus sicher. Mit deinen langen Ohren
spielen dann im Himmel die seligen Kinder.

Pablo Neruda

Ode an das Kind mit dem Hasen

In den Herbstglanz
am Weg
hielt weder Blume noch Lampe
in seinen Händen das Kind,
sondern einen toten Hasen.

Die Motoren liniierten
die eisige Landstraße,
hinter den Scheiben
die Gesichter
blickten nicht auf,
das waren Augen
von Eisen,
feindliche
Ohren,
rasch handelnde Zähne,
die blitzten
hinrollend
zum Meer und den Städten,
und das Kind
des Herbstes
scheu wie eine Distel,
hart
wie ein kleiner Stein,
mit seinem Hasen
dort,
hob
eine Hand
zum Dunsthauch
der Reisenden hin.
Niemand
hielt an.

Fahl lagen
die ragenden Kordilleren,
Hügel
von der Farbe eines verfolgten

Pumas,
dunkelviolettes
Schweigen
rings
und wie
zwei glühende Kohlen
schwarzen
Diamants
waren
die Augen
des Kindes mit seinem Hasen,
stachelscharf zwei
Messerspitzen,
zwei schwarze Messerchen,
das waren die Augen
des Kindes,
das dort,
im ungeheuren Herbst
des Weges verloren,
seinen Hasen anbot.

Ernst Meister

Hasenwinter

Hurra, Soldaten der Felderangst!
Ihr, in Reihe und Glied,
Köpfe in Tüten nach unten . . .
Stillgehangen, Hasen!
trotz Winterwind.

Ja, der Winterwind
fegt, blank wie Nagezähne, Silbergewölk
über den spiegelnden Himmel.

Auf dem Gipfel
beginn ich die Schneelawine,
ein kleiner Anstoß genügt, und
meine Schuld, Vater des innigen Himmels,

rollt über den Berg
zu Tal, wächst
und zerschmettert
meine Eisblumenfenster, davor
sie hängen, die Hasen.

Aufgewacht, Soldaten der Felderangst!
Rührt euch –
Weißklee, blau eisig, blüht auf der Höh!
Kommt, hoppelt zu mir herauf,
laßt es euch schmecken unter
dem Winterwind, wascht euch das
Blut aus dem Fell,
meine Schuld,
und tummelt euch endlich mit mir
auf den blauen Weiden des Schnees.

Günter Bruno Fuchs

Der Feldhase

Die Jungen
kommen mit offenen
Augen zur Welt. Sie nehmen
deshalb
augenblicklich
Reißaus

und versichern
in frühen Memoiren, daß sie
des Menschen
flintenschwarze
Mündung
nur vergessen konnten

bei der Lektüre
eines bestimmten Buches von
Francis Jammes.

Joseph von Eichendorff

Nachts

Ich stehe in Waldesschatten
Wie an des Lebens Rand,
Die Länder wie dämmernde Matten,
Der Strom wie ein silbern Band.

Von fern nur schlagen die Glocken
Über die Wälder herein,
Ein Reh hebt den Kopf erschrocken
Und schlummert gleich wieder ein.

Der Wald aber rühret die Wipfel
Im Traum von der Felsenwand.
Denn der Herr geht über die Gipfel
Und segnet das stille Land.

Nikolaus Lenau

Waldestrost

Im Walde schleicht ein alter Mann,
Allein mit seinem Leid,
Er ist so ärmlich angetan
Mit einem Lodenkleid.

Er blickt so traurig um sich her,
An seinen Stab gelehnt;
Dem Manne ist's im Herzen schwer,
Wonach er wohl sich sehnt?

Den Bäumen nimmt der Herbst das Laub,
Der Tod im Walde tost,
Der Alte starret in den Staub,
Als sucht' er dort sich Trost.

Vom Dickicht rauscht vor ihn ein Reh,
Und hält, und will nicht fliehn,
Als wär's gerührt von seinem Weh,
Als wollt' es trösten ihn.

Schau tief dem Reh, du armer Mann,
In seinen Kindesblick,
Vielleicht der Blick dir lindern kann
Dein trauriges Geschick!

Christian Morgenstern

Du schlankes Reh

Du schlankes Reh, das du die Menschen fliehst,
bewegte dich dein Herz, wenn du mich siehst,
mich nicht zu fliehen, meinem Blick zu traun,
wie Deinesgleichen mir ins Aug zu schaun!

Ich weiß mich frei von jeder Mordbegier,
ich jage mich, mein Bruder, nicht in dir.
Du glaubst mir nicht? Ich bin dir nur ein Mann,
ein Mensch . . . Ach, Reh, was geht der Mensch mich an.

Paul Zech

Der Nebel fällt. Die Welt wird wieder klein.
Die Wälder rücken auch zusammen.
Bald wird um uns nur Dunkel sein
Der Raum, woher wir alle stammen.

Herzu tritt auch das müdgejagte Reh.
es hat mich angsthaft angesehen,
sein schneller Atem flockt so weiß wie Schnee,
kein Leid soll ihm geschehen.

Baum, Tier und ich:
wir drei sind eins, dreieinig Du
als wären wir seit Ewigkeiten schon

verbunden und verwoben.
Und nichts ist Unten mehr und nichts ist Oben,
gerundet deckt der Raum uns zu.

Victor Wittner

Das Reh

Unter vielen Paketen,
die sich drängen und drücken,
unter Schachteln und Stücken,
die sich türmen und treten –
was blinkt da, was blickt da?
was winkt da, was nickt da?
Kein Ding da, ein Wesen,

das ging da im Schnee,
ist warm gewesen –:
ein Reh!

Du regloses Reh,
wie war es im Walde?
Wer tat dir weh
auf der hellen Halde?
Bös war ein Baum
und der Zweig ein Gewehr,
hat nicht dich verschont,
traf dich hin und her –
in deinem Auge wohnt
noch der schreckliche Traum
und am Mund schimmert Schaum,
doch das Herz geht nicht mehr!

Unter vielen Paketen,
die sich türmen und treten,
Reise-Anschluß suchen:
unter Leinen und Tuchen,
Weinen und Büchern,
Taschen und Tüchern,
Flaschen und Hüten,
Schriften, Stiften, Düten ...
ein Reh, ein totes,
erbeutet zur Kost,
Fleisch statt Brotes,
ein Ballen Post:
den Rumpf, die Wunden,
im Postsack verbunden,
die Weisung zum Reisen
am Hals angebunden.

Wer wirds verspeisen?
Wem wird es munden?

Han Shan

Der Hirsch

Im tiefen Walde lebt ein Hirsch
Der Wasser trinkt und Gräser frißt
Er streckt sich unter einem Baum zum Schlafen aus
Beneidenswert, so völlig ohne Leidenschaften
Doch sperrte man den Hirsch in eine prächtige Halle
Böt man ihm selbst köstlichste Leckereien
Würd er den ganzen Tag nicht fressen wollen
Und immer mehr abmagern und verfallen

Matthias Claudius

Schreiben eines parforcegejagten Hirschen an den Fürsten der ihn parforcegejagt hatte, d. d. jenseit des Flusses

Durchlauchtiger Fürst, Gnädigster Fürst und Herr!

Ich habe heute die Gnade gehabt, von Ew. Hochfürstlichen Durchlaucht parforcegejagt zu werden; bitte aber untertänigst, daß Sie gnädigst geruhen, mich künftig damit zu verschonen. Ew. Hochfürstl. Durchl. sollten nur *einmal* parforcegejagt sein, so würden Sie meine Bitte nicht unbillig finden. Ich liege hier und mag meinen Kopf nicht aufheben, und das Blut läuft mir aus Maul und

Nüstern. Wie können Ihr Durchlaucht es doch übers Herz bringen, ein armes unschuldiges Tier, das sich von Gras und Kräutern nährt, zu Tode zu jagen? Lassen sie mich lieber totschießen, so bin ich kurz und gut davon. Noch einmal, es kann sein, daß Ew. Durchlaucht ein Vergnügen an dem Parforcejagen haben; wenn Sie aber wüßten, wie mir noch das Herz schlägt, Sie täten's gewiß nicht wieder, der ich die Ehre habe zu sein mit Gut und Blut bis in den Tod etc. etc.

Pär Lagerkvist

Staunend sieht der Hirsch den toten Jäger

Staunend sieht der Hirsch den toten Jäger
auf dem dunklen Moos im Walde liegen,
senkt das Haupt mit seiner schweren Krone
und sieht Blut aus einer Wunde sickern.

Kann denn auch ein solches Wesen bluten?
Kann denn auch wie wir das Böse sterben?
Hingestreckt mit allzu großen Augen
und den Blick erfüllt von banger Frage?

Wo ist seine Macht, wenn es doch selber
fällt wie wir, die Waffenlosen,
von der gleichen stummen Angst ergriffen,
im gebrochnen Blick das gleiche Rätsel?

Justinas Marcinkevičius

Der Elch

Am Bach eingedrückte Spuren,
am Strauch Triebe abgenagt.
Voll Gerüchen die witternden Nüstern,
und voll Lauten das wachsame Ohr.

Und dann – auf dem grauen Fell
ein Blutfleck, der rasch sich vergrößert.

Die Nüstern gegen die Erde gestemmt,
und erloschen der Strahl des Geweihs.

Es hat mir nichts gegeben –
die Düfte und die Laute,
deren er voll war,
blieben im Wald.
Es scheint,
er hat gesiegt.

Tupft ihr Finger ins Blut,
tupft ein und malt auf meine
Stirne das Kainsmal.
Ich werde so sein wie alle.

Ich ging aus dem Wald nach Hause.
In ein Gefängnis.
Verurteilt.
Lebenslänglich.

Matteo Maria Bojardo

Das Hermelin

Im Norden, wo an kurzen Wintertagen
das Meer vereist, lebt hoch im Felsgestein
ein kleines Tier, mit weißem Fell bewehrt.

So feind ists allem Schmutze, hört ich sagen,
so zierlich von Gestalt, so zart und rein,
daß es sich nur von weißem Schnee ernährt.

Natur hat solchen Adel ihm gegeben,
daß es, von Jägern durchs Gebirg gehetzt,
die Pfötchen nie auf Schlamm und Erde setzt,
auf Schönheit mehr bedacht, als auf das Leben.

Den, ders nicht glaubt, hat Schönheit nie geletzt:
nicht für die eigne ist mein Herz entlohnt –
für eine andre treibts mich in den Tod.

Alfred de Vigny

Der sterbende Wolf

Wir schritten durch des Heidekrautes Wogen
Und feuchtes Gras hin. In die Weite bogen
Sich schwarze Wälder. Durch des Mondes Glühen
Sahn manchmal wir zerfetzte Wolken ziehen,
Wie Strähnen Rauches durch die Flamme wallen.
Wir gingen schweigend, von der Nacht gebannt
Und auf des Pirschgangs Ziel den Sinn gespannt.
Auf einmal stutzten wir: die Spur von Krallen
Dem Boden eingedrückt, die schwieligen Zehen
Im Sand an Baches Ufer klar zu sehen.
Bei Gott, das sind die Wölfe, die wir jagen,
Um die den Kreis der Treiber wir geschlagen!
Wir hielten unsern Atem an zu lauschen:
Nicht Tieres Laut, nicht eines Blattes Rauschen.
Nur einer Wetterfahne Ächzen trägt
Die Luft, die in der Höhe nur bewegt,
Indes kein Hauch der Eiche Wurzel streift,
Die einen Block nach Schlangenart umgreift.
Der Jäger Ältester, an dessen Wort
Kein Zweifel gilt, hat sich indes am Ort
Zu Boden hingestreckt und prüft und mißt.
Nun hebt er wieder sich aus dem Genist
Und steht vor uns und weist der Finger vier:
»Zwei Ausgewachsne, mächtiges Getier,«
So spricht er, »und der Welpen zwei.
Kann sein, sie spüren heut noch unser Blei.
Doch Achtung jetzt: den Lauf der Flinten deckt,
Daß nicht Metalles Glanz die Scheuen schreckt.
Und nun die Dolche blank und Schritt vor Schritt!«
Wir taten also und behutsam glitt
Die Schar, am Strick die Hunde noch gehalten.
Die drei voran. Ich spähe in die Falten
Des Dunkels, längs dem Pfade hingebückt,
Indes die Hand das Buschwerk seitwärts drückt.
Auf einmal halten jene, rechts gewandt:
Was ist es, das sie an die Stelle bannt?
Jetzt weiß ich's auch: in meine Augen sticht

Von drüben her ein schwebend Doppellicht
Von glühen Raubtieraugen. Aufgereckt
Ein grauer Leib, ein zweiter hingestreckt.
Und sieh: wo auf der kleinen Lichtung Glanz
Des Mondes liegt, ein schattenhafter Tanz
Von jungen Wölfen, die im Spiel sich hetzen.
Sie schnappen, überkugeln sich und setzen
Eins übers andre weg: Und sonderbar,
Kein Laut dabei! Sie ahnen die Gefahr
Von Menschenwesen, die aus grauen Mauern
Sich schleichend, in der Wildnis tückisch lauern.
Der große graue Wolf, der Wache hält,
Hat uns gemerkt: er weiß! sie sind umstellt.
Er weiß: nun ist zum Fliehen nicht mehr Zeit.
Wohlan! sie finden ihn zum Kampf bereit.
Er sitzt nun aufgereckt, da rings den Wald
Der Rüden wütendes Gebell durchhallt.
Die Dogge springt ihn an, doch schon durchriß
Er ihr die Kehle und er läßt, den Biß
Der anderen nicht achtend, sie nicht los,
Obwohl ihn Schuß auf Schuß durchbohrt, der Stoß
Der Klinge in sein Eingeweide dringt
Und in den Grund noch, und ihn niederzwingt.
Erst wie sich der Gepackte nicht mehr rührt,
Löst sich die Klammer. Doch der Kämpfer spürt,
Daß weitres Ringen nutzlos. Und er streckt
Sich schweigend hin. Die rauhe Zunge leckt
Von seiner Schnauze mehrmals sich das Blut,
Als sehe er uns nicht. Doch einmal ruht

Sein Auge wie erstaunt auf uns. Dann wendet
Er sich und schließt es und verendet. –
Auf des Gewehrs entleerten Lauf gebogen
Verweilt ich. Weidwerks Lust war mir entflogen.
Der düstern Witwe dacht ich, die entsprungen.
War sie denn feige? Nein, für ihre Jungen
Erhielt sie sich. Sie hätte sonst gestritten
Und mit dem Gatten gleiches Los erlitten.
Sie muß sie lehren, daß sie Hungers Nagen
Die lange Winternacht hindurch ertragen,
Den Menschen meiden und die Siedelungen,
Drin er die Hunde sich zum Dienst gezwungen,
Die sich, entartet, ihres Futters wegen,
Dem Herren, der sie schlägt, zu Füßen legen,
Mit ihm der alten Wildnis Recht mißachten,
Dem edel Freien nach dem Leben trachten.

Ich sann: Wie sich der Mensch erhaben glaubt!
Nun beug' er vor der Kreatur das Haupt!
Lern' von dem Tier, wie man das Übel trägt
Und sich mit Würde dann zur Ruhe legt!
Dem Erdensohne, der ins Nichts vergeht
Und dessen Spur der erste Wind verweht,
Ziemt Schweigen. Wilder, seit dein Auge brach,
Weiß ich, daß Winseln, Beten letzte Schmach.
Nach dem erlosten Schicksal ist die Pflicht
Zu tun. Was sonst dir werde, achte nicht.
Zu wirken gilt's, zu kämpfen und zu leiden
Und lautlos, wenn die Stunde kommt, zu scheiden.

Arthur Fitger

Der Wolf

Der öde Fichtenwald erkracht
Im bittren Frost der Winternacht.
Der Meute Jagdgekläff verhallt,
Und still ist alles rings und kalt.
Da schleicht durchs Dickicht scheu und wund

Des Nachtgeists hagrer, grauer Hund,
Die klapperdürren Knochen
Vor Hunger schier gebrochen:
Sie hassen mich, sie hetzen mich;
Mein Blut bezeichnet's, wo ich strich,
Und wo mein zottig' Vlies erscheint,
Bin ich der allgehaßte Feind.
Warum? – Ich fordre ja nicht mehr
Als aller Kreatur Begehr,
Als all die andren Tugendreinen,
Die sich im Fluch auf mich vereinen.
Will Atzung nur erwerben,
Will nur nicht Hungers sterben!
So heult er auf in Leid und Groll,
Da grüßt's ihn himmlisch trostesvoll
Wie hehre Geisterstimme:
Laß ab von deinem Grimme;
Du hungrig hagrer Wolf, auch du
Bist mein und mir gehörst du zu.
Von Haß und Liebe nicht bewegt,
Mein Herz für alle Wesen schlägt.
Blick auf! Dort wandelt feist und stolz
Ein Sechzehnender durch das Holz.
Spring an! Dir weih ich ihn zum Raub!
Und schirme du das junge Laub,
Das wehrlos in der Maienzeit
Zu mir empor um Hilfe schreit.
Du steigst durch deines Bruders Fall,
Und seid doch meine Kinder all.

Carl Zuckmayer

Die Wölfe

Mit wildem Geripp, mit harten mageren Flanken,
Das struppige Fell von Bissen und Rissen zernarbt –
Wenn die Strünke der Wälder im flaumigen Neuschnee versanken,
Haben die Wölfe wie hilflose Kinder gedarbt
Die Pranken verkrallt, die Ruten gesträubt, die Nasen im Wind,

Bis der Hunger zu läuten begann wie ferne Schlittenschellen,
Dann rannten sie Tage und Nächte von Schnee und Erschöpfung blind,
Und jeder hörte den Tod aus den Mäulern der andern bellen.

Einer ritt auf drei Läufen, der vierte blieb im Eisen.
Einer hustete Blut, einem fehlte das Ohr.
Viele waren von Räude, Pelzzecken und Läusen
Furchtbar enthaart, daß das Fleisch auf dem Rückgrat gefror.

Fiel einer, stürzte das Rudel aufjohlend über ihn her,
Mit schnappenden Kiefern, und riß ihm, noch eh' er verreckte,
Die ledernen Muskeln und schlaffen Gedärme vom Leibe, der
Bald hautlos und gräßlich lag, bis der Schnee ihn bedeckte.

Mit den Nebelschwaden wie Treibschollen im gelben Fluß
Kamen die Kühnsten hinab und umstrichen des Nachts die Farmen,
Manchen hetzten die Hunde zu Tod, manchen streckte ein Schuß,
Denn das Leben der Wölfe und Menschen ist groß und ohne Erbarmen.

Vasko Popa

Verneigung vor dem lahmen Wolf

Kehr in deine Grube zurück
Geschändeter lahmer Wolf

Und schlafe dort
Bis das Gebell vereist
Die Flüche verrosten die Fackeln verrecken
Der allumfassenden Treibjagd

Bis alle zusammenfallen
Mit leeren Händen
Und sich vor Qual die Zunge zerbeißen

Die Gewalttäter die Hundsköpfe mit dem Messer hinterm Ohr
Die Treibjäger mit dem Geschlechtsteil auf der Schulter

Und die Jägerdrachen die Wolfsfresser

Auf allen vieren krieche ich vor dir
Und heule dir zu Ehren
Wie in deinen
Großen grünen Tagen.

Und bete zu dir mein alter lahmer Gott
Kehr in deine Grube zurück

Kehr in deine Grube zurück
Lahmer Wolf

Und schlafe dort
Bis deine Haare sich verändern
Bis dir neue eiserne Zähne wachsen

Schlafe bis die Knochen meiner Vorfahren
Zu blühen und sich zu verzweigen anfangen
Und die Erdkruste durchstoßen

Schlafe bis deine Grube erzittert
Und über dir zusammenbricht

Schlafe bis dein Stamm dich
Von der anderen Seite des Himmels
Mit seinem Geheul weckt

Kehr in deine Grube zurück
Ich werde dich im Traum besuchen und dich umsorgen
Lahmer Wolf

Dane Zajc

Der gefangene Wolf

Laufen, laufen, laufen.
Mit samtenen Schritten.
Mit schmiegsamen, rauhen Pfoten.

Laufen, stumm wie der lautlose graue Geist.
Laufen im Käfig
auf faulender Laubstreu.

Laufen nach vorn.
Laufen zurück.
Mit offenem Maul.
Mit brennender Zunge.
Laufen, ein grauer Schatten,
ein grauer stummer Schatten des Hasses,
ein grauer Schatten Verachtung
im Käfig.

Laufen, laufen, laufen.
Heulen, heulen,
wild und haßerfüllt.
Wo sind die freien Rudel der Wölfe?
Wo ist die Rotte der grauen Gespenster,
die treibt in der Milch des Mondlichts
wie eine tobende Teufelsschar?
Wo sind die weichen Kehlen der Schafe?
O trinken das süße Schafsblut!
O heulen, heulen! –

Warum hast du aufgeheult, Wolf?
Warum hast du aufgeheult,
als wäre dein Rachen
von schwarzen Dornen durchbohrt?

Bärenlied aus dem finnischen Nationalepos »Kalewala«

Petzlein du, des Waldes Apfel,
Runder mit den Honigtatzen!
Hörest du, daß ich erscheine,
Daß zu dir der Brave schreitet,
Birg die Krallen in den Haaren,
Deine Zähne in dem Zahnfleisch,
Daß sie nimmer mich berühren,
Ganz und gar sich nicht bewegen!
Petzlein du, mein Vielgeliebter,
Schönster mit den Honigtatzen!
Leg' dich schlafen auf den Rasen,
Auf die wunderschönen Felsen,
Daß die Fichten oben schwanken,
Über dir die Tannen rauschen;
Wälze also dich, o Breitstirn,
Wende dich, o Honigtatze,
Wie das Haselhuhn im Neste,
Wie die Gänse, wenn sie brüten!

Paul Fleming

Grabschrift eines jungen Bären, der gehetzet worden war

Ich, der ich klein und jung von meiner Mutter kam,
Von welcher mich die Macht der strengen Bauren nahm,

Ward in der Stadt verkauft; daselbsten mich zu üben,
Was in der Dienstbarkeit für Freiheit wird getrieben.

Für wilde ward ich zahm. Begriffe manche Kunst.
Doch täte mir die Welt dafür gar kleine Gunst.

Ich weiß von keiner Schuld, als daß ich Allzukühner
Erhascht hab und verzehrt so manche schöne Hühner.

Mein ganzes Leben war ein steter langer Tanz.
Zuletzte kriegt' ich noch darvon den Märtrerkranz.

Soll euch nicht sein wie mir, ihr Brüder und ihr Schwestern,
So bleibet, wie ihr sollt, in euren wilden Nestern.

Heinrich von Kleist

Außerordentliches Beispiel von Mutterliebe bei einem wilden Tiere

Als die Fregatte »The Carcass«, welche im Jahre 1772 nach dem Nordpol segelte, um Entdeckungen zu machen, eingefroren war, meldete der Wächter auf dem Mast an einem Morgen, daß drei Bären heftig über den Ozean liefen und dem Schiff zueilten. Sie waren ohne Zweifel durch den Trangeruch von einem Seepferd eingeladen worden, welches das Schiffsvolk einige Tage vorher getötet hatte und eben auf dem Eise verbrannte. Es zeigte sich gleich, daß es eine Bärin mit zwei Jungen war, die fast so groß waren wie die Mutter. Sie rannten dem Feuer zu, rissen Stücke Fleisch heraus, welche unverbrannt geblieben waren, und fraßen sie gierig auf. Das Schiffsvolk warf ihnen noch mehr Klumpen Seepferdfleisch hin, welche man auf dem Eise hatte liegenlassen. Die alte Bärin holte einen nach dem anderen, legte ihn so, wie sie ihn brachte, vor die Jungen hin, zerteilte ihn, gab jedem ein großes Stück und behielt für sich nur ein kleines. Wie sie den letzten holte, feuerte man auf die Jungen, schoß sie nieder und verwundete die Mutter auf ihrem Rückwege, obgleich nicht tödlich.

Hier würde es auch der rauhesten Seele Empfindungen des Mitleids ausgepreßt haben, wenn sie die liebevolle Kümmernis gesehen hätte, welche das arme Tier bei dem Sterben ihrer Jungen ausdrückte. Obgleich sie schwer verwundet war und kaum zu dem Platze, wo sie lagen, kriechen konnte, so schleppte sie doch das Stück Fleisch mit, welches sie zuletzt gefaßt hatte, zerteilte es, wie die vorigen, und legte es vor sie nieder. Und wie sie sah, daß sie nicht fressen wollten, legte sie ihre Tatzen zuerst auf das eine und dann auf das andere und wollte sie gerne aufrichten. Erbärmlich war die ganze Zeit über ihr Ächzen anzuhören. Wie sie fand, daß sie ihre Jungen nicht aufrichten konnte, kroch sie eine kleine

Strecke von ihnen weg, sah zurück und ächzte. Wie dieses Hinweglocken nicht helfen konnte, kehrte sie zurück, roch um sie herum und hub an, ihre Wunden zu lecken. Sie kroch darauf noch einmal einige Schritte weg, sah wieder zurück und stand einige Augenblicke still und ächzend. Aber ihre Jungen konnten ihr nicht folgen. Sie kroch wieder zu ihnen, ging mit dem Zeichen der unausdrückbarsten Liebe um sie herum, sie betastend und ächzend. Endlich, wie sie fand, daß sie tot und ohne Leben waren, hob sie ihr Haupt in die Höhe, sah nach dem Schiffe und heulte den Mördern einen Fluch zu, den diese mit einer Musketensalve beantworteten. Sie fiel hierauf zwischen ihre Jungen nieder und starb, ihre Wunden leckend.

Joachim Ringelnatz

Bär aus dem Käfig entkommen

Was ist nun jetzt?
Wo sind auf einmal die Stangen,
An denen die wünschende Nase sich wetzt?
Was soll er nun anfangen?

Er schnuppert neugierig und scheu.
Wie ist das alles vor ihm so weit
Und so wunderschön neu!
Aber wie schrecklich die Menschheit schreit!

Und er nähert sich geduckt
Einem fremden Gegenstande. –
Plötzlich wälzt er sich im Sande,
Weil ihn etwas juckt.

Kippt ein Tisch. Genau wie Baum.
Aber eine Peitsche knallt.
Und der Bär flieht seitwärts, macht dann halt.
Und der Raum um ihn ist schlimmer Traum.

Läßt der Bär sich locken. Doch er brüllt.
Läßt sich treiben, läßt sich fangen.
Angsterfüllt und haßerfüllt
Wünscht er sich nach seines Käfigs Stangen.

Helvi Juvonen

Bär

Am Leben? In der Sterblichen Land
mit langen Hornkrallen, struppig.

Was Wort auf den Lippen versteht das Ohr nicht,
das Auge suchen die Augen, lesen der Leere weiße Schrift,
die Tür in den Wald öffnet niemals sich,
kein Schneelaken reicht der Himmel herab –
schwerer oder auch leichter nimmt
der Barfuß die Schwenkung des Wegs.

Den Pelz – raubten sie ihn und kniffen die Krallen ab?
Die Zähne, barsten sie langsam im Mund?
Der Wind lacht, dreh ich im Wind mich.
Der Tag lacht, schlägt in die Augen er mir.
In meinem Schädel lache mit meinem Lachen ich.

Die Tür in den Wald öffnet sich nie.

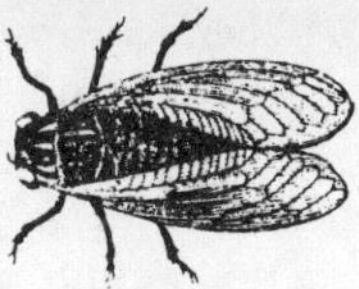

Barthold Hinrich Brockes

Die kleine Fliege

Neulich sah ich, mit Ergetzen,
Eine kleine Fliege sich,
Auf ein Erlen-Blättchen setzen,
Deren Form verwunderlich
Von den Fingern der Natur,
So an Farb', als an Figur,
Und an bunten Glanz gebildet.
Es war ihr klein Köpfgen grün,
Und ihr Körperchen vergüldet,
Ihrer klaren Flügel Paar,
Wenn die Sonne sie beschien,
Färbt' ein Rot fast wie Rubin,
Das, indem es wandelbar,
Auch zuweilen bläulich war.
Liebster Gott! wie kann doch hier
Sich so mancher Farben Zier
Auf so kleinem Platz vereinen,
Und mit solchem Glanz vermählen,
Daß sie wie Metallen scheinen!
Rief ich, mit vergnügter Seelen.
Wie so künstlich! fiel mir ein,
Müssen hier die kleinen Teile
In einander eingeschränkt
Durch einander hergelenkt,
Wunderbar verbunden sein!
Zu dem Endzweck, daß der Schein
Unsrer Sonnen und ihr Licht,
Das so wunderbarlich-schön,
Und von uns sonst nicht zu sehn,

Unserm forschenden Gesicht
Sichtbar werd', und unser Sinn,
Von derselben Pracht gerühret,
Durch den Glanz zuletzt dahin
Aufgezogen und geführet,
Woraus selbst der Sonnen Pracht
Erst entsprungen, der die Welt,
Wie erschaffen, so erhält,
Und so herrlich zubereitet.
Hast du also, kleine Fliege,
Da ich mich an dir vergnüge,
Selbst zur Gottheit mich geleitet.

Johann Gabriel Seidl

Die Eintagsfliege

Halt' ein, was willst du tun, sie morden?
Grausamer, weißt du, was du tust?
Ein Tag ist ihr zu Teil geworden,
Ein Tag des Leid's, ein Tag der Lust!

Was uns Jahrzehnte sind hiernieden,
Die flüchtige Sekund' ist's ihr!
Ein Unmaß Zeit ist uns beschieden,
Bedenk, – mit Jahren prassen wir!

Und doch, wenn Jemand zu dir träte,
Zu dir, wenn längst dein Haar gebleicht,
Und dich um eine Stunde bäte:
»Gib, du bist alt – du gibst sie leicht!« –

Du würdest jammern, und dich sträuben,
Und klagen über Grausamkeit:
»Heb' dich hinweg, ich will noch bleiben,
Ich habe noch zum Tode weit!«

Und du willst diese Fliege morden,
Weil du in übler Laune bist,

Sie, welcher nur ein Tag geworden,
Der eine Sonn' ihr Dasein mißt?

O laß sie leben, laß sie schweben,
Bis ihre Feierstunde schlug:
Ihr Himmel ist ein Eintagsleben,
Ihr Paradies ein Abendflug.

Hast ohnehin dich schwer vergessen,
Nahmst doch (dir scheint's ein Augenblick)
Ihr nach dem Maß, das ihr bemessen,
Mehr als ein Jahr von ihrem Glück!

Johann Wolfgang Goethe

Fliegentod

Sie saugt mit Gier verrätrisches Getränke
Unabgesetzt, vom ersten Zug verführt;
Sie fühlt sich wohl, und längst sind die Gelenke
Der zarten Beinchen schon paralysiert;
Nicht mehr gewandt, die Flügelchen zu putzen,

Nicht mehr geschickt, das Köpfchen aufzustutzen –
Das Leben so sich im Genuß verliert.
Zum Stehen kaum wird noch das Füßchen taugen;
So schlürft sie fort und, mitten unterm Saugen,
Umnebelt ihr der Tod die tausend Augen.

William Blake

Die Fliege

Kleine Fliege du,
deinem Sommerspiel
meine achtlose Hand
setzte das Ziel.

Gleich ich nicht auch
einer Fliege wie dir?
Und gleichst nicht du
einem Menschen wie mir?

Denn tanze und trinke
und singe ich nicht,
bis ein täppischer Griff
die Schwinge mir bricht?

Wenn Denken ist Leben
und Atem und Kraft,
und Mangel an Denken
hinweg uns rafft,

bin auch ich eine Fliege
und es hat keine Not,
ob ich nun lebe
oder bin tot.

Friedrich Rückert

Kleines Denkmal einer kleinen Fliege

Eine Fliege, die ich mir hatte
Ausersehen zur Wintergesellschaft,
Daß mit mir sie das Zimmer teile,
Unvorsichtig dem Tintenfaß
Kam sie nahe, sie ist ertrunken,
Ist versunken im schwarzen Strome,
Der Vergessenheit hingegeben.
Nicht mehr seh' ich gedankenvoll sie
Vor mir hin auf den Blättern schreiten,
Meinem leicht abirrenden Auge
Vorzuzeichnen die rechte Richtung.
Nicht mehr hör' ich sie sinnig leise
Mein nachsinnendes Haupt umsummen.
Aber wenn ich die Feder tauche
In das Grab, das sie hat verschlungen,

Kommt ihr Schatten heraufgestiegen,
Spricht mich an um ein Angedenken:
Warum willst du der kleinen Fliege
Unter alle den Kleinigkeiten
Deiner Kunst nicht ein kleines Denkmal
Auch errichten? Hier ist's errichtet.

Gottfried Keller

Die kleine Passion

Der sonnige Duft, Septemberluft,
Sie wehten ein Mücklein mir aufs Buch,
Das suchte sich die Ruhegruft
Und fern vom Wald sein Leichentuch.
Vier Flügelein von Seiden fein
Trugs auf dem Rücken zart,
Drin man im Regenbogenschein
Spielendes Licht gewahrt'.
Hellgrün das schlanke Leibchen war,
Hellgrün der Füßchen dreifach Paar,
Und auf dem Köpfchen wundersam
Saß ein Federbüschchen stramm;
Die Äuglein wie ein goldnes Erz
Glänzten mir in das tiefste Herz.
Dies zierliche und manierliche Wesen
Hatt sich zu Gruft und Leichentuch
Das glänzende Papier erlesen,
Darin ich las, ein dichterliches Buch.
So ließ den Band ich aufgeschlagen
Und sah erstaunt dem Sterben zu,
Wie langsam, langsam ohne Klagen
Das Tierlein kam zu seiner Ruh.
Drei Tage ging es müd und matt
Umher auf dem Papiere;
Die Flügelein von Seide fein,
Sie glänzten alle viere.
Am vierten Tage stand es still
Gerade auf dem Wörtlein »will!«

Gar tapfer stands auf selbem Raum,
Hob je ein Füßchen wie im Traum;
Am fünften Tage legt es sich,
Doch noch am sechsten regt es sich;
Am siebten endlich siegt' der Tod,
Da war zu Ende seine Not.
Nun ruht im Buch sein leicht Gebein.
Mög uns sein Frieden eigen sein!

Paul Scheerbart

Fliegenlied

Fliege, fliege, kleine Fliege!
Fliege, fliege in die Wiege!
Siege! Siege!

Christian Morgenstern

An eine Fliege

Du bist zu oft der wundersame Trost
von Eingekerkerten gewesen,
so denk ich, wenn dein Treiben mich erbost.

Paul Valéry

Fliegen

... sich gehen lassen – dahinleben. –

Nichts ist schwieriger. –

Unbeschreibliche Regsamkeit der Fliegen, der Mücken. Wahre Energiekerne. Auf der blauen, ganz aus Sonne bestehenden Scheibe ein Laufen, ein Begegnen: man geht, man kommt mit kleinem, munter-hartem Ruck und dem sirrenden Geräusch der Flügel. Und nie ist man zahlreich, nie rege genug. Welche Unruhe, welche hastige Lust, auf der schönen und reinen Vertikale zu laufen, auf dem Staub schwankender Diamanten, im Vorhof aus Feuer und Atomen; vor dem Tod, vor dem Abend muß jeder Punkt dieser Scheibe durchlaufen sein, und auf wunderlich krummen Wegen. Wenn jede ihre Spur hinterließe ...

Man hat etwas gegen sie, weil sie auf den Kehricht gehen, vor allem aber, weil sie von dort zurückkehren. Was sie vor andern Liebhabern, die dort verkommen, auszeichnet.

Fliege, schweifende, lästige, unerklärliche, wie für die Ewigkeit reglose Fliege, Bild der ausgewogenen Bewegung und des stillstehenden Gleichgewichts ..., Aber für die Fliege ist keine Zeit verloren, für das Tier keine Handlung zwecklos.

Keine Bewegung ohne Gegenposten in der Buchführung seiner organischen Lebensdauer.

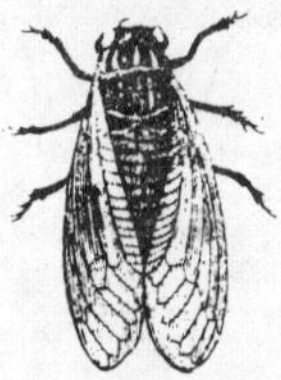

Robert Musil

Das Fliegenpapier

Das Fliegenpapier Tangle-foot ist ungefähr sechsunddreißig Zentimeter lang und einundzwanzig Zentimeter breit; es ist mit einem gelben, vergifteten Leim bestrichen und kommt aus Kanada. Wenn sich eine Fliege darauf niederläßt – nicht besonders gierig, mehr aus Konversation, weil schon so viele andere da sind – klebt sie zuerst nur mit den äußersten, umgebogenen Gliedern aller ihrer Beinchen fest. Eine ganz leise, befremdliche Empfindung, wie wenn wir im Dunkel gingen und mit nackten Sohlen auf etwas träten, das noch nichts ist als ein weicher, warmer, unübersichtlicher Widerstand und schon etwas, in das allmählich das grauenhaft Menschliche hineinflutet, das Erkanntwerden als eine Hand, die da irgendwie liegt und uns mit fünf immer deutlicher werdenden Fingern festhält.

Dann stehen sie alle forciert aufrecht, wie Tabiker, die sich nichts anmerken lassen wollen, oder wie klapprige alte Militärs (und ein wenig o-beinig, wie wenn man auf einem scharfen Grat steht). Sie geben sich Haltung und sammeln Kraft und Überlegung. Nach wenigen Sekunden sind sie entschlossen und beginnen, was sie vermögen, zu schwirren und sich abzuheben. Sie führen diese wütende Handlung so lange durch, bis die Erschöpfung sie zum Einhalten zwingt. Es folgt eine Atempause und ein neuer Versuch. Aber die Intervalle werden immer länger. Sie stehen da, und ich fühle, wie ratlos sie sind. Von unten steigen verwirrende Dünste auf. Wie ein kleiner Hammer tastet ihre Zunge heraus. Ihr Kopf ist braun und haarig, wie aus einer Kokosnuß gemacht; wie menschenähnliche Negeridole. Sie biegen sich vor und zurück auf ihren festgeschlungenen Beinchen, beugen sich in den Knien und stemmen sich empor, wie Menschen es machen, die auf alle Weise versuchen, eine zu schwere Last zu bewegen; tragischer als Arbeiter es tun, wahrer im sportlichen Ausdruck der äußersten Anstrengung als Laokoon. Und dann kommt der immer gleich seltsame Augenblick, wo das Bedürfnis einer gegenwärtigen Sekunde über alle mächtigen Dauergefühle des Daseins siegt. Es ist der Augenblick, wo ein Kletterer wegen des Schmerzes in den Fingern freiwillig den Griff der Hand öffnet, wo ein Verirrter im Schnee sich hinlegt wie ein Kind, wo ein Verfolgter mit brennenden Flanken stehen bleibt. Sie halten sich nicht mehr mit aller Kraft ab von unten, sie sinken ein wenig ein und sind in diesem Augenblick ganz menschlich. Sofort werden sie an einer neuen Stelle gefaßt, höher oben am Bein oder hinten am Leib oder am Ende eines Flügels.

Wenn sie die seelische Erschöpfung überwunden haben und nach einer kleinen Weile den Kampf um ihr Leben wieder aufnehmen, sind sie bereits in einer ungünstigen Lage fixiert, und ihre Bewegungen werden unnatürlich. Dann liegen sie mit gestreckten Hinterbeinen auf den Ellbogen gestemmt und suchen sich zu heben. Oder sie sitzen auf der Erde, aufgebäumt, mit ausgestreckten Armen, wie Frauen, die vergeblich ihre Hände aus den Fäusten eines Mannes winden wollen. Oder sie liegen auf dem Bauch, mit Kopf und Armen voraus, wie im Lauf gefallen, und halten nur noch das Gesicht hoch. Immer aber ist der Feind bloß passiv und gewinnt bloß von ihren verzweifelten, verwirrten Augenblicken. Ein Nichts, ein Es zieht sie hinein. So langsam, daß man dem kaum zu folgen vermag, und meist mit einer jähen Beschleunigung am Ende, wenn der letzte innere Zusammenbruch über sie kommt. Sie lassen sich dann plötzlich fallen, nach vorne aufs Gesicht, über die Beine weg; oder seitlich, alle Beine von sich gestreckt; oft auch auf die Seite, mit den Beinen rückwärts rudernd. So liegen sie da. Wie gestürzte Aeroplane, die mit einem Flügel in die Luft ragen. Oder wie krepierte Pferde. Oder mit unendlichen Gebärden der Verzweiflung. Oder wie Schläfer. Noch am nächsten Tag wacht manchmal eine auf, tastet eine Weile mit einem Bein oder schwirrt mit dem Flügel. Manchmal geht solch eine Bewegung über das ganze Feld, dann sinken sie alle noch ein wenig tiefer in ihren Tod. Und nur an der Seite des Leibs, in der Gegend des Beinansatzes, haben sie irgend ein ganz kleines, flimmerndes Organ, das lebt noch lange. Es geht auf und zu, man kann es ohne Vergrößerungsglas nicht bezeichnen, es sieht wie ein winziges Menschenauge aus, das sich unaufhörlich öffnet und schließt.

Albrecht Haushofer

Die Mücke

Ein leisestes Gesurr. Auf meine Hand
sinkt flügelschwirrend eine Mücke nieder,
ein Hauch von einem Leib, sechs zarte Glieder –
wo kam sie her aus winterlichem Land?

Ein Rüssel . . . Schlag ich zu? Mißgönn ich ihr
den Tropfen Blut, der solches Wesen nährt?
Den leichten Schmerz, den mir der Stich gewährt?
Sie handelt, wie sie muß. Bin ich ein Tier?

So stich nur zu, du kleine Flügelseele,
solang mein Blutgefäß dich nähren mag,
solang du sorgst um deinen kurzen Tag!

Stich zu, daß es dir nicht an Kräften fehle!
Wir sind ja beide, Mensch und Mücke, nichts
als kleine Schatten eines großen Lichts.

Damaso Alonso

Elegie an eine blaue Schmeißfliege

Ja, in meinem Stumpfsinn habe ich dich umgebracht. Dein Summen belästigte mich, als ich gerade ein schönes, ein holdes Liebessonett schrieb. Und was mir fehlte, war eine Endung auf -ucker, die auf Zucker reimen sollte. Mais, qui dira les torts de la rime?

Dann fühlte ich mich bedrückt,
und ich sah dich näher an: du warst sehr schön.
Große schräge Augen
bekrönen deine Stirn
wie der Turban eines orientalischen Herrschers.
Mächtige Augen, schöne dunkle Augen,
die der Lanze des Begehrens Einlaß gaben,
der Brunst, dem Liebesspiel des Weibchens,
ihrem heiß verzehrenden Nahesein
unter dem Licht der Welt.
So groß sind deine Augen, daß deine Seele
vielleicht einem ungeheuren Brand glich,
einem farbigen Lichtsturz,
einem Leuchtfeuer. Wie zur Mittagszeit
die hohe Glasveranda,
durchsichtig und frei überm Meer,
in dem Haus, wo ich Kind war.

Als ich dich tötete,
sahest du hinaus
in meinen Garten. Da ist heller Dezember,
der die Farben und das Licht mir entgegenwälzt
wie Marmorblöcke, mit roher Wucht,
als ginge der Kristall der Luft in Scherben
und prickelte grätenspitz in meiner Seele.

Dies, was du aus meinem Fenster sahst:
es ist die Welt.
So drängt sie sich immer auf: Lichter und Formen,
Baum, Strauch, Blume, Kuppe, Himmel,
bewölkt oder wolkenlos,
und, bald rot bald grau, die Dächer

des Menschen. Nichts sonst: immer ist es dasselbe.
Ein Fruchten ist sie, ein Überfluß,
ein inniges Treiben ist sie verborgener Säfte,
die Liebe aufgehen läßt und die Gott verteilt
in Knoten und Büschel;
ein süßes Gären, nichts sonst.
O ja, es freut mich,
daß dieses Letzte, was du gesehn hast,
das farbige Bild, das lautlos in deinem Nichts
verdampfen wird,
diese Landschaft war, diese
Rosen, diese schon entblößten Maulbeerbäume,
dieses schüchterne Mandelbäumchen, das jetzt noch
seine zartlebendigen Blätter dem Winter hinstreckt,
dieser grüne Hügel,
der in mählicher Krümmung mein Fenster schneidet,
und diese Stadt im Hintergrund:
sie werden dunkel zugegen sein
auch in meinem Nichts, auch in meiner Nacht,
o armes Wesen, wir gleichen uns, du und ich.

An deinem edlen Haupt,
das jetzt mit einem weißlichen Faden
kaum noch am Körper haftet,
ist der gewaltige Rüssel
auf immer gestreckt geblieben.
Welchen Seim oder welchen Nektar
hast wollüstig du geschlürft,
welches lockende Aroma
versetzte dir jenen dumpfen Ruck,
der bewirkt, daß der Wandernde fort und fort
(der Dämmerungskälte zum Trotz
und gar dem Schlummer)
jenem süßen Lockruf folgt,
jener Not zukünftig zu sein,
die wir Leben nennen,
in jenem gleichen Augenblick,
als mit einmal die Welt dir unterging
wie ein großer Ozeandampfer,
der Lust und Lichter an Bord,
mit dem Eis zusammenstößt und erlischt

im Schatten, im Nichts.

Sahst du vielleicht als Letztes
meine drei Spätrosen?
Ein roher
Tatzenhieb, eine rote Schreckensflamme,
Glut, die zu violettem Blitzlicht
gerann. Und kalt. Kalt! Ein Frost
wie zu Wintersanfang,
wenn die Hagelwolke
mit jähem Schattenfittich die Luft uns zu Blei macht.
Schon sahst du nicht mehr. Und es sträubten
die linden Lüfte
nicht mehr die Wärzchen an deinem Unterleib
(schnittig wie eine Gondel,
wie eine Mandoline vom reinsten Blau),
und das innerste Herz hörte auf
zu schlagen. Du fielst
auf die Seite. Zwei-, dreimal
durchbebte die Luft
beharrlich ein Gliederzucken,
als wollte der Herzschlag
der Welt in ein Zeichen eingehn:
seine letzte Botschaft.
Und du warst ein Ding: ein Toter.
Nur noch organischer
Stoff, der im dunklen Strom
zum Mineralreich heimkehren wird.
oh Gott!
oh geheimnisvoller Gott!
Um abermals, zum unendlichsten Mal
dein riesiges Rad zu betreten.

Du warst in meinem Haus,
sahst meinen Garten. Du warst sehr schön.
Ich tötete dich.
Oh, könnte ich jetzt
dir das Leben zum andern Mal geben,
ich, der ich den Tod dir gab.

Samuel Beckett

Die Fliege

zwischen der Szene und mir
die Scheibe
leer außer ihr

den Bauch am Boden
in ihre schwarzen Därme geschnürt
mit erregten Fühlern gefalteten Flügeln
krummen Beinen im Leeren saugendem Mund
das Blau säbelnd sich ans Unsichtbare schmetternd
bringt sie unter meinem machtlosen Daumen
das Meer und den heiteren Himmel zum Scheitern.

Mojsche Lejb Halpern

Die letzte

Abendsonne.
»Und in der Abendkühle sind alle Fliegen
in den Winkeln der Fenster erstarrt,
wenn nicht schon tot.
Auf dem Rand eines Wasserglases ist
die letzte, allein im ganzen Haus.
Ich sage:
›Liebe Fliege,
sing was von deinem fernen Land.‹
Ich höre ihr Weinen – ihre Antwort:
Möge ihr rechts Bein verdorren,
wenn sie die Harfe ergreift
an fremden Wassern,
oder des lieben Misthaufens vergißt,
der einst ihre Heimat gewesen.«

Miroslav Holub

Die Fliege

Sie saß auf einem Weidenstamm,
beobachtete
einen Teil der Schlacht bei Crécy,
Gebrüll,
Gekeuch,
Gestöhn,
Getrampel und Fallen.

Während der vierzehnten Attacke
der französischen Reiterei
paarte sie sich
mit einem braunäugigen Fliegenmännchen
aus Vadincourt.

Sie rieb sich die Beinchen
auf einem aufgeschlitzten Pferd
und dachte
über die Unsterblichkeit der Fliegen nach.

Erleichtert setzte sie sich
auf die blaue Zunge
des Herzogs von Clairvaux.

Als Stille niedersank
und nur das Flüstern der Zersetzung
die Leiber umstrich
und nur
einige Hände und Beine noch
zuckend unter der Buche rauften,

begann sie ihre Eier zu legen
aufs einzige Auge
von Johann Uhr,
dem Waffenmeister des Königs.

Dabei pickte eine Mauerschwalbe sie weg,
die auf der Flucht war
auf dem brennenden Estrées.

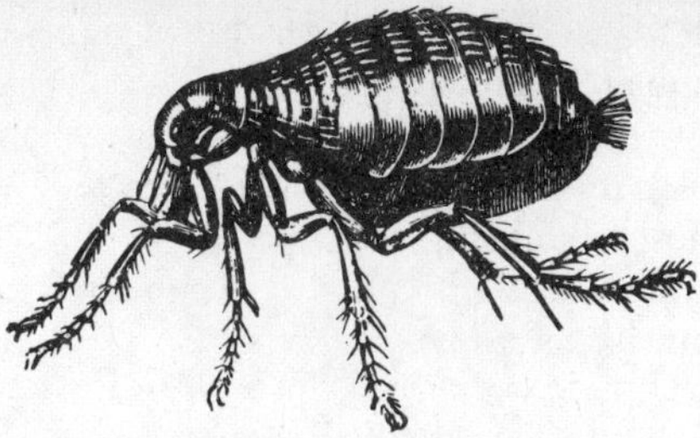

Aloysius Blumauer

Lob des Flohs

Du kleiner Nero, Kompagnon der Läuse,
Blutgieriger Tyrann!
Für dich stimm ich, nach Meister Linguets Weise
Nun auch ein Loblied an.

Dein ganz brünetter Teint, so sehr verschieden
Vom Teint der blonden Laus,
Erkor gleich anfangs dein Geschlecht hienieden
Zu großen Taten aus.

Nur deinen Stamm, der stets in ganzen Scharen
Bei Mädchen Wache hält,
Hat die Natur zu tapfern Leibhusaren
Der Jungfrauschaft erwählt.

Und darum patroullieren auch Schwadronen
Von diesem leichten Heer
Beständig in den dunklen Regionen
Des Unterrocks umher.

Nichts schützt die Mädchen, die sich dir verschließen,
Vor deiner Blutbegier:
Die Erstlinge von ihrem Blute fließen
O Glücklicher, nur dir!

Du Springinsfeld bist überall gelitten,
Wo nie ein Mann hin soll,

Und schwelgst dich, gleich der Biene, an den Blüten
Geheimer Schönheit voll.

Kein Fleck im ganzen weiblichen Gebiete,
Auch noch so heilig, ist,
Auf dem du nicht schon mit verwegnem Tritte
Herumspazieret bist.

Da ist kein Strauch, wo du dich nicht verstecktest,
Kein Plan, wo du nicht liefst,
Kein Hügelchen, wohin du dich nicht legtest,
Kein Tal, wo du nicht schliefst.

Ja wollte man einst auch rektifizieren
Der Schönheit Lustrevier,
So brauchte man, um recht es zu mappieren,
Nur dich zum Ingenier.

Nur dies verzeihen dir die Schönen nimmer,
Daß stets vōn jedem Kuß,
Den im Geheim du ihnen aufdrückst, immer
Ein Fleckchen zeugen muß.

Drum lauren auch stets auf dich losen Näscher,
Enthüpfst du nicht geschwind,
Bei Tag und Nacht so viele hundert Häscher
Als Mädchenfinger sind.

Doch hascht ein Mädchen auch dich kleinen Springer
Zuletzt in ihrem Schoß,
So ist doch unter einem schönen Finger
Noch neidenswert dein Los.

Martial

Die Biene im Bernstein

Phaethons Tropfen verbirgt und läßt durchleuchten die Biene,
Daß es so scheint, als schlöß eigener Nektar sie ein.
Einen würdigen Preis für so emsiges Mühen gewann sie:
Glauben möcht ich, daß so sterben sie selber gewollt.

Martin Opitz

Sonett an die Bienen

Ihr Honigvögelein, die ihr von den Violen
Und Rosen abgemeit den wundersüßen Saft,
Die ihr dem grünen Klee entzogen seine Kraft,
Die ihr das schöne Feld so oft und viel bestohlen,

Ihr Feldeinwohnerin, was wollet ihr doch holen
Das, so euch noch zur Zeit hat wenig Nutz geschafft,
Weil ihr mit Dienstbarkeit des Menschen seit behaft,
Und ihnen mehrenteils das Honig müsset zollen?

Kompt, kompt zu meinem Lieb, auf ihren Rosenmund,
Der mir mein krankes Herz ganz inniglich verwundt,
Da sollt ihr Himmelsspeis und überflüssig brechen:

Wann aber jemand ja sich unterstehen kunnt
Ihr Übel anzutun, dem sollet ihr zur Stund
Für Honig Galle sein, und ihn zu Tode stechen.

Friedrich von Spee

Das Lob des Schöpfers

Auf, auf ihr kleinen Bienen,
Der Winter ist vorbei;
Schon gaffen jetzt und gienen
Die Blümlein allerlei.

Auf, auf, die Blümlein gaffen,
Zu Feld noch flieget heut',
Auf, auf, mit Wehr und Waffen,
Euch schickt' zur Blumenbeut'!

Ei da, sei schon erbrommen,
Zu Feld sich stellen's ein,
Stark rühren sie die Trommeln,
Die gelben Kriegerlein.
Sie weit und breit mit Sorgen
Erforschen ihren Raub,
So draußen liegt verborgen
In weichem Blumenlaub.

Vom Raub sie nur sich nähren,
Nur leben sie der Beut',
Doch jemand nicht beschweren,
Verschonen Land und Leut'.
Sie zielen scharf mit Augen
Zum reichsten Blümlein zart,
Von ihnen Schätz' ersaugen,
In Blättlein eingescharrt.

Sie gleich das Best erheben,
Das beste Blumenblut,
Und bleiben doch beineben
Die Blümlein wohlgemut:
Gar stark und immer zahlen
Die Blümlein ihren Zoll
Und bleiben allemalen
Jedoch noch eben voll.

Ob schon die Schätz' erhoben,
Ob schon sie plündert aus,
Doch schweben sie noch oben,
Verbleiben eben kraus.
Ihr' Zähnlein, wohl gewetzet,
Die Bienlein schlagen an,
Doch allweg unverletzet
Die Blümlein lassen stahn.

Kein Blättlein sie zerbeißen,
Kein Härlein kränken's nicht,
Kein Äderlein zerspleissen,
Als wie man's täglich sicht.
O wohl, wie friedlichs Rauben!
Wie süßer Blumenkrieg!
In Honig, muß ich glauben,
Verwandelt sich der Sieg.

In lauter Wachs und Honig
Verwandelt sich die Beut',
So mancher Fürst und König
Genießt mit Herzensfreud',
Von Blumen, was sie schaben,
Was sie da frücklen aus,
Wird gleich zur Honigwaben,
Wann's ihnen kommt nach Haus.

Drum zeitlich sie dann rühren
Die schwanken Federlein,
Den süßen Raub entführen
Und heimwärts kehren ein.
Mit Flügeln, dann gezogen
Von gülden Pergamen,
Sie oftmals (ungelogen)
Zwo kleiner Meilen gehn.

Es heißt, daß etlich' storben
Von viel zu stetem Flug,
Weil s' sich zu gar beworben,
Wann sie nicht funden g'nug.
In Stein- und Felsenrissen,
An Orten steinig hart;
Oft haben s' abgeschlissen
Wohl halbe Flügel zart.

Sie fleißig aller Enden
Und Orten spät und früh
Den gelben Saft entwenden
Von Bäum und Heckenblüh.
Wo nur sich bloß erweisen

Die glitzernd Blümelein
Da werden s' gleich zu Speisen
Den Honigvögelein.

Wann wohl dann hat gezehret
Das Völklein Honigsüß,
Es mit dem Rest beschweret
Die beiden Hinterfüß'.
In Luft sie mutig treten
Mit Brommen und Gesaus;
Bei Trommel und Trompeten
Sie fahren reich nach Haus.

Oft fürchten s' unterwegen
Daß nicht von ihrem Zweck,
Wann Wind sich gunnt zu regen,
Er sie möcht' blasen weg.
Sich drum dann baß beladen
Mit kleinen Steinelein;
So schweben sie ohn' Schaden,
Weil dann sie schwerer sein.

Oft, wann sie sich verweilet
Auf gar zu bloßem Feld,
Vom Abend übereilet,
Ohn' Unterschlupf und Zelt,
Vornehmlich sie dann sorgen
Für ihre Flügel zart,
Daß sie bis auf den Morgen
Vor Feuchte sein bewahrt.

Damit sie dann nicht werden
Berührt von feuchtem Tau,
Sich legen sie zur Erden
Mit Vorteil gar genau;
Sich legen's auf den Rucken
Und also schlafen ein;
So bleiben je noch trucken
Die gülden Flitterlein.

Johann Nikolas Götz

An die Bienen

O! möcht' ich so, wie ihr, geliebte Bienen, sein:
An innerm Geiste groß, obwohl von Körper klein.
Möcht ich so schnell, wie ihr, so glücklich im Bemühen,
Der Wissenschaften Feld, so weit es ist, durchziehen;
So stark durch Emsigkeit, als fähig durch Natur,
Von Kunst zu Künsten gehn, wie ihr von Flur auf Flur.
Bemüht, den treuen Freund durch Nutzen zu ergetzen,
Bereit, dem kühnen Feind den Angel anzusetzen.
Wie sehnlich wünscht mein Herz, daß meine Melodei
An Kunst und Ordnung reich wie eure Zellen sei,
Und mein gelindes Lied wie euer Honig fließe,
So nahrhaft für den Geist, wie für die Sinne süße.

Valery Larbaud

Der Weiler der Bienen

Die Bienenstöcke stehen ein niedriges Mäuerchen entlang, in welches die Eisenträger eines Traubenspaliers eingelassen sind. Vor ihnen senkt sich der Hang des großen Obst- und Gemüsegartens und eröffnet ihnen eine weite Aussicht über bebautes Ackerland und bewaldete Hügel. Hinter ihnen gewahrt man im Sommer, zwischen dem Weinlaub, die Rosen der Beete, die den gepflasterten Hof meines Wohnhauses einfassen.

Immer habe ich sie an diesem stillen, abgelegenen Ort gesehen, von den Ziergiebeln kleiner Schweizerhäuschen überdacht und die Vorderfronten gen Süden gekehrt.

Als Kind näherte ich mich ihnen kaum, weil man es mir untersagt hatte; und dieses Verbot schien mir einen großen Abstand herzustellen zwischen den Gartenwegen, auf denen ich mich aufhalten durfte, und dem, was ich den »Weiler der Bienen« nannte. Auch heute noch gehe ich nur jedesmal am Tage meiner Ankunft dorthin, oder am nächsten Morgen, und stets ein wenig beunruhigt, als fürchtete ich, sie möchten ihn verlassen haben. Zwei

Schritte von dem ersten Stock bleibe ich stehen und entferne mich nicht eher, als bis ich festgestellt habe, daß die Insassen noch da sind: sei es, daß ich gesehen, wie eine Biene aus einem Flugloch ausschwärmte, sei es, daß eine dichte Schar dieser Bürgerinnen das Dunkel und die Ränder ihres Tores mit einem fettglänzenden und bräunlich goldenen Moose umsäumte. Ich möchte gern glauben, daß sie mich bemerkt und meine Anwesenheit als einen Besuch ausgelegt haben.

Vielleicht sollte ich, jedesmal wenn ich abreise, das gleiche tun; aber entweder fehlt mir die Zeit, oder ich vergesse es. Außerdem fällt die Abreise am Ende der Ferien meist schon in den Spätherbst, und ich vermute, daß sie dann bereits schlafen oder zumindest nicht mehr ausfliegen. Sie mögen wohl auch glauben, daß ich ihren Wohnungen nur aus Diskretion so selten nahekomme.

Sie selbst sind äußerst diskret, und wir sehen sie nur ab und zu den kleinen Garten besuchen, obwohl dort nur Blumen stehen, von denen manche sogar eigens für sie gepflanzt wurden. Gewiß vermeiden sie es, dort Honig zu sammeln, wenn wir uns dort aufhalten.

Ich muß gestehen: ich kenne sie schlecht genug, und weniger aus eigener Erfahrung als aus den Erzählungen derer, die mit ihnen zu tun haben, wie der Gärtner oder der Imker, der ihren Honig ausheben kommt. Ich weiß zum Beispiel, daß unsere Bienen, ebenso wie die Studenten der alten Universitäten, sich nach Nationen aufteilen: es gibt da die Französinnen und die Italienerinnen. Und in der Tat entsinne ich mich, daß viele Jahre, ehe dieser Besitz in meine Hände überging, die Verwandte, der er damals gehörte, mir geschrieben hatte, sie habe sich zwei vollständige Schwärme aus Sizilien bestellt; einige Wochen hindurch gingen mir beständig Nachrichten über diese Ausländerinnen zu: über ihre Reise, ihr Eintreffen, ihre Unterbringung, und schließlich die Mitteilung, daß sie sich auch im Bourbonnais recht wohl zu behagen und mit ihren Nachbarinnen in gutem Einvernehmen zu leben schienen. Und in den nächsten Sommerferien ließ man mich ihren Honig kosten ... Wenn man heute den Kindern einschärft, dem Bienenhaus nicht zu nahe zu kommen, heißt es immer: »Vor allem die Italienerinnen sind böse«; das mag sein, doch noch niemals hat jemand von unserer Familie oder ein Besucher Anlaß gehabt, über sie, oder auch über die Französinnen, Klage zu führen.

Früher habe ich eine Zeitlang mit dem Gedanken gespielt, den Weiler der Bienen zu verschönern und jene Schilderung zu verwirklichen, die uns Vergil von einer Idealsiedlung dieser kleinen Quiriten entworfen hat. Ein schmaler Bach von geringer Tiefe hätte dort gemächlich zwischen zwei veilchenbestandenen Ufern sich hinwinden sollen, aus dessen Fluten sich hie und da einige flache Steine erhoben hätten, wie Inseln nach dem Maßstabe dieses blütenlesenden und honigträchtigen Völkchens. Wo aber diesen Bach finden? Und selbst, wenn man eine mehr oder weniger bachähnliche Rinne ausgemörtelt hätte, woher auf dieser Anhöhe, wo wir wohnen, ein fließendes Wasser nehmen? Dennoch geschieht es mitunter, daß ich diesem Jugendtraum ein wenig nachhänge, – bis mir die Vorstellung Einhalt gebietet, daß man die Stöcke gewiß an eine andere Stelle verbringen müßte, und wer weiß, ob unsere diskreten, aber nur entfernten Vasallinnen uns diese willkürliche Verpflanzung ihres Lebens nicht als eine Kränkung auslegen würden, die zu schwer wäre, um nicht mit einer unverzüglichen Massenauswanderung bestraft zu werden? Dabei wird einer der Stöcke von einem Schwarm bewohnt, der einstmals, nachdem er richtungslos und vom Wind zerzaust umhergeflogen war, schließlich völlig erschöpft seine Zuflucht in einem Kamin gesucht hatte, wo man ihn einsammelte. Aber diese Abenteurer, diese Zigeunerinnen wären vielleicht die ersten, uns zu verlassen.

Die Bienenstöcke unter den Weinranken spielen auch in meinen sorgfältigsten Gewissenserforschungen eine Rolle; doch wüßte ich nicht zu sagen, ob ich ihrer im Kapitel meiner Standespflichten oder in dem meiner Pflichten gegen den Nächsten gedenke. Habe ich mir, was meine Bienen angeht, auch nichts vorzuwerfen, soweit ihr Wohlergehen von mir abhängt? Ich wünschte gewiß, ich könnte mich in allen Punkten so gut rechtfertigen wie in diesem. Denn nicht nur empfehle ich sie oftmals der Sorgfalt des Gesindes, sondern es ist auch noch niemals geschehen, daß ich ihnen zwei Jahre hintereinander ihren Honigzins abgefordert hätte. Und auch jene seien nicht vergessen, die sich, wenn auch selten genug, während der Mahlzeiten in das Eßzimmer verflogen, oder in mein Arbeitszimmer. Ich sagte dann: »Achtung! Das ist keine Wespe, tut ihr nichts!« Oder ich öffnete beide Fensterflügel und schwenkte ein Taschentuch oder eine Zeitung, jedoch ohne Heftigkeit, und gerade nur so viel, wie nötig war, um die Verstörte, ohne sie zu erschrecken, durch solche Winke auf den rechten Weg zu bringen; und so, Schritt für Schritt, mit aller Behutsamkeit, leitete ich sie an die Schwelle des Sommerhimmels zurück.

Gewiß war es dieses Gefühl einer heimlichen Gemeinschaft zwischen den Bienen und den Menschen, das den Alten die Vorstellung ihres mythischen Ursprungs eingab: *Est illis quaedam cum genere humano societas.* Bei uns zulande, und sicher auch im Berry und vielleicht noch in der Auvergne, findet dieses Gefühl seinen Ausdruck vor allem in dem Brauch, nach welchem man bei dem Tode des Familienoberhaupts gehalten ist, auf jedem Stock eine kleine Fahne, bestehend aus einem Stecken mit einem Florstreifen, aufzupflanzen und diese dann ein Jahr und einen Tag dort zu belassen. Es geht die Meinung, die Bienen würden sonst ausziehen, wenn man dies vergäße oder verabsäumte. Und so mag es wohl geschehen, daß, wenn wir unserer verstorbenen Angehörigen oder unseres eigenen Endes gedenken, bisweilen, an der Grenzscheide beider Welten, solche kleinen schwarzen Wimpel auftauchen, die über einer Reihe von Bienenstöcken flattern.

Pablo Neruda

Ode an die Biene

Großer Bienenschwarm!
Ein und aus fliegt er,
aus dem Karminrot, dem Blau,
dem Gelb,
der zartesten
Zartheit der Welt:
einzieht er in
eine Blumenkrone
voll Hast,
Geschäfte zu treiben,
und kommt hervor
mit goldenem Kleid
und einer Unzahl
gelblicher Stiefel.

Vollkommenheit
von der Hüfte an,
der Unterleib
von dunklen Stäben gestreift,
das winzige Haupt

allzeit
gedankenvoll
und die
Flügel
frisch aus Wasser geschaffen:
einfliegt sie
durch alle die duftigen Fenster,
tut auf
die Tore der Seide
dringt in das Brautbett
der am schönsten duftenden Liebe,
prallt
wie mit einem Diamanten
mit
einem Tropfen
Tau zusammen,
und aus allen Häusern,
die sie aufsucht,
schleppt sie
geheimnisvollen
reichen schweren
Honig hervor,
Honig, dichtes Arom,
flüssiges Licht, das niederfällt in dicken Tropfen,
bis sie heimkehrt
in ihren
kollektiven
Palast
und in die gotischen Bienenkörbe
den Ertrag
häuft
von Blume und Flug,
die hochzeitliche Sonne, die seraphische,
geheimnisvolle!

Getümmel der Bienen!
Unverletzliche
Hoheit,
der Eintracht,
wogende
Gemeinschaft!

Helltönende
Ziffern
summen,
die wirken
den Nektar,
vorübereilen
hurtige
Tropfen
Ambrosia:
das ist die Siesta
des Sommers in den lichtgrünen
Einsamkeiten
von Osorno. Hochoben,
da schlägt ihre Lanzen die Sonne
fest in den Schnee,
hell leuchten die Vulkane,
endlos
wie
Meere
die Erde ist,
blau ist der Weltraum,
aber
etwas ist da,
das zittert, es ist
des Sommers
brennendes
Herz,
das Herz aus tausendfältigem
Honig,
die sausende
Biene,
die knisternde
Wabe
aus Flug und Gold!

Bienen,
nichts als Arbeiterinnen,
spitzbogige
Werkfraun,
zarte, funkelnde
Proletarierinnen,

vollkommene,
tollkühne Milizen,
die angreifen,
selbstmörderischen Stachels, im Kampf,
summet,
summt über
die Güter der Erde hin,
goldenes Geschlecht,
Geschwärm du des Winds,
schüttelt der Blumen Flammenbrand,
den Durst der Blütenfäden,
den durchdringenden
Faden
Duft,
der die Tage zusammenfügt,
und,
die feuchten Kontinente, die fernsten
Inseln überfliegend des westlichen
Himmels,
mehret den Honig.

Ja:
es möge das Wachs
grüne Statuen errichten,
unendliche
Zungen
der Honig
verschwenden,
und das Weltmeer sei
ein einziger
Bienenstock,
die Erde
Turm und Tunika
aus Blüten,
und die Welt
eine einzige Kaskade,
Haarflut,
ein unaufhörliches
Wachsen
von Waben!

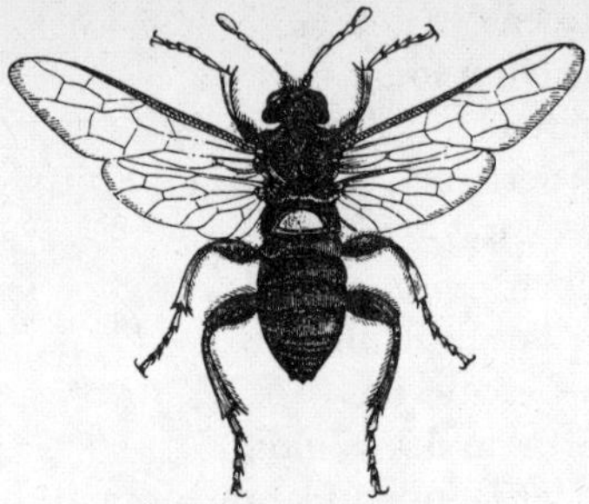

Georg Britting

Wespen-Sonette

I

Das Stroh ist gelb. Das ist Septembers Farbe.
Die fette Birne ist so gelb wie er,
Und für die Wespe da, daß sie nicht darbe:
Verspätete, sonst flögen viele her!

Die goldne Sonne hängt am Himmel schwer,
Gelb wie die Birne, die zersprungen klafft.
Die Wespe trinkt bedächtig von dem Saft:
Die Birne, weiß sie, wird so schnell nicht leer

Und trocken sein, und nichts als dürre Haut!
Vom Himmel oben, der gewaltig blaut,
Strömt überreifes, süßes Licht hernieder.

Die Wespe trinkt. Bei jedem Zuge rührt
Die Brust sich ihr, spannt sich das enge Mieder,
Das ihre fräuleinshafte Hüfte schnürt.

II

Die letzten Zwetschgen süßen sich am Ast,
Die Tafel sonst ist nicht mehr reich bestellt.

Die Wespe spürt: es ändert sich die Welt.
Doch weiß sie, was sich ziemt für einen Gast

Und hört nicht auf die Gartenlust zu preisen,
Das blaue Mahl. Die Sonnenblumen prahlen:
Komm her! Mach schnell! Um auch bei uns zu speisen,
Bevor die Vögel sich das Beste stahlen!

So lebt sie ihren Tag, Mitsingende
Im dünn gewordenen Chor der gelben Schwestern,
Noch als der Wind, der regenbringende,

Sich austobt an den leeren Vogelnestern
Im Baumgeäst – ein Raufbold der, ein grober:
Kennt seinen Namen nicht, doch ihn, Oktober!

Max Rychner

An eine Wespe

Ein Atemzug des Herbstes haucht dich her,
Du kleiner Flügelbote mit dem Gift,
Dein Sirren schwärmt ob meiner stummen Schrift,
Und deine Kurven schlägst du ungefähr

Quer durch mein blaudurchwölktes Bücherreich
Wie der Gedanke, der mich vor sich treibt
Und von mir Zeichen heischt und der dir gleich
Mit Lärm und Leben seine Bahnen schreibt,

Der gegen Fenster prallt wie du so blind,
Du schwarz und gelb gestreifter Höllenwicht,
Du kleiner Lebensdrang, du Flügelkind,
Das fühlerwinkend in mein Staunen bricht

Und sucht und will und wünscht und drängt und fliegt,
Ruhlos vorm Blick, der ruhig dich erfaßt,
Sieh! der Gedanke, der sich flügelnd wiegt,
Lädt dich zu sich: sei still und sei mein Gast.

Robert Frost

Die weißgesäumte Hornisse

Die Weißgesäumte wohnt in einem Ball,
der oben an der Schuppendecke schwebt.
Das Loch, aus dem sie fliegt wie eine Kugel,
ist wie die Mündung einer spitzen Flinte,
und da sie Macht hat, ihren Flug zu steuern,
kommt sichrer sie heraus als eine Kugel.
Man könnte ein Gedicht darüber schreiben,
wie strikt sie die Verteidigung durchdringt
von Hand und Arm, gewirbelt um den Kopf,
in meiner Nase Niesnerv mich zu stechen.
So will es, meinethalben, ihr Instinkt.
Doch was soll ich von ihrem Triebe halten,
die in der Nachbarschaft von Haus und Kindern
ein so verdammenswerter Plagegeist,
in mir nicht die Besonderheit zu sehn,
als die ich jedenfalls mich gern erachte,
einer, der über seinen Bücherschrank,
nie ihren Seidenball als Beute hinge?
Sie stach mich und verletzte den Respekt.
Hals über Kopf schlug sie mich aus dem Felde
und wollte nicht auf meinen Einwand hören.
So tat sie mir, dem Gast bei ihr zu Haus,
als Gast in meinem Hause ist sie besser,
macht Jagd auf Fliegen um die Küchentür,
herein zu einer Tür, heraus zur andern.
Glaub nicht, daß sie dir etwas antun wolle,
sie wird die schroffste Geste nicht mißdeuten.
Laß sie auf deiner Hand sich niedersetzen,
wenn ihre Hakenfüße dir nicht lästig.
Hinter den Fliegen ist sie her im Haus
und atzt mit ihnen ihre dicken Maden.
Hier scheint sie gut im Schuß, doch grade hier –
Ich merkte auf, worauf sie schoß und stieß,
irrtümlich war ihr Ziel ein Nagelkopf.
Sie stieß noch einmal. Noch ein Nagelkopf.

»Nur Nagelköpfe, immer Nagelköpfe!«

Dann außer Fassung und nicht ohne Unruh
trieb sie im Sturzflug eine Heidelbeere,
so wie ein Spieler um den Fußball tanzt.
»Form falsch, die Farbe falsch, falsch der Geruch!«
rief ich. Die Beere überrollte sie.
Jetzt endlich eine Fliege! Fehlgeschossen.

Die Fliege flog im Kreise wie zum Spott.
Doch wollte die Hornisse mir vielleicht
beweisen ihre Dichtkunst und vergleichen
Nagel mit Fliege, Fliege mit der Beere:
wie sehr, wie sehr die einer Fliege ähnlich.
Die Fliege selber, die verfehlte, nahm
sie nicht zum Beispiel. Ein bedenklich Ding.

Bedarf nicht einer Prüfung der Instinkt,
nicht einer Prüfung jede Theorie?
Irren ist menschlich, doch nicht irren tierisch.
So zollen dem Instinkt wir unsre Achtung,
freigebig höchst mit unsrem Kompliment,
das, recht betrachtet, nimmt, anstatt zu geben.
Ach, unser echtes fröhliches Gemüt
ist zu den Hunden untern Tisch gegangen:
verdienter Lohn dafür, daß wir gewählt
abwärtsgerichtete Vergleiche. Als
wir stark und tapfer aufwärts uns verglichen
mit Gott und Engeln, waren wir doch Menschen,
nur wenig weniger als Gott und Engel.
Einmal Vergleiche abwärts zugestanden,
begannen unsre Bilder wir zu sehen
in Schlamm gespiegelt und sogar in Staub.

O gründliche, o währende Enttäuschung!
Wir wurden ausgeliefert an die Tiere,
geopfert, wie um Wölfe aufzuhalten.
Was man uns ließ, ist nichts als Fehlbarkeit.
Selbst dies Erlebnis heut ist zweifelhaft.

Wilhelm Lehmann

Die Hornisse

Die Hitze hat die Gräben ausgetrunken,
In die Augustnarkose ist die Luft versunken.

Ich streife nur den wilden Apfel, er muß fallen;
Im Fallen spießen ihn die Brombeerkrallen.

Kaum aus dem Euter, stockt die Milch geronnen;
Die Bärenraupen rollen sich zu kleinen Tonnen.

Tomate glänzt wie Brust der Kybele,
Ein Fetisch, grell geschminkt, aus Übersee.

Im Windelosen blüht das Löwenmaul, die Lippen rot,
Als säuge sie mein Blut, als nähre sie mein Tod.

Hornisse stürzt aus hohlem Baum, entbrannter Geist,
Von einem unergründlich tiefen Zorn gespeist.

Ihn zu versöhnen, bot ich meine Wange ihrem Stich.
Sie tanzte mir ums Haupt. Sie schonte mich.

Ralph Waldo Emerson

Die Hummel

Summe, Hummel, deinen Reim!
Wo du summst, bin ich daheim.
Wie nach Portoriko hin
träumt sich über See mein Sinn,
hell erregt von deinem Ton,
in die heiße Region.
Zickzacksteurer, Lustbeschwörer,
ziehe näher mich zu dir,
immer teurer mir, dem Hörer,
über Busch und Weinspalier!

Wie du so von Sonne glühst,
Liebe fühlst und Freude sprühst,
Segler in der blauen Luft,
Schwimmer durch den Juniduft,
Reisender zur Mittagszeit,
schwelgend in Glückseligkeit:
säume doch, ich bitte dich,
näher noch umsumme mich,
bis die Qual des Denkens wich!

Seit ich dich im Mai vernahm,
als der Wind von Süden kam
und mit einem Schleierschein
silberte die Fernen ein,
als der Menschen Angesicht
färbte das verklärte Licht
und das laue Rasenland
übersät von Veilchen stand,
lockt, verlockt mich schon dein Laut
einsam in Gehölz und Kraut,
lausch ich ohne Unterlaß
deinem schwellend warmen Baß.

Summerin, verhätschelt ganz
jetzt vom Sommersonnenglanz,
täusche mir ein Indien vor

voller Pracht und Blumenflor,
fremde Golfe, süß und wild,
paradiesisches Gefild,
laß gelobtes Land mich schaun,
Tauben über Friedensaun,
die du nur das Reine siehst,
allen Schmutz und Unrat fliehst.

Veilchenbeet und Beerenstrauch,
Ahornsaft, Narzissen auch,
Gräserfahnen voller Tau,
Wegwart wie der Himmel blau,
Akelei mit Honighorn,
Natternzungen, Schlehendorn,
Farn und Klee und Nelkenbrand,
Steinwurz an des Ackers Rand:
dicht und bunt und unentstellt,
malt sich füllig deine Welt.

Wie kein Weiser es erlost,
Philosoph du, samtbehost,
suchst du Schönes nur getreu,
kostest Süßigkeit allein,
nimmst das Korn und läßt die Spreu,
weißt von keiner Erdenpein.
Wenn der Wind bläst aus Nordwest,
schläfst du schon getrost und fest.
Wohl dem, der so schlafen kann,
allem Weh und Wunsch entrann!
Wunsch und Weh, noch Qual für mich,
macht dein Schlummer lächerlich.

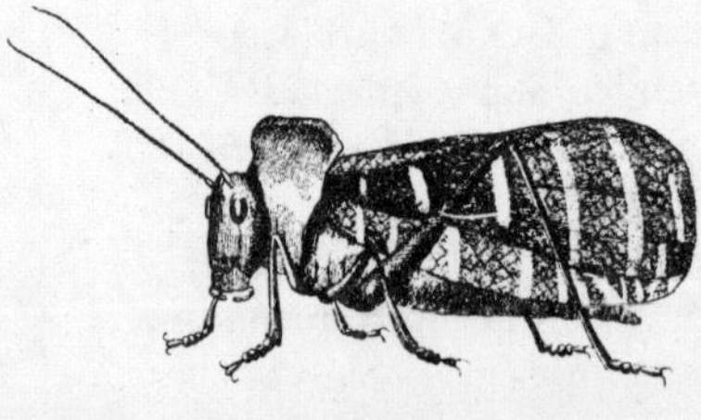

Anakreon

An die Zikade

Selig bist du, liebe Kleine,
Die du auf der Bäume Zweigen,
Von geringem Trank begeistert,
Singend, wie ein König lebest!
Dir gehöret eigen alles,
Was du auf den Feldern siehest,
Alles, was die Stunden bringen;
Lebest unter Ackersleuten,
Ihre Freundin, unbeschädigt,
Du den Sterblichen Verehrte,
Süßen Frühlings süßer Bote!
Ja, dich lieben alle Musen,
Phöbos selber muß dich lieben,
Gaben dir die Silberstimme,
Dich ergreifet nie das Alter,
Weise, zarte Dichterfreundin,
Ohne Fleisch und Blut Geborne,
Leidenlose Erdentochter,
Fast den Göttern zu vergleichen.

Franz Grillparzer

Elegie auf den Tod einer Grille

Musen, hüllet mir die Leier,
Die sonst nur der Freud erklang,
In der Trauer dunkeln Schleier,
Klagend halle mein Gesang!
Schwermutsvoll, in dumpfen Tönen
Weine, holde Elegie,
Fleuch, o fleuch, mit leisem Stöhnen,
Hin ins Land der Phantasie!
Hebe dich auf leichten Schwingen
Zu der Göttin hehrem Thron,
Hilf ein Totenlied mir singen

In Tibulls gerührtem Ton!
Zwar nur eine kleine Grille
Ist es, was mein Lied beweint,
Aber diese niedre Hülle
Barg mir einen teuern Freund.
Einen Freund, der mir die Sorgen
Aus dem wunden Herzen sang,
Der an jedem frühen Morgen
Freudig mir entgegensprang.
Er, der oft mit seinen Scherzen
Lust und Heiterkeit mir gab,
Stürzt, ein Raub von herben Schmerzen,
In sein allzufrühes Grab!
Tot liegt er vor meinen Füßen,
Tot vor meinem feuchtem Blick,
Unerweckbar meinen Küssen,
Nimmer kehret er zurück!
Schlafe denn, da dich mein Kummer
Nimmermehr zum Leben ruft,
Schlafe denn den Todesschlummer,
Ruhe sanft in düstrer Gruft!
(den 14ten Mai 1806)

John Keats

Grille und Heimchen

Die Poesie der Erde endet nie.
Sinkt vor der Hitze auch das Vogelheer
Zurück in kühle Wipfel, so zieht quer
Durch Au und Hecken eine Melodie:

Die Grille ists – ihr schwelgerischer Laut,
Des Sommers Kleinod, funkelt unentwegt!
Sogar wenn keine Lust sie mehr erregt,
Ruht sie noch lustvoll müd im süßen Kraut.

Die Poesie der Erde kann nicht enden.
Am Winterabend, wenn der Frost das Land
Zum Schweigen bringt, hört man vom Herdstein wehn

Des Heimchens Sang: ein wärmendes Verschwenden –
Und jemand wähnt, vom Schlaf halb übermannt,
Die Grille wärs auf grillengrünen Höhn.

Michail Babits

An die Herbstgrille

Mit deinem Liede, scharf und monoton,
Erfüllest du die ruhesame Stille –
Was ist für dich die Welt, herbstliche Grille?

Nun schläft das Land und alle Laute schweigen
In tiefer Nacht, nur deine Musik singt,
Wie starke unsichtbare Geigen.

Dein Tönen ist ein Teil der Stille schon
Und hat von Sphären den geheimen Ton,
Es hört ihn nur, wer ganz in sich versinkt.

Geige des Schweigens und der stillen Nacht,
Was ist für dich die Welt, – o fühlst du sie?
Fühlst du das Schweigen und die stille Nacht?

Dein Lied ist meiner Seele Melodie,
Der Langenweile Lied, das sich erneut,
Gleichförmig gestern – und sich gleichend heut.

Von deinem Strauche dunkel überdacht,
Fühlst du das Schweigen und die Nacht und weinest,
Du arme blinde Seele, durch die Nacht.

Federico García Lorca

Zikade!

Glückselge Zikade! Du stirbst
trunken von Licht auf dem Erdbett.
Dir kündet die Flur des Lebens
Geheimnis. Bewahrt blieb in dir
die Mär von der alten Zaubrin,
die sprießen hörte das Gras.

Glückselge Zikade! Du stirbst
im Blut eines Herzens aus Blau.
Das Licht ist Gott, der herabsteigt,
die Sonne – Bresche des Himmels,
durch die der Herr sich verströmt.

Glückselge Zikade! Du fühlst
vergehend der Bläue Gewicht.

Des Todes Tore durchschreitet,
was lebt, mit hangendem Haupte
und bleicher schlafender Miene.
Allein nur spricht der Gedanke,
doch lautlos . . .
mit Trauer erfüllt,
bedeckt mit tiefester Stille,
dem Umhangtuche des Todes.

Doch du, entzückte Zikade,
vergießest im Sterben noch Klang,
und zu Klang und himmlischem Licht
wirst du im Wandel verklärt.
Glückselge Zikade! Dich hüllt
der Heilige Geist, der das Licht ist,
in seine Capa aus Strahlen.

Zikade! Tönender Stern
über den schlafenden Äckern,
du alte Freundin der Frösche
und der verborgenen Grillen,

Grabmäler hast du aus Gold
im zitternden Schmelz der Sonne,
die süß dich im Sommer versehrt,
und die Sonne entlockt dir die Seele,
auf daß sie werde zu Licht.

Mein Herz, sei Zikade auch du
auf göttlich erhabnem Gefild.
Und langsam singend verglühe,
vom blauen Himmel verwundet,
und während du stirbst, verstreue
eine Frau dich, die ich erahne,
mit ihren Händen im Staub.

Und rötlicher weicher Lehm
werde mein Blut auf dem Acker,
den die ermüdeten Bauern
mit eisernen Hacken zerwühlen.

Glückselge Zikade! Dich treffen
die unsichtbarn Degen des Blaus.

Carl Sandburg

Splitter

Das Zirpen der letzten Grille
Schon im ersten Frost
Ist eine Art: Leb wohl.
Der feinste Splitter eines Liedes.

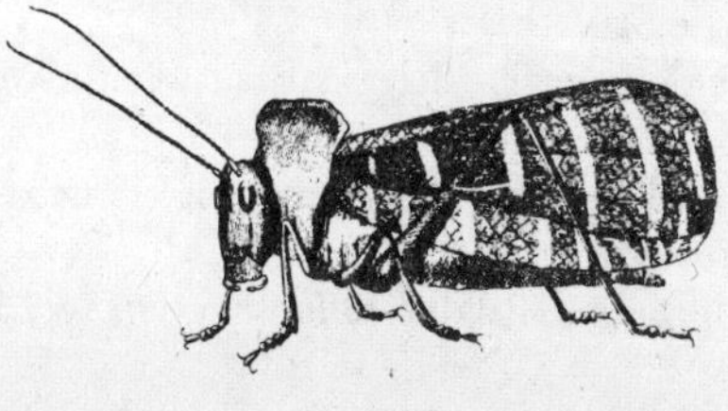

Jorge Carrera Andrade

Das Leben der Grille

Ein Invalide von jeher,
humpelt sie übers Feld
mit ihren grünen Krücken.

Seit fünf Uhr
füllt der Sternenstrahl
den kleinen Krug der Grille.

Emsig fischt sie mit ihren Fühlern
jeden Tag
in den Flüssen der Luft.

Bei Nacht hängt sie,
menschenscheu, in ihr Grashaus
das Lämplein ihres Liedes.

Ein zusammengerolltes lebendes Blatt:
darin bewahrt sie aufgeschrieben
die Musik der Welt.

Wilhelm Lehmann

Grille im Tessin

Die Erde ruft als Maulwurfsgrille.
Die Krume bröckelt als ihr Fleisch, die Steine
halten als ihre Knochen.
Wenn die heißen Lüfte den jungen Mais kochen,
Tönt selbst die Stille.
Die Mauersegler werfen sich ins Blau wie Sicheln
aus rußigem Eisen –
»Heute mir und morgen dir« ist an den kleinen
Kirchhof geschrieben.
Ich quäle mich, dic Schläfen fallen ein, ich werde
sterben –

Ist übermorgen nichts von meiner Stimme
geblieben?
Doch, eine Grille wird sie erben
Und als verborgener Erdenmund das Dasein
weiter preisen.

Georg von der Vring

Nacht der Grillen

Es zeichnet mit dem Silberstift
Die Grill an ihrer Geisterschrift.

Wer liest die Zeilen, hört ihr Wort?
Die Nacht ist schon im ganzen Ort.

Und der noch wacht, er deutet's nicht,
Was ihre Schrift in eins verflicht:

Gestillte Lieb und Lieb, die bleibt,
So lang der Silberstift noch schreibt.

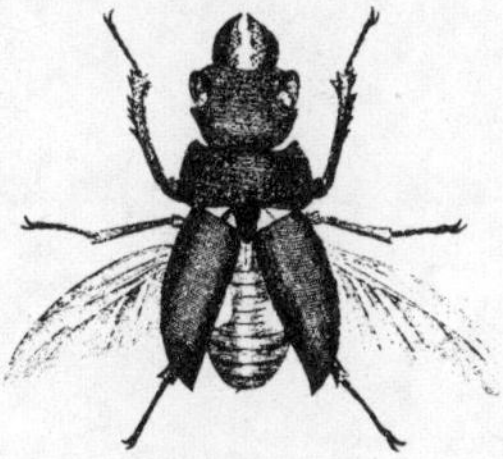

Li Tai Pe

Leuchtkäfer

Schlägt Regen auf dein Licht, er kanns nicht löschen,
Bläst Wind auf deinen Glanz, wird er nur reiner,
Und flögest du empor in Himmelsferne,
Dem Monde nah wärst du der Sterne einer.

Andrew Marwell

Der Schnitter an die Glühwürmchen

Lebendige Lampen, deren Schein
Noch spät die Nachtigall umspinnt,
Die, in der Sommernacht allein,
Auf immer neue Lieder sinnt;

Sanfte Kometen, ihr beschwört
Nicht Krieg noch fürstlichen Verdruß,
Eur Leuchten sagt nur ungehört,
Daß man das Gras nun schneiden muß.

Glühwürmchen, euer freundlich Licht
Zeigt all den Schnittern gern den Weg,
Wenn sie bei Nacht verlorn die Richt
Zu was für Feuern im Geheg.

Mir aber seid ihr gar nichts nütz.
Seit Julia da ist, schein' ich blind,
Mein Kopf ist so voll Aberwitz,
Daß ich nicht mehr nach Hause find.

Aus des Knaben Wunderhorn

Marienwürmchen

Mündlich.

Marienwürmchen, setze Dich
Auf meine Hand, auf meine Hand!
Ich tu Dir nichts zu Leide.
Es soll Dir nichts zu Leid geschehn,
Will nur Deine bunte Flügel sehn,
Bunte Flügel, meine Freude.

Marienwürmchen, fliege weg!
Dein Häuschen brennt, die Kinder schrein

So sehre, wie so sehre!
Die böse Spinne spinnt sie ein;
Marienwürmchen, flieg hinein!
Deine Kinder schreien sehre.

Marienwürmchen, fliege hin
Zu Nachbars Kind, zu Nachbars Kind!
Sie tun Dir nichts zu Leide.
Es soll Dir da kein Leid geschehn,
Sie wollen Deine bunte Flügel sehn;
Und grüß sie alle beide!

Harry Martinson

Die Maikäfer

Der Himmel des Sommerabends ist wie das schöne Weiße im Auge.
Stumpf ziehen die Maikäfer
mit langem Gebrumm vorbei.

Wenn sie einmal landen,
so siehst du ihre sonderbare altmodische Tracht,
den gedämpften grüngoldenen Glanz der Deckflügel,
wie indisches Messing.

Christa Reinig

Beim Baden

mein erstes war ihn töten wollen
dann trug ich ihn an land
an jedem zaunpfahl thront sein steckbrief:
kartoffelkäfer
jetzt müßt ihr makkaroni essen

Shinpei Kusano

Der Marienkäfer

Im Morgenwald am Stadtrand.
Helle Lichtbahn über blaugrau-fleckige Zweige.
  Eingetaucht in
    Frühlingsmelodie
      liegt ein schöner Käfer,
der trägt sieben schwarze Punkte auf dem sepiaschimmernden
Panzer und einen Quadratmillimeter Sonne darauf.
Nach seiner 150-Millionen-Kilometerreise sitzt das Sonnenlicht
wie ein Tropfen auf dem Käfer.

»Steig auf meine Hand! steigst du nicht? steig doch!«

Der Märzensonne,
dem Käfer und mir gehört dieser Morgen.
Die Sonne, der Käfer und ich
alles in einer Hand.
Bald
wird daraus eine kleine Lichtfeder.

O, das Muttermal,
das Muttermal!

Vicente Aleixandre

Der Pillendreher

Sieh an, endlich kommt zu Wort auch der kleine Kotkäfer,
trübsinnige Minute,
langsames Rollen des erbärmlichen Tages,
winziger Ergreifer dessen, was niemals zum Flug sich erkühnen
  kann.

Ein Tag wie jeder andere,
das Lebena verweilt am Rand des Sandes,
wie die losen Grashälmchen, die in unreinem Wasser treiben,

wo nach Belieben der Erde
Fasern, die nicht seufzen, sich der Minute überlassen,
in der die Liebe andringt.

Die Liebe wie eine Zahl
ist bald Wasser, das aus einem gestürzten Mund rinnt,
bald das Geheimnis des Grüns in dem Gehör, das es einsperrt,
bald der reglose Straßengraben, der alles enthält,
sogar den Haß, der abflaut, um sich zum Traum zu verwandeln.

Darum,
wenn mitten auf dem Weg ein trüber Käfer, der golden war,
den Himmel ganz nahe fühlt, als gewaltige Kugel,
und dennoch mit seinen Beinchen,niemals Blütenblätter,
die düstere Erinnerung mit sich schleppt, voll Liebe,
voll Liebe zu dem Schluchzen über das, was war und nicht mehr ist,
droben zwischen den Blüten in der Höhe, deren Staubgefäße beinah die reine Bläue kitzeln,
streift ein Duft nach Vorgestern daher,
nach erschlafften Blüten,
nach zertretenem Blütenstaub, der mit dauerhaftem Gelb die vorübereilende Sohle färbt,
die unabsichtliche Liebkosung,
diesen Fuß, der Rose war, der Dorn war,
der Blütenkrone war oder süße Berührung der Blüten.

Ein Wind droben durchweht
andre Erinnerungen, wo der Wind sich regt,
wo Blütengefäße so hoch emporragen, wo Stempel oder Haare,
wo Stengel schwanken,
um die Sonne zu empfangen, so gelb, gesandt von einer Liebe.

Der sanfte Käfer,
schwärzer als das Schweigen, das nach einem Tode verstreicht,
zieht seines Wegs, kaum spürbar die Spuren der Karren verwischend,
der gewalttätigen Eisen, die immer Zähne waren,
immer ein Maul, in den Staub zu beißen.

Der liebliche Käfer unter seinem harten Panzer, der manchmal einen Flügel nachahmt,

trachtet niemals danach, mit einem Falter verwechselt zu werden,
sein Blut aber stöhnt
(Wärmerest der toten Erinnerung),
eingeschlossen in einer Brust, die kein Vergessen kennt,
hinabströmend in Arme, die eine winzige, dunkle Welt zusammenballen.

Aus dem Chinesischen

Schmetterlinge

Schmetterlinge in den Lenzen:
Ist der Schmelz auf euren Schwingen
Das, wovon die Dichter singen?
Süßer Seele leises Glänzen?

Indianisch

Schnitter-Lied

(Laguna-Stamm)

Schmetterlinge, Schmetterlinge,
Fliegt zu den Blumen,
Fliege, blauer Flügel,
Fliege, gelber Flügel,
Fliegt zu den Blumen!
Fliege, roter Flügel,
Fliege, weißer Flügel,

Fliegt zu den Blumen!
Schneller, Schmetterlinge!
Schmetterlinge, Schmetterlinge,
Eilt euch, Schmetterlinge,
Die Blumen erwarten euch!

Johann Gottfried Herder

Das Lied vom Schmetterlinge

Liebes, leichtes, luftges Ding,
Schmetterling,
das da über Blumen schwebet,
nur von Tau und Blüten lebet,
Blüte selbst, ein fliegend Blatt,
das mit welchem Rosenfinger!
wer bepurpurt hat?

Wars ein Sylphe, der dein Kleid
so bestreut,
dich aus Morgenduft gewebet,
nur auf Tage dich belebet;
Seelchen und dein kleines Herz
pocht da unter meinem Finger,
Fühlet Todesschmerz.

Fleuch dahin, o Seelchen, sei
froh und frei,
mir ein Bild, was ich sein werde,
wenn die Raupe dieser Erde
auch wie du ein Zephir ist
und in Duft und Tau und Honig
jede Blüte küßt.

Jean Paul

Schmetterlinge

Wallet nur hin, ihr hübschen Schmetterlinge,
Und genießet die Honigwoche des kleinen Seins,
Ohne Hunger, ohne Durst,
Ein schönes Sonnenleben,
Ein Liebessein –
Und die einzige Kammer des Herzens
Ist nur eine ewige Brautkammer der Liebe.
Beugt die Blumen,
Lasset euch wehen,
Spielt im Glanz
Und entzittert nur linde,
wie Blüten, dem Leben.

Friedrich Rückert

Der Schmetterling im Herbste

Dem beschwingten Brüdertruppe
Fliegst du nach um viele Wochen;
Deiner goldbelegten Puppe
Warum bist du jetzt entkrochen?

Duftbestaubter Pfauenspiegel,
Dessen Flügeln aufgedrückt
Ist von jener Hand ein Siegel,
Die des Menschen Leib geschmückt.

Glaubtest du den Lenz zu finden?
Trog dich eine warme Luft?
Wünschest nun aus rauhen Winden
Dich zurück in deine Gruft!

Rolle die Korallenaugen
Auf den Fluren weit umher!
Wo du könntest Nektar saugen,
Keine Blume blühet mehr.

Meinst du, bunte Brüder schweben
Dort zu sehn? wie irrest du!
Rote, falbe Blätter beben
Bäumen-ab dem Moder zu.

Wie bedaur' ich dich, o Sylphe,
Daß du kamst in unsern Herbst,
Wo am nassen welken Schilfe
Du den zarten Schmelz entfärbst.

Paradiesesvogel, hebe
Deine Flügel höher auf!
Streife nicht am Boden, schwebe
Dorthinan den Siegeslauf,

Wo im Blauen unbegrenzet
Blüht der Sonne goldner Baum.
Nur allein der Himmel lenzet,
Winter ist's im Erdenraum.

Eduard Mörike

Zitronenfalter im April

Grausame Frühlingssonne,
Du weckst mich vor der Zeit,
Dem nur in Maienwonne
Die zarte Kost gedeiht!
Ist nicht ein liebes Mädchen hier,
Das auf der Rosenlippe mir
Ein Tröpfchen Honig beut,
So muß ich jämmerlich vergehn
Und wird der Mai mich nimmer sehn
In meinem gelben Kleid.

Gottfried Keller

Ermattet von des Tages roher Pein,
Die nur auf Wiedersehen von mir schied,
Saß ich und schrieb bei meiner Lampe Schein,
Und schrieb ein wildes, gotteslästernd Lied!
Doch draußen lag die klare Sommernacht,
Mild grüßt' mein armes Licht der Mondenstrahl,
Und aller Sterne vollste Silberpracht
Sah auf mich nieder noch vom blauen Saal.
Am offnen Fenster blühten dunkle Nelken,
Vielleicht die letzte Nacht vor ihrem Welken.

Und wie ich schrieb an meinem Höllenpsalter,
Die süße Nacht im Zorne von mir weisend,
Da schwebt' zu mir herein ein grauer Falter,
Mit blinder Hast um meine Lampe kreisend.
Wohl wie ein Schicksal flackerte das Licht
Mit spitzer Flamme still und hell empor
Und lockt' mit schwer magnetischem Gewicht
Den leichten Vogel in sein Todestor!

Ich schaute lange mit beklommner Ruh
Mit wunderlich neugierigen Gedanken
Des Falters unglückselgem Treiben zu.
Doch als, zu nahe an der Flamme, sanken
Beinah die Flügel, faßt ihn meine Hand.
Zu retten ihn gar sonderbar gezwungen,
Und trug ihn weg. Hinaus ins dunkle Land
Hat er mit leichtem Fittig sich geschwungen.

Ich aber hemmte meines Liedes Lauf
Und hob den Anfang bis auf weitres auf.

Carl Spitteler

Gemeiner Weißling

Gemeinen Fluges, täppisch anzusehn,
Ein schnöder Wurm im schlottrigen Gewand
Purzelt herbei. An einer Blume Rand
Fällt er und hängt herab mit Krüppelzehn.

Da faßt ihn eine Spinne. Wie viel Hoheit
Ruft jetzt aus seinen Zügen! Wie durchbricht
In Schmerz und Not das Seelenangesicht
Des Mückentölpels ungeschlachte Roheit!

Da ward ich inne, wie durch Teufels Gnade
Gott-jedermann ward in den Schleim gebannt.
Dem Höchsten ist der schnöde Wurm verwandt,
Und unser Leib ist nichts als Maskerade.

Christian Wagner

Zitronenfalter

Du, so schwebend über sonnigen Hügeln,
Falter hier, mit den Zitronenflügeln,

Sag, ob du erkannt mich als Bekannten,
Vater, Gatten oder sonst Verwandten,

Daß du scheue Flamm dich kannst erdreisten,
Magisch dreimal um mich her zu geisten?

Kommst du her von höheren Regionen,
Wo die Frommen, wo die Seligen wohnen,

Um verwandelt so im Wald der Buchen
Mich und heilige Stätten aufzusuchen?

Christian Wagner

Auf der Lichtung

Sommermittag auf dem Hochwald brütet,
Aber auf der Lichtung, treu behütet
Vom Geflechte dunkler Brombeerranken,
Wachen auf des Waldes Lichtgedanken.

Falter sind es, die so farbenprächtig
Auf der Lichtung, sonnig halb und nächtig,
Diese Brombeerblüten still umbeben,
Purpurdisteln geistergleich umschweben.

Sagt mir an, ihr stillen Geisterfalter
Auf der Lichtung: Wie viel Zeitenalter
Ihr im Banne laget bei den Toten,
Eh ihr wurdet solche Wunderboten?

Max Dauthendey

Nachtfalter

Nachtfalter kommen verloren,
Wie Gedanken, aus dem Dunkel geboren,
Sie müssen dem Tag aus dem Wege gehen
Und kommen zum Fenster, um hell zu sehen.
Und in die Nachtstille versunken

Flattern sie zuckend und trunken.
Sie haben nie Sonne, nie Honig genossen,
Die Blumen alle sind ihnen verschlossen.
Nur wo bei Lampen die Sehnsucht wacht,
Verliebte sich grämen in schlafloser Nacht,
Da stürzen sie in das Licht, sich zu wärmen,
In das Licht, das Tränen bescheint und Härmen.
Die Falter der Nacht, die Sonne nie kennen,
Sie müssen an den Lampen der Sehnsucht verbrennen.

Karl Kraus

Wiedersehn mit Schmetterlingen

Wie nach den Lebensnächten
es prangt in neuen Prächten,
vom Morgenthau benetzt!
Was hebet aus den Grüften
und letzt mit linden Lüften
auch mich zuguterletzt?

Es heilt das Herz vom Hirne
und kühlt die kranke Stirne
am jungen Tag gesund.
Das strömt von andern Sternen
und läßt die Liebe lernen,
auf einem grünen Grund.

Der Welt war ich ein Riese.
Ein Kind bin ich der Wiese.
Nun ist's wie dazumal.
Dort drüben hinterm Berge,
dort kämpfen feige Zwerge.
Ich spiele in dem Thal.

Hier, fern von Trug und Tadel,
leiht Rittersporn den Adel,
mein Muth ist Löwenzahn!
Die Zeit mir zu begleiten,

erzählt der Bach von Zeiten,
die hat die Zeit verthan.

Und daß ich wieder singe,
erscheinen Schmetterlinge,
o grenzenloses Glück!
Auf einem Sonnenstrahle
die stolzen Admirale,
sie kehren mir zurück!

War's schwer, ihr Papilionen,
auf dieser Welt zu wohnen?
Verlort ihr diese Spur?
Zusammen hier zu rasten,
lockt uns ein Leierkasten,
der spielt »Nur für Natur«.

Wir junggewohnten Schwärmer,
wir wurden arm und ärmer
in der papiernen Pein.
So sagt, ihr losen Lieben,
wo wart ihr denn geblieben,
und ließet mich allein?

Der Walzer ist verflossen,
wir waren Zeitgenossen,
bleibt doch ein Weilchen stehn!
Die Zukunft ist begraben,
die fressen schon die Raben.
Wann werden wir uns wiedersehn?

Walter Benjamin

Schmetterlingsjagd

Gelegentlicher Sommerreisen unbeschadet, bezogen wir, ehe ich zur Schule ging, alljährlich Sommerwohnungen in der Umgebung. An sie erinnerte noch lange an der Wand meines Knabenzimmers der geräumige Kasten mit den Anfängen einer Schmetterlingssammlung, deren älteste Exemplare in dem Garten am Brauhausberge erbeutet waren. Kohlweißlinge mit abgestoßenen Rändern, Zitronenfalter mit zu blanken Flügeln vergegenwärtigten die heißen Jagden, die mich so oft von den gepflegten Gartenwegen fort in eine Wildnis gelockt hatten, in welcher ich ohnmächtig der Verschwörung von Wind und Düften, Laub und Sonne gegenüberstand, die dem Flug der Schmetterlinge gebieten mochten. Sie flatterten auf eine Blüte zu, sie standen über ihr. Den Kescher angehoben, erwartete ich nur noch, daß der Bann, der von der Blüte auf das Flügelpaar zu wirken schien, sein Werk vollendet habe, da entglitt der zarte Leib mit leisen Stößen seitwärts, um genau so reglos eine andere Blüte zu beschatten und genau so plötzlich, ohne sie berührt zu haben, sie zu lassen. Wenn so ein Fuchs oder Ligusterschwärmer, den ich gemächlich hätte überholen können, durch Zögern, Schwanken und Verweilen mich zum Narren machte, dann hätte ich gewünscht, in Licht und Luft mich aufzulösen, nur um ungemerkt der Beute mich zu nähern und sie überwältigen zu können. Und so weit ging der Wunsch mir in Erfüllung, daß jedes Schwingen oder Wiegen der Flügel, in die ich vergafft war, mich selbst anwehte oder überrieselte. Es begann die alte Jägersatzung zwischen uns zu herrschen: je mehr ich selbst in allen Fibern mich dem Tier anschmiegte, je falterhafter ich im Innern wurde, desto mehr nahm dieser Schmetterling in Tun und Lassen die Farbe menschlicher Entschließung an, und endlich war es, als ob sein Fang der Preis sei, um den einzig ich meines Menschendaseins wieder habhaft werden könne. Doch wenn es dann vollbracht war, wurde es ein mühevoller Weg, bis ich vom Schauplatz meines Jagdglücks an das Lager vorgedrungen war, wo Äther, Watte, Nadeln mit bunten Köpfen und Pinzetten in der Botanisiertrommel zum Vorschein kamen. Und wie lag das Revier in meinem Rücken! Gräser waren geknickt, Blumen zertreten worden; der Jagende selber hatte als Dreingabe den eignen Körper seinem Kescher nachgeworfen; und über so viel Zerstörung, Plumpheit und Gewalt hielt zitternd und dennoch voller Anmut sich in einer Falte des Netzes der erschrockene Schmetterling. Auf diesem mühevollen Weg ging der Geist des Todgeweihten in den Jäger ein. Die fremde Sprache, in welcher dieser Falter und die Blüten vor seinen Augen sich verständigt hatten – nun hatte er einige Gesetze ihr abgewonnen. Seine Mordlust war geringer, seine Zuversicht um so viel größer geworden. Die Luft jedoch, in der sich dieser Falter damals wiegte, ist heute ganz durchtränkt von einem Wort, das seit Jahrzehnten nie mehr mir zu Ohren noch über meine Lippen gekommen ist. Es hat das Unergründliche bewahrt, womit die Namen der Kindheit dem Erwachsenen entgegentreten. Langes Verschwiegenwordensein hat sie verklärt. So zittert durch die schmetterlingserfüllte Luft das Wort »Brauhausberg«. Auf dem Brauhausberge bei Potsdam hatten wir unsere Sommerwohnung. Aber der Name hat alle Schwere verloren, enthält von einem Brauhaus überhaupt nichts mehr und ist allenfalls ein von Bläue umwitterter Berg, der im Sommer sich aufbaute, um mich und meine Eltern zu behausen. Und darum liegt das Potsdam meiner Kindheit in so blauer Luft, als wären seine Trauermäntel oder Admirale, Tagpfauenaugen und Aurorafalter über eine der schimmernden Emaillen von Limoges verstreut, auf denen die Zinnen und Mauern Jerusalems vom dunkelblauen Grunde sich abheben.

Robert Frost

Mein Schmetterling

Deine geliebten eifersüchtigen Blumen sind tot, auch sie,
und der verscheuchte Sommer-Stürmer, er
der so oft dich erschreckte, floh oder ist tot.
Nur grade ich
(nicht bekümmert es dich)
nur grade ich,
sonst blieb, dich zu betrauern, keiner auf den Feldern mehr.

Kaum gesprenkelt mit Schnee ist das graue Gras,
seine beiden Ränfte schlossen sich nicht überm Fluß;
lang vorbei ist nun das –

es scheint für immer –
seit ich zuerst ihn sah, deinen Glanz
mit all deinen Gefährten im Flimmer
in luftigem Genuß
im Liebesspiel schaukelnd,
taumelnd, gewirbelt, aufwärts gewirbelt und gaukelnd,
einem matten Rosengewind gleich im Elfentanz.

Als das war, hing der zarte Dust
meiner Trauer nicht überm Land;
und ich war froh für dich
und froh für mich, mir bewußt.

Du, hochauf gaukelnd, wußtest nicht, daß dich
das Schicksal zur Freude schuf für den Wind
mit diesen großen bedachtlosen Flügeln;
noch wußt es ich.

Und noch anderes war da:
Es schien, Gott zarten Griffs ließ dich flattern weltein;
dann fürchtend, daß er zu weit dich entließ,
nun er dich wieder zurückkehren hieß,
übereifrig fing unzarten Griffs er dich ein.

Ah! Ich erinnere mich
wie sich einst eine Verschwörung begeben
gegen mein Leben –.
Das Müdsein davon und ein träumend Vergehn;
wogend betäubten mich Gräser der Wiese
drei Wohlgerüche brachte die Brise
und eine Knospe nickte im Stehn.

Dann als ich verwirrt
nicht reden konnt lange,
seitwärts ruhnd auf meiner Wange,
was trieb mir der Zephir sonst zu, losen Zügels,
als die wilde Berührung deines bunt-stäubigen Flügels?

Ich fand diesen Flügel heute zerbrochen!
So bist du tot, sagt ich.
Auch die fremden Vögel habens gesprochen.
Ich fand ihn bei welkem Blätterhaufen
unter der Traufe.

William Carlos Williams

Vorspiel zum Winter

Der Falter unter der Traufe
mit Flügeln wie
Baumrinde liegt
symmetrisch still –

Liebe ist sonderbar, ein
samtgeflügeltes Ding
reglos unter der Traufe
wenn die Blätter fallen.

Nelly Sachs

Schmetterling

Welch schönes Jenseits
ist in deinen Staub gemalt.
Durch den Flammenkern der Erde,
durch ihre steinerne Schale
wurdest du gereicht,
Abschiedswebe in der Vergänglichkeiten Maß.

Schmetterling
aller Wesen gute Nacht!
Die Gewichte von Leben und Tod
senken sich mit deinen Flügeln
auf die Rose nieder
die mit dem heimwärts reifenden Licht welkt.

Welch schönes Jenseits
ist in deinen Staub gemalt.
Welch Königszeichen
im Geheimnis der Luft.

Georg von der Vring

Der Nachtfalter

Wie lang schwebt uns am Fensterglas
Des Falters Ornament?
So lang im Feuersee des Wachs
Die Flamm zu Ende brennt.

Sie zuckt, als am Ertrinken schon –
Du Falter Purpur-Samt,
Verglüh uns nicht, wir sinken schon
In all dein schwarzes Land.

Hermann Lenz

Bläuling

Die Flügel klein wie ein Fingernagel
(Dunkel umrandet)
Taugt er besser zum Wappentier
Als Adler und Hirsch.

Dazu eine Wegwarte
Bei grauem Granit.
Noch im September
Im falben Gras.

Der Wald ist nah.
Sein Rauschen kommt wieder,
Wenn ich mich seiner entsinne.

Johann Wolfgang Goethe

Als ich einmal eine Spinne erschlagen,
Dacht' ich, ob ich das wohl gesollt?
Hat Gott ihr doch wie mir gewollt
Einen Anteil an diesen Tagen!

Johann Peter Hebel

Das Spinnlein

Nei, lueget doch das Spinnli a,
wie's zarti Fäde zwirne cha!
Bas Gvatter, meinsch, chasch's au ne so?
De wirsch mer's, traui, blibe lo.
Es macht's so subtil und so nett,
i wott nit, aßi's z'hasple hätt.

Wo het's die fini Riste g'no,
bi wellem Meister hechle lo?
Meinsch, wemme's wüßt, wol mengi Frau,
sie wär so gscheit, und holti au!
Jez lueg mer, wie's si Füeßli setzt,
und d' Ermel streift, und d' Finger netzt.

Es zieht e lange Faden us,
es spinnt e Bruck ans Nochbers Hus,
es baut e Landstroß in der Luft,
morn hangt sie scho voll Morgeduft,
es baut e Fueßweg nebe dra,
's isch, aß es ehne dure cha.

Es spinnt und wandlet uf und ab,
Potz tausig, im Galopp und Trab! –
Jez goht's ringsum, was hesch, was gisch!
Siehsch, wie ne Ringli worden isch!
Jez schießt es zarti Fäden i.
Wird's öbbe solle gwobe si?

Es isch verstuunt, es haltet still,
es weiß nit recht, wo 's ane will.
's goht weger z'ruck, i sieh's em a;
's mueß näumis Rechts vergesse ha.
»Zwor«, denkt es, »sel pressiert jo nit,
i halt mi nummen uf dermit.«

Es spinnt und webt, und het kei Rast,
so gliichlig, me verluegt si fast.
Und 's Pfarers Christoph het no gseit,
's seig jede Fade z'semme gleit.
Es mueß ein gueti Auge ha,
wer's zehlen und erchenne cha.

Jez putzt es sini Händli ab,
es stoht, und haut der Faden ab.
Jez sitzt es in si Summerhus,
und luegt die lange Stroßen us.
Es seit: »Me baut si halber z'tod,
doch freut's ein au, wenn's Hüsli stoht.«

In freie Lüfte wogt und schwankt's,
und an der liebe Sunne hangt's;
sie schint em frei dur d'Beinli dur,
und 's isch em wohl. In Feld und Flur
sieht's Mückli tanze, jung und feiß;
's denkt bi nem selber: »Hätti eis!«

O Tierli, wie hesch mi verzückt!
Wie bisch so chlei, und doch so gschickt!
Wer het di au die Sache glehrt?
Denkwol der, wonis alli nährt,
mit milde Händen alle git.
Bis z'frieden! Er vergißt di nit.

Do chunnt e Fliege, nei, wie dumm!
Sie rennt em schier gar 's Hüsli um.
Sie schreit und winslet Weh und Ach!
Du arme Chetzer hesch di Sach!
Hesch keini Auge bi der g'ha?
Was göhn di üsi Sachen a?

Lueg, 's Spinnli merkt's enanderno,
es zuckt und springt und het sie scho.
Es denkt: »I ha viel Arbet g'ha,
jez mueßi au ne Brotis ha!«
I sag's jo, der, wo alle git,
wenn's Zit isch, er vergißt ein nit.

Gottfried Keller

Friede der Kreatur

Spinnen waren mir auch zuwider
All meine jungen Jahre,
Ließen sich von der Decke nieder
In die Scheitelhaare,
Saßen verdächtig in den Ecken
Oder rannten, mich zu schrecken,
Über Tischgefild und Hände,
Und das Töten nahm kein Ende.

Erst als schon die Haare grauten,
Begann ich sie zu schonen,
Mit den ruhiger Angeschauten
Brüderlich zu wohnen;
Jetzt mit ihren kleinen Sorgen
Halten sie sich still geborgen,
Läßt sich einmal eine sehen,
Lassen wir uns weislich gehen.

Hätt ich nun ein Kind, ein kleines,
In väterlichen Ehren,
Recht ein liebliches und feines,
Würd ichs mutig lehren,
Spinnen mit dem Händchen fassen
Und sie freundlich zu entlassen;
Früher lernt' es Friede halten
Als es mir gelang, dem Alten!

Tudor Arghezi

Abend

Eine Spinne schreitet frei,
Eine Warze auf sechs Haaren.
Und wie winzig sie auch sei,
Hat sie Leid und Not erfahren.

Von der Arbeit kommt sie spät,
Tritt nicht fehl um eine Spanne.
Dort am Nagel luftig weht
Schon ihr Haus aus einer Kanne.

Sieht sie mich, kann sie erraten
Meine Seligkeit und Pein?
Was bin ich so groß geraten?
Und warum ist sie so klein?

César Vallejo

Die Spinne

Es ist eine riesige Spinne, die nicht vom Fleck kommt,
eine farblose Spinne: Ihr Körper, Kopf
und Hinterleib und sonst nichts, ist voll Blut.

Heute hab ich sie aus der Nähe betrachtet.
Wie hat sie gesucht, mit welcher Mühe
die zahllosen Beine nach allen Seiten gespreizt!
Und ich habe ihrer unsichtbaren Augen gedacht,
der verhängnisvollen Lotsen der Spinne.

Es ist eine Spinne, zitternd,
erstarrt auf steinerner Schneide,
den Hinterleib auf der einen,
auf der andern Seite den Kopf.

Soviel Beine! Und doch hängt sie elend,
benommen im Augenblick der Gefahr,
unschlüssig. Wie hat mich
der Anblick dieser Wegfahrerin heimgesucht!

Es ist eine riesige Spinne, ihr Hinterleib
ist ihr im Weg, sie kann ihrem Kopf nicht folgen.

Und ich habe ihrer Augen gedacht,
der Vielzahl ihrer hilflosen Beine . . .
Wie hat sie mich heimgesucht, diese Wegfahrerin!

Robert Lowell

Herr Edwards und die Spinne

Ich sah die Spinnen durch die Luft marschieren,
von Baum zu Baum schwimmen an jenem moderigen Tage
im späteren August, als das Heu
knarrend in die Scheune kam.
Aber wo
der Wind von Westen kommt,
wo der knorrige November die Spinnen
in die Erscheinungen des Himmels treibt,
haben sie nichts im Sinne als ihre Ruhe und sterben,
eilig nach Osten dem Sonnenaufgang und dem Meere zu drängend.

Was sind wir in der Hand des großen Gottes?
Vergeblich habt ihr Dorn und Hecke
in Schlachtordnung gegen das Feuer gesetzt
und gegen Verrat, der in eurem Blute knistert;
denn der wilde Dorn wird zahm
und wird nichts tun, der Flamme zu begegnen;
eure Wunden zeugen von dem verlorenen Spiel, das ihr gegen eine
Krankheit, die ihr nicht mehr heilen könnt, spielt.
Wie sollen die Hände stark sein? Wie soll das Herz ausharren?

Ein sehr kleines Ding, ein kleiner Wurm,
oder eine Spinne mit dem Zeichen des Stundenglases kann, so
heißt es,

einen Tiger töten. Wird der Tote
seinen Spiegel zeigen und
den vier Winden den Geruch
und das Aufblitzen seiner Autorität bekräftigen? Es ist gut,
wenn Gott, der mich über den Abgrund der Hölle hält,
ganz so, wie man eine Spinne hält, eure Seele
zerstören, verwirren und zerreißen wird. Als kleiner Junge

sah ich im Windsor-Moor die Spinne sterben,
als sie mitten ins wütende Feuer geworfen wurde:
es gibt keinen langen Kampf, kein Verlangen,
sich auf die Füße zu stellen und zu fliehen –
sie streckt die Füße aus
und stirbt. Das ist des Sünders letzte Zuflucht;
ja, und keine auf die Hitze ausgeübte Kraft
versieht den aufgegebenen Willen dann mit neuen Sehnen, wenn
sie, krank
und voller Glut, auf einem Ziegel pfeifen wird.

Aber wer kann das Sinken dieser Seele ergründen?
Josiah Hawley, stell dir vor, du wärest
in einen Ziegelofen geworfen, wo die Hitze
deinen lebendigen Körper zu Kohle bläst –
Wie lange würde er,
wenn man mit einem Stundenglase mißt, zu brennen scheinen!
Laß da
eine Minute, zehn, zehn Billionen vorübergehen; doch die Flamme
ist unendlich, ewig: das ist der Tod,
zu sterben und es zu wissen. Das ist die Schwarze Witwe, der Tod.

Peter Huchel

Kreuzspinne

Noch webt die Spinne an der Wand
dem Licht die leise Fessel.
Umschleiert steht der Strauch im Sand,
am Zaun die braune Nessel.

Die Spinne seilt das Feuer fest,
wenn sie den Faden wendet.
Der Herbst duckt sich ins Ödgeäst
und dunkelt, bis sie endet.

Noch hält das Netz der Träume dicht,
mag auch die Mauer dunkeln.
Die Spinne trägt ihr Kreuz ins Licht
und alle Fäden funkeln.

Erst wenn sie immer müder kreist
in immer kältre Räume,
erst wenn ihr leises Seil zerreißt,
durchweht es kahl die Bäume.

Rolf Jacobsen

Gummi

An einem weißen Morgen im Juni gegen vier Uhr,
die Landstraßen durch die Wälder,
endlose Tunnels, waren noch naß und grau,
war ein Auto über den Staub gefahren,
dort wo jetzt die Ameise, emsig mit einer Tannennadel
sich in dem großen C von »Continental« verirrt,
das sich in den Sand der Straße geprägt hat
hundertundzwanzig Kilometer Weges.
Tannennadeln sind schwer.
Immer wieder gleitet sie mit ihrer schwankenden Last
ab
und arbeitet sich wieder empor
und gleitet von neuem ab.
Überquerend die große, wolkenhelle Sahara.

Ludvík Kundera

Die Ameisen

(Verwandlung in einen Buddhisten)

Stundenlang hocken, so sagt man, Buddhisten gebeugt,
hingebungsvoll in abgründiger Demut und Lethargie
über einer Eintagsfliege oder einem Käfer im Gras
und betrachten versenkt in sich, in das All, ins Geschehen
ihr seltsam geschäftiges Treiben.

Es gibt keine Wolken, nur die Baumrinden glänzen,
und Schmetterlinge wiegen sich auf den Halmen,der Assentierung gewärtig.
Auch ich betrachte, in einen Buddhisten
verwandelt, an jedem Morgen
zehn, zwölf Minuten lang
einen Ameisenhaufen. Ich möchte
den Plan ergründen hinter dieser waghalsigen Ameisen-Aktivität.
Manchmal werfe ich eine Kirsche hinein, ein Stück Papier, ein Stück Semmel
und beobachte, wie sie darauf reagieren.
Vergebens. Anscheinend nichts als planloses Wimmeln.
Die Ameisen machen mich zornig, ich gehe wieder an meine Arbeit.

Doch abends packt es mich wieder, ich werde, zehn, zwölf Minuten lang,
zum Buddhisten und hoffe inständig,
daß ihr Tun einem Plan folgt, den ich enträtseln werde.
Und nicht selten mach ich mich auf in der Nacht,
verwandelt in einen nächtlichen Buddhisten,
und leuchte sie an und sehe: ab und zu schlafen sie eine Weile,
manchmal auch nicht.

Die Mondsichel bestreicht die Hänge mit Butter,
ein Gebell weckt die Traktoren auf,
der Schlaf der Vögel wird ruhelos, katzenumlauert.

Eine Kuh hat vor einer Woche den Ameisenhaufen zertrampelt
und ihn vollkommen zerstört.

Da hab auch ich das Verlangen in mir abgetötet,
zehn, zwölf Minuten lang täglich Buddhist zu sein.

Doch heute morgen erschien mir – es war kurz nach dem Regen,
und inständig duftendes Gras hob die Augen zum duftenden Ribisl-
strauch –
der altvertraute Augenblick wieder ganz unvertraut:
Es wimmelte wieder geschäftig in dem vollendeten Bau
des Ameisenhaufens.
Da vergaß ich den Ärger und spendete ihnen ein Lob,
mich wieder in einen Buddhisten verwandelnd,
aber nicht mehr in Lethargie
und nicht mehr versenkt in mich, in das All, ins Geschehen.

Wolken schwammen wie Aphroditen dahin und die Bäume
erhoben segnend die Hände,
die Assentierung der Schmetterlinge im Grase endete günstig:
Keiner wurde für tauglich erklärt.
Denn es drohte keine Gefahr.

Wilhelm Lehmann

Am vollständigen Tage

Von eiliger Verzweiflung, Welt, geschunden,
An einem Tag zu sich zurückgefunden.
Die Erde abgestanden, schal?
Wie steht ihr gut
Der Himmelshut,
Als säh' ich sie darin zum ersten Mal!

Ich bin auf der Terrasse gesessen
Und habe von der Luft gegessen.
Ein Ohrwurm stieg aus den Strandkorbtaschen;
Mit kupferner Schere
Setzt er sich zur Wehre,
Mit dünner Zange
Ist ihm nicht bange.
Er kam wie ich, von der Wärme zu naschen.

Die Sommerblitze sahen wir blitzen,
Fahrig züngelnde Degenspitzen.

Die Zeit, unser beider Eigentum,
Die Daseinstat schon Daseinsruhm.

Peter Hamm

An die Silberfische

Noten, besonders bekömmlich
scheinen sie euch:
den *Don Giovanni* habt ihr
euch munden lassen
und Bergs *Lulu-Suite*.
Auch Koestlers *Spanisches Erbe*
und Benjamins *Einbahnstraße*
habt ihr nicht verschmäht.

Wenn ich euch jetzt
hier in der Arche
einräume den Ehrenplatz,
so verschont mir doch
wenigstens, ich bitte euch,
meine Erstausgaben
von Robert Walser!

Harry Martinson

Der Regenwurm

Wer ehrt den Regenwurm,
den Ackersmann tief unter dem Gras im Erdreich.
Er hält den Boden in Verwandlung.
Er arbeitet, ganz mit Erde gefüllt,
stumm von Erde und blind.

Er ist der niedere, der untere Bauer,
dort wo die Äcker zur Ernte gekleidet werden.
Wer ehrt ihn,
den tiefen, den ruhigen Ackersmann,
den ewigen grauen kleinen Bauern im Erdreich.

Friedrich Rückert

Frau Schnecke

Frau Schneck', ich bitt'
Um Verzeihung,
Daß meines Stiefels harter Tritt
Gereicht deinem Haus zur Entzweiung!

Möge, daß wir uns ohne Verdruß
Begegnen im nächsten Leben,
Gott mir einen linderen Fuß
Und ein festeres Haus dir geben.

Justinus Kerner

Das Schneckenhaus

O Schnecke! wie beneid' ich dich!
Gefällt dir's nicht an einem Ort,

Trägst du dein Haus zum andern fort,
O hätte solch ein Haus auch ich!

Hab' auch ein Haus gebaut, allein
Fest sitzt das, wo ich's hingethan,
Und ich bin ein gefangner Mann,
Trag an den Füßen Kalk und Stein.

Das Haus wär' mir schon lieb und gut,
Dürft' ich nur niemals aus ihm geh'n,
Doch was ich außer ihm muß seh'n,
Das bricht mir wahrlich oft den Muth.

Dann möcht' ich's setzen auf die Hand,
Möcht' sprechen: komm' mit mir, mein Haus,
Fort in die weite Welt hinaus:
Denn hier ist nicht mein Heimatland.

Möcht' setzen dich dahin, wo nur
Ein Urwald wogend dich umrauscht,
Kein Mensch dein Inn'res mehr belauscht,
Tief in den Busen der Natur.

Wenn sich kein Steinlein rühret dann
Und ich umsonst besprach das Haus,
Tönt's in mir: bald ja tausch' ich's aus
Mit einem, das man tragen kann.

Albin Zollinger

Auf ein Schneckenhaus

Der gelbe Marmor einer Aphrodite
Ist auch nicht edler als dies Schneckenhaus.
Vollkommen schwingt es sich um seine Mitte
Nach wohlgestuften Horizonten aus.

Liegt das Gesetz der Sternenkreise zierlich
Und schalkhaft mit geneigtem Pol vor mir?

Ich ahne Weltbedeutung im manierlich
Gespielten Plan der Tierbehausung hier.

Es ist der Weg von innen in das Ferne,
Der sich erweitert und doch nahe bleibt.
Urnebel ranken sich um dunkle Kerne
In denen Embryonenleben leibt.

Wo er aus seinem Herzen ruhig wachsen,
Sich bauen kann, gelingt sich Gott im Traum.
So läuft die Schöpfung auf gedachten Achsen,
So kommen Tiere und so blüht der Baum.

Wie dieser Wirbel windet sich den Widdern
Das schöne Horn ums Ohr, in dem sie blind,
Von Rätsel wie von Rosen auf den Lidern
Gekränzt, zum Opfer aufgerichtet sind.

Es sprosst an Säulen so, an Reben, Geigen,
Meermuschliges Geheimnis, Spiel und Ziel.
Verborgne Dinge will es heiter zeigen,
Wir sehn es sehnlich, aber sehn nicht viel.

Uns strahlt im Abdruck noch von Gottes Händen
Die Lust der Schönheit wie mit Heimat an.
Aus seinen Spuren muß ich ihn vollenden,
Den Flüchtigen, den königlichen Mann.

Hier schnitzte er, verweilend, die Kamee
In Karneol, ein rosendämmernd Haus,
Und schenkte es, damit es darin gehe,
Ans nächste unscheinbare Wesen aus:

Wohne im Weinberg! Bau mir Klosterstädte!
In Thymian berausch dein kleines Herz.
Mit stummen Fühlern deutest du Gebete,
Und deine Kuppel glänzt wie grünlich Erz.

Langston Hughes

Die Schnecke

Kleine Schnecke,
Du kriechst im Traum.
Wetter und Rose,
Mehr kennst du kaum.

Wetter und Rose
Nur gehn in dich ein,
Trinkst du des Taus
Geheimstes Sein.

Marianne Moore

An eine Schnecke

Wenn ›Verdichtung das Merkmal guten Stils‹ ist,
dann hast du ihn. Zusammenziehbarkeit ist ein Verdienst
wie Bescheidenheit.
Nicht die Zugabe von irgendwas Bestimmtem,
das zur Zierde dient,
noch die beiläufige Beschaffenheit, die
ein Begleitumstand des Wohlgesagten ist,
werten wir am Stil –
sondern das verborgene Prinzip:
in Ermangelung von Füßen ›ein System der Folgerung‹;
›die Kenntnis der Grundbegriffe‹,
an dem erstaunlichen Vorkommnis deines Hirn-Horns.

Max Horkheimer

Selbstmitleid. – Die Schnecke ohne Haus kriecht über den feuchten Waldweg, den schlanken, glänzenden, schwarzen Leib hinten verletzt, mit Schlamm bedeckt. Sie ist noch im ersten Viertel des Wegs und überquert ihn nicht im rechten Winkel, sondern schräg. Wenn die feinen Fühlhörner Gefahr bemerken, zieht der Leib sich zusammen. Das Ganze ist wach und differenziert, aber der wirklichen Bedrohung, dem spazierenden Stiefel des Kolosses Mensch, höchst unangemessen. Das Verhältnis ist sinnlos, wahrscheinlich die ganze Mühe der Überquerung. Der in der Organisation der Schnecke nicht vorgesehene Menschenweg hat sie vielleicht getäuscht, für sie ist der jenseitige Wegrand kein Drüben, kein Ende, kein Ziel, wie es dem Menschen erscheint, der den Weg gemacht hat und begreift. Die Schnecke, ganz hingegeben ihrer Anstrengung, zieht, schutzlos einer unbekannten Hoffnung folgend, eine Furche in die Schlammwüste. Wer sich über sie beugt, der Gemeinsamkeit mit ihr eingedenk, hat ihr, von seiner Schlauheit und seinen Machtwerkzeugen abgesehen, das Mitleid mit sich selbst voraus, das ihn die Minute verlieren läßt, in der er vielleicht etwas ändern könnte. Im Blick auf die Schnecke läßt er sich gehen, bekümmert um die eigene Verlorenheit, anstatt trotz allem in der Wüste fortzuziehen, selbst wenn die Hoffnung verloren wäre.

Thom Gunn

Die Schnecke betrachtend

Die Schnecke schiebt sich durch eine grüne
Nacht, denn das Gras ist schwer
von Wasser und schlägt zusammen über
dem hellen Pfad, den sie bahnt, wo der Regen
das Dunkel der Erde verdunkelt hat. Sie
bewegt sich in einem Wald der Begierde,

die blassen Hörner rühren sich kaum
wenn sie jagt. Ich kann nicht sagen,
welche Kraft da am Werk ist, durchtränkt
mit einer Absicht, unwissend.
Wie ist der Zorn einer Schnecke? Alles
was ich weiß: als ich später

die Grashalme über dem Tunnel
auseinandernahm und die dünne

Spur aus gebrochenem Weiß über dem
Unrat sah, hätte ich nie geahnt
die langsame Leidenschaft
für diesen gezielten Fortschritt.

Peter Härtling

Auf eine Weinbergschnecke

I
Die Luft
versilbert deine Spur.
Könntest du
zurückschaun,
wüßtest du,
wie teuer du
ihr bist.

II
Die dir nachsagen,
du seist
langsam,
kennen deine Wege
nicht.

III
Es fällt dir
leicht,
zu versteinern:
aus Sehnsucht
nach einer
Hand,
die dich wärmt.

Gottfried Keller

Krötensage

Des Berges alte Wangen sind
Von Maiensonne beschienen;
Sie lächeln unter Quellenglanz,
Die Schilfe, die Farren ergrünen.

Die Kröte springt aus dem Kieselstein,
Ein Hirt hat ihn zerschlagen;
Sie schaut verdrossen die Scherben an
Und sie beginnt zu sagen:

Viel tausend Jahre bin ich alt
Samt diesem Futterale!
Es schob vom hohen Felsgebirg
Allmählich mit mir zu Tale.

Doch manchmal in der Wasser Sturz
Sind wir gewaltig gesprungen;
Dann hats um meine dunkle Klausur
Gesungen und geklungen.

Und wie mir ist – ich weiß es nicht,
Noch was ich getrieben indessen;
Ich hab im mindesten nichts gelernt
Und hatte nicht viel zu vergessen.

Ein warmer Regen, ein grünes Kraut
Nur konnten mir behagen;

Sie liegen mir fort und fort im Sinn
Aus fernen Jugendtagen.

So hab ich ein langweilig Stück
Unsterblichkeit erworben;
Hätt ich getrunken lebendige Luft,
Längst wär ich vernünftig gestorben.

Jules Renard

Die Kröte

Ein Stein war ihr Ahne, unter einem Stein lebt sie, und dieser wird dereinst ihr Denkmal sein.

Ich besuche sie öfters, und jedesmal, wenn ich ihren Stein aufhebe, wird mir bange, sie wiederzufinden, und bange, sie könnte nicht mehr da sein.

Aber da ist sie wieder!

Aufgeschwollen wie die Börse eines Geizigen, liegt sie wohlgeborgen auf ihrer trockenen, sauberen Lagerstätte, die gänzlich von ihr ausgefüllt wird.

Nur das Regenwetter kann sie veranlassen, auszugehen und mir entgegenzukommen.

Nach ein paar plumpen Sprüngen hält sie, auf ihren Schenkeln sitzend, inne und betrachtet mich mit geröteten Augen.

Mag die schnöde Welt sie als eine Aussätzige behandeln – ich für meinen Teil scheue mich nicht, neben ihr niederzukauern und mein menschliches Angesicht dem ihrigen zu nähern. Und auch den letzten Rest meines Ekels werde ich überwinden und dich, o Kröte, mit meiner Hand liebkosen.

In diesem Leben muß so manches geschluckt werden, was einem weit schlechter bekommt.

Gestern aber ließ ich mir leider einen Taktfehler zuschulden kommen. Als es aus all ihren aufgebrochenen Warzen gärte und heraussickerte, sagte ich zu ihr:

»Meine arme arme Freundin, ich will dir nicht wehe tun, aber es ist leider Gottes wahr – du *bist* häßlich!«

Da öffnete sie ihren heiß atmenden, zahnlosen Kindermund und entgegnete mir mit leicht englischem Akzent:

»Et toi?«

Gertrud Kolmar

Die Kröte

Ich bin die Kröte.
Und ich liebe die Gestirne der Nacht.
Abends hohe Röte
Schwelt in purpurne Teiche, kaum entfacht.
Unter der Regentonne
Morschen Brettern hock ich duckig und dick;
Auf das Verenden der Sonne
Lauert mein schmerzlicher Mondenblick.

Ich bin die Kröte.
Und ich liebe das Gewisper der Nacht.
Eine feine Flöte
Ist im schwebenden Schilf, in den Seggen erwacht,
Eine zarte Geige
Flirrt und fiedelt am Felderrain.
Ich horch und schweige,
Zerr mich an fingrigem Bein

Unter fauler Planke
Aus Morastigem Glied um Glied,
Wie versunkner Gedanke
Aus dem Wust, aus dem Schlamm sich zieht.
Durch Gekräut, um Kiesel
Hüpf ich als dunkler, bescheidener Sinn;
Tauiges Laubgeriesel,
Schwarzgrüner Efeu spült mich dahin.

Ich atme, schwimme
In einer tiefen, beruhigten Pracht,
Demütige Stimme
Unter dem Vogelgefieder der Nacht.
Komm denn und töte!
Mag ich nur ekles Geziefer dir sein:
Ich bin die Kröte
Und trage den Edelstein.

Kurt Münzer

Die Kröte

Es war der letzte schöne Herbsttag gewesen. Der Föhn hatte den Himmel rein gefegt, und das tief eingeschneite Gebirge hatte über den See geglänzt, Abendröte auf den Gletschern, Gold auf den uralten Häuptern. Aber während ich im Theater saß – eine schöne Dame kämpfte da den Bühnenkampf zwischen Liebe und Kunst –, hatte es zu regnen begonnen. Und nun, da ich wieder aus dem Bezirk des falschen Lebens in die wirkliche Stadt, auf die gemeinlebendige Straße trat, verdunstete das laue Naß. Die Sterne gingen auf zwischen Wolken, die still und feierlich wie schöne ernste Träume durch die dunkle Welt schwammen.

Ich ging zum leeren Quai hinab. Nur wenige Laternen brannten, und in ihrem Licht lagen die gelben Lindenblätter wie Haufen Goldes oder Brokat um den Stamm der alten Bäume. Alle Bänke unbesetzt, kein Mensch weit und breit. Der schwarze See atmete lautlos, drüben standen die Lichter der Dörfer wie treue Wächter. Und der Bergzug, dunkler als die Nacht, schwang sich wie eine Schumannsche Melodie durch den Raum. Es duftete nach all den guten traurigen Dingen des Herbstes: Astern, Äpfel, welkes Laub. Es war kühl, frisch, die Luft bewegt. Es war eine Nacht, zu schwärmen, zu weinen aus unbestimmter Sehnsucht, an Liebe zu leiden, sein Mädchen zu verlassen, ohne es geküßt zu haben.

Am Quai, weiter unten, lag das Hotel. In seiner Glasveranda nach dem See war noch Glanz und Licht. Man sah buntseidene Lampenschirme, rot gleißende Tapeten, weiß funkelnde Hemdbrüste gleitender Kellner. Die Helligkeit überschwemmte noch die Uferstraße davor, und dort sah ich Menschen stehen, eine Dame und zwei Herren, gebückt um irgend etwas, was zwischen ihnen auf der Straße lag.

Ich hörte die Dame einen reizenden koketten Schrei ausstoßen, ein Herr lachte tief mit wohltönender Stimme, der andere rief etwas. Er sprach französisch. Ich kam langsam näher, und die Dame wiederholte fragend, eine Schauer-Lust in der Stimme:

»Écraser du pied?«

Was war es wohl, was da zertreten werden sollte?

Ich passierte die Gruppe, sah und blieb, drei Schritte entfernt, stehen. Da lag eine große, dunkle grünbraune Kröte. Vielleicht hatte sie der heiße Föhntag aus ihrem beginnenden Winterschlaf geweckt und die laue Nässe des Abends sie in zielloser verwirrter Sehnsucht, im dumpfen Drang der Kreatur, aus der Heimat ihres Gartens gelockt, wo sie in der Mauer eines alten Herrschaftshauses ihre Schlafstätte hatte, in ein Abenteuer hinaus, ein Mittier suchend, neben dem stumm hockend sie sich des Daseins tiefer bewußt werden konnte.

Da lag sie, weich, harmlos, unbewegt, häßlich, unheimlich. Und drei Menschen umstanden sie und beratschlagten ihren Tod. Die französischen Laute klangen schön und weich durch die stille Nacht. Die Dame lachte nervös, erregt. Wie elegant waren sie, diese drei Nichtstuer, Genießer, Wollüstlinge!

»Crapaud«, sagte die Schöne. »Laid crapaud, il s' agit de vie ou de mort. Tu es en danger. Sauve-toi!«

Und sie stieß mit der Spitze ihres Schirmes nach der Kreatur. Die Kröte machte einen plumpen, schweren Sprung, noch einen, noch einen. Da lag sie vor meinen Füßen. Ahnte sie, was über ihr schwebte? Ich sah sie an. Ihre Augen waren zwei schwarze Perlen. O wie häßlich war sie, eine mystische Urform, von anderer Welt, aus unbekannter Tiefe. Aber da dachte ich an die alte Legende, daß dieses häßlichste Wesen der Schöpfung der Schöpfung schönsten Gedanken in sich birgt: in seinem Kopf die Perle. Das köstlichste, kostbarste Ding verschlossen in der grauenvollen Fratze.

Und plötzlich empfand ich: sie weiß! Die Kröte empfindet, daß sie, das sündenlose Tier, unter die sündigen Menschen geraten ist, das ewig schuldlose unter die immer schuldigen. Jetzt erbebt sie in Todesangst. Ihre Seele zittert. Die Seele der Kröte . . .? Aber was ist es denn, was diese Materie belebt, ihr sehende Augen gibt? Der Instinkt der Furcht? Nicht Seele? . . . Und bewegt von tiefster Liebe zu meinem Mitgeschöpf, bückte ich mich, die Kröte zu retten. Sie aufheben und aus den Gefahren der Straße – Menschenstiefel, Wagenrad – hinaustragen, in einen sicheren Garten hinüber. Da trafen Lachen und Worte der Dame mein Ohr. Und ich wußte: jetzt spotten sie deiner, belächeln dich, o sentimentaler Schwärmer, o du Retter des Tieres, du Moralist der Straße! Und feige, wie ich da wurde, richtete ich mich auf, lachte in stiller Wut – Wut, worüber? – und ging und überließ das Tier seinem Schicksal. Und das Schicksal des Tieres heißt immer Mensch!

Karl Friedrich Gottlob Wetzel

Salamander

Willkommen unter meinem Dache,
Willkommen, Feuergeist!
Die halbe Nacht stand ich um deinetwillen Wache,
Nun hab' ich dich, du Wunderdrache,
Und faß' dich stark und dreist!

Mir, weiß ich, führst du keine Schätze,
Kein Gold und Silber zu,
Gemeinen Seelen stellt ihr solche Netze
Und treibet sie in wilder Hetze
Dem alten Abgrund zu.

Nein, Feuer bringst du mir von oben,
Wo herrscht ein ew'ger Tag.
So laß mich deine Kunst erproben,
Auf daß auch ich, wie ihr da droben,
Im Feuer leben mag.

Ich banne dich nach Geisterweise
Auf den geweihten Herd
Du kommst mir nicht aus meinem Zauberkreise,
Bis du mit Himmels Trank und Speise
Mich übersatt genährt.

O küsse mich mit deinen Flammen,
Du Sohn des alten Lichts!
Wenn's wahr, daß wir von oben stammen,
Wohl, so gehören wir zusammen,
So trennt uns fürder nichts.

Durchfach' und glühe Mark und Beine
Inbrünstig ganz und gar,
Brenn' tot die Schlacken, daß das Gold, das reine,
In seiner Herrlichkeit erscheine,
Wie es im Anfang war.

Wohlan! Wohlan! die letzten Sterne blinken,
Nun fliegen wir hinauf!
Der Tag bricht an, die Nebel sinken,
Ihr Himmlischen, ich seh euch winken,
O nehmt mich freundlich auf!

Johann Wolfgang Goethe

Aus: *Epigramme: Venedig 1790*

Längst schon hätt' ich euch gern von jenen Tierchen gesprochen,
Die so zierlich und schnell fahren dahin und daher.
Schlängelchen scheinen sie gleich, doch viergefüßet; sie laufen,
Kriechen und schleichen, und leicht schleppen die Schwänzchen sie nach.
Seht, hier sind sie! und hier! Nun sind sie verschwunden! Wo sind sie?
Welche Ritze, welch Kraut nahm die entfliehenden auf?
Wollt ihr mir's künftig erlauben, so nenn' ich die Tierchen Lazerten;
Denn ich brauche sie noch oft als gefälliges Bild.

Pablo Neruda

Ode an die Mauereidechse

Tief im Sande
eine
Eidechse
mit sandigem Schwanz.

Unter
einem Blatt
ihr Kopf
aus einem Blatt.

Von welchem Planeten,
aus welch
kalter grüner Glut
fielst du herab?
Vom Monde?
Aus der allerfernsten Kälte?
Oder stiegen
deine Farben
vom Smaragd
in einer Ackerwinde auf?

Du bist
des morschen
Stamms
lebendigster Trieb,
Pfeil
seines Laubwerks.
Auf dem Stein
bist du Stein
mit zwei kleinen
uralten
Augen:
Augen des Steines.
In Wassers
Nähe
bist du
schweigsamer Schlamm,
der gleitet.
In der Nähe
der Fliege
bist du des Drachens
Wurfspeer,
der vernichtet.

Und für mich
die Kindheit,

der Frühling
am träg hinziehenden
Flusse,
bist
du!
Eidechse,
klein und kalt
und grün:
bist eine ferne
Mittagsruhe
im Kühlen
mit geschlossenen Büchern.

Das Wasser, es fließt und singt.

Oben, der Himmel, ist eine
heiße Blumenkrone.

René Char

Klage der verliebten Eidechse

Pflück nicht die Sonnenblumenkerne,
Ach, Distelfink, flieg fort ein Stück,
Deine Zypressen sehn's nicht gerne,
Kehr in dein wolliges Nest zurück.

Feldvogel bist du und kein Stein
Vom Himmel, daß der Wind dich schnitte;
Der Regenbogen macht sich klein,
Vermählt sich mit der Margerite.

Der Mensch erschießt, verstecke dich;
Sein Helfer ist die Sonnenblume,
Und nur die Gräser schützen dich,
Die Gräser auf der Ackerkrume.

Die rasche Schlange kennt dich nicht,
Den Heuschreck sollst du zirpen lassen;
Der alte Maulwurf sieht hier nicht,
Der Schmetterling kann keinen hassen.

Nun ist es Mittag, Distelfink,
Das Kreuzkraut blüht, du siehst den Schimmer.
Hier droht dir nichts, drum bleib und spring:
Jetzt sitzt der Mensch in seinem Zimmer!

Bei uns darfst du dem Echo trauen.
Ich späh und wittere genug;
Mein Feldstein läßt mich alles schauen,
Sogar der Eule Taumelflug.

Der Erde Rätsel kennt ein wenig
Der Eidechs in der Liebespein.
O leichter, lieber Himmelskönig,
Bau doch dein Nest in meinem Stein!

Josef Victor Widmann

An meine Schildkröte (Graeca)

Sapphische Ode

Griechin bist du, panzerbewehrte Freundin,
Und mit Iphigenien ein gleiches Schicksal
Teilst du: fern der Heimat zum rauhen Norden
Trug dich Diana.

Dies ist nicht gefabelt; Dianas Bildnis
Prangt, wie stadtbekannt, auf dem Hause, wo ich
Unter deinesgleichen im vorigen Sommer
Dich mir erwählte.

Denn um Wildbret jeglicher Art besorgt ist
Heute noch die göttliche Hochgeschürzte,
Und so ward ihr Bildnis für Comestibles
Klassisches Prunkschild.

Dir nun, Kleine, die du vertraute Pfade
Meines Gartens schleppenden Gangs durchwanderst,
Kraut des Löwenzahns, das allein dir mundet,
Rupfend und kauend –,

Ach! wie oft dir hab' ich im stillen peinlich
Nachgefühlt den Kummer, wenn alle Tage
Frostig goß aus schwärzlichen Wolkenschläuchen
Klatschender Regen.

Sonnanbetend bist du gleich andern Sauriern,
Suchst Apollos strahlenden Blick und freust dich,
Wenn den Bug der wölbigen Rückenschale
Röstet der Mittag.

Aber selten ward dir in diesem Sommer
Solche Lust. Und wäre verliehn dir Sprache,
Hättest du geflucht wie der Leiter eines
Freilichttheaters,

Dem im nassen Sumpf die »versunkne Glocke«
Manchmal gar zu gründlich versinkt und andern
Tags Lysanders Mädchen im Regensturzbad
Hilflos ertrinken.

Ja, du arme Graeca, so ist nun leider
Dies Barbarenklima des Skythenlandes.
Doch wenn rauh die Lüfte, sind desto milder
Seine Bewohner.

Schlimme Narbe weist die Mosaik deines
Rückenpanzers, meldet von rohen Griffen,

Steinwurf, Quetschung, sonstiger Gunstbezeugung
Deiner Hellenen!

Solches nicht bedroht dich im sonnenärmern
Aber menschenwärmeren Lande, wo dein
Wartet, ehe beißender Frost dich ängstigt,
Schützendes Obdach.

Bei den Blumen, Kindern gleich dir des Südens,
Die auch schlafbedürftig wie du im Winter,
Birgt dich, deren Augen sich gern nun schließen,
Sorglich dein Meister.

Nicht bedürfend Speise noch Trank dann ruhst du
Still im Winkel, alle die schlimmen Monde
Unbewußt verschlafend. Vielleicht auch träumst du
Bessere Zeiten.

Schlummre sanft! Wenn wieder die lauen Lüfte
Wehen, tust du blinzelnd die Schlangenäuglein
Auf, die schwarzen, grüßest den Frühlingshimmel
Staunend und dankbar.

Jorge Carrera Andrade

Die Schildkröte

Die Schildkröte in ihrem gelben Gehäuse
ist die Uhr der Erde,
die stehenblieb, schon vor Jahrhunderten.

Ganz verbeult, verbirgt sie sich
bei den Steinen der Zeit
im blauen Schutz des Wassers.

Ion Alexandru

Die Schildkröte

Wahrlich, die Schildkröte ist überaus beharrlich.
Wenn du sie tagelang mit einem Stock verfolgst,
steckt sie so oft ihren Kopf unterm Panzer hervor, wie du
sie berührst.
Sie wird's auch noch zum tausendunderstenmal tun
und wird immer in dieselbe festgelegte
Richtung zu gehen versuchen. Sie vergißt gleich alles wieder.
Ewig in Eile, auch sich geduldend, wenn nötig – und stets auf
ihr Ziel bedacht.

Es heißt, seltsame Magnete sind im Panzer verborgen,
die ruhlos Tag und Nacht nach ihrem weitentfernten Gegenpol
suchen, mit dem sie sich verschmelzen wollen.

Werft sie ins Wasser – und kann sie nicht schwimmen,
so wird sie's erlernen und bald schon wieder
die gleiche feststehnde Richtung einschlagen.

Scharrt sie ein in die Erde – mit ihren Maulwurfskrallen
wird sie mit der Zeit sich unterirdische Gänge graben,
um weiterzukommen.

Steckt sie ins Feuer – sie wird die Flammen auslöschen
mit ihrem Schildkrötenharn – irgendwie
wird sie immer entkommen – wird selbst verwundet
ihren Weg verfolgen.

Setzt sie auf einen Baum – sie wird sich herunterstürzen
in ihrem steinernen Panzer und weitergehn auf der Erde.
Legt sie unters Eis. Sie wird warten, bis es taut,
und wird dann weiterwandern. Hetzt die Hunde auf sie – sie werden
sie verstümmeln und daraufhin in Ruhe lassen, um ihres Zieles willen.

Begrabt sie in einem Sarg – tot wird der Tote sein,
doch sie wird auferstehn und weitergehn.

Die Schildkröte wird auferstehn. Weil die Schildkröte
ein festes Ziel hat von den Urvätern her – das sie unvermeidlich
früher oder später einmal erreichen muß.

Emily Dickinson

Die Schlange

Ein schmales Wesen, im Grase
glitt sie bisweilen hin.
Du bist ihr sicher begegnet.
Sie hat einen jähen Sinn.

Gras teilt sich, als würd es gekämmt,
ein gesprenkelter Pfeil schießt fort;
dann schließt sich das Gras dir zu Füßen
und öffnet sich irgendwo dort.

Braun ist sie wie sumpfiger Acker,
wie Boden, zu karg für Korn,
doch wenn ich als Kind und barfuß
frühmorgens ging zum Born,

so wars, wie wenn eine Stallschnur
abrollte in der Sonn:
Sie stockte, um zu sichern,
sie duckte und glitt davon.

Manches vom kleinen Tiervolk
kannt ich; es kannte auch mich;
ihm galt mein frohes Entzücken
unveränderlich.

Doch nie erblickte ich diese,
mit Andern oder allein,
ohne stockenden Atem
und Frösteln im Gebein.

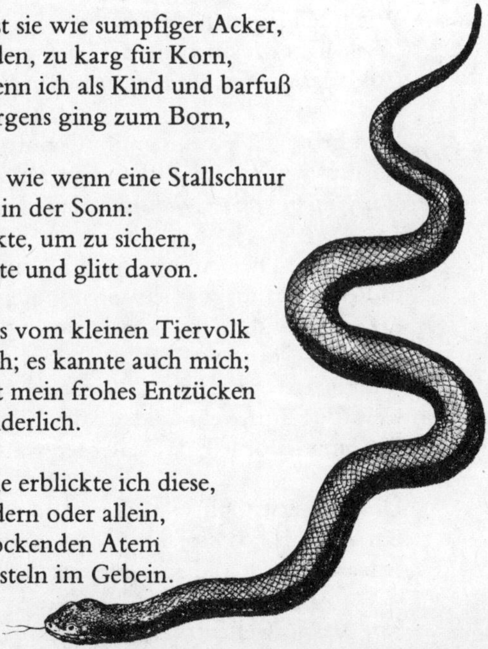

Paul Heyse

Die Schlange

Wenn ich das Tollkraut dir vom Munde pflücke,
Das mir den Sinn verwirrt, und so, umgraut
Von Nacht und Glück, mich treffen deine Blicke,

Frag' ich mich oft: Wo hab ich doch geschaut
Ein Auge, so wie dies, nicht zu ergründen?
Ein Auge war's, das nie ein Gram betaut.

Ein Blick, wie aus den tiefsten Todesschlünden,
Der, seelenlos, die Seele magisch zwang,
Kalt, und doch mächtig, Fieber zu entzünden,

Daß man hinein sich tauchte stundenlang,
Als leucht' ein Weltgeheimnis draus entgegen,
Unheimlich, unaussprechlich groß und bang:

Wie tote Flammen im Smaragd sich regen,
Wie Meeresleuchten aus der Tiefe sprüht,
Goldadern glühn auf unterirdschen Wegen.

Und heute, da ich einsam im Gemüt
Zurückesann, stand mir's auf einem Schlag
Vor Augen wieder, was mich lang bemüht.

Ich hatt' am heißen Frühlingsnachmittag
In Roms Campagna schweifend mich verirrt,
Da ein Gewitter schwer in Lüften lag.

Kein Schattendach, nicht Herde, Hund und Hirt,
Kein Vogelruf, kein Laut, als der Zikade
Eintönig Ritornell, das heiser schwirrt.

Und ich, erschöpft vom Wandern, wo sich grade
Ein Sitz mir bot, streck' ich die Glieder hin,
Erwartend, daß die Schwüle sich entlade.

Mir war so weltentrückt, so fremd zu Sinn,

So fern von allem Heimlichen und Schönen;
Vergehn und Nichtsein schien allein Gewinn.

Und plötzlich weckte mich ein heftig Dröhnen;
In Flammen lodernd stand das Firmament,
Und Sturm fuhr übers öde Feld mit Stöhnen.

Und wie ein neuer Blitz die Wolken trennt,
Seh ich, dicht vor mir, eine braune Schlange
Auf dornumranktem Felsen-Postament.

Geringelt lag sie da – wer sagt, wie lange?
Die grauen Augen traurig und erstaunt
Auf mich geheftet, die geschuppte Wange

Dicht auf den Stein gedrückt, nicht wohl gelaunt,
Doch müde, schien's, und ohne Mordbegier,
Vielleicht vom Donnerton in Schlaf geraunt.

Und ich blieb still. Der Atem stockte mir;
Ich mußt' in dies gefeite Auge schauen,
Und so wohl eine Stunde ruhten wir.

Da erst begann die Wolkennacht zu tauen.
Sacht stand ich auf, sie aber, regungslos,
Blieb, wo sie war. Ich wandte mich voll Grauen.

Furchtbar vom Himmel rauschte das Getos
Des Lenzorkans. Doch wie die Blitze flammten,
Ich sah im Geist das Schlangenauge bloß.

So, dacht ich, glühn die Augen der Verdammten,
Die niederfahren aller Hoffnung bar,
Für immer fern dem Licht, dem sie entstammten;

So blickt, Erlösung hoffend immerdar,
Die niedre Kreatur mit stummem Flehn,
Der eine Seele nicht erschaffen war. –

Und erst bei milder Herbsteslüfte Wehn,
Sooft auch früher ein Gelüst sich regte,
Konnt' ich hinaus, die Stätte wiedersehn.

Ich fand den Ort, wo ich mich niederlegte,
Und – wundersam! da ruhte noch das Tier,
Das Auge offen, das sich nicht bewegte.

Mich faßt' ein Schauer. Hat die Feindin hier
Gelauert sommerlang, mich doch zu fassen?
Und wieder Aug' in Auge staunten wir.

Und feige schien mir's, ihr das Feld zu lassen.
Ich schlug nach ihr; da fielen ihre Ringe
In Staub. Nur aus dem Auge, das gelassen

Ins Leere stierte, war mir's, als entschwinge
Sich ein gefangner Blitz. Da ließ ich sie,
Daß sie nicht noch im Tode mich bezwinge,

Und ihren Scheideblick vergeß ich nie.

David Herbert Lawrence

Schlange

An meinen Wassertrog in der Glut des Tages
kam eine Schlange.
Auch ich, der Hitze wegen im Schlafanzug, kam hin zu trinken.

Im tiefen Schatten, im fremden Duft des hohen, dunklen Johannisbrotbaums
kam ich die Stufen herab mit meinem Krug
und mußte warten, stehn und warten; denn sie war da, war vor mir da am Trag.

Hinunterreichend von einem Spalt in der dämmernden Erdwand
fiel die gelb-und-braune Schleppe des schlaffen, weichen Bauchs
über den Rand des Steintrogs,
die Kehle aufgestützt auf den Steingrund,
und wo aus dem Hahn das Wasser herabgetröpfelt,
schlürfte sie mit dem geraden Mund das klare Naß
und trank es sacht hinein in den schlaffen, langen Leib,
lautlos.

Jemand war vor mir da an meinem Wassertrog,
und ich, als zweiter gekommen, mußte warten.

Sie hob den Kopf vom Trinken, wie Kühe es tun,
und sah mich an, zerstreut wie Vieh, wenn es trinkt,
und ließ die gespaltene Zunge um ihre Lippen spielen, träumte vor sich hin,
beugte sich nieder und trank noch ein wenig,
erdbraun, erdgolden von den brennenden Eingeweiden der Erde
an jenem sizilischen Julitag vor dem rauchenden Ätna.

Die Stimme meiner Erziehung sprach zu mir:
du mußt sie töten,
weil hierzuland die schwarz-schwarzen Schlangen harmlos, die goldenen giftig sind.
Und Stimmen mahnten im Innern: wärst du ein Mann,
du würdest ein Holz nehmen, ihr das Kreuz brechen und den Garaus machen.

Muß ich gestehen, wie gern ich sie hatte?
Wie froh ich war, daß sie als Gast an meinen Trog gekommen war, in Ruhe zu trinken
und zu entschwinden, gestillt, in Frieden und ohne Dank,
zurück in die brennenden Eingeweide der Erde.

War es Feigheit, daß ich nicht wagte sie zu töten?
War es wider die Natur, daß mich ein Verlangen überkam, mit ihr zu reden?
War es Demut, daß ich mir so geehrt vorkam?

Und doch diese Stimmen:
Hättest du nicht Angst, du würdest sie töten!

Ja, ich hatte Angst, große Angst
und empfand doch umsomehr
die Ehre, daß sie meine Gastfreundschaft gesucht
hervor aus dem dunklen Tor der verschwiegenen Erde.
Sie trank sich satt, hob den Kopf, verträumt wie einer, der getrunken hat,
ließ die gegabelte Nacht ihrer Zunge über die Luft hin spielen,
wie um sich die Lippen zu lecken

und blickte sich um wie ein Gott, ohne zu sehen, rings in der Luft
und wandte langsam den Kopf
und machte sich daran, langsam, ganz langsam, wie dreifach im Traum,
ihre träge Länge zurückzuwinden
und wieder die bröckelnde Wand meiner Mauerfront zu erklimmen.

Und als sie den Kopf in jenes schreckliche Loch schob
und sich langsam emporzog mit lockeren Schlangenschultern und tiefer eindrang,
überkam mich ein Grauen, ein inneres Nein gegen diesen Rückzug in das entsetzliche, schwarze Loch,
in dessen Nacht sie mit Absicht einging, langsam sich selber nachzog
und mir den Rücken kehrte.
Ich sah mich um, stellte den Eimer ab,
hob ein grobes Trumm auf
und warf es gegen die Wand, daß es krachte.

Ich hab sie wohl nicht getroffen,
aber das Stück von ihr, das noch draußen war, krampfte sich jäh zusammen in würdeloser Hast,
zuckte wie ein Blitz und war verschwunden
in das schwarze Loch, den Erdlippenspalt in der Mauerfront,
auf den ich bezaubert starrte in der gespannten Stille des Mittags.

Und sogleich überkam mich Reue,
da ich bedachte, wie erbärmlich, niederträchtig und gemein ich gehandelt!
Und hatte nur Verachtung für mich und die Stimmen meiner verwünschten menschlichen Erziehung.

Und dachte an den Albatros
und wünschte sie zurück, meine Schlange.

Denn wieder kam sie mir vor wie ein König,
König in der Verbannung, ungekrönt in der unteren Welt –
an der Zeit, ihn wieder zu krönen!

So habe ich mein Glück verspielt mit einem der Fürsten
des Lebens –
und habe etwas abzubüßen,
ein Geringes.

Charles-Albert Cingria

Die Natter

Dieses Prosastück könnte auch die Überschrift tragen: »Leben im Schloß«, denn ich sehe noch genau das Seeufer vor mir, und es ist mir hinfort unmöglich, an eine Natter zu denken, ohne an dieses Schloß zu denken, oder an ein Schloß, ohne an eine Natter zu denken. Die hier in Frage stehende war eine natrix natrix, sonst auch Ringelnatter genannt, eine in unserer Gegend wie fast überall sehr verbreitete Art, außer im Süden, wo sie grün oder gelb oder weiß oder braun sind, manchmal auch schwarz, und im Innern des Landes, wo eine prähistorische Sorte in hochbemerkenswerter grüner Livree – von einem Grün wie grünspanüberzogenes Kupfer – noch heute ein Erstaunen, gemischt mit unberechtigtem Entsetzen, hervorruft.

Aber hier soll nicht von Arten die Rede sein, da es sich in diesen Zeilen um eine Persönlichkeit handelt. Diese Dame ist der Lieblingsgast des Schlosses. Sie haust jedoch nicht im Schlosse selbst, sondern in dessen unmittelbarer Nachbarschaft unter einem großen flachen runden Stein, den niemand je aufheben konnte. Als Zugang benützt sie einen seitlichen Einschlupf, der wie die Öffnung an einer Uhr aus jener Zeit aussieht, als man die Taschenuhren noch mit einem Schlüssel aufzog. Wenn der Wasserspiegel des Sees steigt und wenn die leichte Überschwemmung, welche die Wellen des die Ufer entlang fahrenden Dampfschiffes verursachen, sie gar zu sehr belästigen – was nur in Abständen geschieht, deren Stunde sie kennt –, dann verläßt sie diesen Aufenthalt und siedelt in die etwas höher gelegene Mauer im Gestrüpp über.

Ist sie gezähmt? Nicht ganz. Es wäre doch schade, wenn sie bei ihren Dienstleistungen ihr scheues Naturell verlöre. Dennoch erstaunt es sie nicht, zuweilen – sonntags etwa – der Gegenstand einer liebenswürdigen Aufmerksamkeit zu sein, wie zum Beispiel einer kleinen Tasse Milch, die man ihr neben den Stein stellt.

Die Schloßbewohner, die durch das Opernglas hinabschauen, um zu beobachten, was nun geschehen wird, wundern sich manchmal, daß sie sich soviel Zeit läßt: man möchte sie den Kopf hervorstrecken und eintauchen sehen, wie man das von Abziehbildern kennt, oder von den Federzeichnungen in Emblembüchern. Aber nein, nichts geschieht, das heißt, die Tasse bleibt dort und die Wartenden oben fangen an, sich zu langweilen. Man muß sich sagen, daß sie nicht immer unter ihrem Stein ist. Sie geht spazieren, das ist normal. Sie ist allerdings niemals sehr weit unterwegs, und eher im Wasser als auf dem Land. Nach geraumer Zeit wird man sie heimkehren und die Tasse ausschlürfen sehen, leider zu spät für jene, die vorher am Fenster standen, das sie jetzt verlassen haben.

Im Schloß liebt man sie also sehr, aber man fürchtet sich auch ein wenig vor ihr, denn sie ist immerhin ein Meter dreißig lang seit mehreren Jahren, die sie ihren Winterschlaf hält und im Frühling wieder erwacht, ohne daß ihr je einer zu schaden versucht hätte. Jeder ist unterrichtet, der neue Gärtner, der Bahnwärter, die Elektriker, die Besucher. Nur der vorbeifahrende Zug könnte sie in zwei Stücke zerteilen, aber sie ahnt es wohl und wagt sich nicht zu weit in jener Richtung. Die größte Gefahr wären die sonntäglichen Spaziergänger – die Trottel, die über die Einfriedung steigen, trotz der Warnungstafel, die jedem Unternehmen dieser Art mit einer hohen Geldbuße droht. Auch die Badenden, die über den See kommen und meinen, dieses schmale umbuschte Ufer, an dem zwei oder drei Pflaumen über ein Mäuerchen herabpurzeln, sei ein öffentlicher Strand, könnten leicht zu einer Gefahr für sie werden. Aber dann geschieht eher das Gegenteil, denn sie kommt ihnen zuvor, das heißt, sie ist bereits im Wasser, und wenn nun ein gräßliches Geschrei ertönt, braucht man sich nicht zu wundern: sie ist zu jedem Schabernack aufgelegt. Wissen Sie, was sie dann tut? Sie wartet, bis die Wellen des Dampfers einige Ängstliche nötigen, sich einen festen Stand zu suchen (denn, wenn der See bewegt ist, trauen sie sich nicht, zu schwimmen), und dann wischt sie ihnen zwischen den Schenkeln durch, was eine greuliche Wirkung tut. Ein eisiger Schreck fährt den Leuten ins Gebein, und mit ausfahrenden wasseraufwühlenden Gebärden suchen sie das Weite, wie Gestalten auf späten griechisch-römischen Basreliefs untergehender vorderasiatischer Reiche, die man in den Museen sieht. Hurtig retten sie sich auf die Treppe aus Tuffstein und Muschelwerk, dann auf die Brücke, und, immer noch in großem Entsetzen, überqueren sie das Geleise, um ihrer Kleidung wieder habhaft zu werden, denn schließlich können sie nicht nackt auf der Straße herumspazieren, wo die Sittsamkeit auf ihre Rechte pocht.

Aber wissen Sie auch, was sie ferner anstellt? Selbst wenn der See so still wie ein Bild daliegt, also ohne jenen Augenblick der Überraschung auszunützen, den die Wellen des Dampfers verursachen, wirft sie sich manchmal, nicht aus Erzürntheit, aus natürlicher, heftiger Liebe, gleich einem Aal im Sargassomeer, der einem andern Aal entgegeneilt, auf eine Schwimmerin, wie Schnee so köstlich, die unter dieser Umschlingung nicht vor Grauen erstarrt. Im Gegenteil. Ein seltsames Phänomen fürwahr! Doch ich schweige lieber. Es scheint mir bedenklich, hier Persönlichkeiten ins Spiel zu bringen, die sich wiedererkennen könnten.

Schließlich bleibt noch die Sonne zu beschreiben. Es ist sehr angenehm, sich heiße Pflaumen auf den Bauch purzeln zu lassen, während man den Zug näherkommen hört, als wollte er einen zermalmen. Das war einstmals die Todesart, welche die Studenten wählten, wenn sie im Mündlichen durchgefallen waren. Heutzutage verzweifelt man nur noch über Dinge, die es wert sind. Katzen lassen sich überfahren. Nicht aus Verzweiflung; sondern aus grenzenlosem Leichtsinn. Oder weil sie taub sind – die Angorakatzen vor allem. Dann hören sie nämlich den Zug nicht, der doch zweimal anhält (auf zwei sehr nahegelegenen Stationen) und dessen Bremsen ein gräßliches Kreischen hervorbringen, das von den Hängen widerhallt.

An Geräuschen freilich ist das nicht das einzige. Es gibt auch noch eines, das der Stranddampfer macht oder zu machen versucht, wenn er sich zu tuten vornimmt. Im allgemeinen ein langgezogener Ton, mühsam heraufgeholt, sanft, leise, unheilschwanger, durchdringend, vertraulich. Manchmal bleibt es bei der guten Absicht – nichts kommt. Nur lautlos ein bißchen Dampf, den immerhin das Auge wahrnimmt. Unnötig zu sagen, daß die Natter das sehr spaßig findet.

René Char

Die junge Viper

Sie gleitet über das Moos des Steines, wie der Tag durch den Fensterladen blinzelt. Ein Wassertropfen könnte ihr Häubchen sein, zwei Reislein ihr Gewand. Gepeinigte Seele, schmachtend nach einem Fleckchen Erde und einer Buchsbaumhecke, ist sie für diese zugleich der verfluchte gebogene Zahn. Ihr Gegenüber, ihr Gegner ist der frühe Morgen, der erst nach der Steppdecke tastet und der Hand des Schläfers zulächelt, dann seine Gabel losläßt und zur Zimmerdecke schweift. Die Sonne, als Zeitgekommene, verschönt sie mit naschhafter Lippe.

Die junge Viper bleibt kühl bis zum vielfachen Tod; da sie keiner Gemeinde angehört, gilt sie allen als Mörderin.

Georg Britting

Die Schlangen

Den schwarzen Weiher lieben die Schlangen,
Aber sie wohnen nicht darin.
Manchmal nur durchschwimmen sie ihn.

Wo wohnen die Schlangen? Im Gestrüpp? Im Laub?
Im Staub der Waldblöße? Im heißen Dickicht?
Den langen Landregen mögen sie nicht.

Am Abend, im Sommer,
Da tanzt in der Sonne
Der Mücken glasgeflügelte Schar.
Da sieht man die Frösche die Mücken fangen,
Im offenen Sprung, im goldenen Licht,
Wies ihrer Sippe Sitte schon immer war.

Aber die Schlangen
Tun das ihrige unsichtbar.

Peter Huchel

Die Viper

Schöne Viper,
die Elster flog durch deinen Schlaf
und stahl dir das Gold aus den Augenwinkeln.

Starren Hauptes,
auf schartigem Schädel,
wo Olegs Pferd
in Fäulnis brennt,
erwartest du die Nacht.

Sie kommt aus dichtem Birkengehölz,
bernsteinäugig,
die Freundin der Fledermäuse.
Sie füllt mit bitterer Milch
die Löwenzahnröhre.

Barthold Hinrich Brockes

Der Frosch

In einem nahgelegnen Bach
Hört ich ein lustiges Gewäsche
Geschwätziger und froher Frösche,
Das, ob es gleich die Stille unterbrach,
Mein frohes Denken doch nicht störte.
Ich fand, daß das verworrene Geschrei
Doch nimmer sei ein Einerlei.
Der eine quakt, viel hundert quarren,
Hier murret einer sanft, wenn dorten tausend knarren.
»Wreckeckeckecks« schreit der: dort einer: »Merk es, merks,
Merks!« schrien jetzt gar viel. Ich stutzte. Rufest du,
Sprach ich, o kleiner Frosch, dem Menschen: Merk es – zu.
Gewißlich, du hast recht. Man macht so wenig Werks
Von allen göttlichen Geschöpf und Wunder-Werken,
Daß wir nicht aufs Geschöpf, noch auf den Schöpfer merken;

Ach möchte man doch, daß dies Stumpfheit, fassen
Und sich vom Fröschlein nicht erinnern lassen.
Zum wenigsten geh ich, bist du auch klein,
Beredter Frosch, auf deine Mahnung ein.
Du sollst, so oft du rufst, mein Lehrer,
Dein »Merks« soll meine Lehre sein! –

Johann Nikolas Götz

An einen Frosch

Dir, stets trunkener Frosch, dir Kantor und Spielmann der
 Nymphen,
Setz' ich, was ich gelobt: diese Statue von Erz.
Irrend vom Schatten der Nacht umgeben, vom Durste gepeinigt,
Hört' ich deine Musik aus dem Geröhre des Pans,
Folgte der Orgel, die du in deinem wässernen Tempel
Rüstig spieltest, und fand seelenerquickendes Naß . . .
Bist du kein Genius, bist du kein Gott: so war mir doch deine
Stimme Jupiters Stimm', und ein Orakel Apolls!

Ted Hughes

Ein Otter

I

Unterwasseraugen, eines Aals
Öliger Wasserkörper; weder Fisch noch Vieh ist der Otter:
Vierbeinig doch wasserbegabt, mehr Fisch als der Fisch;
Mit Flossenfuß und langem Ruderschwanz
Und einem runden Kopf wie ein alter Kater.

Trägt in sich die Legende seiner selbst
Aus der Zeit noch vor Schlachten und Schädelstätten, trotz
 Jagdhund und Beutepfahl;
Schlägt keine Wurzeln wie ein Dachs. Wandert, schreit;

Trabt übers Land, dem er nicht länger angehört.
Schmilzt zurück ins Wasser.

Weder Land- noch Wasserwesen. Sucht
Eine Welt, die ihm beim ersten Tauchen verschwand, und unerreichbar ihm blieb.
Trägt seinen verwandelten Körper in Seelöcher;
Zerteilt wie blind den Anprall des Stroms, bis er leckt
An den Kieseln der Quelle; von Meer

Zu Meer wandert er in drei Nächten:
Ein König auf der Flucht. Aufschreiend zur Urgestalt des sternhellen Landes,
Über versunkenen Höfen, wo die Fledermäuse kreisen,
Ohne Antwort. Bis vor Licht und Vogelgeschrei
Klatscht er Straßen entlang mit dem Milchwagen.

II

Die Jagd hat ihn verloren. Stapfen im Schlamm,
Zwischen Schilf, die Nasenlöcher wie Tropfen auf dem Wasser,
Verharrt der Otter, stundenlang. Die Luft
Umkreist den Erdball, vergiftet und unvermeidlich,

Mischt Tabakrauch, Jagdhund und Rainfarn,
Dringt sacht in die versenkten Lungen.
So liegt unter den Augen das Selbst,
Wach und in sich gekehrt. Der Otter haust

Zwiefach: in Raub und Verborgenheit –
Vorm Wasser, das nährt und ertränkt, und vorm Land,
Das ihm Gestalt und die Hundeschnauze verlieh.
Er bleibt fett in der klaren Haut,

Auf der Spiegelbilder leben. Das Herz pocht dumpf,
Großer Forellenmuskel aus der Todeskälte;
Blut ist das Eingeweide der Logik. Er vermag ein Fischbein
Blank zu lecken, und heimlich

Ein Otterweib packen in einem Feld voll
Scheuer Pferde, doch nirgends verweilen.
Über die Hunde hochgerissen, kehrt er zu gar nichts zurück,
Zu dem langen Fell dort über der Stuhllehne.

Alfred Marnau

Krebsgericht

I

Gärtner im Grunde der See, gelbäugig,
scherengekrönt und voller Trauer
nachsinnend Gottes Spott.
Lichter des Wassers, die nimmer enden,
Wege, die ich gezogen
langsam in heidnischer Ruh.
Dröhnt mir des Todes schauriges Kichern hier?
Auf klebrige Rüben geworfen,
bis das Dampfrohr pfeift? Kommt mir Ruhm
des Lammes, soll ich, zum Bischof
gesotten, teilen der Märtyrer Andacht?
Larve des Satans, Gogs und Magogs Sohn,
ein dreimal Hoch für mich und meinesgleichen!
Eh sie mich holen, steige ich vom Gemüse
und belagre ihren Weg. Mein Anblick
fahre durch ihre Seelen und ihre Küche
sei von einem Ende bis zum andern
angeschrien von meinem Geist.

Lichter des Wassers, die nimmer enden,
Wege, die ich gezogen
langsam in heidnischer Ruh.

II

Und als ich in Gottes Herberge kam, gerufen,
sah ich den alten Herrn in Leinenhosen dort.
Er sah nicht mich, noch meinen bösen Tod.
Ich legte mich auf seine Zehen, doch er wollte
von meinem Zorne nichts. Mein grollender Bericht
befremdete wohl jeden, der ihn hörte. Also

legte ich mich vor dem Hause hin an die Mauer
und ließ den Herbst auf mich herniederrollen.
Er klopfte dreimal an mein Herz und nannte
bei meinem Namen mich wie einen Sohn und nicht
Seehahn und Grottenratte, Landverseucher.
Wir weinten froh bis in die frühe Stunde, als Gott
erschien und, wo er uns verwahrt, auch mich verwahrte.

III

Wozu das Leben der Krebse erkunden,
zergliedern ihr Gehäuse, es sei denn
die Seele ein leuchtendes Glas
verborgen in der leidenden Monstranz?
Leben wir Menschen nicht auch tief
bei den Gräsern und über uns
schimmert das Laub in den Winden?
Versunken in Sommer, wissen wir denn,
wo wir gehen? Mit römischen Ziffern
schreibt der Herbst seine Namen
in die Gärten. Schwarzes Licht aber
zeichnet unsere Gesichter, aus denen
das Leben enttropfte.
Und immer noch saust die Sucht.
Er aber, hier, dieser Krebs,
treu wie im Anfang, Witz in den Augen,
hungrig genug und gesund und gelenkig,

und von Sanftmut gekrönt wie ein Abt,
und zornig genug und gelassenen Herzens
gedenkend der mächtigen Sünden,
so sie wirken seit dem Anbeginn.
Und es war ihm dennoch Güte genug
zuteil geworden in seinem elenden Ende.

Andrew Young

Die tote Krabbe

Ein rosig Rückenschild, den nicht
der allergrößte Sturm zerbricht,
vom scharfen Rand herausgestielt
Stecknadelauge, das nach allem zielt.
Ein fein gewirktes Kettenkleid,
das Kraft dem schwachen Leib verleiht,
die Panzerglieder an den Büschelbeinen,
die dolchspitz an den Enden scheinen –
Wie Mäuler Scheren weggedreht –
Wie kann es sein, daß dies Geschöpf vergeht?
Verletzt von Vogel, Fisch und Sturm so schwer
in solcher Rüstung auf dem Weg durchs Meer?
Oder – wird es dem Tode zum Fanal,
ist man ein lebend Arsenal?

Guillaume Apollinaire

Die Qualle

Mit garstigen Köpfen, ihr Quallen,
Mit Haaren, die lila wallen,
Ihr habt an Stürmen Gefallen
Und darum ich an euch allen.

Ossip Mandelstam

Die Muschel

Ich weiß es, Nacht: ich geh dich wohl
nichts an. Aus ihr, der Weltenschlucht,
geschleudert, eine Muschel, hohl,
lieg ich am Rande deiner Bucht.

Du Unbeteiligte, du rollst
dein Meer, du hörsts nicht, singst, singst fort.
Doch sie, die leer und unnütz ist, du sollst
sie lieben, deine Muschel dort.

Im Sand, da liegt ihr, dein Gewand
schlägst du um sie, die zu dir schlüpft.
Die große Glocke Dünung: an
euch beide hast du sie geknüpft.

Die Wände – brüchig; dieses Haus
ist unbewohnt, wie's Herzen sind.
Du füllsts mit Schaumgeflüster aus,
mit Regen, Nebelschwaden, Wind ...

Ernst Jünger

Die Herzmuschel

Capo Carbonara, den 11. Mai 1954

An diesen Küsten empfiehlt es sich, die mittelalterlichen Türme aufzusuchen, die auf den Vorgebirgen errichtet sind. Sie säumen alle christlichen Länder und Inseln des Mittelmeers. Auch hier liegt eines dieser Werke im näheren Umkreis; es leuchtet weithin von einer mit Macchia überwachsenen Klippe und erinnert in seiner Form, die sich von einem Sockel aufschwingt und mit einer gekerbten Zinne abschließt, an den weißen Turm eines Schachspieles. Es wird nach seinen Erbauern als Torre pisano oder nach der Gefahr, die es zu bannen hatte, als Sarazenenturm bezeichnet, und immer noch wittert ein Hauch von nackter Macht, von bleicher Wachsamkeit um sein ausgeglühtes Gestein. Diese Festen sind an Punkten errichtet, von denen man das Meer und seine Buchten besonders deutlich überblickt, und daher kommen sie noch heute den Reisenden zugut.

Ich begab mich dorthin, indem ich auf dem schmalen Streifen entlangschritt, der Meer und Lagune trennt. Der Strand war blendend weiß. Das Band, das die Woge bespülte, war mit zarten Rosastreifen überzeichnet, die sich zu Mustern anordneten. Es waren Netze, Lineamente von großer Harmonie. Jede Woge wischte sie hinweg, und jede folgende schuf einen neuen Entwurf. Ob solche unerhörte Verschwendung von Kompositionen sich vollzieht, ohne daß ein Auge sie genießt, ein Bewußtsein sich ihrer freut?

Und woraus bestanden diese feinen Schriftzüge? Ich nahm ein wenig Sand auf und erkannte, daß es sich um Körner zermahlener Herzmuscheln handelte, die leichter als der Meerkies wogen und sich daher auch anders anlagerten. Der Unterschied der Farbe machte den Vorgang den Augen offenbar. Herzmuschelstaub. Mit Rosentinte schrieb er seine Botschaft ein. Das schien mir wunderbar.

Ein Wunder ist auch die Herzmuschel selbst. Sie taucht schon in den ältesten Schichten der belebten Erde auf, und noch heute sind alle Meere von ihr besiedelt, alle Küsten mit ihren Schalen bestreut. Ein großer Wurf wird ohne Unterlaß und ohne Grenzen wiederholt, und wir erraten die Absicht nicht. Ein Schöpfungszeichen wird nicht müde, uns durch stete Wiederholung zu erinnern, indem es sich an unsere Sinne und unser Sinnen wendet, wie oft wir es auch achtlos in den Staub treten.

Was überrascht, bestürzt denn an dieser Herzmuschelform, an dieser Bildung, die jeder kennt? Zunächst schon, daß so ein Formenwunder von einem formlosen Leib geschaffen werden kann, und doch nur ein Totes ist, das er als seine Hülle, zu seinem Schutze ausscheidet. Ein wenig Schleim, ein wenig Gallert prägt solche Münzen aus. Wir müssen sie in Zahlung nehmen als Anweisung auf Schatz- und Prägekammern, die unseren Augen verschlossen sind.

Sodann ist zu bewundern das Auskristallisierte, das Maß an mathematischem Bewußtsein, das sich hier offenbart. Ein unsichtbarer Taktstock wird erhoben und ein Fingerhut voll Kalksteinmolekülen ordnet sich zu Motiven, denen die Woge das Muster gibt. Man sieht die Welle strahlig niederstürzen, sieht ihre Rundungen und Kämme, die Rippen und Riffelungen, die sie im Sande hinterläßt.

Die Gestalt scheint einfach, als ob ein Kind sie erdacht hätte. Doch wird kein Rechenmeister jemals ihre Formel austüfteln. Sein Geist wird auf die Meditation verwiesen: köstliche Asymmetrien heben ihn über die Angeln von Maß und Zahl hinaus. Er sieht sich dem Unberechenbaren gegenüber, dem Hauch vom Liebeszauber unserer Erde und ihrem frühen Glanze, von Aphrodites Schimmer, der aus der Rundung bricht.

Es gibt Völker, die Muscheln als Geld haben. Im Grunde ist eine solche Herzmuschelschale ganz unschätzbar: sie könnte zum Eintritt in höhere Welten, in Sonnen, berechtigen. Der Wandersmann von unserer Erde weist sie als seine Pilgermuschel, als Hieroglyphe vor. Der Wächter am Flammentore sieht, zu welch erhabener Bildung der Staub auf diesem Sterne fähig war. Es leuchtet Unsterbliches an ihm. Er gibt sein Zeichen: die Muschel verwandelt sich in Glut, in Licht, in reine Strahlung; das Tor springt auf.

Cyrus Atabay

Der Seeigel

Er ist ein Morgenstern, der auf den Meeresgrund fiel. Sein Körper, mit einer aus regelmäßigen Täfelchen zusammengesetzten Kalkschale umgeben, ist dicht mit Stacheln besetzt, auf denen er, wenn er bei Laune ist, wie auf Stelzen geht. Will er sich aber mit seinen Saugfüßen fortbewegen, dann meint man, er würde mit vielen kleinen Seilen nach vorn gezogen: ist es sein Sternbild, mit dem er sich vereinigen will? Mit seinem Nachbarn, dem Krebs, hat er gemeinsam, daß er beim Kochen rot wird, weil er sich seines Koches schämt.

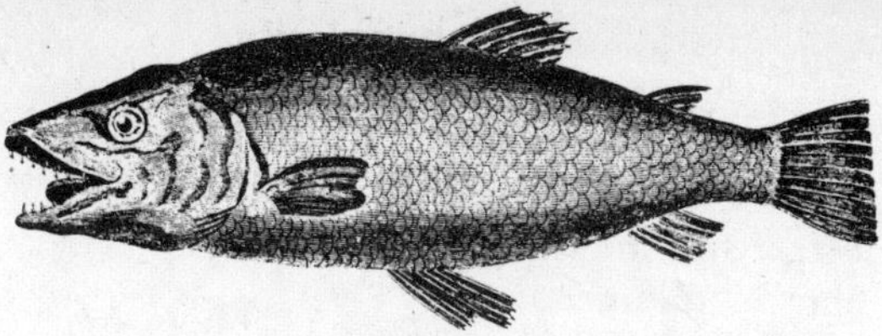

Christian Friedrich Daniel Schubart

Die Forelle

In einem Bächlein helle,
  Da schoß in froher Eil
Die launische Forelle
  Vorüber wie ein Pfeil.
Ich stand an dem Gestade,
  Und sah' in süßer Ruh
Des muntern Fisches Bade
  Im klaren Bächlein zu.

Ein Fischer mit der Rute
  Wohl an dem Ufer stand,
Und sah's mit kaltem Blute
  Wie sich das Fischlein wand.
So lang dem Wasser Helle,
  So dacht' ich, nicht gebricht,
So fängt er die Forelle
  Mit seiner Angel nicht.
Doch plötzlich ward dem Diebe
  Die Zeit zu lang. Er macht
Das Bächlein tückisch trübe,
  Und eh' ich es gedacht; –
So zuckte seine Rute,
  Das Fischlein zappelt dran,
Und ich mit regem Blute
  Sah' die Betrogne an.

Wang-Tschang-Ling

Die beiden Karpfen

Oft lagere ich im Schatten hoher Bäume,
sinnend, träumend,
Oft wandere ich einsamen Pfad und vergesse
Tag und Nacht.
So stieg ich eines Tages hinab ins Pa-lin-Tal.
Ich ging am Ufer des Flusses hin und warf
meine Angeln aus.
Meine Hand ergriff zwei Karpfen;
Aber meine Augen folgten dem Flug zweier
Wildgänse in blaue Fernen.
Da empfand ich die Lust der Vögel an ihrer
Freiheit
Und die qualvolle Angst meiner beiden Gefangenen.
Ich ließ die Fische in das klare Wasser fallen
Und in tiefes Nachdenken versinkend begriff
ich die Begehrlichkeit.
Ich dachte an die Gebirge, an die Bewohner
ihrer blauen Gipfel,
die, wenn sie ihre Blicke talwärts lenken,
durch graue Wolken sich von der Welt geschieden sehn.
Auf diesen Höhen verachten sie die Leidenschaften
der Erde;
Die kennen nicht ihre Begierden, die Ehre und der
Ruhm trüben nicht den Frieden ihrer Seele.

Gertrud Kolmar

Flehn

O Gott. Mein Gott. Warum hast du mich hingelegt
In dieses Netz mit tausend, abertausend Leibern,
Mit Silberkindern, -männern, -weibern,
Hast unsichtbar die Schnüre unter uns bewegt?

Warum, ach, zogst du uns empor in Qual, in Luft?
Ist sie dir näher, daß wir sie nicht tragen,
Daß wir aufrührerisch mit Schwänzen schlagen
Die mitleidslosen hänfnen Wände unsrer Gruft?

Und knüpftest du die Maschen also eng,
Daß nur der Ärmste, Kleinste sie durchschlüpfen möge,
Und gießt uns aus in würgend schwarze Tröge,
In grauenvollem atemschnappenden Gemeng?

So haben alle, alle wir geirrt,
Da wir in unserm Drunten dir zu dienen meinten
Und dich zu sehn in Tropfen, die uns Klippen weinten,
Aus Algennest, aus grünen Fäden dich entwirrt?

Ach, wäre ich dein Mensch! Ich bin dein Tier.
Du gabst mir keine Hände, sie zu falten.
Ich muß dich mit den Kiemendeckeln halten.
Laß nicht dies Messer – Weh! Es reißt dich los aus mir!

Max Brod

Paradiesfischchen auf dem Schreibtisch

»O unendliches Büro der Welt,
In das wir alle hineingestellt«

Wohin wir auch schwimmen, immer ist Glas
Vor unsern Mäulchen und noch etwas,
Das wir nicht verstehn und das beirrt,
Wie fernes Gewitter herüberschwirrt.

Wir haben auch grüne Blättchen hier,
Und durch Algenwälder rudern wir
Zwischen weichen Fäden, Schleim und Licht.
Dann stehen wir still und fassen es nicht,
Wie die ferne Heimat zu uns spricht.

Ein kleiner Stoß und da ist die Wand,
Wir trippeln, wir zittern, wir sind gebannt, –

Und wieder das Fremde, das nie zu uns dringt,
Da ist es, das uns von fern bezwingt.

O trauriges Kreisen im kleinen Haus,
Wir lugen mit schillerndem Auge aus.
Es türmen sich bleiche Farben an,
Das große Papier und der Wände Gebraus,
Die unser Blick nicht erreichen kann.

Nun beugt sich aus dem trübenden Flor,
Aus Tinte und Nebel ein Weißes vor.
Es blendet, wie es uns näherkriecht, –
Das große traurige Menschengesicht.

Wie weißer Mondschein legt es sich her.
Doch in seiner Helle gehen, schwer
Wankend und vor Gefangenschaft blind
Und ruhelos, wie wir Fische sind,
Die beiden dunklen Augen hin her.

Jim Burns

Der Goldfisch spricht aus seinem Grab

Zwölf Jahre lang von einer Seite
des Aquariums zur anderen schwimmen,
mit dem Maul gegen die Scheibe stoßen,
sich umdrehen, einmal die Flosse bewegen
und wieder anstoßen. Lieber Gott, wenn sie
nur wüßten, wie langweilig alles war.
Jeden Tag wurde das gleiche Futter reingeworfen
und einmal die Woche das Wasser gewechselt.
Sie konnten mich selbst im Dunkeln nicht
leben lassen, so hartnäckig bestanden sie
darauf, immer zu wissen, was ich machte.
Und als es ans Sterben ging und ich auf
dem Grund des Aquariums liegen wollte,
klopften sie an die Scheibe und preßten
ihre verschwommenen Gesichter dagegen.

Das Entsetzliche ist, daß es kein Entsetzen gibt,
doch ganz bestimmt gibt es Verzweiflung,
und was das bedeutet, wußte ich.
Aber jetzt ist es endlich vorbei,
und ich bin im Garten begraben worden.
Das ideale Ende für einen englischen Fisch,
nun sorge ich dafür, daß das Unkraut wächst,
damit sich die Familie Sonntagsmorgens
über was anderes Sorgen machen kann.

Jules Supervielle

Die Fische

Oft denk ich an die Fische in den tiefen Buchten.
Was ich mit der Erinn'rung an euch wohl machen mag,
Ich weiß von euch ja nichts als etwas Schaum und Schatten,
Und daß ihr sterbt wie ich an irgendeinem Tag.

Warum kommt ihr denn stets in meinen Traum und fragt,
Als ob ich helfen könnte euch, den stummen Fischen?
O geht zurück ins Meer und laßt mir meine Erde,
Wir sind nicht da, um unsre Tage zu vermischen!

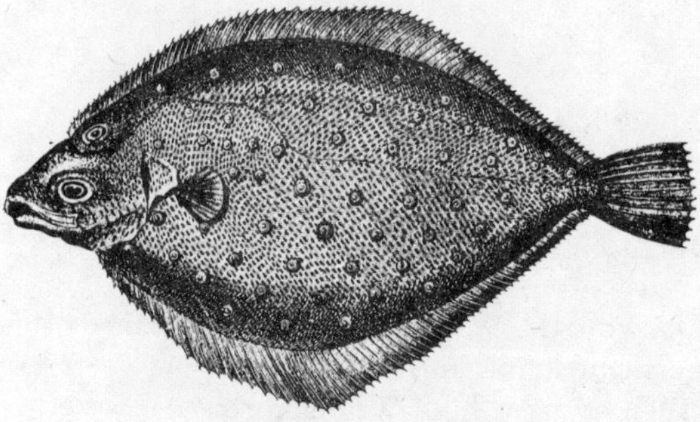

Jules Supervielle

Unterm offenen Meer

Die Fische nah dem Grunde,
die aug- und lidlosen, sie
haben das Licht erfunden,
ihren Herzen zur Zier.

Sie entsendens als Blase,
den Tagen und Jahren entrückt,
nach oben, wo es umgeht,
das meerische Geschick.

Es schießt ein Schiff hinunter,
den Schornstein voll Wellenschaum,
zerrissen von Wunden und Wunden
bis in den Kesselraum.

Irgendwo tief im Innern
schlägt eine Laterne, verraucht,
gegen die Luke. Dahinter
schwärmen die Fische der Nacht.

Gyula Illyés

Fische

Angeekelt, empört,
erzähltest du – aber auch lachend –
was du heute auf der Fischermole gesehen hattest:
ein großer Fisch verschlang einen kleinen!

Das Volk des Wassers wurde schon in die Körbe
geschaufelt, alle aufs Trockene.
Auch oben noch im Weidenkorb:
verschlang der große Fisch den kleinsten!

Wie lange hätten sie leben können, endlich
in Frieden, fünf Minuten, zehn?

Dort vor dem gemeinsamen Tod noch
verschlang ein großer Fisch einen kleinen.

Er verschlang ihn siegreich, voll Wonne, doch
sein Auge blieb plötzlich hängen:
noch runder ließ es glotzen
die gerechte Verblüffung darüber,

daß man auch ihn gefangen hatte! daß man auch ihn,
auch ihn, – wie? Hier ereilt ihn das Unglück!
Es ging ihm nicht in den Kopf – nein, nein, auch dort
  nicht –
der Große verschlingt den Kleinen!

Georg von der Vring

Der tote Fisch

Die Sonn im Wasser trägt ihn nicht,
Die Brombeerranke regt ihn nicht.

Er ruht wie ein verwünscht Metall
Aus Gold und Silber und Verfall.

Er wölbt sich hin, zu End geschwankt,
Wie Dunkelheit, am Licht erkrankt.

Er gab, als wär ihm seliglich,
Hinunterwärts ins Elend sich.

Christine Busta

Bewahrung

Um die Mittagsstunde, jäh und zauberisch,
glitt aus Wurzelfinsternis ein Fisch.
Überm Kiesgrund stand sein Silberzeichen

wendig, schmal und zuckend in den Weichen.
Für Sekunden schien verstummt die Welle,
nichts als Spiegel abgrundtiefer Helle.
Weiter unten sah ich Angler stehn.
Was auch nachher Schlimmes noch geschehn,
Herr des Wassers, Himmels und der Erd',
diesen Fisch bring ich dir wieder: unversehrt!

Vicente Aleixandre

Lichtlos

Der *Schwertfisch*, dessen Ermüden vor allem der Unmöglichkeit, das Dunkel zu durchbohren, zuzuschreiben ist,
in seinem Fleisch die Kälte des Meeresgrundes zu fühlen, wo die Schwärze nicht liebt,
wo jene frischen gelben Algen fehlen,
die in den obersten Wassern die Sonne goldet.

Die seufzende Traurigkeit dieses reglosen Schwertfischs, dessen Auge nicht kreist,
dessen ruhevolle Sicherheit seine Pupille versehrt,
deren Träne in die nämlichen Wasser gleitet,
ohne daß man in ihnen ihr todtrauriges Gelb bemerkt.

Der Grund dieses Meeres, wo der reglose Fisch mit seinen Kiemen Schlamm einatmet,
dieses Wasser wie eine Luft,
diesen staubfeinen Staub,
der, wenn er die Phantasie eines Traums ersinnt, aufwirbelt,
der sich monoton besänftigt, indem er das ruhige Bett bedeckt,
wo der höchste Berg lastet, dessen Firste schwanken,
wie ein Federbusch – jawohl – eines finsteren Traumes.

Oben die Schäume, diffuse Haarfluten,
sie kennen nicht die tiefen Füße aus Schlamm,
jene Unmöglichkeit, aus dem Abgrund sich zu reißen,
mit ein paar grünen Wogen sich über den trockenen Abgrund zu erheben

und zu entkommen leichthin, ohne Furcht vor der glühenden Sonne.

Die weißen Haarfluten, die jugendlichen Lebensfreuden
sie kämpfen, von Fischen bevölkert, heiß
– um das anwachsende Leben, das nun beginnt –,
um ihre Stimme zu erheben in die junge Luft,
wo eine strahlenwerfende Sonne
Silber aus der Liebe, Gold aus dem Umarmen macht,
die vereinte Haut,
dieses sich Vereinigen der Brüste als Festen; die sich besänftigen, so sie verschmelzen.

Aber die Tiefe zuckt wie ein einsamer verlassener Fisch.
Zu nichts dient es, daß eine heitere Stirn
ins Blaue sich wie eine Sonne sintert, die sich darbringt,
wie eine Liebe, die menschliche Geschöpfe aufsucht.

Zu nichts dient es, daß ein ganzes unermeßliches Meer
seine Fische zwischen Schäumen fühlt als wären es Vögel.

Die Wärme, die ihm die stille opake Tiefe entreißt,
der unbewegliche Grund der tausendjährigen Säule,
die einer ertrunkenen Nachtigall Flügel zermalmt,
einen Schnabel, der das Entweichen der Liebe sang,
freudig unter sanftem Gefieder bei einer jungen Sonne.

Dieses abgründige Dunkel, wo kein Wehklagen ist,
wo kein Auge in seiner trockenen Höhle kreist,
Schwertfisch, der das Dunkel nicht zu durchbohren vermag,
wo der Schlamm besänftigt keinen entleerten Traum nachahmt.

Georg Britting

Nächtlich der Aal

Was weißt du vom Aal zu sagen?
Er ist in die Tiefe gebannt.
Am Tag will ers nicht wagen,
Doch nachts steigt er ans Land.

Er wandert die stillen Pfade,
Er schlüpft durchs taunasse Kraut,
Der Mond erweist ihm Gnade
Und seiner schwarzen Haut.

Ihn stechen nicht die Nesseln
Er geht durchs Bohnenfeld,
Durch Träume, durch die Räume
Geordneter Gartenwelt.

Er scheut nicht vor Lattengestellen,
Er wandert und ist nicht allein,
Es gehen mit ihm die Gesellen,
Die Schlangen, im Mondenschein.

Am Morgen glänzen die Fluren,
Die Tulpen, der Türkenbund,
Im Gras die silbernen Spuren
Führen zum Erlengrund.

Eugenio Montale

Der Aal

Der Aal, die Sirene
der kalten Meere, der das Baltikum verläßt
um in unsere Meere zu gelangen,
zu unseren Buchten, zu den Flüssen,
der aufsteigt im Tiefen, unter dem vollen Druck,
von Flußlauf zu Flußlauf und dann
von Wasserader zu Wasserader, schmäler werdend,
immer mehr drinnen, immer mehr im Herzen
des Gesteins, eindringend
in die Gräben aus Schlamm, bis eines Tages
eine glühende Luft aus den Kastanien
auslöst die Zuckung in den Tümpeln der toten Wasser,
in den Rinnsalen, die von den Hängen
des Apennin in die Romagna fließen;
der Aal, Fackel, Peitsche,

Liebespfeil in der Erde,
den nur unsere Pfützen oder die ausgetrockneten
Bäche der Pyrenäen zurückführen
in die Paradiese der Fruchtbarkeit;
die grüne Seele, die dort
Leben sucht wo nur
Glut und Trostlosigkeit herrschen,
der Funke, der sagt,
alles beginnt, wenn alles scheint
sich zu versteinern, Stumpf verkohlter;
flüchtiger Regenbogen, Zwilling
der Bögen, die deine Wimpern einfassen,
und den du glänzen läßt inmitten der Söhne
des Menschen, vertieft in deinem Schlamm, kannst du
ihm nicht glauben, Schwester?

Gunnar Ekelöf

Meerverwandlung

Ich seh dich mit Sepia-Augen
Sepiatintenfischaugen
milde nach innen schauend
Augen für immer geschlossen
vor dem Rachen[1] das Gaumensegel
Augen für immer geöffnet:
Ich seh dich, ich seh dich
ich seh dich, meine Schöne –

Mit Meeresspiegel-Sternen
groß schimmernden, wie einer Stirn Schweißtropfen
wie Schweißtropfen, wie Öltropfen schimmernd
durch die nächtliche Oberfläche –
so seh ich dich, meine Schöne
Ich seh deine Perlmutterglieder
im blaudurchschimmerten Seegras
Ich seh dich mit Sepia-Augen
sie schließend doch schauend

1 vor dem Rachen der Blicke

Ich liebe dich mit meinem neunten Glied
meine Schöne –

Komm wiegen wir uns in der Dämmerung
hin und her hin und her
Komm wiegen wir uns in der Dünung
Fließen ist langsam fliegen
komm laß uns langsam fliegen
meine Schöne

Anyte

Auf einen toten Delphin

Nie mehr werd' ich mich tummeln im schiffebefahrenen Meere
Und aus der Tiefe im Sprung werfen mich hoch in die Luft,
Nie mehr zu Seiten des Schiffs, das mit schönen Rudern versehen,
Sprühn einen Wasserstrahl, froh meines Ebenbilds.
Nein, mich schleuderte hin auf das Festland die purpurne Woge,
Und so liege ich hier an dem felsigen Strand.

Peter Huchel

Delphine

Meerwärts spähend
bei weißer Sonne
ich seh sie springen
aus der salzigen
Schwere des Wassers –

Delphine,
meine heimlichen Brüder,
tragen die Botschaft
nach Byzanz.

Es knistert die Luft,
als flöge feuriges Stroh
durch Tamariskenbüsche.

Hier will ich bleiben
und zählen am Hang,
wolfgraue Schlucht,
die schmalen hohen
Steine,
schartig vom Grillengewetz,
die Steine der Toten,
von Mittagshimmeln geschwärzt.

D. H. Lawrence

Sie sagen, das Meer sei ohne Liebe

Sie sagen, das Meer sei ohne Liebe und daß im Meer
keine Liebe leben kann, sondern einzig armselige Salzsplitter
lieblosen Lebens.

Doch aus dem Meer empor
springen die Delphine rund um das Schiff des Dionysos,
dessen Maste purpurne Weinreben umwinden,
emporschießen sie mit dem purpurnen Dunkel der Regenbogen
und flip! davon sind sie, niedertauchend mit ihren Nasen, in reiner
Seligkeit;
das Meer schenkt sich in Liebe dem Dionysos
in den Sprüngen dieser kleinen glückseligen Wale.

Barthold Hinrich Brockes

Die Walfische

Mein geistiges Auge sieht aufs neu, mit einem geistigen Vergnügen,
In der beweglich tiefen Fluten fast grenz und bodenlosen Gruft,
Ein nicht zu zählend Heer von Fischen, recht wie die Vögel in der Luft,
In einer stetigen Bewegung, so sehr nicht schwimmen, als fast fliegen,
Und überall sich hinbegeben. Absonderlich nimmt abermal
Der ungeheuren Wasserwunder so ungeheure Größ und Zahl,
Wenn ich mich, mit erstauntem Geist, zu ihnen in die Tiefe senke,
In ihnen, Berge, welche leben, und Inseln, die beseelt, bedenke,
Mich als ein würdger Vorwurf ein. Sie führen den erstaunten Sinn,
Durch ihre Größ und rege Last, von neuem zu der Schöpfung hin.
Indem ich, auch so gar in Körpern so ungeheurer Kreaturen,
Von einem Wesen, welches wollte,
Das ihnen, da es sie gemacht, auf ihre Weise wohl sein sollte,
Fast unleugbare Proben sind und überzeuglich klare Spuren.
Mich deucht, ich hör ein dunkles Tönen, aus ihren hohlen Schlünden brechen,
Und bald im Schwimmen, bald in Ruh, die Walfisch alle gleichsam sprechen:
»Wir fühlen Lust, wenn wir uns nähren,
Nicht minder, wenn wir uns vermehren:
Wenn wir uns in den Tiefen kühlen;
Wenn wir auf fettem Grunde wühlen;
Wenn wir der Liebe Flammen fühlen,
Und schwärmend durcheinander spielen.
Und diese Lust, im tiefe Meere
Gereicht dem, der uns schuf, zur Ehre.«

Sprich nicht mein Leser: Dies sind Grillen,
Die deinen Kopf und nicht den Kopf des Walfischs füllen.
Du dichtest, denn der Walfisch spricht
Von seines Schöpfers Wundern nicht.

Sprich, sag ich, nicht also. Ich könnte dir erweisen,
Daß sie nicht minder Gott, als viele Menschen preisen.
Denn minder, als wir es von vielen Menschen sehn,
Kann es, im tiefen Meer, vom Walfisch, nicht geschehn.

Ferdinand Freiligrath

Leviathan

> Du zertrennest das Meer durch deine Kraft, und zerbrichst die Köpfe der Drachen im Wasser.
> Du zerschlägest die Köpfe der Walfische, und gibst sie zur Speise dem Volk in der Einöde. *Psalm 74.*

An einem Tag im frühen Herbst ging ich entlang den Meeresstrand,
Das Haupt entblößt, den Blick gesenkt, die Lieder Davids in der Hand.
Die See ging hoch, die Brandung schwoll, der frische Wind aus Osten pfiff,
Am Horizont nach Westen flog mit weißem Segelwerk ein Schiff.

Und als ich in dem Liederbuch des Königs über Israel,
Bald um mich schauend, blätternd bald, gekommen war bis an die Stell',
Die über diesem Lied ihr lest, da naheten dem öden Strand,
Die grauen Segel eingerefft, drei Fischerboote, wohl bemannt.

Und hinter ihnen, aus der Flut, der weißen, tauchend schwärzlichgrau,
Schwamm riesengroß ein Ungetüm; sie schleppten es an einem Tau.
Die Brandung grollt, laut kracht der Mast, den Anker wirft der Harpunier –
Am Ufer auf dem Trocknen ruhn die Fischerboote samt dem Tier!

Und jetzt in Zügen auf den Ruf der Gatten und der Brüder naht
Der Öde Volk, das jubelnde, aus seinen Hütten am Gestad.
Sie sehn den Sohn des Ozeans, den Leib vom Eisen aufgeschlitzt;
Zerschmettert sehen sie das Haupt, das fortan keine Strahlen spritzt.

Vor wenig Jahren erst gebar den Triefenden der kalte Pol;
Ein Neuling noch, verirrt er sich zu dieser seichten Küste wohl.
Untief' und Bank versperrten ihm den Rückweg in das hohe Meer;
Des jungen Riesen Kopf zerbrach der Herr durch eines Fischers Speer. –

Und jene tanzten jauchzend um den Blutenden; mir aber war,
Als glotzt' er halbgeschloßnen Augs verächtlich auf die rohe Schar.
Mir war, als rauschte zürnend mir sein purpurrot verrieselnd Blut;
Als murrt' er röchelnd in den Sturm: »O miserable Menschenbrut!«

O Zwerge, die den Riesen ihr bezwungen habt durch schnöde List!
O Zappler auf dem Trocknen ihr, die mein Gebiet ihr meiden müßt!
Schwächlinge, die das Meer ihr nur in hohlem Boot befahren könnt,
Dem jämmerlichen Schaltier gleich, das nie sich von der Muschel trennt!

O kahler Strand, o nüchterner! o kahl und nüchtern Treiben drauf!
O nüchtern Volk, wie bebten sie, da sie vernahmen mein Geschnauf!
Wie trostlos auf der Dün' ihr Dorf mit seinen dumpfen Hütten steht!
Und – bist du besser denn, als sie, der du mich sterben siehst, Poet?

Ich wollt', ich wäre, wo das Meep, und wo die Welt ein Ende nimmt!
Wo krachend in der Finsternis der Eispalast des Winters schwimmt.
Ich wollt', ein Schwertfisch wetzte dort am Eis sein Schwert und stieße mir
Das jäh gezückte durch die Brust; so stürb' ich wenigstens nicht hier!«

Es war ein Tag im frühen Herbst; die See ging hoch, der Ostwind pfiff,
Am Horizont nach Westen flog mit weißem Segelwerk ein Schiff.
Ich aber wandte meinen Schritt; ich warf mich nieder auf die Dün'.
Der Herr zerbrach des Walfischs Haupt, und gab dem Volk der Öde ihn.

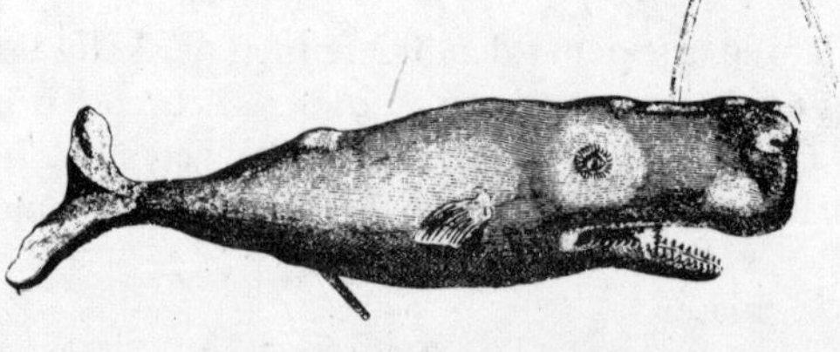

Herman Melville

Der Wal

Die düstre Wölbung eines Wal
Stand über mir im Wolkenlicht;
Vom Wogenberg zum Wogental
Fiel ich ins Knie wie zum Gericht.

Ich sah wie in der Hölle Schlund;
Und Qual und Wirrnis im Verein
Ward mir vor diesem Schrecknis kund,
Tief, tief sank ich ins Grauen ein.

Doch da ich sank, schrie ich zu Ihm,
Und wußt es kaum, ob er war mein.
Da hat mir Gott sein Ohr geliehn,
Daß nicht der Wal mich schlinge ein.

Da zog Gott her zum Wogental;
Ein Silberdelphin, der ihn trug;

Oh Furcht, oh lichter Freudenstrahl,
Da war mein Gott mir nah genug.

Mein Lied sei ewig dargebracht
Ihm, der vom Wal mich hat befreit.
Es ruh in seiner Gnad und Macht
Mein Herz für Zeit und Ewigkeit.

D. H. Lawrence

Wale weinen nicht

Man sagt, die See sei kalt, und doch birgt sie in sich
das heißeste Blut von allen, das wildeste, das drängendste.

All die Wale in den weiten Tiefen, sie sind heiß, wenn sie
weiter und weiter drängen und unter Eisbergen tauchen.
Die Glattwale, die Pottwale, die Hammerköpfe, die Mörderwale
da blasen sie, da blasen sie heißen, wildweißen Atem aus dem Meer.

Und sie wiegen und wiegen sich fort durch sinnliche, zeitlose Zeiten
über den Tiefen der sieben Weltmeere,
und wirbeln durchs Salz in trunkenem Entzücken
und erschauern unter den Tropen in Liebesglut
und wiegen sich fort mit starkem, machtvollem Verlangen, wie Götter.
Da lehnt sich der große Bulle gegen seine Braut
in der blauen Tiefe des Meeres,
wie ein Berg den anderen berückt, im Wohlgenuß des Lebens:
und aus dem inwärtigen Tosen des roten Walblutozeans
dringt hervor der lange Schaft, heftig wie der kreisende Maelstrom, und kommt zur Ruhe
in der Umarmung, im weichen, wilden Griff der grundlosen Tiefe des Leibes einer Walkuh.

Und über die Brücke von des Wals kräftigem Phallus, der die Wunderwesen nun verbindet,
wechseln unter dem Wasser die brennenden Erzengel hin und her,
wechseln die Erzengel der Verzückung
von ihm zu ihr, von ihr zu ihm, großer Cherubim,
den Walen im Ozean zu Diensten, in den Meerwellen schwebend,
großer Himmel der Wale in den Wassern, altes Priestertum.
Und riesige Mutterwale säugen traumversunken ihre walzarten Jungen
und träumen fort, die fremden Walaugen weit geöffnet in den Wassern des Anbeginns und des Endes.

Und Walbullen versammeln ihr Frauen und Kälber zum Kreis,
wenn Gefahr droht an der Oberfläche des unablässigen Gewoges,
setzen sich schützend vor die zusammengedrängten Ungeheuer ihrer Liebe
und begegnen wie zornige Seraphimen der Gefahr.
Und diese Glückseligkeit im Meer, im Salz,
wo Gott auch Liebe ist, jedoch ohne Worte:
und Aphrodite ist die Frau der Wale
glücklichste sie,

und Venus tummelt sich zwischen den Fischen und ist eine Delphinin,

sie ist der fröhliche, entzückte Tümmler, der sich in Liebe und Meer ergeht,
sie ist das Thunfischweibchen, rund und glücklich unter den Männchen
und voll des glücklichen Blutes, dunkle Regenbogenseligkeit im Meer.

W. S. Merwin

Leviathan

Dies ist das schwarze Seetier, das sich durch die Brecher wälzt,
Alt wie die treibenden Berge des Ozeans, durchfurcht es
Das schlingernde Meer, massig durchpflügt es
Die salzigen Äcker im Rauhreif des Gischtes,
Seine Schultern sprühen, die mächtige Faust seiner Stirn
Zertrümmert die graugrüne Wüste, an den röhrenden Halden,
An zerwrackten Schiffen und Trümmern der Brandung vorbei,
An verloren auftauchenden Leibern, die keiner mehr sucht,
An Inseln aus schimmerndem Eis, verschlingt es,
Herr über die dunkel flutenden Weiden der See,
Die üppigen Wasser, Herrscher über die Wellen,
Findet es heim und hält Ernte. Seine Gestalt war von je
Schwer zu beschreiben, denn die Waghalsigsten erschraken vor ihm:
Sein Leib gleicht dunkel sich hebenden Bergen,
Die aber umragt sind von Schroffen aus Treibeis, von Donner umdröhnten Kronen,
Wie vor dem Land selbst, wenn es nachts schwärzlich aufragt,
Klafft vor ihm die Brandung, und er spürt,
Schwärme von Fischen um seinen Rachen verheißend,
Am strudelnden Schaum seiner Küsten hin; und wer ihm auf der Spur bliebe
Und ihm nachginge, käme an Tore zu keinen Gärten,
Sondern zum Schoß in der Tiefe ertauchter Hügel,
Und über ihm schlössen sie sich, die kalte Tiefe und das Ertrinken.
Leviathan ist sein Name, er heißt so, weil er sich wälzt,
Von allen Geschöpfen wurde er als erstes erschaffen,
Drei Tage und Nächte beherbergte er Jonah in sich,

Er ist jene Schlange, die sich im Ozean windet,
Er ist der Schrecken der See und der Schatten unter der Erde.
Doch gibt es Tage, an denen er wie ein Engel,
Wie ein verlorener Engel in der unruhigen Weite liegt,
Keines Menschen sich regendes Auge, überschwebt von Vögeln,
Von Fischen umglitzert, von all jenen Kreaturen,
Die nach ihm kamen, um die Leere der Erde zu erben.
Schaum an den Flanken, gestillt, das Gären hat sich gelegt,
Und er wartet; mit einem Auge beobachtet er
Die Nacht, die sich am Ende senkt, mit einem Auge
Den Aufgang des Tages wie zu Anbeginn über schäumenden Wassern.
Er stößt keinen Schrei aus, ist das Licht auch sein Atem.
Die See kraust sich von Winden gekämmt unter Sternen,
Mit sich selber bebürdet wie es zu Anbeginn war, als noch die Hand
Des Schöpfers nicht ruhte. Und er wartet auf den Beginn der Welt.

William Carlos Williams

Der See-Elephant

Gewälzt aus
der Fremdheit der See –
einer Art von
Himmel –

Meine Damen und Herren!
das größte

jemals lebendig ausgestellte
Seemonster

der riesige
See-Elephant! Oh Suhle
von Fleisch, wo
sind

genug Fische für
diesen
Appetit, den Dummheit
nicht trübt?

Überdrüssig
der Enge des Aprils
der kleinen
Blätter –

zieht das Fleisch dich vor,
unendliche See –
Sprich!
Uaah! (füttert

mich) mein
Fleisch ist gespalten –
Fisch nach Fisch in seinen Rachen
ohne Schlucken

läßt sie hinabgleiten
im Sturzbach von
halb Spucke, halb
Lake

die
bekümmerten Augen – der
See entrissen.
(Mit

sachlicher Stimme) Sie
sollten
ihn zurückbringen, woher
er kam.

Starren.
Seltsamer Kopf –
erzählen alte Seemänner –
taucht

bärtig
an die Oberfläche
einzig
Verständnis unter ihnen

hat diese Frau
Ja
es ist schön, aber sie
sollten ihn

zurück-
bringen in die See,
woher er kam.
Uaah!

Schaukelt – reitet
tanzt
auf dem Seil – werft Bälle
beugt und

verdreht euch –
Aber ich
bin die Liebe. Ich
bin aus der See.

Uaah!
Da ist kein Vergehen außer
der überschwere
Körper

den die See
spielerisch hielt – kommt
an die Oberfläche
das Wasser

sprudelt
um seinen Kopf, die Kühe

verstreuen
Fische, tropfend von

der Überfülle
an. . . und Frühling
sagen sie
Frühling ist kummen.

Robinson Jeffers

Tiere

Vor Tag entdeck ich einen Pulk von Seelöwen
In der schwarzen Grund-Dünung zwischen Fels und Kliff;
Die scharfen Flossen aufgereckt oder die großgeäugten Köpfe,
    so lassen sie sich schaukeln von den Seen,
Größer als Karrengäule und wie Hunde bläffend
Den nachtlangen Gesang. Man möcht nicht meinen,
Daß Leben, so nah verwandt dem menschlichen, denkfähig,
    warmblütig, sich fleezen könnte, nölig und gröhlig,
Im wintrigen, eiskalten Meer. Bald tränkt die gelbe Früh
Den Himmelsrand im Süden – ich denke an die rasenden,
    zuckenden Leben in der Sonne.
Die haben kaum etwas gemein mit unserem; sie haben nichts
    zu tun mit Sauerstoff und Salzwasser. Sie würden uns
    wie Ungeheuer vorkommen,
Wenn wir sie sehen könnten: die ranken, inbrünstigen
    Flammenleiber, flederwischig, floppend und schrillend,
Gepeinigt von glutheißer Gier und stechend scharfer
    Gegenwärtigkeit, getragen von den Sturmfluten
Des großen Feuerballs. Es sind Tiere wie wir. Es gibt
    noch andere Stoffwechsel des Lebens
Als die langsame Verbrennung von Kohlehydraten und
    Aminosäuren.

Aus dem Buch Hiob, 40. Vers

Das Flußpferd

Siehe doch das Flußpferd, das ich schuf wie dich:
Gras frißt es wie das Rind.
Siehe doch, welche Kraft in seinen Lenden
und welche Stärke in den Muskeln seines Bauchs!
Steif macht es seinen Schwanz wie eine Zeder;
die Sehnen seiner Schenkel sind verschlungen.
Seine Knochen sind Röhren von Erz,
seine Gebeine wie Stäbe von Eisen.
Das ist der Erstling von Gottes Schaffen,
gemacht zum Beherrscher seiner Genossen.
Denn das Gewächs der Berge nimmt es sich,
und alles Wild des Feldes zermalmt es.
Dort unter Lotusbüschen lagert es
im Versteck von Rohr und Sumpf.
Lotusbüsche decken es mit Schatten,
und die Weiden am Bache umgeben es.
Wenn auch der Strom andringt, es flüchtet nicht,
bleibt ruhig, ob auch ein Sturzbach hervorbricht.
Wer dürfte ihm in die Augen greifen,
mit Stricken ihm die Nase durchbohren?
Kannst du das Krokodil an der Angel ziehen
und mit dem Stricke seine Zunge niederdrücken?
Legst du ihm ein Binsenseil an die Nase
und stichst einen Haken durch seinen Backen?
Wird es dich lange bitten
oder freundlich mit dir reden?
Wird es einen Vertrag mit dir schließen,
daß du es für immer zum Sklaven bekommst?
Spielst du mit ihm wie mit einem Vogel
und bindest du es an für deine Mädchen?
Feilschen darum die Zunftgenossen,
verteilen sie es unter die Händler?
Kannst du seine Haut mit Stacheln spicken
und mit Fischharpunen seinen Kopf?
Lege nur deine Hand daran –
denke an den Kampf! – du tust es nicht wieder.

Sieh, deine Hoffnung wäre betrogen;
schon bei seinem Anblick würde einer hingestreckt.

Joachim Ringelnatz

Seehund zum Robbenjäger

»Ich bin ein armer Hund.
Ich habe keine Brieftasche. Im Gegenteil:
Man macht aus mir welche; sehr wohlfeil.
Und Wohlfeil ist Schund.

Taten wir jemals Menschen beißen?!
Im Gegenteil: Jedes menschliche Kind
Wird uns, wenn wir auf dem Lande sind,
Mit Steinen totschmeißen.

Wie ihr Indianer und Neger
Nicht glücklich für sich leben ließt,
Stellt ihr uns nach und schießt
Uns nieder. Für Bettvorleger!

Wo ihr Menschen Freischönes erschaut,
Öffnet ihr, staunend, euren Rachen.
Warum erstrebt ihr es nicht, euch vertraut
Mit den Tieren zu machen?

Wilde Tiere sahen allem, was neu
Und friedlich war, anfangs unsicher zu.
Wer nahm den wilden Tieren die Ruh?
Wer gab ihnen zur Angst die Wut?

Der Mensch verkaufte Instinkt und Scheu.
Das Tier ist ehrlich und deshalb gut.«

Albin Zollinger

Die Krokodile

O grausige Verlorenheiten
Der Schöpfung, schauerlicher Ort!
In welchen Schorf der Sümpfe gleiten
Die Dämmerungen Gottes fort?

Wesen der Welt, entlegne Seele
Fault hier in Schlamm und Schlaf erstarrt,
Hängt salamandern an der Kehle
In Spiegelungen eingescharrt.

Gebirge steigt aus Schattenräumen,
Urschiefer, zackig und vermoost,
Mittage sanften Glanzes säumen
Gestade, das von Stille glost.

Es lebt! Es regt sich, taucht mit Buchten,
Im Geisterhaften schwebt ein Bein!
In Nacht der untergründigen Schluchten
Sinkt das Reptil entschlummernd ein.

Halbinsel nur der Drachennase,
Löchrige Klippe blinzelt blind.
Die sture Trägheit in Ekstase,
Verzauberung steht still wie Wind.

Im Sande liegen sie erschlagen,
Von Schlummer prall, die Augenhaut
Verleimt von Ohnmacht im Behagen,
Ägyptisches Jahrtausend braut

Mit aufgetürmten Sommern schwelend
Auf diesen Strünken morscher Zeit,
Der Krötenborke, scheel von hehlend
Einträchtiger Verschlafenheit.

Denn sieh, sie lagern ihre Hälse
Einander wohlig am Genick,
Vertraulichkeit wohnt im Gefelse
Und Zärtlichkeit, verfilzt und dick.

Gewölbe horniger Augenbogen,
Pforten der Seelenunterwelt,
Lauernde Leere, hochgezogen,
Das Buckelige, aufgestellt

Wie Labyrinth von Höhlenlandschaft,
Und plötzlich schwärmt Gewimmel auf
Und schwemmt die schwärzliche Verwandtschaft,
Wache Gefräßigkeit zuhauf.

Agaven, gähnen dornige Kiefer,
Weißliches Fleisch entblößt der Schlund
Voll Aasgeruch und Ungeziefer
Im kannibalisch grausen Grund.

Hier einzugehn in Höllenbreiten
Der Tierheit, in Geschling der Gier!
Gefangen in der Gläsernheiten
Scheusälig dösendem Revier!

Die Säume Gottes dunkeln schaurig,
Einöden des gestirnten Traums.
In Dämmerungen ist er traurig,
An bangen Rändern seines Raums.

Alfred Polgar

Das Gürteltier

gehört zur Gruppe jener Tiere, die man sich nur in der Menagerie und nicht frei in der freien Natur denken kann. Es sieht aus wie in einem zoologischen Treibhaus gezogen, unwahrscheinlich und künstlich. Es hat Schweinsohren, kurze Füße und auf dem Rücken einen Panzer aus Knochenplatten. Die Naturgeschichte schreibt diesem Lebewesen ins Zeugnis: »Langsam, träge, harmlos und stumpfsinnig.« Trotzdem kommt es nicht in unseren Breitengraden vor, sondern in Südamerika. Da die Gürteltiere, wie gesagt, harmlos sind, hat man lange nachdenken müssen, bis man einen halbwegs reputierlichen Grund, sie zu jagen und zu töten gefunden hat. Endlich ist man darauf gekommen, daß sie durch ihre unterirdischen Höhlenbauten die Wege für Reiter unsicher machen! Oh, *das* Vieh lebt nicht, das den Mörder Mensch in Verlegenheit bringen könnte.

Unser Güteltier macht keineswegs einen trägen Eindruck. Es patrouilliert, wie die meisten Vierfüßler im Tiergefangenhaus, die Wände seiner Box unermüdlich ab, mit jener hoffnungslosen, sinnlosen, fiebernden Geschäftigkeit, die durch äußere Unruhe innere zu beschwichtigen trachtet. Lauter Elektras in den Käfigen der Vierfüßler!

Günter Bruno Fuchs

Faultier im Zoo

Märsche und Reiterkolonnen mögen sich also begatten.
Wer mich besiegen will, stolpert über mein Gähnen.

Noch immer
ein Schrecken der Kegler von gestern heute und morgen,
schieb ich die ruhigste Kugel.

Oblomow
hat meinen Pelz gestreichelt,
ich bete zu ihm.

Theodor Lessing

Die Hyänen

Es gibt im Zoologischen Garten einen Winkel, an den ich jahrelang nur mit Schaudern denken konnte, mit einem Schaudern, das auf eine ganz frühe Jugenderinnerung zurückgehen mochte. Es ist der Käfig hinter dem Raubtierhause, in welchem, solange ich zurückdenken kann, zwei Hyänen leben. Sie wandern wie zwei verfluchte Unholde ruhelos im Irrsinn hinter den Eisenstäben her und hin und hin und her; wie ein ruhelos fragender Gedanke im Hirn, der keinen Ausweg finden kann. Der Käfig hat wohl nicht mehr als vier Meter Breite und zwei Meter Tiefe. Der Boden ist mit schmutzigem Sande bedeckt. Die Hyänen halten ihre Hälse gestreckt; sie lauern gespannt in den Wahnsinn hinein; ihre Lichter sind blutunterlaufen und lauern tückisch und matt. Man erzählte mir, daß ich als kleiner Knabe geschrien habe, sooft ich in die Nähe dieses Käfigs kam.

Ich entsinne mich, daß man mich zur Strafe zwang, stillzustehn und den Hyänen in ihre kranken Augen zu blicken. Das war wie Versinken in Höllengrauen. Es läuft mir noch den Rücken entlang, wenn ich es mir vergegenwärtige. In der Schule erzählte ein Lehrer, daß die Hyänen bei Nacht und von Leichen leben und überall erscheinen, wo sie Aas wittern. Zu feige, um selber zu morden, hängen sie sich doch an die Spur der mörderisch schönen Raubtierkolosse und nähren sich grausam im Dunkel der Nacht von verwesendem Luder.

So stellte ich als Kind mir die Hyänen immer vor: bei Nacht auf Kirchhöfen Leichen aufscharrend. Ich konnte ihren Blick nicht ertragen; nicht weil ich mich davor fürchtete, sondern weil dies Stück Seele, wenn ich darein versank, sofort wie Gift abgestoßen und ausgestoßen wurde. Am gräßlichsten aber war mir ihr Anblick nachmittags, wenn die Stunde der Fütterung nahte. Dann bemächtigte sich der Tiere ein Irrsinn, dem sie hilflos ausgeliefert waren. Sie jagten in irrer Gier fortdauernd die paar Schritte auf und ab. Der Sand stob empor und bildete eine Wolke. Das dauerte, bis der Wärter kam und ihrem Wahnsinn ein Stück blutigen Kadavers hinwarf . . .

Diese Eindrücke aus der Kindheit waren schon zu Träumen verblaßt in der Zeit, wo ich als Student oft vor die Hyänen trat und sie ruhig erforschte. Sie waren mir immer noch das abstoßendste Stück Leben, abstoßender selbst als die Totenkopfgeier und die rätselhaften Schlangen. Aber ich erinnere mich noch des Augenblicks, wo mir vor diesem Hyänenkäfig im Zoologischen Garten der Gedanke aufging, den ich dann jahrelang nicht verloren habe. »Jedes Tier«, so sagte ich mir, »ist das unmittelbare Gestaltbild seines Wollens und seiner Triebballung. Ein schönes und starkes Wollen, wie das des Tigers, offenbart sich als schöne, starke Gestalt. Aber wenn ein Geschöpf feige, heimtückisch, perfid, schleichend denkt, wie diese Hyänen, so muß es auch diesen geduckten, verbrecherischen Gang, diese nachtäugigen Lichter, diese kleine Mörderstirn haben. Die Natur lügt nicht. Hier zeigt sie den gestaltgewordenen Leichenraub. Und weil sie sich von Aas nähren, so sehen sie selber aus wie verschimmelnde Leichen, scheckig und wie für die Gruben des Schinders bestimmt. Darum stinken sie abscheulich und ducken sich durchs Leben, schielend wie das böse Gewissen. Das ist der Ausdruck geschlechterlangen schlimmen Tuns; ein leibgewonnener Meuchelmord.«

Dabei beruhigte ich mich lange.

Einmal aber kam mir vor demselben Käfig ein ganz anderer Einfall. Ein Problem ging mir auf, daran ich noch heute grüble. Sollten diese Tiere wirklich so fluchwürdig häßlich sein, weil sie geschlechterlang immer Fluchwürdiges und Häßliches taten? Könnte nicht gerade umgekehrt dieses hier eine Seele sein, verflucht, das Häßliche tun zu müssen, darum, weil sie häßlich ist? Bangestes aller Rätsel! Was ist das erste? Ist Gestalt, Charakter, Typus der Ausdruck und Niederschlag einer Tatenreihe? Oder ist umgekehrt alles Tun und damit auch alles Schicksal nur das notwendige Ausleben eines verfluchten und gehaßten Geschlechts . . .? Von Stunde an war mein Kindergefühl verflogen. Die Hyänen waren mir nur noch schauerlich, aber nicht mehr abstoßend und abscheulich. Sie schienen mir belastete Lebensmächte, unerlöst und unerlösbar: verdammt, in dieser Welt schöner Tagesgestalten, heimtückisch und mitternächtig, gleich der Erichtho, zu hausen; von allen gemieden und zur Häßlichkeit vorbestimmt. Ich fühlte nicht mehr wie als Kind: »Wer so aussieht, der muß ja Garstiges tun. Er kann nicht anders.«

Von diesem Gefühl des Schauders vor dem Verbrechen als Sternenverhängnis ist es aber gar nicht mehr weit bis zum Mitleid für den zum Tragen seiner Schuld Verdammten. Freilich so weit brachte ich es nie, wie der Hindu vor den Hyänen zu sagen: »tatwamasi«. Ich vermochte nie zu fühlen, daß in dem ewigen Gestaltenwandel der Lebenskeime auch ich selbst einmal wiederkehren werde als diese leibgewordene Gier nach Schändung und Mord; lieber (so dachte ich oft) möge aller Lebenswille der Erde erlöschen, nein, lieber will ich mit Jesus künftig das leidendste aller Leidensschicksale auf mich nehmen als verflucht sein, als ein solches Stück Bosheit leben zu müssen.

Da kam Jahre später ein Erlebnis, bei dessen Erinnerung mir fast Tränen aufstoßen.

Ich sah – was ich nie für möglich gehalten hätte – ein paar dressierte Hyänen. Ein wunderbarer Mann, ein ganz einfacher, hatte mit unendlicher Geduld, mit unbegreiflicher Selbstlosigkeit es über sich vermocht, ein paar junge Hyänen zu seinen täglichen Lebensgefährten zu wählen. Er streichelte sie, küßte sie, ohne Grauen, ohne Ekel, und diese Geschöpfe wurden wie ein paar zahme, junge Hauskatzen, zutunlich, gutartig, freundlich; und sie schienen mir nicht einmal mehr ganz häßlich; sie trugen ihre Nacken nicht mehr gebeugt, sie blickten nicht mehr verprügelt, getreten, sie hatten klare, gute Augen.

So war denn also auch dieser zum Grausamen verfluchte Dämon nicht völlig unerlösbar? Und wie sollte ich das nennen, was diese Erlösung zuwege brachte? Es ließ sich doch nur *Liebe* nennen. Und wieder hatte sich mein altes Kinderproblem verwandelt.

Wenn ich als Mann vor den Käfig mit den Hyänen trete (und ich stehe oft und gern davor und spüre weder mehr den Ekel des Kindes noch auch das Grauen aus den Jünglingsjahren), so denke ich: »Jahrtausendelang zu Untat verdammte, zu Irrsinn niedergetretene Natur, auch du bist nicht ganz unheilbar, wenn einst der

Heiland kommt für euch Tiere. Dann gibt es hoffentlich keine Käfige und keine zoologischen Gärten und keinen vor Hyänenkäfigen grübelnden Philosophen mehr ...«

Ich verstehe jetzt die Geschichte, die der letzte große Weise, die der erst vor wenig Jahren verstorbene Swami Vivekananda erzählte: Zu einem Ganzvollendeten kommt ein Unglücklicher, den die Kobra gebissen hat, und klagt die gräßliche Schlange an; aber der Ganzvollendete erwidert: »Du hast wohl nicht die ganze Schlangenwelt mit ganzer Seele geliebt.« Ich verstehe jetzt den Satz der Mystik: »Wenn wir das Wasser liebten als uns selbst, so würden wir nicht ertrinken. Wenn wir das Feuer liebten als uns selbst, so würden wir nicht verbrennen.« Damit aber entstand mir wieder ein ganz anderes Rätsel. Warum wird es mir auf ewig unmöglich bleiben, auch die Hyänen zu lieben »als mich selbst?« Und nun möchte ich jetzt als Alternder glauben, daß das Kindheitserlebnis vor den Hyänen doch das richtigste und tiefste gewesen ist. Nur meine Ausdeutung war falsch. Nicht den Hyänen und ihrer gräßlichen Natur galt der Ekel und das Grauen. Er galt (und damals war ich ein schuldloses Kind) mir selber. Er galt: *meiner* Schuld. Ich wußte damals, daß das unerlösbar Grauenhafte in der Natur aus dem Menschen selber, aus der menschlichen Ur-Schuld entsprang. Gerade darum, weil ich nicht restlos lieben kann, gerade darum ist auch Vebrechen in der Welt. Die gräßliche Physiognomie dieser Tiere: es ist mein Antlitz, es ist mein Antlitz. Davor schrie ich immer als Kind. So bin ich denn schließlich doch noch hingelangt zum »tatwamasi« der Hindu? Ach, mir scheint, es liegt nicht allzuferne auch dem gerade entgegengesetzten christlichen Lebensgefühl. Denn jetzt im Alter stehe ich oft vor dem Käfig der Hyänen, sehe den Tieren wissend in die kranken Augen und sage zu ihnen: »Es ist meine Schuld. *Meine* Schuld. Ich weiß, ich weiß ...«

Tania Blixen

Giraffen reisen nach Hamburg

In Mombasa wohnte ich im Hause des Scheichs Ali bin Salim, des Liwali der Küste, eines gastfreundlichen, höflichen alten, arabischen Edelmannes ...

Mombasa sieht nicht anders aus, als wie ein Kind das Paradies

zeichnen würde. Der tiefe Meeresarm, der die Insel umspült, bietet einen idealen Hafen, das Land besteht aus weißlichem Korallenfels, der von breiten, grünen Mangobäumen und phantastischen, verwegenen grauen Affenbrotbäumen bestanden ist. Das Meer bei Mombasa ist blau wie eine Kornblume, und draußen vor der Hafeneinfahrt zeichnen die langen Brecher des Indischen Ozeans einen feinen, welligen, weißen Strich; sie grollen leise auch beim ruhigsten Wetter ...

Die flammende, rote Akazie blüht in den Gärten von Mombasa; unwahrscheinlich ist die Leuchtkraft der Farbe und die Zartheit des Laubes. Die Sonne dörrt und sengt Mombasa, die Luft ist salzgesättigt, täglich trägt der Wind vom Osten frische Vorräte salziger Lake herzu, die Erde selbst ist salzig und bringt nur wenig Gras hervor, der Boden ist kahl wie ein Tanzplatz. Aber die uralten Mangobäume haben ein dichtes, dunkelgrünes Laub und spenden

den Segen des Schattens, sie umgeben ein Becken dunkler Kühle mit ihrem Gezweig ...

Im Hafen von Mombasa lag ein schäbiger deutscher Frachtdampfer zur Heimfahrt bereit. Ich kam an ihm vorüber, wenn ich auf Ali bin Salims Boot mit seinen Suaheliruderern zur Insel und zurück übersetzte. Auf Deck stand ein hoher hölzerner Verschlag, und über den Rand des Verschlags lugten die Köpfe zweier Giraffen. Sie kamen, wie mir Farah, der an Bord gewesen war, erzählte, von Portugiesisch-Ostafrika und gingen nach Hamburg an eine reisende Tierschau.

Die Giraffen wandten ihre zarten Köpfe hierhin und dorthin, als seien sie höchlich überrascht, wozu sie auch allen Grund hatten. Sie hatten das Meer noch nie gesehen. Der enge Verschlag bot ihnen nur Raum genug zum Stehen. Die Welt war plötzlich geschrumpft, hatte sich ringsum verändert und verengt.

Sie kannten und ahnten die Demütigung nicht, der sie entgegenfuhren. Denn sie waren stolze und arglose Geschöpfe, edle Wanderer der großen Steppen, sie wußten nichts von Gefangenschaft, Kälte, Gestank, Rauch und Räude, nichts von der Langweile einer Welt, in der sich nichts ereignet. Menschenscharen in dunklen, übelriechenden Kleidern werden von den windigen, eisigen Straßen hereinkommen und die Giraffen anstarren und die Überlegenheit des Menschen über die stumme Kreatur fühlen. Sie werden lachend mit den Fingern auf die langen, dünnen Hälse zeigen, wenn sich die anmutigen, geduldigen, rauchgrauäugigen Köpfe über das Gitter der Menagerie strecken, in der sie so unmäßig hoch wirken. Die Kinder werden sich bei ihrem Anblick fürchten und schreien, oder sie werden sie liebgewinnen und ihnen Brot geben. Dann werden auch die Väter und Mütter finden, daß die Giraffen liebe Tiere sind, und werden meinen, wunder wie gut sie zu ihnen seien. Werden die Giraffen in den vielen Jahren, die vor ihnen liegen, wohl je von ihrer verlorenen Heimat träumen? Wo mag sie sein, wohin sind sie verschwunden, die Weiden und die Dornbäume, die Flüsse und die Wassertümpel und die blauen Berge? Die hohe sanfte Luft über den Steppen ist fort und verflogen. Wo sind die anderen Giraffen hingekommen, die bei ihnen waren, als sie aufbrachen und dahingaloppierten über die wellige Ebene? Fort sind sie alle, geflohen und kommen wohl nie zurück.

Und in der Nacht – wo ist wohl der Mond?

Die Giraffen kommen zu sich und erwachen in der Karawane der Wanderschau, in ihrem engen Stall, in dem es nach modrigem Stroh und Bier riecht.

Lebt wohl, lebt wohl, ich wünsche euch, ihr möchtet auf der Reise sterben, alle beide, damit keiner von den zwei zierlichen, edlen Köpfen, die sich jetzt staunend über den Rand des Verschlags in den Himmel von Mombasa recken, dazu verurteilt werde, einsam hin und her und hin und her zu schauen im fremden Hamburg, wo kein Mensch etwas von Afrika weiß.

Und wir Menschen – wir müssen schon jemand finden, der sich ganz arg gegen uns versündigt hat, ehe wir die Giraffen reinen Herzens bitten können, uns unsere Sünde zu vergeben.

Edmond Jabés

Die Giraffe (I)

Im Schlaf
eine Giraffe
Dem Hals entlang
als lebendiges Band
unsre verlorenen Augen
Sie schreitet
das Schweigen ab
Schläft auf verschwiegenen
Gestirnen Am Tag spricht
sie zu den Wolken

Die Giraffe (II)

Mitten im Zoo
eine Giraffe
Der vorüberziehende Vogel
fügt ihrem Hals
einen Schattenriss zu
Vom Erden- bis zum Himmelsgrund
ist das Kraut der Hunger
und die Sprache

Cyrus Atabay

Das Lama

Die Idee der Gleichheit, wenn man will eine demokratische Idee, wurde in Peru von dem Lama eingeführt. Als nämlich die Indios den Einfall hatten, das Lama als Lasttier zu benutzen, stellte sich ein unvorhergesehener Widerstand ein: Das Lama biß, spuckte, fauchte und schlug aus, wenn man ihm zumutete, ganz allein beladen zu werden. Es paßte genau auf, ob auch seine Kumpane beladen wurden, sonst ließ es sich gar keine Last gefallen. Man mußte die Tiere so zusammenstellen, daß eins das andere beobachten konnte, dann nahmen alle bereitwillig ihre Bürde auf sich. Jedes einzelne Lama weiß genau, wieviel es tragen kann, und weder mit Strenge, noch mit Schmeichelei, könnte man ihm auch nur ein Pfund mehr aufpacken, als es selbst als seine richtige Last anerkennt.

Dieser stillen Revolution verdanken die Indios ihre Gesellschaftsordnung.

Rajzel Zychlinski

Das Kamel

Ich war nie in der Wüste,
aber ich hab das Kamel gesehn,
da kenn ich die Wüste.

Ich hab seine trocknen Hufe gesehn,
da kenn ich den Sand.

Ich hab seine Höcker berührt –
da kenn ich die fernen Berge.

Ich kenn die windigen, einsamen Kastelle,
das Kamel hat seinen Hals
zu mir gewendet.

Ludwig Strauß

Kamelherde

Nieder den grauen, im Lichte schwindenden Berghang zur Tränke
Rennt immer schneller gezogen die Herde, mit strebenden Hälsen,
Große Vogelleiber, auf hohen Beinen gewiegte,
Weichen Laufs und tanzenden Sprungs, die Quelle schon feiernd,
Die sie im Talgrund erharrt. Von hellster zu dunkelster Bräune
Spielt übern blinden Karst die runde, lebendige Tierheit,
Aber inmitten sieh: das Eine, fleckenlos weiße,
Nicht von der Erde, aus seligem Nichts, umrissene Reinheit,
Wandelnde, schaukelnde Lücke im stofflichen Raum, mit den andern
Unschuldig immer verschwistert und wird doch, wenn sie sich sammeln,
In ihrer Mauer ein Fenster – wohin? Ein offenes Fenster.

Yussuf Idris

Der Trug

Für jedes Mal muß es ein erstes Mal geben, und das erste Mal war es nachts. Da war der Mond, und er strahlte eine silbrige Ruhe aus. Und die Quelle war klar, das Wasser rann langsam dahin. Ich neigte mich und streckte meine Hand aus. Als die kühlen glitzernden

Tropfen meinen Mund erreichten, sah ich neben meinem in Licht und Schatten auf und nieder schaukelnden Bild und dem des schwankenden Mondes das Bild eines anderen Kopfes, schmal und nach vorn gestreckt, als hätte eine Hand die Züge gewaltsam verzerrt, einen schmalen Kopf mit einem waagerechten Schlitz von erschreckender Größe und – als genüge das nicht – mit einem senkrechten. Wahrhaftig, der Kopf eines Kamels. Ohne Geräusch. Ohne Laut. Ohne Regung.

Plötzlich war der Kopf da. Er schaute nicht einmal wirklich, sondern so, als sähe er mich nicht oder als wäre ich gar nicht da. Ich hatte Angst, er könnte mich plötzlich sehen, sich auf mich stürzen, mich beißen. Aber nein, ganz und gar nicht. In seinen Augen lag weder Zorn noch Erregung. Da war nichts. Nur große Augen, nach vorn gerichtet. Und vorn war nichts.

Obwohl ich sicher war, nicht zu träumen, sagte ich mir, es sei nur ein Tagtraum, eine Vision, eine Halluzination, die sich nie wiederholen würde. Am Morgen bestieg ich den Bus. Das Gedränge war zum Ersticken. Plötzlich sah ich, wie der stumme, unbewegliche Kopf auf uns herabschaute. Sein Anblick allein genügte, Schrecken zu verbreiten – oder zumindest Unruhe. Aber es war sonderbar, daß nur einige wenige Fahrgäste aufmerksam wurden. Die meisten blieben gleichgültig. Und obwohl ich mich nicht wunderte, stieg doch langsam ein Gefühl in mir auf, für das ich bei den Alten keine Beschreibung finde. Vielleicht haben sie es nicht gekannt oder dafür keinen Namen gefunden. Aber das Gefühl war schließlich da, wurde aufdringlich, und so redete ich darüber mit meinen Kollegen im Büro und mit meinen Freunden.

Es war deutlich, daß sie seit langem unter dem gleichen Gefühl leiden, und daß ihnen der Kamelkopf überall und zu jeder Stunde erscheint. Die Diskussionen griffen um sich und nahmen kein Ende, und erstaunlich war, daß der größte Teil der Diskussion in seiner Gegenwart stattfand. Er schaute auf uns von der Tür, die zum Büro des Amtsdirektors führte. Er schaute immer in derselben Weise von oben herab, vor uns starrte er schweigend und regungslos, und in seinen Augen lag alles und nichts.

Ich selbst zweifle gelegentlich beinahe an meinem Verstand und an meinen Sinnen und lehne ab, zu glauben, was ich sehe und was die anderen gleichzeitig wahrnehmen. Es muß da einen Fehler geben. Die Wissenschaft, der Verstand lehnt es ab, aber schrecklicherweise ist es da und geschieht.

Alles, was dabei bewirkt wird, ist, daß mit jedem Anfall sein

Erscheinen häufiger wird, so daß ich ihn überall sehe, wohin immer ich mich wende, laufe, gehe, auf allen Seiten, vorn und hinten, links und rechts, und nicht nur dort – das ist das Furchtbarste – ich sehe ihn manchmal auch in mir selbst, mit starrem, nach vorn gerichtetem Blick ohne Wimpernschlag, in meinem geheimen Innersten – und nicht nur dort. Manchmal sehe ich ihn in meiner Kindheit, wie er auf meine Mutter herabschaut, die mich gebiert, oder auf meinen Vater, der mich zeugt.

Was soll ich tun? Vielleicht sind wir krank, sind wir alle krank. An irgendeinem Tag ist unserer Phantasie etwas zugestoßen, das Male in der Form eines Kamelkopfes hinterließ – oder vielleicht ist es noch etwas anderes. Vielleicht liegt es in der Entwicklung. Ja die Entwicklung des Menschen hat die Phase erreicht, in der der Kamelkopf dem Menschen erscheinen muß. Was können wir tun, außer den Kamelkopf sehen? Er sieht uns nicht, aber wir sehen ihn. Jetzt, ohne daß ich meinen Kopf hebe, bin sich sicher, daß der Kamelkopf auf mich herabschaut. Dieser große, schmale Kopf mit den mächtigen, gedunsenen Lippen . . .

Ich sehe das Kamel, geführt von seinem Besitzer, in einem bedächtigen Gang, als wäre jeder Schritt ein Ereignis und fortschreitende Geschichte. Dann, ohne Übergang, ohne Kampf, ohne Täter, ohne Schuß oder Waffe, absolut ohne Ursache, fällt der Mann mit dem weißen Gewand um, fällt tot um. Das Kamel flüchtet aber nicht. Es bleibt stehen. Seine Zügel hängen herab, es schaut von oben herunter und zugleich nach vorn, mit einem Blick, der alles und nichts umfaßt, mit einem starren, undurchdringlichen Blick, als sei es immer da gewesen und bliebe für immer . . .

Gotthold Ephraim Lessing

Auf den Tod eines Affen

Hier liegt er nun, der kleine, liebe Pavian,
Der uns so manches nachgetan!
Ich wette, was er itzt getan,
Tun wir ihm alle nach, dem lieben Pavian.

Grabschrift auf ebendenselben

Hier faulet Mimulus, ein Affe.
Und leider! leider! welch ein Affe!
So zahm, als in der Welt kein Affe;
So rein, als in der Welt kein Affe;
So keusch, als in der Welt kein Affe;
So ernst, als in der Welt kein Affe;
So ohne Falsch. O welch ein Affe!
Damit ichs kurz zusammen raffe:
Ein ganz originaler Affe.

Georg Heym

Der Affe

Er zittert oben hoch auf dem Kamel
In einem roten Rock auf seinem Brette.
Er klettert schnell herab auf den Befehl
Und schleift am Fuße nach die dünne Kette.

Er hüpft auf einem Bein. Er schlägt behende
Das Tamburin und bläst auf der Schalmei.
Dann geht er ab den Kreis und streckt die Hände
Nach Pfennigen aus, und dankt wie ein Lakai.

In seinem Auge rollt ein Feuer, weiß
Kalt wie ein Frosch, und seine Stirn gerinnt
In viele Runzeln, wie ein Greis
Uralt, und wie ein neugebornes Kind.

Hans Morgenthaler

Affen

Ich gehe jetzt oft in den Park zu den Affen
Um sie, und in ihnen mich, zu begaffen,
Um mich an ihren Possen zu messen,

Um Hochschulweisheiten zu vergessen.
Sie haben vermöbelte, hohle Gesichter
Wie stark frequentiertes Hurengelichter,
Wie überpotente moderne Dichter,
Wie nachts überraschte Bösewichter.
Ob Sonne scheint, oder ob Vollmond glänze,
Sie machen ungeniert ihre Tänze,
Lieben und stellen einander die Schwänze.
Drum geht es ihnen so gut!
Sie haben noch den natürlichen Mut:
Turnen und piepsen und klettern scharmant,
Fressen noch aus der ungewaschenen Hand,
Lausen einander am Arm, und daneben
Ahnen sie wenig vom höheren Leben . . .

Gestern nun, während die Affen piepsten,
Gedachte ich plötzlich meiner Liebsten,
Die, meinen Bauch lausend,
Mich meinetwegen blutig zerzausend,
Mir Ehre, Seele und Freiheit mausend,
Ich dennoch gerne ertrüge,
Wenn nur endlich einmal
Vor Not und vor Qual,
Vor Einsamkeit und in tiefem Leid
Mein Herz nicht mehr ungeliebt schlüge.

Regina Ullmann

Von einem Affen und einer Kokosnuß

Ich saß stundenlang unter seinem Baum und rief ihm zu und sprach mit ihm, aber er war so voll Eigensinn, daß er nicht einmal bemerkte, daß ich ihm etwas schenken wollte. Er sah auf mich herab und glotzte mit seinen runden Augen in meine Menschenaugen. Ich schaute ihn innig und freundschaftlich an und sagte mit meinem stummen Blick: »Du Affe, es handelt sich nur um eine Kokosnuß. Ich hab' sie dir geöffnet, hol' sie dir von der Erde!« Er sah die Nuß und sah sie nicht. Er putzte seine Ellenbogen und war ganz und gar mit sich beschäftigt und dachte sich, die Kokosnuß gehört zu meinem Reich. Es eilte ihm gar nicht, herabzusteigen, es währte Stunden, bis er daran dachte. Die Erde wurde zum hohlen Gefäß ihm, da ein Mensch sie ihm darreichte. Ich blieb unter dem Baume und wartete. Die Nacht kam; ich schlief und träumte von einem Tier, das klettern, fliegen und springen konnte.

Da war die Nacht vorbei. Der Morgen kam grau und kühl und der Affe glich dem Morgen um ein Haar in seiner Lebensruhe.

Ich lag auf der Erde und schaute der Sonne zu, wie sie die Erde verschlang. Die Vögel schrien schon lange. Nur mein Affe schlief noch.

Die weiße, geöffnete Kokosnuß lag verlockend da für ein so durstiges Leben, wie ein Affe ist. Aber er schlief noch und schlief in den hellen Morgen.

Vielleicht wartet er nur. Ich hatte so viel Geduld, daß ich mir groß vorkam – wie ein Herrscher über diese Urwaldeinsamkeit. Es kroch und flog und huschte. In einem nahen Flusse sang es Namen. Endlose Namen von Menschen und Tieren und doch dürstete es mich viel mehr mit diesem Wesen Affe in Freundschaft und Einigkeit zu treten, als diesen Tag in Ruhe und Unabhängigkeit zu leben.

Da hielt mich eine Hand und noch eine, zwei haarige Arme. Eine Schnauze schnupperte an meinem Kopfe.

Ich wehrte mich. Der Affe griff mich fester. Er wollte mich emporziehen auf seinen Baum. Er sprang herab und drückte mich an sich. Er schrie und wütete und biß mich. Als er aber sah, daß er vergebens hoffte, mich auf den Baum hinaufzuziehen, besann er sich und lief auf vier Füßen in den Urwald hinein.

Wisława Szymborska

Die zwei Affen von Breughel

So sieht mein großer Traum vor der Reifeprüfung aus:
im Fenster sitzen zwei angekettete Affen,
hinter dem Fenster segelt der Himmel
und badet das Meer.

Ich werde geprüft in Menschheitsgeschichte.
Ich stottere und stocke.

Der eine Affe betrachtet mich, hört mir ironisch zu,
der andere schlummert scheinbar –
erst als die Frage fällt, das Schweigen einsetzt,
sagt er mir vor
mit leisem Klirren der Kette.

D. J. Enright

Der Affe kommt in die Stadt

Heuer ist wieder einmal ein Affenjahr.
Ich bin in einem Affenjahr geboren –
man wird doch ein wenig von sich selbst reden dürfen,
wenn man sein Jahr hat?

Affen sind wie Dichter – mehr als menschlich.
Und darum nimmt man uns auch weiter nicht ernst.
Nicht ernstgenommen zu werden ist recht schmerzlich.
In einen Winkel meines Käfigs begab ich mich, geheimnisvoll,
und mir kamen traurige Gedanken. (Vielleicht waren sie tief.)
Große Augen, feucht von einer lange zögernden Träne, meine dünnen Hände
stützten den schweren Kopf, daß er nicht herabsank im Schlaf.

Doch selbst Langweile langweilte mich. Ich warf mich von Stange
zu Stange, baumelte am schmerzenden Schwanz, schnatterte und grunzte

mit allem erwarteten Mangel an feiner Gesittung.
Was immer du tust, das tue recht: Daher suchte ich
gierig nach Flöhen, die ich genau gesehen gar nicht habe.

Training tut immer gut. Daruma verlor seine Beine,
da er zu lang meditierte. So nahm er Schaden.
Jetzt gilt er als Heiliger und dient als Briefbeschwerer.
»Gott sei gelobt für den Affen«, so sprach ein freundlicher
Zuschauer
und ging rückwärts aufs Tor zu,
»der Affe bewahrt uns davor, uns selbst zu tragisch zu nehmen!«

Daraufhin rückte er die Krawatte zurecht und murmelte etwas
von einer wichtigen Sitzung . . .
Man kann auch zuviel trainieren. Ich ging in meine Nische zurück,
machte mein Denkergesicht, traurig und mitleidvoll.
Wies stolz eine Banane zurück. Litt die ganze Nacht das Jucken des
Hungers.

Doch in der nächsten Stadt – wer weiß?
Vielleicht wird es Sie interessieren, daß mein Name
auf chinesisch (freilich kann ich es nicht schreiben,
bin ungebildeter als andere aus der Herde)
den Sinn hat: »Der Affe kommt in die Stadt.« Gewiß wird
mein Name auf unseren Plakaten zu lesen sein – dort
unten, gleich nach den Darbietungen des Pekinesen.
Es müßte der Stadt klargemacht werden, daß ich komme.
Das nächste Jahr gehört dem Hahn.

Charles Marie Leconte de Lisle

Die Elefanten

Der rote Sand ist wie das Meer, das grell entzündet
In endlos weiter Flucht glatt hingedehnt sich sonnt.
Ein toter Wogenzug streift fern den Horizont,
Wo dunkler Rauch den Sitz von Menschen wirbelnd kündet.

Kein Leben rings; kein Laut. Die Löwen alle schlafen
In ihren Höhlen jetzt, wohl hundert Meilen weit;
An blauen Quellen stehn Giraffen trunkbereit,
Dort, unter Palmen, wo sich oft schon Panther trafen.

Kein einzger Vogel peitscht im Flug mit seinen Schwingen
Die schwüle Luft, in der die Glut der Sonne blitzt.
Nur eine Boa krümmt zuweilen, schlaferhitzt
Den schuppenreichen Balg, von dem die Funken springen.

So flammt der weite Raum im prallen Sonnenbade;
Doch während alles sonst in dumpfer Stille ruht,
Ziehn Elefanten laut, mit schwerem, trägem Blut,
Dem Heimatlande zu auf dürrem Wüstenpfade.

An einem fernen Punkt gleich dunklen, grauen Massen
Erscheinen sie, den Staub aufwirbelnd, und man sieht,
Wie sich ihr plumper Fuß, der immer gradaus zieht,
Durch Dünen, stets zerstampft, hindurchbricht seine Gassen.

An ihrer Spitze zieht ihr Häuptling, alt, bedächtig,
Den Leib zerschründet wie ein zeitzernagter Stumpf;
Sein Haupt ist wie ein Fels, und spielend wölbt sein Rumpf
Mit kleinstem Kraftaufwand die Wirbelsäule mächtig.

So, ohne je den Schritt zu treiben, zu verhalten,
Führt er die Brüder heil ins angestammte Land;
Sie höhlen unter sich zu Furchen tief den Sand
Und folgen Pilgern gleich, schwerfälligen, dem Alten.

Das Ohr in Fächerform, ziehn sie, mit ungestreckten
Rüsseln, geschloßnen Aug's. Es bebt und dampft ihr Bauch,

Ihr Schweiß steigt in die Luft, die brennende, wie Rauch,
Und es umsummen rings sie glühende Insekten.

Was kümmert sie der Durst, die wilde Gier der Mücken,
Die Glut, die ihren Leib, den schwarzgerißnen, kocht?
Sie sehn im Wandertraum das Land, das sie gemocht,
Den schönen Feigenwald, den Schutz vor allen Tücken.

Einst werden sie den Strom der Berge wieder grüßen,
In welchem mit Gebrüll das ries'ge Flußpferd schwimmt,
Zu dem sie mondgebleicht, weitschattend, trunkgestimmt
Hinzogen, Rohr und Schilf zermalmend mit den Füßen.

So sieht man furchtlos sie mit stetem Gang sich winden
Gleich einem schwarzen Streif durch unbegrenzten Sand;
Und wieder totenstill liegt weithin alles Land,
Wenn sie mit plumpem Tritt am Horizont verschwinden.

Nikolai Gumiljow

Der kleine Elefant

Ihn sehn, ihn lieben: ihn den Elefanten,
Der in Berlin, vielleicht auch in Paris
Zur Welt gekommen, seine ersten Schritte
Bastweich in seines Wärters Zimmer setzte.

Ihn kannst du nicht mit Semmeln an dich locken
Und nicht mit einem Kohlblatt. Mandarinen
Liebt er, geschält und Teil für Teil serviert,
Und Zuckerstückchen oder auch Konfekt.

Tut er dir leid in seinem engen Zwinger,
Wo Ladenschwengel, die's nicht besser wissen,
Zigarrenrauch in seinen Rüssel blasen,
Erschreckend ihn mit brüllendem Gelächter.

O fürchte nicht, es käm für ihn ein Tag,
An dem er sich von seiner Kette reißt,

Um auf den Straßen wie ein tolles Auto
An Häuserwänden Menschen zu zerquetschen!

Nein, träume ihn dir so: daß eines Morgens
Er mit Brokat behängt, mit Straußenfedern
Wie jene Alpenüberwinder loszieht,
Mit denen Hannibal einst Rom erschüttert.

Bertolt Brecht

Herrn K.s Lieblingstier

Als Herr K. gefragt wurde, welches Tier er vor allen schätze, nannte er den Elefanten und begründete dies so: Der Elefant vereint List mit Stärke. Das ist nicht die kümmerliche List, die ausreicht, einer Nachstellung zu entgehen oder ein Essen zu ergattern, indem man nicht auffällt, sondern die List, welcher die Stärke für große Unternehmungen zur Verfügung steht. Wo dieses Tier war, führt eine breite Spur. Dennoch ist es gutmütig, es versteht Spaß. Es ist ein guter Freund, wie es ein guter Feind ist. Sehr groß und schwer, ist es doch auch sehr schnell. Sein Rüssel führt einem enormen Körper auch die kleinsten Speisen zu, auch Nüsse. Seine Ohren sind verstellbar: Er hört nur, was ihm paßt. Er wird auch sehr alt. Er ist auch gesellig, und dies nicht nur zu Elefanten. Überall ist er sowohl beliebt als auch gefürchtet. Eine gewisse Komik macht es möglich, daß er sogar verehrt werden kann. Er hat eine dicke Haut, darin zerbrechen die Messer; aber sein Gemüt ist zart. Er kann traurig werden. Er kann zornig werden. Er tanzt gern. Er stirbt im Dickicht. Er liebt Kinder und andere kleine Tiere. Er ist grau und fällt nur durch seine Masse auf. Er ist nicht eßbar. Er kann gut arbeiten. Er trinkt gern und wird fröhlich. Er tut etwas für die Kunst: Er liefert Elfenbein.

Joachim Ringelnatz

Dickhäuter

Ein Elefant von vorn sieht fast
So aus wie ein Nilpferd von rückwärts.
Sie tragen beide schwere Last,
Manchmal pechwärts und manchmal glückwärts.

Sie tragen unter zementiger Haut
Viel Weiches und viel Zartes.
Wer richtig in ihren Rachen schaut,
Gewahrt es.

Sie lassen von Leuten, die außen weich,
Innen hart sind, sich erschießen.
Ich glaube: Ihr kommt ins Himmelreich,
Ihr Riesen!

Juan José Arreola

Der Elefant

Er kommt aus der Tiefe der Zeiten und ist, eingewickelt in seine Segeltuchplane, das letzte auf der Erde lebende Modell einer schwerfälligen Maschine. Er wirkt kolossal, weil er aus reinen, lebenden Zellen gebaut und mit Intelligenz und Gedächtnis ausgestattet ist. In seiner massigen Körperlichkeit funktionieren die fünf Sinne wie Präzisionsgeräte, denen nichts entgeht. Zwar sind sie heute wegen ihres ererbten hohen Alters von Geburt an unbehaart, aber das sibirische Eis hat einige wollhaarige Exemplare freigegeben. Vor wieviel Jahren haben die Elefanten wohl ihre Behaarung verloren? Statt nachzurechnen, gehen wir doch alle in den Zirkus und spielen, wir seien die Enkel des Elefanten, dieses kindlichen Großvaters, der jetzt zum Takt einer Polka hin und her schwankt ...

Nein. Sprechen wir besser vom Elfenbein. Diese edle, harte und ebenmäßige Substanz drücken die Dickhäuter auf geheimnisvolle Weise mit dem ganzen Gewicht ihres Körpers heraus, gewissermaßen als stofflichen Ausdruck ihres Denkens. Jenes Elfenbein, das aus dem Kopf tritt und im freien Raum zwei gebogene, helle Stalaktiten beschreibt. In sie hat die geduldige Phantasie der Chinesen alle bildhaften Träume des Elefanten geschnitzt.

Ludwig Fels

Das Rhinozeros und sein Schatten im Wind

Das Rhinozeros ist ein Riese von Tier
und darum so beliebt als toter Koloß,
heute so selten vorkommend wie einst wir
in der Geschichte der Zukunft.

In allen Büchern, die ich habe, sind die Rhinozerosse schon ausgestorben. Sie werden nicht mehr erwähnt. Sie waren, kann ich mich erinnern, »standorttreu mit festen Kotabsatzstellen«.

In den Städten verwest der Kot unterirdisch. Der Tod wird im Wasser erstickt. Die blutige Träne beseitigt der Laboratoriumskalfaktor.

Das Rhinozeros steht neben meinen Bett, es ist gut so, und wirft einen glühendroten Schatten, und ich träume von seiner Vermehrungswut und hoffe im Hintergrund des Kopfes, daß kein Schuß mich weckt. Es reißt das Maul auf. Ich sehe kein Blut, kein totes Tier in seinem Schlund. Es ist tröstlich, daß es meine traurigen Gedanken nicht wittern kann. Es beobachtet mich argwöhnisch, sobald ich im Schlaf herumgeworfen werde; die Augen sind klein, damit es vom Wasser der Tümpel nicht geblendet wird, die Lider sind zusammengebackene Lehmplättchen. Der übrige Körper ist fast zu groß für eine Beschreibung. Er wird zusammengeschossen. Dann ist es leicht, dann legt man Worte auf die Wunden, immer nur Worte, mitleidige Worte, zählt die Einschußlöcher, die weggefetzten Panzerbrocken. Ich weiß, es wird die Zeit kommen, da auch noch die Bilder, die wir von den Tieren haben, ausgerottet werden. Die Jagd nach den Bildern der Tiere.

Das Horn des Nashorns dient dazu, den Feind aus dem Weg zu schleudern, es eignet sich aber auch dazu, Vögel aus dem Flug zu locken, die, darauf landend, ihre Schnäbel daran wetzen, was, wie ich glaube, ein helles, schleifendes Geräusch erzeugt, so, als kröchen menschliche Skelette durchs Gebirge, Verhungerte; endlich findet niemand mehr Beute.

Die beste Abbildung eines Nashorns, die ich kenne, stammt von A. Dürer. Aber ich brauche den Geruch. Im Zoo sind die Tiere einbetoniert.

In den Grzimek-Filmen knallt es immer ganz schauerlich, wenn Nashörner die Jeeps rammen. Daß sie die Geschwindigkeit einer Lokomotive mit Kohlenfeuerung aufbrächten, sagt man als Eingeweihter, und es bezeichnet irgendwie ihr Ende. Ich weiß nicht, wie Tarzan sich verhalten haben würde, grau vor Gram und mit kraftloser Stimme, wenn er das Totenreich der Wildnis vorausgeahnt hätte.

Ich achte den Käfer, die Wale, ich erschlage Fliegen und habe
kein Recht und werde erschlagen von beinhart gefrorenen
Vögeln,
die in strengen Wintern abstürzen wie Steinkugeln und die Erde
durchschlagen, dieses löchrige Geflecht aus Gier und Haß,
mühselig
geklebt mit den Sekreten der Lust.
Aber wir haben längst verloren. Uns. Die Natur.
In den Wüsten zapfen wir das Blut der Bäume aus dem Boden.
In unserer Technik verglühn die Saurier auf Zelluloid.
Das Nashorn wird vom Hubschrauber aus erlegt.
Morgen wird der Adler im Fallschirm abgeworfen. Kein Tier
darf das Ende der Menschheit erleben.

Guillaume Apollinaire

Der Löwe

O Löwe, Bildnis zum Jammern,
Ein König, gestürzt in den Dreck,
Geboren in Gitterkammern
In Deutschland, bei Hagenbeck.

Ludwig Hohl

Traum von einer Löwin

Die Vorführende, offenbar Tierbändigerin, mit einem Löwen auf der Straße [der Löwe aufrecht, nicht größer als sie]; ich stelle die Frage an mich, nachdem ich längere Zeit die Sache erwogen [denn der Löwe war wunderbar, wenn auch alle Leute ihm ängstlich auswichen]: Kann nicht auch ich näher mit ihm zu tun haben, ihn liebkosen? Was könnte er denn mir tun, wenn ich ohne die geringste Ängstlichkeit, in reiner Absicht, mit voller Freundlichkeit mich an ihn heranmache? Sie sagte mir einfach, ich solle ihn auf die Arme nehmen. Dies tat ich, ich streichelte ihn, und schon folgte er mir wunderbar.

Wie nun die Beziehung sich entwickelte und was wir zusammen redeten, ist mir schon nicht mehr genügend deutlich; nur die Fragen, die Überlegungen, die daraus hervorgingen: dies ist aber offenbar, neben der Tatsache, daß die Beziehung sich festigte, das Wichtige, der eigentliche Inhalt des Traumes selbst:

Obgleich du eine Löwin bist [es war nämlich eine Löwin], warum solltest du nicht, wenn du unter Menschen findest, was dich liebt und was du liebst, diesen Menschen als Partner nehmen? Wenn ich auch ein Mensch bin, unter Menschen aber offenbar eine Partnerin nicht finden kann, wohl aber eine Löwin finde, die ich liebe und die mich liebt, warum soll ich nicht sie als Partnerin nehmen?

Wird nicht die Liebe über alles hinwegtragen, was trennen oder stören könnte? [Ist sie nicht mächtiger als alles und wird daher einen Weg bahnen?] Wenn ich einmal, allmählich vielleicht, mich doch nach der Glattheit der Schenkel sehnen könnte, nach einem menschlichen Mund, und wenn du einmal, allmählich vielleicht, doch vergessen könntest, daß du Pranken mit Krallen hast und ich kein hartes Fell, sondern eine verletzbare Haut; wenn du einmal vergessen könntest, die Krallen einzuziehn und die Pranken völlig weich werden zu lassen, – ist nicht die Liebe mächtiger als . . .

Und da kam es ganz schnell – dies war es doch, dies mußte es doch sein –: Uneinschränkbar groß ist in all unserem Dasein nur eins: die Liebe, die sich als mächtiger erweist als der Tod.

»Als der Tod«: das heißt auch, als alle Bedingungen des Lebens.

William Blake

Der Tiger

Tiger! Tiger! grauses Licht,
Das aus Nacht und Wäldern bricht,
Wessen Schöpferdrang gestillt
Hat dein entsetzliches Gebild?

Welcher Schlund hat ausgeschickt
Jenes Feuer für deinen Blick?
Wessen Schwinge trugs mit Mut?
Wessen Hand ertrug die Glut?

Wessen Arm und wessen Plan
Flocht ums Herz die Aderbahn?
Wer, da schon dein Herz erscholl,
Bog dir Pranken schaudervoll?

Wo der Hammer? wo sein Klirrn?
Wo der Ofen für dein Hirn?
Welcher Amboß fürchterlich
Durfte, Schrecknis, bilden dich?

Als die Sterne aufgewacht,
Himmelstränen dargebracht,
Sprach er: Es ist gut! zu sich?
Der das Lamm schuf, schuf er dich?

Tiger! Tiger! grauses Licht,
Das aus Nacht und Wäldern bricht,
Wessen Schöpferdrang gestillt
Hat dein entsetzliches Gebild?

Hans Henny Jahnn

Aus dem Norwegischen Tagebuch

Ich schämte mich, als ich zum ersten Mal im Tierpark die großen Sibirischen Tiger eingesperrt sah, die über mich hinwegschauten. Mir stieg das Blut in den Kopf, daß ich vermeinte, er würde mir zerplatzen, und lief davon. Bald darauf aber kehrte ich zum Käfig zurück und bemühte mich, ihnen klarzumachen, daß ich an ihrer Gefangenschaft nicht schuld sei, aber sie glaubten mir nicht, sie wollten mich nicht hören, sie meinten, ich hätte wohl auch Eintrittsgeld bezahlt, den Zins, darum sie gefangen saßen. Da begann ich entsetzlich zu weinen und flehte, daß ich doch möchte die Tigersprache kennen; aber ich mußte ihnen endlich auf Deutsch sagen, daß ich sie sehr, sehr liebte, daß ich zu ihnen wollte, um ihnen das Fell zu lecken, und daß sie mich auch fressen dürften – nur glauben sollten sie mir, daß ich sie lieb hätte und nicht schuld wäre an ihrer Gefangenschaft. Ich weinte so sehr vor ihnen und wollte sie befreien; aber ich sah wohl ein, daß es nicht anging, man würde sie erschießen. So bin ich dann noch zwei- oder dreimal an ihrem Käfig gewesen und habe ihnen meine ganze Traurigkeit angeboten, sie möchten fröhlich sein, aber sie lehnten es ab.

Rainer Maria Rilke

Der Panther

Im Jardin des Plantes, Paris

Sein Blick ist vom Vorübergehn der Stäbe
so müd geworden, daß er nichts mehr hält.
Ihm ist, als ob es tausend Stäbe gäbe
und hinter tausend Stäben keine Welt.

Der weiche Gang geschmeidig starker Schritte,
der sich im allerkleinsten Kreise dreht,
ist wie ein Tanz von Kraft um eine Mitte,
in der betäubt ein großer Wille steht.

Nur manchmal schiebt der Vorhang der Pupille
sich lautlos auf –. Dann geht ein Bild hinein,
geht durch der Glieder angespannte Stille –
und hört im Herzen auf zu sein.

Pablo Neruda

Ode an das schwarze Pantherweibchen

Vor einunddreißig Jahren war's,
ich vergesse es nicht,
in Singapur, der Regen,
warm wie Blut,
fiel
auf
uralte weiße Mauern,
zerfressen
von der Feuchte, die auf ihnen
lepröse Küsse hinterließ.
Die dunkle Menge
leuchtete
jäh in einem Blitzstrahl auf,

Zähne
oder Augen,
und die eiserne Sonne oben war
gnadenlos
eine Lanze.
Ich schlenderte durch die betel-
überschwemmten Gassen, rote Nüsse
erhoben sich
aus
Betten duftenden Laubs,
und die Dorianfrucht
faulte in der schwülen Mittagsruhe.
Auf einmal stand ich von Angesicht zu Angesicht
mit einem Blick,
der aus dem Käfig kam,
inmitten der Straße
zwei Kreise
Eiseskälte,
zwei Magnete,
zwei feindliche elektrische Ladungen,
zwei Augen,
die in die meinen drangen,
mich an die Erde
nagelnd,
an die lepröse Wand.
Da sah ich
den Leib, welcher wogte
und samtener Schatten
war,
federnde Vollkommenheit,
absolute Nacht.
Auf dem schwarzen Fell
die Tupfen,
ich weiß nicht genau,
waren es Topasrhomben
oder goldene Sechsecke,
die da aufflammten,
unmerklich irisierten,
wenn
die schlanke
Gestalt

sich bewegte.
Das Pantherweibchen
in Gedanken
und bebend,
war
eine
wilde
Königin
in einer Kiste dort
mitten
in der elenden
Gasse.
Aus der verlorenen Wildnis
entführt,
mit Hinterhältigkeit
aus freien Räumen,
aus herbsüßem Duft
zu Menschenwesen,
staubbedeckten Hütten,
drückte sie
metallischen
Augs,
nur
Verachtung aus, ihren
brennenden Zorn,
und ihre Augen waren
undurchdringlich,
zwei
Siegel,
die, bis in alle Ewigkeit,
der Wildnis Tor
verschlossen.

Sie wanderte hin und her
wie Feuer, wie Rauch,
und als sie die Augen schloß,
ward es unsichtbare, unbegreifliche Nacht.

Ted Hughes

Jaguar bei genauerem Hinsehen

Er kugelt dahin, ein Fellsack voll Kugeln,
Der Hüftknochen tanzt im Gelenk, das Rückgrat hängt durch,
Getrieben vom stoßenden Drang seiner Eile,
Wie eine Katze im Hagel von Steinen, geduckt,
Seitwärts spähend, rennt er
Unterm Rückgrat voran. Ein schreckliches Watscheln,
Wie ein dicker aztekischer Opferpriester,
Keulenschwingend, als versuchte er, einen Klotz
Zwischen den Hinterbeinen rund zu schleifen.
Trägt den Kopf wie eine Pfanne voll glühender Kohlen,
Und die schwarzen Lefzen am Maul, er schiebt sie
Zwischen die hinteren Zähne, er muß seine Haut abtragen,
Er schlappt einen Schluck aus dem Wassertrog beim Wenden,
Dreht den Ballen auf dem glatten Boden,
Zeigt seinen Bauch, ein Schmetterling,
Jeder Schritt, den er tut, ist eckig, als müßt er
Ihn korrigieren. Sein Kopf
Ist wie der schäbige Rest eines andern Jaguars,
Vorwärts gestoßen von der Maschine seines Körpers,
Unter der Luft nach vorn gestoßen,
Die Last der Fangzähne zieht das Maul nach unten,
Kinnlade kämmt den Boden. Ein schlingender Blick,
Bandit, den Knüppelschwanz nachschleppend ohne Anmut,

Verschleißt er sich zu plumpen Ovalen,
Knurrt Mantrah-Sprüche, Mordsongs zur Trommel,
Damit seine Wut auch ja frisch bleibt, sein Fell
Unterträglich, gespickt mit Rosetten, den Kainsmalen,
Er trägt sein Fell von innen ab,
Raunt was von Rache. Geht wie eine Gebetsmühle,
Der Kopf zerrt nach vorn, der Leib hält sich aufrecht,
Die Hinterbeine schleppen. Er schwenkt seinen Schweif
Wie eine Seeräuberflagge, nach Opfer witternd,
Hastet durch die Unterwelt, lautlos.

W. S. Merwin

Leopard

Vom Leoparden will ich jetzt sprechen, dem Geschöpf,
Das andere übertrifft. Lauernd liegt er im Schatten
Der Äste, im grünen Licht auf dem Fels, geduldig,
Bis ahnungslos Beute kommt; ausgestreckt liegen
Seine Tatzen bereit, die Krallen bewegen sich träge
Wie sich seine Lider bewegen. Sieh, wie der Schlangenleib
Seines Schwanzes gekurvt wie der Kamm einer Welle liegt,
Die hinflutend einhielt und jäh in Geduld erstarrte;
Die dunklen Ringe auf seiner strohfahlen Flanke versuchen
Zahllos aber erreichen nie den vollkommenen Kreis, Schwärme
Von Fußspuren (eine nur jedes Geschöpf, die, wir wissen nicht
Wohin führen – wie die Sterne Fußspuren sind,
Wie der schwarze Himmel ein Dickicht von Spuren ist) schwellen,
Selbst leichter als Laub, im Schatten der Blätter
Wie unter sanftestem Wind; seine Ohren sind gerundete Tore zu
    Höhlen,
Umbuscht von gelbglimmendem Gras; und brennend, brennend
Die goldenen Seen seiner Augen, gefleckt
Von den flutenden Flammen ihres eigenen Glanzes, saugen sie
Rings allen Schatten ein. Sein Kinn ist wie eine
Bewaldete Insel, die im Herbst schimmernd, von keinem Gewölk
    überhangen,
Aus windstillem Wasser ragt. Und seine Schultern sind
Wie das gefurchte Fleisch eines Hügels, das sich unter dem Zeichen

Des rauhen Herbstes im Geäder der Schatten verläuft; auf Ernte wartend,
Ist er dieses Zeichens Selbst an Geduld, wie ein Gebilde
Aus tiefen Sternen in einer grünen Nacht, aber er ist
Nicht selber die Ernte, ein anderer wird
Sich ihm beugen müssen. Aber obwohl jetzt alle Augen
Auf sein Kommen gerichtet sind, obwohl alle Ohren
Nach dem Klang seiner Schritte geformt sind,
Werden doch wenige jetzt schon von ihm wissen, jetzt schon jedoch
Ist irgendein sanftes Tier, das alarmiert die verräterische Schneise
Der Vorsicht betritt, sein gezeichnetes Opfer. Und dann
Wird sich die stählerne Sprungkraft im Inneren seiner Ruhe enthüllen,
Den Schatten wird jäh sein Fauchen, wird der heisere Blitz seiner Zähne zerreißen,
Entfesselt, wie sich der Blitz den Wolken entreißt,
Wird er jauchzend den anderen schlagen, vorschießend wird
Die Stichflamme seiner Zunge sich in die purpurne Quelle tauchen,
Die Kiefer graben sich tief in das gefällte Fleisch. Die Form
Seiner Glieder ist Freude, denn Liebe ist der natürliche Schatten,
Der seinem Sprung folgt; nicht aus Gier reißt er die Beute.
Denn tieferher kommt er als die goldenen Seen seiner Augen,
Selbst als seine Geduld, als sein Zeichen am Himmel: aus dem Feuer
Entstand die Welt, und die geäderte Quelle, wo die grüne Zeit,
Der Baum und der Schatten des Baumes und die sanfte,
Gezeichnete Kreatur jauchzend gedeihn und verschlungen werden,
Ist ein Wurzelgezweig aus Flammen. Der Baum des Himmels
Ist seine Heimat, seine Jagd ist nicht weniger herrlich als die Glorie
Um die grünen Hügel der Erde. Wie der beglückende Mond,
Der sich von den ersten Dingen nährt, jauchzt er in der Dämmerung,
Wenn sich die helle Luft und die Farbe der Rose
Dem steigenden Grau vermengen. Er ist der wahre grün und goldene Löwe,
Der die Sonne verschlingt, und die Mitte des Tages ist seine Sattheit,
Wenn das hohe, raschelnde Gras schweigt und unter keinem Hauch
Die Blätter flirrend schattige Muster in das beständige
Schwarz seiner Kreise zeichnen. Wie der Schatten des Schlafes,
Der sich an Träumen sättigt, kommt er durch das Dunkel,

Wo in der gleitenden Nacht das Glitzern des Wassers
Ein Geraune von Spiegeln ist, während Mitternacht und die singenden
Sterne fern wie in Stille in das Frohlocken
Ihres eigenen Gesanges entsunken sind. Oh, er unter den Tieren
Durchschreitet seine eigene Legende im einzigen Hauch
Seines Namens, denn sein Jauchzen ist die lichte Farbe
Des Morgens, seine Fülle ist der hohe Mittag
In der Wohligkeit seiner Reife; denn er ist der Geist
Der Flamme, die durch das Dunkel herabkommt, bis die Welt
Ihre flackernde Zunge wird; sein Durst ist die Seele
Des Feuers, das durch den atmenden Schlaf aufsteigt,
Um die Träume seines dunklen Ichs zu schmecken; sein Leib
Ist der gestaltete Geist des Feuers, und die dunklen Kreise
An seinen Flanken sind in ihrer Unveränderlichkeit Spiegel
Aller Räder der Welt: aller Stunden, die sich,
Alternd, nicht wandeln, der mitempfindenden Dunkelheit,
Die sich tanzend dem wirbelnden Licht vermischt, der hoch kreisenden
Freude der Sterne in ihrem fernen Gesang.

Oskar Loerke

Die Vogelstraßen

Vor vielen tausend Jahren auferbaut,
Ziehn hoch durch Luft die großen Vogelstraßen.
Den Erdball, wie ihn Ferndampf drunten blaut,
Ermaßen Flügel nur mit Himmelmaßen.

Sie sind verboten aller Menschenlast,
Verwehrt dem zwiegespaltnen Huf, der Klaue.
Kein Stäubchen lagert dort, kein Blatt vom Ast
Und, gibt es Gott, kein Haar von seiner Braue.

Von einer solchen Straße überbrückt,
Sahst du ums Haupt dir ihren Schatten stürzen.
Das Licht, das jemals unter ihr gerückt,
Sahst du erscheinen und zum Blitz sich kürzen.

Du hast die magische Figur befragt:
Als Donner schlug sie sich in träge Stücke!
Dein Magisches, dein Vogel-Leichtes jagt
Entlang die unsichtbare lange Brücke.

Des einen Endes Pfeiler steht in Frost,
Wo Moorpech quillt und Sumpfohreulen kreisen
Und Federschwänze klatschen, rot von Rost,
Entrafft der Flut voll aufgelöstem Eisen.

Des andern Endes Pfeiler hüllt Geschmeiß,
Zum Fraß gesellt, im Neide sich Gehilfe –
Doch dort ertönt ein Strom in seinem Fleiß,
Dort senkt die Vogelstraße sich zum Schilfe.

Nicht fern besteigt den klaren Bergvulkan
Ein Elefant, schaut einsam in den Krater.
Darüber sinnt der Himmel, aufgetan,
Sein Alter aus, und er weiß keinen Vater.

Und Bild um Bild erbangt nach einem Sinn
Ob Worten, die wir sonst im Sinne hatten.
Auch dies scheint Donnerrufen her und hin,
Dem Blitz vorweggenommen als sein Schatten.

Zu reisen, ist der Vögel Winterschlaf,
Der schwere Frösche, Schlangen oder Bären
Im Schwebetraume nur mitschwebend traf.
O daß wir alle Vogelseelen wären!

Petrarca

Novo augelletto, al mio fresco giardino

Er spricht mit einem Zugvogel

Du Vöglein, fremd in meinem frischen Garten,
zu dem dich Minne führt, mir Lust zu borgen,
welch Glück durchbebt mein Herz nach so viel Warten
auf deine Ankunft mit dem Frühlingsmorgen!

Wo kamst du her? Aus welchem strahlen-harten
und fernen Lande, in der Welt verborgen?
Verweile doch! Nie mehr für Weiterfahrten,
die dich mir rauben, je bedacht zu sorgen.

Hier gibt es Schattenwäldchen, grüne Wiesen,
herumverteilt; auch ein Gelaß, geheuer,
drin hold die Zierden süßer Neigung schwenken.

Hier werden wir vielleicht noch hochgepriesen,
wenn wir einst unsre Liebesabenteuer
beweinen werden, so zum Angedenken.

Marceline Desbordes-Valmore

Die Vögel

Pilger, die ihr euch verströmend singt,
Schwerelos trägt euch der Hauch der Luft,
Seelchen ihr, befiedert und beschwingt,
Hingekauert oft in Blütenduft . . .

Volk der Lüfte, zartes Wunderreich,
Gebt ein Vorbild unsrer Erdenschwere,
Die ihr uns in flücht'gem Schicksal gleich
Und dem gleichen Herrscher singt zu Ehre.

Bei der Bäume reichem Blütenfest,
An der Kirchenwölbung altem Stein
Seid erwählt, im Äther wie im Nest
Liedermund für diese Welt zu sein.

Euer Lied, das fiebernd, schmerzlich-süß
Einen müden Herrscher lächeln macht,
Ist das gleiche, das den Landmann grüßt
Strahlend tönt in morgendlicher Pracht.

Da euch Erdenlast nicht mehr beschwert,
Gebt ihr euch der Lust des Himmels hin,
Glücklich ihr, da euch das All gehört.
Segnet euch mit unbeschwertem Sinn,

Wenn dem Nest, so tief im Laub versteckt,
Auch des Jägers Eifer nachgestellt,
Seid ihr freier noch und unentdeckt,
Baut das Heim ihr in die Wolkenwelt.

Euer Grabmal: göttlichster Gesang,
Ob der schwache Körper auch verging,
Wenn er selig sich zum Himmel schwang.
Wohllaut schmelzend in den Büschen hing,

Seltsam scheint, daß euer Leiber Flor
In den Wäldern wie ein Staub verweht:

Eure Stimme in der Brüder Chor
Weiter mitteninne tönend steht.

Wünschte mir der Taube Silberkleid,
Staunend, da ich euren Flug entdeckt
Muß gleich euch durch Todes Not und Leid,
Bin ich nun nicht mehr davon erschreckt.

Volk der Lüfte, zartes Wunderreich,
Gebt ein Vorbild unsrer Erdenschwere,
Die ihr uns in flüchtigem Schicksal gleich,
Und dem gleichen Herrscher singt zu Ehre.

Achim von Arnim

Wenn die Vögel aufwärts steigen

Wenn die Vögel aufwärts steigen,
Da verschwindet ihr Gesang.
Meint ihr, daß sie droben schweigen?
Wir nur hören nicht den Klang.
Unsere freudigen Gebete,
Sel'ge Blicke, Herzensbeben,
Was vom Himmel liebend wehte,
Wollen sie zum Himmel heben,
Von der Liebe singt ihr Chor
An dem goldnen Himmelstor.

Wenn die Vögel aufwärts steigen,
Da verschwindet ihr Gesang.
Meint ihr, daß sie droben schweigen?
Wir nur hören nicht den Klang.
Ihre Klagen, unsre Tränen
Um die früh entführte Blüte,
Aller Herzen stummes Sehnen
Nach der Schönheit, nach der Güte
Singt ihr leiser Trauerchor
An dem goldnen Himmelstor.

Alberto Caeiro

(d. i. Fernando Pessoa)

Aus: *Der Hirte*

Lieber den Flug des Vogels, der vorüberzieht und keine Spur
hinterläßt,
als den Zug des Tieres, der sich dem Boden einprägt.
Der Vogel fliegt davon, man vergißt ihn, und so muß es sein.
Das Tier zeigt, auch wo es nicht mehr und also nutzlos ist,
daß es schon da war, was ebenfalls nutzlos ist.
Erinnerung ist ein Verrat an der Natur,
denn die Natur von gestern ist nicht Natur.
Was gestern war, ist heute nichts, erinnern bedeutet nicht sehen.

Zieh vorüber, Vogel, vorüber und lehr mich vorüberziehn!

Umberto Saba

Goldener Ball

Die Flügel gespannt, den Schnabel geöffnet, trotzt
er mir manchmal sogar . . . Er sieht nicht
sich, wie ich selbst mich sehe. Und in diesem
Sichnichtsehen liegt sein Glück.
Immer bewegt, ruht er auch nicht einen
Augenblick. Grüne Zichorie, andere Vögel,
die er gegen den Willen ernährt, sein Futter,
stets hat er etwas zu tun, und was
er tut, ergreift ihn ganz. Im Gesange
spricht er in Trillern – sei's Freude oder Schmerz.
Rufst du ihn ›Ciu‹, so antwortet er.

Langsam naht sich der Abend. Allmählich
verstummt er, bläht sich auf. Voll Vertrauen schließt
er sich zum Schlafe, und in sich, wie ein goldener Ball.

Luis Cernuda

Toter Vogel

Auf der grauen Erde des Hügels,
Unter des Weißdorns jungen Blättern,
Am Fuß des Kapellengitters, wo
Junge Studenten in roter Toga vorübergehn,

Gebrochen war dein weißer und schwarzer Flügel,
Bewegungslos im Tode. Du schienst
Eine abgeschnittene Rose oder ein Stern,
Verbannt vom Thron der Nacht.

Jene leblose Gestalt war eines Tages der Flug
Verzückt ins Licht, der glühende Sang
Des Tagesanbruchs, der nächtliche Friede
Des Nestes dort auf dem Gipfel.

Unnütz scheint alles nun; so scheint
Das Leid der Liebe, wenn diese vergangen,
Das Leiden für die Schönheit, die altert,
Die Mühe des Lichts, das Schatten ertränken.

Wärst du doch wie das Meer, das aus seinem Tod
Geboren wird. Eine geisthafte Gestalt von dir ahne ich,
Die in den Lüften die kurzen und schönen
Lieben beweint deiner vergangenen Tage.

Und nun Schweigen. Schlafe. Vergiß.
Nähre von dir den Tod, der in dir nistet.
Diese Ruhe des Flügels, wie eine sinkende Sonne,
Ist womöglich des Lebens höhere Form.

Czesław Miłosz

Ode an einen Vogel

O Komplizierter.
O Unbewußter.
Mit den gefiederten Händen auf dem Rücken.

Gestützt auf die Sprünge aus grauer Echse,
Auf die kybernetischen Handschuhe,
Die greifen, was sie berühren.

O Unermeßlicher.
O Größerer als
Der Abgrund des Maiglöckchens, das Auge des Ohrwurms im
Gras,
Rot vom Kreisen der grün-violetten Sonnen,
Als die Nacht in den Galerien der Ameise mit dem zweierlei Licht
Und die Galaxis in ihrem Körper,
Wahrlich, jeder anderen gleich.

Jenseits des Willens, willenlos
Wiegst du dich auf dem Zweig über den Seen der Luft,
Bei den versunkenen Palästen, Türmen der Blätter,
Landeterrassen zwischen der Lyra des Schattens.
Du neigst dich, gerufen, und ich überleg eine Weile,
Wann der Griff des Fußes nachläßt, der Arm sich ausstreckt.
Der Platz, wo du warst, wankt, du trägst
Dein schlagendes Herz in die Linien des Kristalls davon.

O mit nichts zu Vergleichender, gleichgültig
Für den Klang des pta, pteron, fvgls, brd.

Außerhalb der Benennung, namenlos,
Untadelige Bewegung im riesigen Bernstein.
Damit ich begreife im Flügelschlag, was mich trennt
Von den Dingen, denen ich täglich Namen gebe,
Und von meiner vertikalen Gestalt,
Obwohl sie sich bis zum Zenit verlängert.

Aber dein Schnabel, halb offen, ist immer mit mir.
Sein Inneres ist so körperlich und liebesfähig,
Daß mir das Zittern der Anverwandtschaft und deiner Ekstase
Die Nackenhaare sträubt.
Ich warte nachmittags dann im Flur,
Sehe den Mund neben den Messinglöwen
Und berühre den entblößten Arm
Unterm Geruch der Quelle und der Glocken.

Joh. Jakob Christoffel von Grimmelshausen

Komm, Trost der Nacht, o Nachtigall

Komm, Trost der Nacht, o Nachtigall,
Laß deine Stimm mit Freudenschall
Aufs lieblichste erklingen;
Komm, komm, und lob den Schöpfer dein,
Weil andre Vöglein schlafen sein
Und nicht mehr mögen singen!
  Laß dein Stimmlein
  Laut erschallen, dann vor allen
  Kannst du loben
Gott im Hommel hoch dort oben.

Obschon ist hin der Sonnenschein
Und wir im Finstern müssen sein,
So können wir doch singen
Von Gottes Güt und seiner Macht,
Weil uns kann hindern keine Nacht,
Sein Lob zu vollenbringen.
  Drum dein Stimmlein
  Laß erschallen, dann vor allen
  Kannst du loben
Gott im Himmel hoch dort oben.

Echo, der wilde Widerhall,
Will sein bei diesem Freudenschall
Und lässet sich auch hören,

Verweist uns alle Müdigkeit,
Der wir ergeben allezeit,
Lehrt uns den Schlaf betören.
  Drum dein Stimmlein
  Laß erschallen, dann vor allen,
  Kannst du loben
Gott im Himmel hoch dort oben.

Die Sterne, so am Himmel stehn,
Sich lassen zum Lob Gottes sehn
Und Ehre ihm beweisen;
Die Eul auch, die nicht singen kann,
Zeigt doch mit ihrem Heulen an,
Daß sie Gott auch tu preisen.
  Drum dein Stimmlein
  Laß erschallen, dann vor allen
  Kannst du loben
Gott im Himmel hoch dort oben.

Nur her, mein liebstes Vögelein,
Wir wollen nicht die Fäulsten sein
Und schlafend liegen bleiben,
Vielmehr bis daß die Morgenröt
Erfreuet diese Wälder öd,
In Gottes Lob vertreiben.
  Laß dein Stimmlein
  Laut erschallen, dann vor allen
  Kannst du loben
Gott im Himmel hoch dort oben.

Barthold Hinrich Brockes

Nochmalige Beschreibung der Nachtigall

Es hat der Herr Verfasser zu verschiedenen malen, und jederzeit auf ganz verschiedene Art, die Nachtigall beschrieben. Gegenwärtige Beschreibung ist aus einem im zweiten Teile der Nieder-Sächsischen Sammlung befindlichen Hochzeit-Gedichte genommen, welches schon im Jahre 1708 verfertiget gewesen.

Ich hör'te die Sirenen der Büsche,
Die Wunder-süße Nachtigall,
Wie sie mit klingendem Gezische
Erfüllte Wälder, Berg' und Tal;
Ich hör'te sie bezaubernd streicheln
Mit holdem Gurgeln, Luft und Ohr;
Es brachte ihrer Kehle Schmeicheln
Die Leiter der Musik hervor:
Sie machte Fugen, Pausen, Sprünge,
Und Kontra-Punkte, daß es ließ,
Ob sie mit tausend Zungen sünge,
Und in viel hundert Röhren blies.
Bald ists, als ob sie jemand riefe;
Bald kräuselt sie den reinen Schall;
Bald senkt sie ihn in hohler Tiefe
Durch einen angenehmen Fall.
Es läßt, als wären im Geäder
Von ihrem eingeschränkten Schlund
Vom Wirbel-Wind getriebne Räder.
So scharf, so reinlich und so rund
Formier't ihr enger Hals die Töne,
Ja selbst die schwer'sten, ohne Müh',
Ohn' alles Zwingen, hell und schöne;
Bald zieht, bald dreht, bald schärft sie sie,
Kein Fechter schwingt so rasch den Degen;
Die Wellen wallen nicht so kraus;
Kein Pfeil kann sich so schnell bewegen,
Als sie die Noten bringt heraus.
Ists möglich, dacht' ich, wohnt solch Klingen
So einem kleinen Seel'chen bei?
Ists möglich, daß von solchem Singen
Die Quell' ein tönend Stäubgen sei?
Ein Federchen, drin Ton und Leben?
Ein Flügel-schwingender Gesang?
Ein Schall, ein Hauch, mit Haut umgeben?
Ein singend Nichts? ein bloßer Klang?
In solchen forschenden Gedanken
Vertiefte sich mein muntrer Sinn
Ich schloß, nach Hin- und Wider-Wanken,
Es sei was Himmlisches darin.

Ludwig Christoph Heinrich Hölty

Elegie auf eine Nachtigall

Sie ist dahin, die Maienlieder tönte,
Die Sängerin,
Die durch ihr Lied den ganzen Hain verschönte,
Sie ist dahin.
Sie, deren Lied mir in die Seele hallte,
Wenn ich am Bach,
Der durchs Gebüsch im Abendgolde wallte,
Auf Blumen lag.

Sie schmelzete die Wipfel in Entzücken.
Der Widerklang
Entfuhr dem Schlaf, auf blauer Berge Rücken,
Wenn ihr Gesang
Im Wipfel floß. Die ländlichen Schalmeien
Erklangen drein,
Es tanzeten die Elfen ihre Reihen
Darnach im Hain.

Dann lauschten oft die jugendlichen Bräute
Auf einer Bank
Von Rasen an des trauten Lieblings Seite
Dem Zauberklang.
Sie drückten sich, bei jeder deiner Fugen,
Die Hand einmal,
Und hörten nicht, wenn deine Schwestern schlugen,
O Nachtigall.

Sie lauschten, bis der Hall der Abendglocke
Im Dorfe schwieg,
Und Hesperus mit silberfarbner Locke
Dem Meer entstieg,
Und gingen dann im Wehn der Abendkühle
Dem Dörfchen zu,
Mit einer Brust voll zärtlicher Gefühle,
Voll süßer Ruh.

Aus des Knaben Wunderhorn

Frau Nachtigall

Fliegendes Blatt

Nachtigall, ich hör dich singen,
Das Herz möcht mir im Leib zerspringen;
Komme doch und sag mir bald,
Wie ich mich verhalten soll!

Nachtigall, ich seh dich laufen,
An dem Bächlein tust du saufen;
Du tunkst dein klein Schnäblein ein,
Meinst, es wär der beste Wein.

Nachtigall, wo ist gut wohnen?
Auf den Linden, in den Kronen,
Bei der schön Frau Nachtigall.
Grüß mein Schätzchen tausendmal!

G. R. Dershawin

Nachtigall im Traum

Auf dem Hügel eingeschlafen,
hörte ich der Nachtigall
Töne, die im Traum mich trafen,
meine Seele fing den Schall:
Stöhnen, Schluchzen, Seufzen, Lachen.
Ach, ich möchte nicht erwachen,
in Kallistos Arm geschmiegt,
von dem schönsten Traum ergriffen
und von Liedern, Rufen, Pfiffen
sanft in süßen Schlaf gewiegt!

Wenn sich einst das Leben wendet,
ich zu ewigem Schlaf verschied,
dessen Öde nimmer endet,
hör ich nicht mehr dieses Lied.

Fern von Freude, Jubeln, Tänzen
wird kein Glück, kein Ruhm mir glänzen!
Oh, ich will noch überall
greifen nach der Welt Genüssen,
häufiger die Liebste küssen,
lauschen meiner Nachtigall.

John Keats

Ode an eine Nachtigall

Mein Herz tut weh und schläfrige Dumpfheit zehrt
an meinen Sinnen, als hätte ich Gift getrunken,
als ob ich einen Opiumtrank geleert
und wäre mit ihm lethewärts gesunken;
nicht daß ich dich beneide, ist der Grund,
hat mich dein Glück doch selbst mit Glück beladen–
wie du beschwingteste der Baumdryaden
   in so melodischem Bund
mit Buchengrün und ungezählten Schatten
dem Sommer huldigst, ohne zu ermatten.

Was gäbe ich für einen Tropfen Wein,
uralt, gekühlt im tiefen Erdgeschoß,
nach Blumen schmeckend, nach dem Birkenhain,
auf dem ich Tanz und Lied und Licht genoß.
Wer schenkt mir einen großen Becher ein
voll echten, roten Griechenweins, kredenzt
perlend vor Schaum, der immer überfloß
   in meinem Mund, der purpurn glänzt,
daß ich im Trunk mich kaum der Welt erinnere,
mit dir entrückt ins dunkle Waldesinnere.

Entschwebe fern, löse dich auf, vergiß,
was du im Schutz der Haine nie gekannt;
die Müdigkeit, das Fieber, Kümmernis,
die Klagende mit Klagendem verband;
den Greis, vom Schlag gerührt, mit schüttrem Haar,
die schwindsüchtige Jugend, die verkam;

die Zeit, wo alles Denken nichts als Gram,
  müde Verzweiflung war;
wo Schönheit ihrer Augen Glanz verliert,
nicht ewig neuen Liebesdrang gebiert.

O fort, nur fort! Laß mich zu dir entkommen,
doch ohne mich dem Weingott zu verdingen –
nein, auf der Dichtung unsichtbaren Schwingen,
sei auch das Hirn noch träge und benommen.
O wieder dein! Sanft ist die Nacht gefallen,
der Mond ruht königlich auf seinem Thron,
umringt von allen seinen Sternvasallen;
  doch hier ist Licht entflohn,
wenn nicht die Winde Himmelsfunken bliesen
durch wirre, moosige Pfade, trübe Wiesen.

Mir sind die Blumen fremd zu meinen Füßen,
die sanften Düfte, strömend von den Zweigen,
doch weiß ich, nachtumhüllt, von jedem süßen
Reiz, der den Jahreszeiten eigen:
vom Gras, vom Dickicht, jedem Obstbaum wild,
vom weißen Schlehdorn, Wiesenakelei,
  von ihr, zuletzt erblüht im Mai,
der scheuen Moschusrose, taugefüllt,
von Veilchen, die sich ganz mit Laub vermummen,
vom Sommerabendlärm, wenn Fliegen summen.

Dunkle, ich lausche dir; denn ach wie oft
mußte ich Liebe für den Tod verspüren.
Mit Reimen schmeichelnd hatte ich gehofft,
er werde meinen Atem still entführen.
Nun, mehr als sonst, scheint Sterben reich und gut,
das Sterben ohne Schmerz um Mitternacht,
indes du deinen Sang verströmst, entfacht
  zu so ekstatischer Glut!
Du singst noch fort – doch taubem Ohr; dem Lehm,
zu dem ich wurde, gilt dein Requiem.

Du, Ewige, warst nicht für den Tod geboren,
nie hat dir Hungerzeit Gefahr gebracht;
dein Lied, das ich vernahm in flüchtger Nacht,

klang schon seit je in Knechts und Kaisers Ohren.
Ob wohl die gleiche Weise Eingang fand
ins Trauerherz der Ruth, die heimwehbang
und weinend einst im fremden Kornfeld stand;
  um Schiffskabinen klang,
die sich geöffnet in den Wogenbrand,
in gauklerisches Märchenland verloren?

Verloren! Gleicht nicht schon dies Wort dem Schall
der Glocke, die von dir zu mir ertönt?
Leb wohl! Nur billiger Trug lockt überall,
elfischer Spuk, der alles falsch verschönt.
Leb wohl! Leb wohl! Das Klagelied wird fahl,
schwebt durch die Wiesen, über stille Flut
den Hang empor – bis es begraben ruht
  im nächsten, schluchtigen Tal.
War es nur wacher Traum? War es Vision?
Musik, entflohn? – Schlaf ich noch, wach ich schon?

Jorge Luis Borges

An die Nachtigall

In welch geheimer Nacht Englands
Oder des beständigen unberechenbaren Rheins,
Verloren in den Nächten meiner Nächte,
Ist wohl an mein unwissendes Ohr
Deine von Mythologien befrachtete Stimme gelangt,
Nachtigall Vergils und der Perser?
Vielleicht habe ich dich nie gehört, doch meinem
Leben vereint sich dein Leben, unzertrennlich.
Ein schweifender Geist war dein Sinnbild
In einem Buch von Rätseln. Marino
Taufte dich Sirene der Wälder,
Und du singst in Julias Nacht
Und auf der verworrenen lateinischen Buchseite
Und in den Kiefernwäldern jener anderen
Nachtigall aus Judäa und Deutschland,
Heine der Spötter, der Entflammte, der Traurige.

Keats hat dich gehört für alle, für immer.
Da wird nicht einer sein unter den berühmten Namen,
Welche die Völker dir auf Erden geben,
Der deiner Musik nicht würdig sein will,
Nachtigall des Schattens. Der Maure
Hat von dir geträumt, hingerissen von der Ekstase,
Die Brust durchbohrt vom Stachel
Der rosafarbenen Kantate, die du rötest
Mit deinem endgültigen Blut. Emsig
Ersinne ich an dem leeren Abend diese Übung,
Nachtigall des Sandes und der Meere,
Die du in der Erinnerung, Lobpreis und Fabel,
Aus Liebe glühst und wohlklingend stirbst.

Joachim Ringelnatz

Am Sachsenplatz: Die Nachtigall

Es sang eine Nacht . . .
Eine Nachti . . .
Ja Nachtigall am Sachsenplatz
Heute morgen. – Hast du in Berlin
Das je gehört? – Sie sang, so schien
Es mir, für mich, für Ringelnatz.

Und gab mir doch Verlegenheit,
Weil sie dasselbe Jauchzen sang,
Das allen Dichtern früherer Zeit
Durchs Herz in ihre Verse klang
In schöne Verse!

Nachtigall,
Besuche bitte ab und zu
Den Sachsenplatz;
Dort wohne ich. – Ich weiß, daß du
Nicht Verse suchst von Ringelnatz.
Und hatten doch die Schwärmer recht,
Die dich besangen gut und schlecht.

Aus des Knaben Wunderhorn

Geh, Du schwarze Amsel!

Wann ich schon schwarz bin,
Schuld ist nicht mein allein;
Schuld hat mein Mutter gehabt,
Weil sie mich nicht gewaschen hat,
Da ich noch klein,
Da ich wunderwinzig bin gesein.

Giacomo Leopardi

Die Blauamsel

Droben, vom First herab des alten Turmes,
Blauamsel, klingt dein Lied ins Land hinaus;
Und immer singst du, bis der Tag verblaßt,
Und läßt den Wohllaut durch die Fluren schweben.
Frühling mit holdem Glast
Schwingt in der Luft und jubelt im Gefilde.

Muß bei dem Anblick nicht das Herz erglühen?
Ich höre Lämmer blöken, Rinder brüllen;
Mit tausend Flügeln füllen andre Vögel
In frohem Spielen weite Himmelskreise,
Jauchzend, indes die besten Stunden fliehen.
Du hältst dich fern und sinnst nach deiner Weise,
Suchst keine Fluggesellen,
Suchst keinen Raum, wo Freud und Lärmen ist;
Du singst und du vergißt,
Daß nie so schön mehr deine Tage blühen.

Seltsam, wie deine Art
Der meinen gleicht! Denn Kurzweil und Gelächter,
Sonst mit den frühen Jahren hold gepaart,
Und du, der Jugend nächster Bruder, Liebe,
Der bittre Seufzer aller späten Tage,
Ihr, warum, weiß ich nicht, verlockt mich nicht.
Ich flieh euch, dünkt mich fast;
Einsiedler fast, nur Gast
In meinem Heimatort,
So laß ich meine Frühlingszeit verschweben.
Der Tag, der jetzt dem Abend nachgegeben,
Ist in der Stadt von altersher ein Fest.
Ich hör im hellen Blau den Glockenhall,
Hör', wie von manchem Schuß aus manchem Rohr
Nachdröhnt von Haus zu Haus der Freudenschall.
Und alle Jungen prangen
Im Festkleid; meines bleibt
Daheim; sie wandeln draußen, schauen, lassen
Sich anschaun, und die Herzen werden weit.
Nur ich bin fortgegangen,
Der einzige, aus aller Menschen Nähe.
Ich spare Scherz und Tand
Für andre Zeit; und wie sich nun mein Blick
Aufschwingt zu lichten Bahnen,
Trifft mich die Sonne, die in fernen Bergen,
Aus heitren Tagesgründen
Sinkend, hinabtaucht; und sie scheint zu mahnen,
Bald werd die selige Jugend so entschwinden.

Wenn, einsam Vögelchen, dein Abend kommt,

Wann immer ihn die Sterne schicken, dich
Wird deine Art zu leben
Gewiß nicht reun; was ihr auch tut und treibt,
Natur wirkt euer Wesen.
Doch ich? Muß ich die bösen
Wege des Alters gehen?
Bleib ich in seinen Händen?
Spricht dann dies Aug nicht mehr zu nahen Herzen,
Spricht ihm nicht mehr die Welt? Will Künftiges
Noch öder als das Jetzt, noch trüber enden?
Wie werd ich dann bestehen?
Wie wird das Heut, wie ich mir selbst erscheinen?
Ach, Klagen werd ich, oft auch weinen
Und ohne Trost die Blicke rückwärts senden.

Bertolt Brecht

Als ich in weißem Krankenzimmer der Charité

Als ich in weißem Krankenzimmer der Charité
Aufwachte gegen Morgen zu
Und die Amsel hörte, wußte ich
Es besser. Schon seit geraumer Zeit
Hatte ich keine Todesfurcht mehr. Da ja nichts
Mir je fehlen kann, vorausgesetzt
Ich selber fehle. Jetzt
Gelang es mir, mich zu freuen
Alles Amselgesanges nach mir auch.

Harriet Monroe

Die Wasseramsel

Kleine braune Seele der Bergstrudel!
Schaumgeist, Geliebter der Katarakte!
Fürchtest du nicht das tobende Gebrüll des Newada?

Newada, der schöne Tänzer, der sich mit weißen Fingern
durch die Erde tastet?
Wie darfst du wagen dich in Yosemite zu werfen – den
Mächtigen?
Den hohen weißbebänderten Yosemite, der sich über
Klippen hinunterstürzt, hinunter?
Genügt es nicht, sich an blaue Bergluft zu lehnen?
Genügt es nicht, Weibchen und Bäume zu lieben? Fels und
Busch zu umarmen?
Mußt du durch tolle Wasser fliegen, wo Granit zerbirst?
Mußt du deine Flügel im Strudel zerschlagen?
Mußt du hinunter in den Schaum auf Leben und Tod?

Peter Huchel

Die Wasseramsel

Könnte ich stürzen
heller hinab
ins fließende Dunkel

um mir ein Wort zu fischen,

wie diese Wasseramsel
durch Erlenzweige,
die ihre Nahrung

vom steinigen Grund des Flusses holt.

Goldwäscher, Fischer,
stellt eure Geräte fort.
Der scheue Vogel

will seine Arbeit lautlos verrichten.

Thomas Hardy

Die Drossel im Dunkel

Ich lehnte an der Heckenwand
Die schon der Frost beschlug.
Der Tag – zieht Winter in das Land –
hat nicht mehr Licht genug.
Der Bohnenstangen Reihe ragt
empor wie Saitenspiel,
das riß – der Mensch, der hetzt und jagt,
sucht nun am Herd sein Ziel.

Wie des Jahrhunderts Leichnam schien
der scharfen Landschaft Bild.
Sein Grab der Wolken Baldachin,
vom Klagewind erfüllt.
Uralter Freude Pulsschlag schlich
durch Adern, eingeschrumpft;
der Geist der Erde war wie ich,
verglüht und abgestumpft.

Da plötzlich hörte ich, erklang
vom kahlen Wipfelschoß
ein inbrünstiger Abendgesang,
voll Freude grenzenlos –
die zarte Drossel, alt, erschlafft,
zerzaust das Federkleid,
verströmt der Kehle letzte Kraft
für diese düstere Zeit.

So wenig Gründe sah ich ein,
mit so ekstatischem Laut
entzückt vom Irdischen zu sein,
ob fern oder vertraut,
daß es mich dünkte: was als Preis
im Drosselsang erbebt,
gilt einem Glück, von dem sie weiß,
doch das ich nie erlebt.

Catull

Nänie auf den Tod eines Sperlings

Weint, ihr Grazien und ihr Amoretten,
Und was Artiges auf der Welt lebt! meines
Mädchens Sperling ist tot, des Mädchens Liebling,
Der ihr lieb wie der Apfel in den Augen,
Und so freundlich, so klug war und sie kannte,
Wie ein Töchterchen seine Mutter kennet;
Er entfernte sich nie von ihrem Schoße,
Sondern hüpfte nur hin und wieder, piepte,
Seiner Herrin das Köpfchen zugewendet. –
Ach! nun wandert er jene finstre Straße,
Die man ewiglich nicht zurücke wandert.
O! wie fluch ich dir, finstrer alter Orkus,
Der du alles, was schön ist, gleich hinabschlingst!
Uns den Sperling zu nehmen, der so hübsch war!
Welch ein Jammer! O Sperling! Unglückselger!
Hast gemacht, daß mein trautes Mädchen ihre
Lieben Äugelchen sich ganz rot geweint hat.

Gottfried August Bürger

Zum Spatz, der sich auf dem Saale gefangen hatte

Bons dies, Herr Spatz! Ei, seht doch 'mal!
Willkommen hier auf meinem Saal!
Er ist gefangen, sieht er wohl?
Und stellt' er sich auch noch so toll,
Und flög' er ewig kreuz und quer,
Nach allen Fenstern hin und her,
Zerbräch auch Schnabel sich und Kopf,
Er ist gefangen, armer Tropf!
Ich sein Despot, und er mein Sklav!
Er sei Prinz, Junker, oder Graf
Bei seinem Spatzvolk! – Hör' er nun,
Was All ich mit ihm könnte tun.
Zerzupfen, rupfen, Hals umdrehn –
Da wird nicht Hund noch Hahn nach krähn –
Zerschlagen ihn mit einem Hieb,
Und das mit Recht, Herr Galgendieb!
Weiß er die Kirschen, die verschmitzt
Er vor dem Maul mir wegstibitzt!
Auch würd' es Fürstenkurzweil sein,
Ließ ich den Kater Lips herein.
Wenn ich ja übergnädig wär',
So holt' ich eine scharfe Scheer',
Und schnitt' ihm ab die Flügelein,
Samt seinem kecken Schwänzelein.
Dann müßt' er unter Bett' und Bank
Im Staube flattern lebenslang. –
He, Bürschchen, wie ist ihm zu Sinn? –
Doch, seh' er, daß ein Mensch ich bin!
Ich laß ihn wieder frank und frei.
Doch daß stets eingedenk ihm sei,
Die Freiheit sei ein goldner Schatz,
So hudelt man ihn erst, Herr Spatz,
Und scheucht ihn hin und her husch! husch!
Nun Fenster auf! Hinaus zu Busch!

Hu hu! Despotenhudelei!
Gott wahre mich vor Sklaverei.

Joseph von Eichendorff

Die Sperlinge

Altes Haus mit deinen Löchern,
Geizger Bauer, nun ade!
Sonne scheint, von allen Dächern
Tröpfelt lustig schon der Schnee,
Draußen auf dem Zaune munter
Wetzen unsre Schnäbel wir,
Durch die Hecken 'rauf und 'runter,
In dem Baume vor der Tür
Tummeln wir in hellen Haufen
Uns mit großem Kriegsgeschrei,
Um die Liebste uns zu raufen,
Denn der Winter ist vorbei!

William Carlos Williams

Frühstück

Zwanzig Spatzen
auf

einem Fladen
Mist:

Leben und
leben lassen.

Ludwig Hohl

Der Sperling aber – wie soll ich dich anreden, du wunderbarster unter den Vögeln des Himmels, grau und in den tiefsten Regionen lebend, des Gedankens sichtbarer Bruder, unbeschwert. . .! – überall da, alles sehend, verfolgt und mißachtet von allen schlechten, satten Seelen, immer beobachtend, auf keinen Trug eingehend, du des Gedankens sichtbarer Bruder! Diese allein sind die wahren Seligen – nicht der Adler: er steigt zu wenig hoch.

Lessing hat dich nicht begriffen, du paßtest nicht in seine festgesetzten Einheiten hinein. Aber du warest gewiß das Tier von *Lichtenberg*.

Ihr Geliebten! ihr Unscheinbaren, ihr immer Schauenden. Denn wer schaut überall zu? – Der Sperling. Nur in der Finsternis nicht.

Johann Wilhelm Ludwig Gleim

An die Schwalbe

Liebe Kleine, kommst du wieder
Zu dem Alten, der dich liebt
Und für deine süßen Lieder
Dir so gern ein Obdach gibt?

Sei willkommen, liebe, kleine
Wiederkommerin, du bringst
Mir die wärmern Sonnenscheine,
Welche du so schön besingst.

Singen kannst du, kannst nicht sprechen,
Das ist schade, sonst fragt' ich
Nach den Strömen, nach den Bächen,
Die du sahst, du Liebe, dich!

An dem einen und dem andern
Wohnt ein lieber Freund von mir;
Du kannst fliegen, ich nur wandern,
Sieh, sonst flög' ich oft mit dir.

Lerne sprechen, liebe Kleine!
Wenn du's kannst, dann nenn' ich dir
Meine lieben Freund' am Rheine,
Und du grüßest sie von mir!

Aus des Knaben Wunderhorn

Die Schwalben

Es fliegen zwei Schwalben ins Nachbar sein Haus;
Sie fliegen bald hoch und bald nieder.
Aufs Jahr da kommen sie wieder
Und suchen ihr voriges Haus.

Sie gehen jetzt fort ins neue Land
Und ziehen jetzt eilig hinüber.
Doch kommen sie wieder herüber;
Das ist einem Jeden bekannt.

Und kommen sie wieder zu uns zurück,
Der Bau'r geht ihnen entgegen.
Sie bringen ihm vielmal den Segen,
Sie bringen ihm Wohlstand und Glück.

Friedrich Rückert

Die Schwalben

Schwalbe, mit der weißen Kehl',
Und Du mit der roten,
Die ihr jährlich ohne Fehl
Kehrt als Sommerboten!

Du an meines Hauses Dach,
Du in meinem Stalle,
Findest du dein Ruhgemach,
Wählst du deine Halle.

Nicht auf Bäumen brütet ihr,
Und nicht an der Erde;
Nur beim Menschen mietet ihr
Und bei seiner Herde.

Eh' der Mensch ein Haus erbaut,
Wo habt ihr gerastet?
Eh vom Rind ein Stall war laut,
Wo habt ihr gegastet?

Wenn des Menschen Hütte fällt,
Wo dann wollt ihr gasten?
Wenn kein Stall die Kuh mehr stellt,
Wo dann wollt ihr rasten?

Danket Gott und bittet ihn
Laut im Abendliede,
Daß er uns und euch verliehn
Und verleihe Friede.

Marceline Desbordes-Valmore

L'Arc de Triomphe

Wenn man einmal die Schwalben fragt,
Wozu der Steinkoloß wohl sei,
Der trotzig hier gen Himmel ragt . . .
Für uns natürlich! sagt ihr Schrei.

Des Alltags Brandung schlägt auch kaum
Empor ins wohlgeborgne Nest:
Wie gut es in dem sichern Raum
Vom Tageslauf sich schwätzen läßt!

Blitzend stößt durch des Bogens Plan,
Durch all die düstre, tote Pracht
Die Schwalbe, hat, wie je getan,
Ein Hanfkorn ihrer Brut gebracht.

Im Helm des Siegers, goldbewehrt
Brütet eine gar ihre Jungen aus,
Die, von Geschichte kaum beschwert,
Ausschlüpfen wie am Bauernhaus.

Der Ruhm, der diesen Stein erbaut,
Davor Verehrung sich geneigt:
Aus seinen Spalten süßer Laut
Von tausend Vogelkehlen steigt.

Zu jener klaren Wolkenschicht,
Die sie zu ihrem Reich gemacht,
Dringt Schlachtenlärm selbst lauter nicht
Wie drunten leis ein Mensch gelacht.

Der Krieg gilt wie ein Grillenruf
Dem Vogel, der zu Gott sich schwingt,
Wenn sich die Menschheit Helden schuf,
Ihr Bild so hoch wohl niemals dringt.

Und deshalb tönt der Schwalben Schrei'n
An diesem Bauwerk stets so süß,
Als obs der Schöpfer ganz allein
Nur ihretwegen bauen ließ.

Robert Walser

Liebe kleine Schwalbe

Ich sah dich heute früh vom Fenster aus und schreibe dir nun, was vielleicht zwecklos ist, da dich der Brief kaum erreichen wird und du ja im übrigen leseunkundig bist. Auch stehst du gar nicht im Adreßbuch, wohnst aber sicher im versteckten Nest allerliebst, wo du schläfst und träumst. Glaubst du, daß ich dich um deine Haushaltung beneide? Apropos: du findest doch immer genügend Futter? Was machen die Jungen? Ich zweifle nicht, daß du ihnen eine gute Mutter bist und sie so erziehst, wie sich's schickt, d. h. denkbar gediegen. Solches fraglich finden, hieße dich kränken, und wer möchte das tun? Ich bestimmt nicht.

Wie schön war's, dir zuzuschauen. Du taumeltest mit deinen Kameradinnen im silbernen Licht, im göttlichen Luftmeer, stürmtest und jagtest hin und her, stiegest ins Luftgebirge hinauf, um senkrecht niederzustürzen, als wärest du ohnmächtig geworden und wolltest mit zerschlagenen Flügeln am Boden liegen, wovon zum Glück keine Rede ist, denn du hieltest dich ständig im Gleichgewicht und im Besitz der Schwungkraft. Die Furcht, du würdest dich im jähen Flug an Mauer und Schornstein stoßen, erwies sich als überflüssig. So unbesonnen du schienest, so wundersam gabst du acht, und so flogest du bald im Kreise, bald schnurgerade, bald in Wellenlinien, und ich hörte dein Stimmchen dabei, das mit deiner Lebensweise so zart übereinstimmt und mehr nur ein leises Schreien als ein Singen ist. Du redest eben, wie du kannst und mußt. Doch wer nimmt es in der Geschwindigkeit mit dir, Tänzerin, auf, die nicht müde wird und gar keiner Füße bedarf? Was unsereins unter zielbewußt versteht, bist du kaum, und dennoch zielst du gut und bist wohl auch fröhlich und glücklich? Weshalb das Fragezeichen? Wir am Boden haftenden, von Befürchtungen gefesselten, schwerfälligen Menschen wissen nichts von beschwingtem Dasein.

Ich hoffe, daß es dir bei uns gefällt und bitte dich, ja recht lang zu zögern, eh' du wegziehst, denn wenn du gehst, wird es kalt; doch einstweilen bist du da, und solange das der Fall ist, haben wir Sommer.

Rudolf Borchardt

Grabschrift der Schwalbe

Ich, die verwundete Schwalbe, drei Tage des Menschen Genossin,
Sahe den schrecklichen Tod freundlicher werden und starb:
Schwestern im Blau, fliegt schweigend hier überhin, wo sich das Geistlein
Schüttelt und ringt nach Ruf, wenn es euch Rufende hört.
Gönnt mir Schweigen und singt, singt anderswo, wenn ihr das Meer wagt:
Nicht ganz, nicht ganz stumm flattert ich eine beiseit.

Eugenio Montale

Der Mauersegler

Vom Trottoir aufgehoben, die Flügel
von Teer verklebt,
konnte die Schwalbe nicht fliegen.
Sorgsam löste Gina die Klumpen ab
mit ölgetränkter Watte und mit Parfum;
sie kämmte sein Gefieder und versteckte
den Vogel in einem Körbchen.
Platz gerade zum Atmen.
Die Schwalbe schaute sie fast dankbar an
aus einem einzigen Auge. Das andere blieb zu.
Dann nahm sie ein Blättchen Salat
und zwei Reiskörner zu sich. Sie schlief lange.
In der Frühe des nächsten Tages flog sie weiter,
ohne zu grüßen.
Das Dienstmädchen vom oberen Stockwerk sah sie.
Eilig hatte sie es, so wurde berichtet.
Dabei haben wir sie doch vor den Katzen gerettet.
Aber vielleicht schafft sie es nun.

René Char

Der Turmsegler

Turmsegler mit den zu großen Flügeln, der da kreist und schreit seine Freude rings um das Haus. So ist das Herz.

Er läßt den Donner verdorren. Er sät in den heiteren Himmel. Streift er den Boden, schlitzt er sich auf.

Sein Widerpart ist die Schwalbe. Er verabscheut die häusliche. Was gilt das schon: Filigran des Turms?

Er rastet in dunkelster Höhlung. Niemand hat es so eng wie er.

Im Sommer der langen Helle streicht er davon in die Finsternis durch die Fensterläden der Mitternacht.

Kein Auge vermag ihn zu halten. Er schreit, das ist sein ganzes Dasein. Ein schmales Gewehr streckt ihn nieder. So ist das Herz.

H. C. Artmann

letzte schwalbe
dunkle kleine
herzentsprungene
bring du meine grüße hinab
in das gilbe bergland
bring sie kärnten
wo noch die rote beere
im späten herbstlicht steht

wolken
wie schwarze bündel geschnürt
sind es
die mit dem schnee verbündet
kalte wunder an mir und den bäumen tun
mein sinnen wäre dem deinen gleich
trüge auch ich flügel
statt meine schuhe
ja
und die schnelle deiner augen
ein gefieder
dein korngroßes mutiges herz
und die freundschaft des windes
oder leichte des löwenzahns
in der du dich forthebst

letzte schwalbe
nachzüglerin
liebste aller spätbotinnen
ich bitte dich
nimm du meine traurigen grüße
in die wärme deines schnabels

bring sie durch regen und nebel
und tau durch den beißenden neumond
bis hin an den strauch
mit den roten beeren

Hermann Lingg

Rotkehlchen

Schwalben waren schon lang
fort und auf der Reise,
nur ein Rotkehlchen sang
lieblich und leise
unter dem Dach
eines Hauses das, halbzerstört,
allmählich zusammen brach!
Es wurde von niemand gehört,
und dennoch sang es. Das Moos,
wuchs auf der Schwelle,
die Steine bröckelten los,
des Abendlichtes Helle
schlief in den Zimmern allein,
die Stürme gingen aus und ein
in dem großen verödeten Gang,
aber das Rotkehlchen sang.
Lust und Freude war entflohn,
alles war aus,
es wußte nichts davon,
es sang im öden, verfallenden Haus
mit einem eignen lieblichen Ton.

Joseph von Eichendorff

Die Lerche

Ich kann hier nicht singen,
Aus dieser Mauern dunklen Ringen
Muß ich mich schwingen
Vor Lust und tiefem Weh.
O Freude, in klarer Höh'
Zu sinken und sich zu heben,
In Gesang
Über die grüne Erde dahin zu schweben,
Wie unten die licht' und dunkeln Streifen
Wechselnd im Fluge vorüberschweifen,
Aus der Tiefe ein Wirren und Rauschen und Hämmern,
Die Erde aufschimmernd im Frühlingsdämmern,
Wie ist die Welt so voller Klang!
Herz, was bist du bang?
Mußt aufwärts dringen!
Die Sonne tritt hervor,
Wie glänzen mir Brust und Schwingen,
Wie still und weit ist's droben am Himmelstor!

Annette von Droste-Hülshoff

Die tote Lerche

Ich stand an deines Landes Grenzen,
An deinem grünen Saatenwald,
Und auf des ersten Strahles Glänzen
Ist dein Gesang herabgewallt.
Der Sonne schwirrtest du entgegen,
Wie eine Mücke nach dem Licht,
Dein Lied war wie ein Blütenregen,
Dein Flügelschlag wie ein Gedicht.

Da war es mir, als müsse ringen
Ich selber nach dem jungen Tag,
Als horch ich meinem eignen Singen

Und meinem eignen Flügelschlag;
Die Sonne sprühte glühe Funken,
In Flammen brannte mein Gesicht,
Ich selber taumelte wie trunken,
Wie eine Mücke nach dem Licht.

Da plötzlich sank und sank es nieder,
Gleich toter Kohle in die Saat,
Noch zucken sah ich kleine Glieder
Und bin erschrocken dann genaht;
Dein letztes Lied, es war verklungen,
Du lagst, ein armer kalter Rest,
Am Strahl verflattert und versungen
Bei deinem halbgebauten Nest.

Ich möchte Tränen um dich weinen,
Wie sie das Weh vom Herzen drängt,
Denn auch mein Leben wird verscheinen,
Ich fühl's, versungen und versengt;
Dann du, mein Leib, ihr armen Reste!
Dann nur ein Grab auf grüner Flur,
Und nah nur, nah bei meinem Neste,
In meiner stillen Heimat nur!

Friedrich Rückert

Lerchentriller

Ich fuhr am frühen Morgen,
Als noch die Sonne schlief
Und hoch im Blau verborgen
Schon eine Lerche rief.

Als auf der Tag gegangen
Da war ich weit schon fort,
Und hoch im Äther sangen
Die Lerchen hier und dort.

Ich hörte nur das Schwirren
Der Stimmen im Azur

Und nicht der Achse Klirren
Womit ich weiter fuhr.

Und wie durch blüh'nde Triften
Der Wagen hin mich trug,
So setzte hoch in den Lüften
Sich fort der Stimmen Zug.

Als unterging die Sonne,
War ich an meinem Ort,
Da sang im Drang der Wonne
Noch eine Lerche fort.

Dann ward das Tönen stiller,
Als ich im Schlummer lag;
Es war ein Lerchentriller
Der ganze Frühlingstag.

Percy Bysshe Shelley

Die Lerche

Heil dir, Geist der Lieder!
Vogel bist du nicht,
Der vom Himmel nieder
Wirft sein tönend Licht.

Immer höher springend
Von der Erde ab,
Steigend singend, singend
Steigend: wenn ins Grab

Sonne stürzt, zu schweben
Über letztem Wind,
Körperloses Leben,
Das mit dir beginnt!

Purpurwolk im Schlage
Deines Flugs schmilzt klar,

Wie ein Stern am Tage
Klingst du unsichtbar –

Jeder Raum durchzogen
Von gewaltigem Schall –
Mit der Iris Bogen
Spielst du nach den Donnern auf dem All.

Vogel oder Geist,
Reiner ist dein Denken!
Singe, was du weißt!
Gottlos nur verrenken

Menschen im Gedicht
Not und Sieg und Feste:
Wenn es kunstvoll spricht,
Immer fehlt das Beste.

Aber wer bist du?
Welchem Berg entgleitet
Welchem Meere zu
Quell, der so sich weitet?

Welchem Himmel glückt
Deine Felderkindheit,
Welches Sehn verzückt
So und welche Blindheit?

Kennst, o Melodie,
Schlaffheit nicht und Schwere!
Liebe kennst du! – nie
Der genossenen Umarmung Leere.

Doch den Tod vielleicht
Sieht dein Aufschwung näher
Als der Blick uns reicht:
Hell den finstern Häher –

Lied wohl schaut den Sinn,
Schimmer auf den Schwellen –
Flössen sonst darin
So kristallene Wellen?

Menschen! hätten wir
Furcht und Haß verloren,
Heilig wie ein Tier,
Tränenlos geboren!

Doch wie zähe schielt
Unser freistes Lachen,
Schnell den Traum verspielt
Tägliches Erwachen.

Ewiger Flug! wenn ich
Deinem süßen Rausche
Singend halb nur glich:
Lauschte mir die Welt, wie ich dir lausche.

William Wordsworth

An eine Lerche

Stimme des Äthers! Pilgerin im Licht!
Verschmähst du diese leiderfüllte Erd
Oder, Aufschwirrende, bleibt dein Gesicht
Und Herz dem tauigen Talgrund zugekehrt,
Dem Nest, wohin du kommst, ob kurz, ob lang,
Und flügelschließend endest den Gesang?

Vergönn der Nachtigall den Schattenwald;
Des hohen Lichts geheimes Reich ist deins,
Daraus dein Strom von Tönen niederhallt
Als Vorklang abgelauschten Seligseins.
Du gleichst dem Weisen, der auf beides schaut,
Dem Heimstatt sind und Himmel gleich vertraut!

Ion Alexandru

Die Lerchen

Jahre streift ich umher, zu belauschen – die Lerchen.
Nachts durch verwachsne Schluchten tastend mit
einer Laterna magica, sind meine Hände
auf ihr Nest gestoßen. Ich weiß genau, wovon sie sich nährn,
wo sie trinken und wonach sie spähn,
kenn den Unterschied zwischen denen von Tal und Hügel,
zwischen denen am Fluß und in Wäldern,
zwischen denen bei Regen und Tauschnee.

Mitunter vermischen sie sich – jene im Regen
können vom Hügel auch sein, die in der Nacht auch
aus dem Nichts.

Seit einer Weile seh ich sie im Traum,
seh steigen sie und sinken
und meine Erde mit sich nehmen.
Die Lerchen – der Schatten eines Baumes immer wandernd,
zusammengeballt, am Himmelszelt geschart.
Ein wüster Traum, an dem du keinen Anteil nimmst,
verborgner Fluß, der eilt, dich zu verfolgen,
ein Weg von toten Schlitten, der nirgendwo hinführt.

Die Erde ist's zuerst,
danach ein hochgeschnellter Sprung
und dann sein Himmelsgewölb, glitzernd wie Ebbe und Flut,
im Fluge surrend eine schwarze Sehne,
bis eine Glocke, die sich jäh überschlug, nicht mehr aufhört,
darauf ist's waagerecht in gewaltigen Kreisen,
das schallnde Siegeslachen, ein undeutlich Geläut,
ein Fluten von bestirnten Wellen
auf die Welt – die Erde regt sich nur noch in
Meeren und in Brunnen.

Wie du in einen Weiher tote Sterne
stürzen hörst als Kind, wenn du noch gar nichts liebst,
so fallen in ersterbenden Wirbeln,
die kein Ende nehmen wollen,
fühllos die Lerchen herab.

Es bleibt uns ein Turm, von niemandem zu sehn,
den wir an jedem Tag besteigen, um klarer
und kälter die Unendlichkeit zu hören.

Christian Wagner

Ich habe der Lerchen so viele
Gesehen und habe sie satt;
Was soll mir der Lenze Gespiele
Im Schnabel ein Rosenblatt?

Das Käuzchen ersehn ich das nächtig
Prophetisch und wie ein Geist
Vom Firste des Daches bedächtig
Mir baldige Ruhe verheißt.

Aus des Knaben Wunderhorn

Käuzlein

Mündlich

Ich armes Käuzlein kleine,
Wo soll ich fliegen aus?
Bei Nacht so gar alleine,
Bringt mir so manchen Graus:
Das macht der Eulen Ungestalt,
Ihr Trauern mannichfalt.

Ich will's Gefieder schwingen
Gen Holz in grünen Wald,
Die Vöglein hören singen
In mancherlei Gestalt.
Vor allen lieb ich Nachtigall,
Vor allen liebt mich Nachtigall.

Die Kinder unten glauben,
Ich deute Böses an;
Sie wollen mich vertreiben,
Daß ich nicht schreien kann.
Wenn ich was deute, tut mir's leid,
Und was ich schrei, ist keine Freud.

Mein Ast ist mir entwichen,
Darauf ich ruhen sollt,
Sein Blättlein all verblichen,
Frau Nachtigall geholt:
Das schafft der Eulen falsche Tück,
Die störet all mein Glück.

William Shakespeare

Winter

Wenn Eiszapfen hängen gerillt und gebaucht
  Und Dick, der Schäfer, die Nägel behaucht,
Und Tom bringt Arme voll Holz an den Herd,

Und die Milch ist gefrorn, die im Eimer klirrt;
Wenn das Blut ist faul und die Wege voll Dreck,
Dann schreit bei Nacht die *Eul* im Versteck
Schuhu!
Schuhi! Schuhu! Ihr Heulen durchfährt
Die schmierige Hanne, die'n Topf ausleert.

Wenn allüberall gibt der Wind den Ton,
Und Husten durchdröhnt des Pfarrers Sermon,
Und Vögel hocken wie brütend im Schnee,
Und Marians Nase ist rot und weh;
Wenn geröstete Krabben zischen im Speck –
Dann schreit bei Nacht die Eul im Versteck
Schuhu!
Schuhi! Schuhu! Ihr Heulen durchfährt
Die schmierige Hanne, die'n Topf ausleert.

Giovanni Pascoli

Das Käuzchen

Wo war nur der Mond? Schon ergrauten,
Verschwimmend wie Perlen, die Räume;
Aufreckten, daß besser sie schauten,
Sich Apfel- und Mandelbäume.
Ein wetterndes Leuchten in Weiten
Kam dunkel mit Wolken herzu;
Ein Rufen kam aus Gebreiten:
Schiuh . . .

Nur selten glitzerten Sterne
Im neblig milchigen Rauche;
Ich hörte das Meer in der Ferne;
Ich hörte das Knistern im Strauche;
Und hörte, im Herzen erschallend,
Verlorenen Klang durch die Ruh.
Ein Ächzen, im Leeren verhallend:
Schiuh . . .

In Höhen, schimmerbeladen,
Verzitterten Seufzer der Winde;
Es rüttelten kleine Zikaden
An silbernen Glöckchen gelinde
(Ein Klingeln, verborgen, an Türen,
Die schlossen wohl ewig sich zu . . .).
Und dann, ans Sterben dies Rühren:
Schiuh . . .

Charles Baudelaire

Die Eulen

Unter schützenden schwarzen bäumen
Thronen die eulen geschaart
Wie götter seltsamer art
Mit feurigen augen. sie träumen.

So sitzen sie unbewegt
Bis zu den traurigen stunden
Wo schiefe strahlen verschwunden
Und dunkel sich über sie legt.

Ihr gehaben besagt
Daß der weise hier frei sich
Von lauf und lärm halten sollte.

Wer nach einem schatten jagt
Trägt die strafe stets bei sich
Daß er den platz wechseln wollte.

Antonio Machado

Durch ein Kirchenfenster
kam die Schleiereule
in die Kathedrale.

Sankt Christophorus
wollte sie verjagen,
wie er trinken sah
sie vom Öl der Lampe
der heiligen Maria.

Doch die Jungfrau sagte:
Lasse sie nur trinken,
heiliger Christophorus.

Tudor Arghezi

Die Eule

Warum schilt dich der Mensch einen Nachtfalter? Weil du ihm nicht schöntust? Weil du ihm nicht im Lichte des goldenen Tages dein Lied singst, damit er dir lauschen, dich erspähen, dich totschießen und dich verspeisen kann? Du schmeichelst weder seinem Ohr noch seinem Magen. Gegen Abend, wenn die Sonne erlischt und aus der Ewigkeit des Himmels, dessen Rätsel der Mensch vergeblich zu lösen versucht, die geheimnisvollen Sterne sprießen, erscheinst du ganz unerwartet, in weichem Flug von einer Turmkuppel zur andern schwirrend, und geduckt zwischen Schattenwogen jagst du ihm Schrecken ein. Welch düstere Sünden belasten des Menschen Gewissen, daß er sich vor dir ängstigt wie vor einem unheilverkündenden Zeichen? Ich fand dich stets auf der Spitze des Kreuzes und auf den höchsten Glockentürmen.

Der Mensch ist dir auch deshalb feind, weil du, im alten Gemäuer hockende Einsiedlerin, du Freundin der Geister und Gespenster, die du dich zwischen Käuzen und den Fledermäusen mit ihren ledernen Flügeln in deiner Welt verschließt, dich ihm nicht zugesellst. Er glaubt, der Mensch, daß du den Todeszauber über ihn wirfst, während du ihn doch nur verachtest. In der gewaltigen Sankt-Nikolaus-Kirche auf der Klosterinsel schwangst du dich des Nachts während der Mette von der Altarwand auf den Kronleuchter, und wir spürten, während wir auf die Knie sanken und tief uns neigten, das samtene Flattern deiner stummen Fittiche. Die Mönche hatten sich zu einer Totenmesse versammelt; im Gewölbe der Kirchengruft lagen Tausende von Schädeln aneinandergereiht, alle mit dem gleichen hohlen Blick, und dennoch bekamen es die Klausner, die Äbte, die Beichtväter ebenso wie die jungen, zaghaften Kaplane in ihren Kirchenstühlen mit der Angst vor dem Boten der erfüllten Geschicke, der mitten unter ihnen weilte.

Du, schöne Eule, bist die Verkünderin des Endes! Du, stiller Vogel der Dämmerung und der Mitternachtsstunde! Du trägst eine törichte Schuld. Würdest du nicht den Parzen in Erinnerung rufen, daß man seinen Lebensfaden durchschneiden müsse, dein Verleumder würde vielleicht gar nicht mehr sterben. Höre ich dich einmal nicht im regenbogenfarbenen Dunkel, das den Schlaf einhüllt, auf dem First meiner Behausung rufen, erstaunt auch du über das ewige, unentrinnbare Vorübergleiten der Dinge, so bin ich besorgt. Wo steckt die Eule, die ein Leben lang in jeder durchwachten Nacht meine Seele umschwirrt? Du warst auf Wanderschaft.

Hätte dich der Mensch aus der Nähe betrachtet, wie ich dich zweimal gesehen, er hätte dich wie eine aschgraue Dahlie geliebt, die sich welk vom Stiel gelöst. Ich fand dich einmal tot auf dem Altar eines kleinen, abgelegenen Stiftes des Fürsten Tepes. Du warst vor kurzem auf der Steinplatte entschlafen, auf der einst der Gottesdienst verrichtet wurde. Ich blies in deine Flaumfedern und hauchte deine Lider an, doch du konntest nicht wieder erwachen. »Die arme Eule, nun ist auch sie tot!« sprach die Nonne Fevronia, die mich begleitete, den Totensegen murmelnd. Ein andermal erfaßte dich hoch in den dämmrigen Lüften ein Taumel, du zögertest eine Weile am Abendhimmel, umkreistest mich in nahem Bogen und fielst mir in die Hände, die sich dir wartend entgegenstreckten. Ich behielt dich bei uns, als wärst du ein Toter aus unserer Gemeinde, und bettete dich auf einen Tisch, den ich aus dem Weichselbaum gezimmert, durch dessen Zweige du geflattert warst.

Du sprachst vielleicht davon, daß in dem weißen Haus gegenüber den anderen Türmen mit den zwei spitzen Ziegeldächern die Freunde deines gefiederten Falterstammes wohnen. Denn auf den Balken sitzen, unter dem erblühten Abendstern, die Nonnen mit ihren weiten Schleiern, Seite an Seite, die ganze Nacht lang versonnen da und blicken zum Himmel und über die Erde.

Ingeborg Bachmann

Mein Vogel

Was auch geschieht: die verheerte Welt
sinkt in die Dämmrung zurück,
einen Schlaftrunk halten ihr die Wälder bereit,
und vom Turm, den der Wächter verließ,
blicken ruhig und stet die Augen der Eule herab.

Was auch geschieht: du weißt deine Zeit,
mein Vogel, nimmst deinen Schleier
und fliegst durch den Nebel zu mir.

Wir äugen im Dunstkreis, den das Gelichter bewohnt.
Du folgst meinem Wink, stößt hinaus
und wirbelst Gefieder und Fell –

Mein eisgrauer Schultergenoß, meine Waffe,
mit jener Feder besteckt, meiner einzigen Waffe!
Mein einziger Schmuck: Schleier und Feder von dir.

Wenn auch im Nadeltanz unterm Baum
die Haut mir brennt
und der hüfthohe Strauch
mich mit würzigen Blättern versucht,
wenn meine Locke züngelt,
sich wiegt und nach Feuchte verzehrt,
stürzt mir der Sterne Schutt
doch genau auf das Haar.

Wenn ich vom Rauch behelmt
wieder weiß, was geschieht,
mein Vogel, mein Beistand des Nachts,
wenn ich befeuert bin in der Nacht,
knistert's im dunklen Bestand,
und ich schlage den Funken aus mir.

Wenn ich befeuert bleib wie ich bin
und vom Feuer geliebt,
bis das Harz aus den Stämmen tritt,

auf die Wunden träufelt und warm
die Erde verspinnt,
(und wenn du mein Herz auch ausraubst des Nachts,
mein Vogel auf Glauben und mein Vogel auf Treu!)
rückt jene Warte ins Licht,
die du, besänftigt,
in herrlicher Ruhe erfliegst –
was auch geschieht.

Oskar Loerke

Vogelbotschaft unterm Regenbogen

Für Fenne zur Weihnacht 1939

Du lagst halb träumend noch im Bette,
Da scharrte auf dem Fensterbrette
Mit ihrem Fuß und sprach die Meise:
»Wir sind nicht wie die Menschen weise,
Die immer ihre großen Toten
Mit heißer Ehrgier überboten.
Wir aßen stets dasselbe Futter
Wie unsre Ahnin, unsre Mutter,
Und waren ihnen gleich am Kleide,
An Nest und Flug und Wunsch und Leide,
Doch haben wir mit unserm Wissen
Den Friedensbogen nie zerrissen,
Und glaub, es kann kein Mensch dich lehren,
In höchsten Nöten dich zu wehren.
Du mußt wie wir den Glauben wagen,
Du habest Flügel, die dich tragen.«

Ludwig Strauß

Brütender Rotschwanz

Du, der ich oft geneidet die freien Flüge,
Muß ich dir nun die reine Ruhe neiden,
Kleine Vogelmutter, die über der Haustür
Nistet in der efeuumschatteten Nische?
Wird dir nimmer die Zeit lang all die Tage?
Wenn ich geh und mich an der Gartenpforte
Grüßend noch einmal kehre zum Haus: da liegst du;
Wieder komm ich, und sieh: du liegst noch immer,
Hütend dein heimliches Gut, auf dem braunen Flechtwerk,
Innig brütend, sorglos, den Leib, der ehe
Schmeidig und schlank die Büsche durchhuschte, wohlig
Hingelöst zu schwellender Federdecke,
Nur das Köpfchen noch rege, aus klugen Augen
Kaum ein wenig spähend und kaum den hellen,
Schmalen Schnabel öffnend zu leisem Zwitschern, –
Wohnst du doch im Frieden und traust uns Menschen
Wie dem Stein und dem Grünlaub, die dich bergen,
Daß du gestern gegen den Flieder drüben
Bettetest das bläuliche Köpfchen, heute
Hüben gegen die Rose, daß das Schwänzchens
Warmes Rostrot hier oder dort du leuchten
Lässest über den Nestrand, das ist Wechsels
Dir genug, denn viel hast du zu lauschen
In die heilige Arbeit deines Ruhens.
Wir aber, da wir ein- und ausgehn unter
Deinem Dauern, schaun zu dir auf, als wäre
Über der Tür ein Väterspruch zu lesen:
Erd und Himmel hält die Geduld zusammen.

Wilhelm Lehmann

Grasmücke

Milchkanne glänzt und füllt den Krug.
Zu leben ist euch schon genug.
Blieb euch getreu der Sinn?

Der mir entging,
Mit Zwitschern fing
Grasmücke ihn sich ein,
Und vor mir flieht er hin.
Im heißen Blau der Mond ein Hauch,
Pustblume unten, monden auch.
Ich weiß nur, daß ich traurig bin.
Vogel, ich will dein Hörer sein. –
Mich schläferte der Sommersang,
Der trällernd aus den Hecken sprang.
Ich wachte auf, zu Tode bang:
Der Mond, des Schwebens niemals satt,
War schon oranges Krokusblatt,
Grasmückenmann sang immer noch.
So hör ihn doch! So hör ihn doch!

Clemens Brentano

Finkenlied

Vom Gesange lustiger Finken
durch das Fenster aufgeweckt,
lasse ich den Schleier sinken,
der mir meine Seele deckt.

Durch des alten Birnbaums Blüten
schaut zwar trüber Himmel her,
doch in meiner Brust ist Frieden;
ach, wenn's doch der ewige wär'!

Nein, jetzt kann ich gar nicht trauern;
alles scheint mir lieb und gut,
und mir wächst da überm Lauern
auch ein Finkenliedermut.

Wie die kleinen Sänger schweben,
wie es sehnt und lockt und zirpt!
O wie herrlich klingt das Leben,
wenn's zu neuem Leben wirbt.

Keiner fällt ohne Gottes Willen
von dem Dach, vom Haupt kein Haar,
und mein Schmerz läßt sich schon stillen,
weil ich einst unschuldig war.

Und bin ich gleich abgefallen,
fiel ich doch in Gottes Schoß,
lieg da mit den andern allen
heil in seiner Gnade groß.

Munter, Herz, schwing' dein Gefieder
Auf, wohl auf zum Kreuzes Baum,
täglich Sonne, täglich Lieder,
alle Nacht ein frommer Traum!

Und ein Nest in seine Wunden
meiner Leidensbrust ich bau;
grün liegt seine Erde unten,
oben schwebt sein Himmel blau.

Ossip Mandelstam

Stieglitz, komm, ich leg den Kopf nach hinten
Schaun wir beide auf die Welt.
Ob der Wintertag, wie Kleiebrot spitz
Auch so hart in deine Augen fällt?

Den Schwanz gekehlt, gelbschwarz die Federn
Unterm Schnabel rot gespritzt –
Weißt du, Stieglitz, denn, wie sehr du
Wie sehr du ein Stieglitz bist?

Was für Luft bei ihm dort überm Scheitel –
Gelb und weiß, und schwarz und rot!
Nach beiden Seiten blickt er aus – nach beiden! –
Schaut nicht mehr. Flog fort.

Wolfgang Amadeus Mozart

Hier ruht ein lieber Narr,
Ein Vogel Star.
Noch in den besten Jahren
Mußt er erfahren
Des Todes bittern Schmerz.
Mir blu't das Herz,
Wenn ich daran gedenke.
O Leser! schenke
Auch du ein Tränchen ihm.
Er war nicht schlimm;
Nur war er etwas munter,
Doch auch mitunter
Ein lieber loser Schalk,
Und drum kein Dalk.
Ich wett, er ist schon oben,
Um mich zu loben·
Für diesen Freundschaftsdienst
Ohne Gewinnst
Denn wie er unvermutet
Sich hat verblutet,
Dacht er nicht an den Mann
Der so schön reimen kann.
Den 4. Juni 1787.

Wilhelm Lehmann

Stare

Wo die See schwebt, grau wie Menschenhaar und heidelbeerblau, in einer Kumme aus goldenem Stein,
Steht, die Wände lehmen, das Haus, der Einsamkeit teuer, Federn decken den First.
Da kehren vor ihrer großen Reise nach Süden die Wandernden ein,
Das Haus gehört der Mutter der Vögel, alt und weise.
Ohne Schwere und unsichtbar kann sie mit junger silberner Lippe pfeifen,
Rohrhühner und Schwalben, Saatgans, weißer und schwarzer Storch lassen sich von ihr greifen.
Kein Schweiß näßt ihre Haut, Luft füllt ihre Knochen. Verbirg dich, sei leise.

Mit allen Vögeln machst du gewesene und zukünftige Reise.
Grasmücken zogen, Schwalben, Wendehals, Girlitz und Regenpfeifer. Die Stare weilen.
September summte, Oktober lächelt. Noch brauchen sie nicht zu eilen.
Sie trippeln, rücken zusammen, drehn das Genick,
Sie knistern und scharren, quirlen, mahlen, sträuben die Kehlen und singen
Von fliegenden Fischen, Delphinen, Medusen, tauchenden Kormoranen.
Maurische Brunnen spielen; Feigen reifen. Sie sitzen auf Büffeln mit ihren Brüdern, den Rosenstaren;
Netze lauern, Nebel ängstigen, Leuchttürme versprechen schimmernde Gefahren –
Dem Horchenden so süß und bang wie Desdemonen einst Othellos Worte waren.

Ein Schauder des Entzückens lüpft die Schwingen,
Es schnellt die leichten Leiber auf zu dunkelnder Rakete – sie birst:
Sie stieben nieder, rücken zusammen zu ihren Geschichten, Legenden,
Und können nicht enden.

Das Dach ist leer. Es donnerte. In sausenden Bändern

Rollen sie schon über anderen Meeren, anderen Ländern.
Die Stille dichtet in das verlassene Ohr, den betrübten Blick
Das liebende Geschwätz, das Brausen der Fittiche, den Schwung ihrer Fahnen.

Günter Eich

Tage mit Hähern

Der Häher wirft mir
die blaue Feder nicht zu.

In die Morgendämmerung kollern
die Eicheln seiner Schreie.
Ein bitteres Mehl, die Speise
des ganzen Tags.

Hinter dem roten Laub
hackt er mit hartem Schnabel
tagsüber die Nacht
aus Ästen und Baumfrüchten,
ein Tuch, das er über mich zieht.

Sein Flug gleicht dem Herzschlag.
Wo schläft er aber
und wem gleicht sein Schlaf?
Ungesehen liegt in der Finsternis
die Feder vor meinem Schuh.

Walter Höllerer

Blauer Silberhäher

Blauer Silberhäher
Reißt mit seinem Schrei
Dem verborgenen Späher
Den Rock entzwei:

Wie's im Abend blutet,
Fleisch und Fetzen gelber Haut –
Rings umflutet
Ihn, den Bloßen,
Licht in großen
Feuerkreisen,
Daß das Harz aus Stämmen taut.

Artur Lundkvist

Elster

Elster, Vogel meines windigen Charakters,
fliegt wirbelnd wie ein Hubschrauber,
ein Ball aus Flügeln im Winde.
Elster, die lustige Witwe, lacht
trotz ihrer unversorgten Kinder, lacht
über Diebstähle, die sie begangen hat und Diebstähle, die sie plant.
Der schwarzundweiße Birkenliebling,
zu Haus auch in Bäumen, die schwarz im Schnee stehn,
Beerenpflückerin im Herbst, aber ohne Korb,
mit stahlschimmernder Brust wie ein kälteklarer Winterhimmel.
Aber die Höfe liebt sie mehr als den Wald,
fliegt durch den Schornsteinrauch,
der nach gebratenem Schweinefleisch riecht,
pflückt eine Sicherheitsnadel, ausgeschüttet mit des Säuglings
Badewasser,
sitzt an der Holzbeuge und lauscht der Zentrifuge in der Küche.
Die Elster, das schlaue Mädchen mit wippendem Schwanze,
nie ganz jung und unerfahren,
mehr ein Zigeunermädchen mit Silbermünze am Ohr,
leicht verführt im letzten Heu des Spätwinters,
wenn die Füße kalt vom Regen sind.
Aber auch nie eine mürrische Alte wie die Krähe
oder heiser wie der Rabe, der umherstreifende Roßtäuscher
mit Messer unter dem Mantel und Tabak im Rachen.
Nein, am nächsten verwandt dem armen Pfarrhausfräulein,
das auf dem Eise tanzt
trotz seiner zerfetzten Handschuhe.

Die Elster mit Reisigbündel und knirschender Milchflasche,
in verlorenes Eiweiß gekleidet,
in Teer von Abflußrohren getunkt,
im Land der für den Winter gebauten Holzhäuser ansässig,
wo sie den Schnabel am Schleifstein wetzt
und höhnisch kichert über die Kinder, die auf Bäume klettern.

Czesław Miłosz

Elstertum

Ich ging, derselbe und nicht derselbe, im Eichenwald,
Staunend, daß meine Muse, die Mnemosyne,
Mir nichts von meinem Staunen genommen hatte.
Die Elster kreischte, und ich sagte: Elstertum,
Was ist das Elstertum? Das Herz der Elster,
Ihre behaarten Nüstern über dem Schnabel, den Flug,
Der sich erneuert im Fallen,
Werde ich niemals erreichen, also auch nicht erkennen.
Doch gibt es das Elstertum nicht,
So gibt es auch meine Natur nicht.
Wer hätte gedacht, daß ich, Jahrhunderte später,
Den Streit erfinde um Universalien.

Friedrich Rückert

Die Kreuzschnäbel

Als unser Herr nun war an's Kreuz geschlagen,
Erhoben alle Vögel Wehgeschrei,
Nicht helfen konnten sie mit ihren Klagen,
Da blieben stumm allein von allen zwei,
Mit ihren Schnäbeln
Als wie mit Hebeln
Sie wollten lieber wagen,
Ob auszuziehn die Nägel möglich sei.

Sie haben nicht die Nägel ausgezogen,
Doch weil sie treulich sich bemüht am Kreuz,
Sind sie vondannen hochbelohnt geflogen
Und ausgezeichnet von dem Herrn am Kreuz;
Denn wie sie hackten,
Die Nägel packten,
Sich ihre Schnäbel bogen,
Und stehn nun krumm, gewachsen über's Kreuz.

Kreuzschnäbel heißen sie davon, lieb Ännchen,
Die wunderbarsten flüglichten Geschlechts;
Gekrümmet steht der Schnabel links dem Männchen,
Dem Weibchen steht gekrümmt der Schnabel rechts.
Sieh wie sie hüpfen
Sieh wie sie schlüpfen
Dort oben auf dem Tännchen
Durch das Gehäng' des nadlichten Geflechts!

Die andern Vögel haben all' erkoren
Sogleich um Ostern ihre Brütezeit;
Sie aber sind dann ganz in Gram verloren,
Und all ihr Sinnen ist dem Kreuz geweiht.
Doch um Weihnachten,
Wann sie bedachten,
Daß Er nun wird geboren,
Da sind ihr Nestlein sie zu bau'n bereit.

Sie bau'n es unter'm frostigsten der Winde,
Der niemals ihre Gluten überwand;
Und ihren Jungen ist's im Nest gelinde,
Wenn ungelind es friert im ganzen Land.
Doch wo sie brüten?
Gott muß sie hüten,
So daß ich, der ich finde
Die Nester alle, nie doch ihres fand.

Eugenio Montale

Wiedehopf, munterer Vogel, geschmäht von den Dichtern

der du den Federschopf schwingst
auf dem luftigen Hühnerhauspfahl
und wie ein künstlicher Hahn dich im Winde drehst;
Wiedehopf, Bote des Frühlings, wie für dich
die Zeit stillsteht, der Februar nicht mehr stirbt,
wie alles draußen sich den Hals verrenkt
und der Bewegung deines Kopfes folgt,
Kobold mit Flügeln, und du weißt es nicht.

Peter Altenberg

Der Vogel Pirol

Noch ist es Nacht im Prater. Nun wird es grau. Eindringlich duften die Weiden und Birken, sanft-ölig.

Der Vogel Pirol beginnt Reveille zu blasen, Reveille der Natur! In kurzen Absätzen bläst er Reveille. Gleichsam die Wirkung abwartend auf Schläfer. Alles, alles ist noch still und grau, Birken und Weiden duften eindringlich, und der Vogel Pirol bläst in kurzen Zwischenräumen Reveille. Unablässig.

Die Dame sagte einmal: »Oh, ich möchte das Leben kennenlernen. Ich kann ihm nicht nahekommen, es nicht ergründen – – –.«

Da sagte der Herr: »Haben Sie schon den Vogel Pirol in den Praterauen Reveille blasen gehört im Morgendämmern?!?«

»Muß man das tun, um das Leben ergründen zu können?!?«

»Ja, das, das muß man. Von solchen versteckten Winkeln aus, gleichsam aus dem Hinterhalt, kann man dem Leben beikommen! Da, da beginnt die mysteriöse Schönheit und der Wert der Welt!«

»Wie sieht er denn aus, der Vogel Pirol?!«

»Niemand sieht ihn. Irgendwo in alten, alten Birken hockt er und bläst Reveille und weckt zum Tage. Immer lichter und lichter wird es, und die weiten Auen werden ganz sichtbar. Am Ufer sind schwarze riesige Schleppschiffe, Tagestätigkeit erwartend mit ihren geräumigen Kräften.«

»Gehen wir zum Vogel Pirol – – –«, sagte die Dame.

C. F. Gellert

Der Kuckuck

Der Kuckuck sprach mit einem Star,
Der aus der Stadt entflohen war.
Was spricht man, fing er an zu schreien,
Was spricht man in der Stadt von unsern Melodeien?
Was spricht man von der Nachtigall?
»Die ganze Stadt lobt ihre Lieder.«
Und von der Lerche? rief er wieder.
»Die halbe Stadt lobt ihrer Stimme Schall.«
Und von der Amsel? fuhr er fort.
»Auch diese lobt man hier und dort.«
Ich muß dich doch noch etwas fragen;
Was, rief er, spricht man denn von mir?
Das, sprach der Star, das weiß ich nicht zu sagen;
Denn keine Seele redt von dir.
So will ich, fuhr er fort, mich an dem Undank rächen,
Und ewig von mir selber sprechen.

William Wordsworth

An den Kuckuck

Oh Herold, der gekommen ist,
Nun denk ich sommerlang,
Mein Kuckuck, ob du Vogel bist
Oder nur ein Klang;

Und lieg im Gras, wo einst ich war,
Und lausch dem Doppelton,
Und denk bei mir, du wanderst gar,
Bald hier, bald ferne schon;

Und weiß, du plauderst dich nur aus
Für Blumen rings im Tal –
Oh streu auf mich den vollen Strauß
Der Träume noch einmal!

Mein hochwillkommner Lenzherold,
Du bist mir ganz wie eh:
Kein Vogel, nein, ein Zauber hold,
Ein Klang, den ich nicht seh;

Du bist's, der mir zur Knabenzeit
Gerufen, daß ich ging,
Ob ich dich wohl in Wäldern weit
Bei Baum und Busch mir fing'.

Da war ich flink und suchte dich,
So fern der Himmel blaut,
Als wär's ein lieber Schatz für mich,
Ersehnt und nie erschaut.

Wie damals will ich lauschen noch
Und träumen, was mich freut,
Als könnt ich mich vertauschen noch
In jene reine Zeit,

Oh Kuckuck! da die karge Welt
Voll Wunder war für mich,
Ein Märchenland, ein Sommerzelt,
Und ganz der Ort für dich.

Gerard Manley Hopkins

Kuckucksruf

Noch einmal, noch einmal komm,
Kuckucksruf! Deck auf des Ohres Brunnen,
  den Quell des Herzens fromm
Mit Einklang um Einklang; tu anderes kund
  Als schlagende Äxte und fallende Bäume im Hügelrund,
  Im hohlen dumpf grollenden Grund:
Die weiten Wälder beschwöre dein unerwarteter Mund.

Friedrich Georg Jünger

Der Kuckuck

Kuckuck, du rastloser Rufer im Walde, was rufst du und rufst du?
Immer bist du ein andrer und scheinst doch immer der gleiche,
Seit ich zuerst dich auf der grünenden Heide gesehen.
Immer bist du ein andrer und rufst doch immer das gleiche.
Einen Kuckuck nur gibt es, so scheint mir, ich hört' ihn als Kind schon,
Einen unsterblichen Vogel, der das Vergangene ruhlos
Wieder erweckt mir ihm Ohr und das Laub und die Blüten des Frühlings.
Überall ist er zu Haus, doch nirgends rastet und weilt er.
Rufend fliegt er herbei, und oftmals rufend entflieht er.

Wystan Hugh Auden

Kurze Ode an den Kuckuck

Jetzt stellt sich keiner vor, du klärst die dummen Fragen
– *Wie lange werd ich leben? Wie lange einzeln bleiben?*
Wird Butter billiger? –, auch macht dein Schrei
  nicht Ehemänner unruhig.

Verglichen mit den Arien von großen Sängern,
etwa der Amsel, ist dein Zwei-Ton-Stück Kinderei;
unsere ärgsten Gauner sind höchst schockiert von
deinen Nistbräuchen.

Physik, Ästhetik, Ethik, sie prusten, doch sie können
deine Magie nicht tilgen: du Zauber
auch dem Pendler, wie Wunder einst dem Wilden
Drum, in mein Tagebuch,

wo ich normalerweise nichts als Verabredungen
eintrage und, seit kurzem, den Tod von Freunden,
kratze ich, Jahr um Jahr, dich wieder hörend, etwas
von göttlichem Moment.

Georg Britting

Der Kuckuck

Der Mai ging hin, im Blütenrausch sterbend. Stark
Nun kommt der Juni, knabenhaft nicht mehr, nicht
Mehr Frühling. Sommer! schreit er lauthals,
Über die Wälder hin schreit er: Kuckuck!

Der Kuckuck schweigt und seine Genossin nicht.
Sie will die Lust auch. Späher im Busch, du hast
Das Paar ertappt und sahst es einig?
Purpurrot glühen der Mond, die Sterne.

In fremden Nestern wächst dann die Brut heran.
Der Erbe stürzt. Und siegreich lärmt das Pack.
Den kleinen Müttern hüpft das Herz: Sie
Wundern sich über die starken Söhne.

Christian Morgenstern

Der Specht

Wie ward dir, kleiner Specht, so große Kraft!
Von deinem Klopfen tönt der ganze Schaft
der hohen Kiefer. Wär auch mir vergönnt,
daß ich den Menschen so durchklingen könnt!

Mechthild von Magdeburg

Eia, liebe Taube,
Deine Füße sind rot,
Deine Federn sind glatt,
Dein Mund ist wohlgeformt,
Deine Augen sind schön,
Dein Haupt ist edel,
Dein Wandel ist lustvoll,
Dein Flug ist rasch und kühn,
Und du bist allzuschnell wieder auf Erden.

Asch-Schibli

Das Girren der Taube

Eine Taube, die am Morgen laut sich macht
Und betrübte Weisen singt im Waldrevier;
Ihres Freundes denkt sie und der guten Zeit,
Weint aus Kummer und erregt den Kummer mir.

Und ihr Weinen hat den Schlaf mir oft geraubt,
Und geraubt hat oft den Schlaf mein Weinen ihr.
Und ich klag und sie versteht von mir es nicht,
Und sie klagt, und ich versteh es nicht von ihr.
Aber daß ihr etwas fehlt, das fühl ich wohl,
Daß mir etwas fehlt, das fühlt sie wohl mit mir.

Iwan Turgenjew

Die Tauben

Ich stand auf dem Gipfel eines sanft abfallenden Hügels; ein Meer von reifem, hier golden, dort silbern schimmerndem Roggen erstreckte sich vor mir.

Aber es ging kein Kräuseln über dieses Meer dahin; die schwüle Luft flimmerte nicht: Ein schweres Gewitter zog auf.

Über mir schien noch die Sonne – heiß und matt; aber dort, hinter dem Roggen, nicht allzuweit entfernt, lastete der schwere Koloß einer dunkelblauen Wolke auf dem halben Himmelsrand.

Alles verkroch sich, alles erstarb im unheilverkündenden Funkeln der letzten Sonnenstrahlen . . . Kein Vogel war mehr zu hören oder zu sehen; sogar die Spatzen hielten sich verborgen. Nur ein einsames, großes Klettenblatt raschelte und klatschte unentwegt irgendwo in der Nähe.

Wie stark doch der Wermut auf den Rainen duftete! Ich starrte auf den blauen Koloß, und mir war beklommen zumute. So macht schon, macht, dachte ich bei mir, blitz auf, du goldene Schlange, erdröhne, Donner! Setz dich in Bewegung, tückische Wolke, ergieße dich als Regen über die Erde, beende meine schmachtende Qual!

Doch die Wolke rührte sich nicht. Sie lastete nach wie vor auf der stummen Erde und schien nur weiter anzuschwellen und dunkler zu werden.

Da plötzlich schoß etwas gleichmäßig und spielerisch über ihr eintöniges Blau dahin; es sah aus wie ein weißes Tüchlein oder ein Schneeball. Eine weiße Taube kam aus der Richtung des Dorfes geflogen.

Sie flog geradeaus, immer geradeaus . . . und versank hinter dem Wald.

Einige Augenblicke vergingen; die grausame Stille hielt an. Doch siehe da! Auf einmal flimmerten *zwei* weiße Tüchlein, *zwei* Schneebälle in der Luft: *Zwei* weiße Tauben strebten in gleichmäßigem Flug heimwärts, ins Dorf.

Und schließlich brach das Unwetter los – ein wahrer Hexensabbat!

Ich schaffte es gerade noch bis nach Hause. Der Wind heulte und warf sich wie ein Irrer hin und her; niedrige, rötliche, wie zu Fetzen zerrissene Wolken jagten dahin; alles wirbelte durcheinander und vermischte sich; ein heftiger Guß ging in schaukelnden, senkrechten Säulen nieder; das flammende Grün der Blitze blendete das Auge; der Donner krachte abgerissen wie aus Kanonen; es roch nach Schwefel . . .

Unter dem überhängenden Dach aber, am äußersten Ende des Bodenfensters, hockten zwei weiße Tauben nebeneinander – die, die zu der anderen geflogen war, und die, die jene nach Hause geholt und vielleicht gerettet hatte.

Beide sträubten die Federn, und der Flügel der einen berührte und fühlte den Flügel der anderen neben sich . . .

Ihnen war wohl! Und wohl war auch mir bei ihrem Anblick – auch wenn ich allein war, allein wie immer.

František Halas

Wie das Turteltäubchen zu seinem Bändchen kam

Die Jungfrau Maria hat nichts zu lachen
es schläft ihr nicht ihr Jesulein
kochen soll sie plätten und reinemachen
und wiegen soll sie noch obendrein

Das Turteltäubchen fliegt lachend durchs Haus
vor der Arbeit aber reißt das Luderchen aus

Grollt die Jungfrau Jetzt wirst du nicht fliegen
sondern schön das Jesulein wiegen

Das Turteltäubchen wiegte fein
in seiner Wiege das Jesulein

kaum aber hat es die Äuglein geschlossen
gleich ist das Täubchen davongeschossen

Die Wiege bleibt wieder stehn und das Jesulein schreit
am Herd floß die Milch über und grad war's Essenszeit

Gleich kommst du her Faulenzerchen
na wart nur wir werden dich anbinden

Ein Sammetbändlein die Jungfrau nahm
Du Vagabundlein wir machen dich zahm
Das Turteltäubchen band sie dann
kurzerhand an die Wiege an

Gekocht ist das Mittagsmahl und das Jesulein schläft weiter
dem Zäppelein macht das Bändlein bang es ist gar nicht mehr heiter
Bittschön bittschön Heilige Jungfrau ein bißchen nur laß mich fliegen
ich werd schon sehr brav sein und komm bestimmt wieder wiegen

Zucker tu Zucker tu Zucker tu
in Jesuleins Grießbrei ich
Zucker tu Zucker tu Zucker tu
sei nur nicht bös auf mich

Die Jungfrau lächelt für und für
ksch ksch Flieg fort Du Heid'
das Bändchen bleibt zur Strafe dir
für alle Ewigkeit.

Günter Eich

Tauben

Taubenflug über die Äcker hin, –
ein Flügelschlag, der schneller ist als die Schönheit.
Sie holt ihn nicht ein, sondern bleibt mir
als Unbehagen zurück im Herzen.

Als wäre auch Taubengelächter vernehmbar
vor den Schlägen, den grün gestrichenen Zwerghäusern,
und ich beginne nachzudenken,
ob der Flug ihnen wichtig ist,
welchen Rang die Blicke zum Erdboden haben
und wie sie das Aufpicken des Korns einordnen
und das Erkennen des Habichts.

Ich rate mir selbst, mich vor den Tauben zu fürchten.
Du bist nicht ihr Herr, sage ich, wenn du Futter streust,
wenn du Nachrichten an ihre Federn heftest,
wenn du Zierformen züchtest, neue Farben,
neue Schöpfe, Gefieder am Fuß.
Vertrau deiner Macht nicht,
so wirst du auch nicht verwundert sein,
wenn du erfährst, daß du unwichtig bist,

daß neben deinesgleichen heimliche Königreiche bestehen,
Sprachen ohne Laut, die nicht erforscht werden,
Herrschaften ohne Macht und unangreifbar,
daß die Entscheidungen geschehen im Taubenflug.

Conrad Ferdinand Meyer

Möwenflug

Möwen sah um einen Felsen kreisen
Ich in unermüdlich gleichen Gleisen,
Auf gespannter Schwinge schweben bleibend,

Eine schimmernd weiße Bahn beschreibend,
Und zugleich in grünem Meeresspiegel
Sah ich um dieselben Felsenspitzen
Eine helle Jagd gestreckter Flügel
Unermüdlich durch die Tiefe blitzen.
Und der Spiegel hatte solche Klarheit,
Daß sich anders nicht die Flügel hoben
Tief im Meer, als hoch in Lüften oben,
Daß sich völlig glichen Trug und Wahrheit.

Allgemach beschlich es mich wie Grauen,
Schein und Wesen so verwandt zu schauen,
Und ich fragte mich, am Strand verharrend,
Ins gespenstische Geflatter starrend:
Und du selber? Bist du echt beflügelt?
Oder nur gemalt und abgespiegelt?
Gaukelst du im Kreis mit Fabeldingen?
Oder hast du Blut in deinen Schwingen?

Shimazaki Tôson

Die Möwe

Wogen-geboren, wogen-begraben,
weit auf den Meeren der Leidenschaft, eine Möwe.
Brecher der Liebe türmen dröhnend sich auf:
Träume zu knüpfen, ach kein Verweilen.

Und im Erschrecken der dunklen Flut
im strömenden Hingehn und Wiederkehrn,
ist unserm Blick entschwunden des Vogels Kielspur.
Wogen-getragen, noch schwebend im Schlaf, eine Möwe.

Pablo Neruda

Ode an die Möwe

Der Möwe
über
den Pinienwäldern
der Küste,
ihr die im Winde
sausende Silbe
meiner Ode!

Segle,
leuchtende Barke du,
Banner aus zwei Schwingen,
durch meinen Vers,
Leib von Silber,
erheb
in den Mantel
des kalten Firmaments
dein unaufhaltsames Zeichen,
o Fliegende,
sanfte
Serenata des Fluges,
Pfeil aus Schnee, Segler
ruhiggleitend im transparenten Wind,
du schwingst dein Gleichgewicht empor,
indes
die Wiesengründe des Himmels
der rauhe Wind fegt.

Nach langer Fahrt,
gefiederte Magnolie,
Dreiecksgebild,
von der Luft
getragen in den Höhen,
kehrst du, deine silberne
Gewandung schließend, gelassen
zu deiner ursprünglichen Gestalt zurück,
du rundest deinen schimmernden Schatz,
wirst weiße Knospe des Fluges

wieder,
rundlicher Keim,
Ei der Schönheit.

Ein anderer Dichter
würde seine sieghafte Ode
hier enden.
Ich darf mir
den weißen Luxus
unnützen Schaumes
allein
nicht erlauben.
Verzeih es mir,
Möwe,
realistischer
Dichter
bin ich,
des Himmels Fotograf.
Du frißt,
du frißt
und frißt,
nichts gibt es,
was du nicht verschlingst,

über dem Wasser des Hafens
lärmst du
wie eines Armen Hund,
saust
hinter dem letzten
Fetzen Eingeweid
eines Fischs her,
pickst
nach deinen weißen Schwestern,
raubst
die verschmähte Beute,
das wehrlose Häufchen
Unrat des Meeres,
spähst nach
hinabgefallenen
Tomaten,
den weggeworfenen

Überresten der Bucht.
Das alles
aber
verwandelst du
in reinliche
Schwinge,
in weiße Geometrie,
zu deines Fluges statischer Linie,
schneeiger Anker du,
Fliegerin,
dich rühme ich mit allem:
mit deiner wilden Gier,
mit deinem Schrei im Regen
oder mit deinem ruhevollen Schweben
einer dem Sturm
entrissnen Flocke Schnee,
mit deinem Frieden und Flug zugleich,
Möwe,
dir weihe ich
mein irdisches Wort,
ein plumper Flugversuch,
laß sehen, ob deinen Samen du
in meine Ode streust.

Luis Cernuda

Möwen in den Parks

Herrin der Werkstätten, der Fabriken, der Bars,
Alles dunkler Stein unter einem düsteren Himmel,
Schweigsam zur Nacht, an Sonntagen fromm
Ist die levitische Stadt, die ihre Sünden leugnet.

Das dunkle Grün der Pflanzen und der Bäume
Unterbricht mit Parks die eintönigen Gebäude,
Und in der zauberlosen Natur, im Regen,
Sieh sogleich, Schopf des Wahnwitzes, die Möwen.

Warum, flügeltragend, sind die Gäste des Rauchs,
Des schmutzigen Rinnsals, der Holzbrücken dieser Parks?

Ein widriger Wind oder eine unbewußte Hand
Trug sie von den heimatlichen Häfen ins Landesinnre.

Fern verblieb ihr Nest an den Meeren, von Winterstürmen
Gewiegt, in leuchtender Ruhe sommers.
Nun ihre Klage geht wie der Schrei verbannter Seelen.
Der mit Flügeln sie schuf, verweigert ihnen den Raum.

Harry Martinson

Tote Seemöwe

Nie mehr
wird mein hungriger Schnabel
in das Schweigen des Nebels stoßen.
Nie mehr werde ich trankrank
auf einer sonnenverspielten Welle schaukeln.
Nie mehr werde ich mich
– auf einer steinigen Schäre –
an der Leber des Kabljaus gütlich tun.
Nie, o niemals mehr.

Doch mein gestrauchelter Schrei wird im Nebel weiterleben.
Du hast ihn gehört, Fischer,
auch das Gemurmel der schaukelnden Boje hast du gehört,
und dann hat dich die Dünung abgedrängt
in die Irrnis des Meeres.
Nie mehr werden deine klatschenden Ruder dort draußen knarren.
Still ist die Nacht.
Lebe, o mein einsamer Schrei.

Friedrich Nietzsche

Vereinsamt

Die Krähen schrein
Und ziehen schwirren Flugs zur Stadt:
Bald wird es schnein –
Wohl dem, der jetzt noch Heimat hat.

Nun stehst du starr,
Schaust rückwärts, ach, wie lange schon,
Was bist du Narr
Vor Winters in die Welt entflohn?

Die Welt – ein Tor
Zu tausend Wüsten stumm und kalt;
Wer das verlor,
Was du verlorst, macht nirgends halt.

Nun stehst du bleich,
Zur Winter-Wanderschaft verflucht,
Dem Rauche gleich,
Der stets nach kältern Himmeln sucht.

Flieg, Vogel, schnarr
Dein Lied im Wüstenvogel-Ton.
Versteck, du Narr,
Dein blutend Herz in Eis und Hohn.

Die Krähen schrein
Und ziehen schwirren Flugs zur Stadt:
Bald wird es schnein –
Weh dem, der keine Heimat hat.

Emile Verhaeren

Die Krähen

Die großen winterlichen Krähen hocken,
an Blumen mahnend, klagvoll, sanft und krank,
wie Atlas das Gefieder glatt und blank,
schwarz blühend in dem Feld voll weißer Flocken.

Die eine hängt in einer Eiche Zweigen
als Blume, die dem letzten Ast gehört,
wie Tinte dunkel, und ihr Jammern stört
in langem Nachhall eines Dorfes Schweigen.

Und eine andere hebt weinerlich
einsam von einem feuchtigkeitbedrohten
grabflachen Hügelein wie einem Toten
zu Ehren aus der Gruft erwachsend sich.

Und eine, Pflanze, die vor tausend Jahren
aus Hieroglyphen blühte, stirbt ganz wach
mit geradem Blick, abseits, auf einem Dach,
gelähmt und priesterlich in langsamem Erstarren.

Die großen winterlichen Krähen hocken,
an Blumen mahnend, klagvoll, sanft und krank,
wie Atlas das Gefieder glatt und blank,
schwarz blühend in dem Feld voll weißer Flocken.

Georg Britting

Krähenschrift

Die Krähen schreiben ihre Hieroglyphen
In den Abendhimmel, in den bleichen:
Wunderliche, schnörkelhafte Zeichen,
Tun geheimnisvoll mit ihren schiefen
Schwarzen Flügen.

Was sie schreiben, ob es uns betrifft?
Wer es deuten könnte, wär ein weiser Mann.
Ach, der Anblick nur muß uns genügen!

Hilflos sind wir vor der schwarzen Schrift
An der bleichen Himmelswand,
Wie ein Kind, das noch nicht lesen kann,
Und das Blatt verkehrt hält in der Hand.

Krähen im Schnee

Die schwarzen Krähen auf dem weißen Feld:
Der Anblick macht mein Herz erregt.
Es stäubt der Schnee. In Wirbeln kreist die Welt.
Sie sitzen auf den Bäumen unbewegt.

Die Zaubertiere aus der alten Zeit,
Sie sind bei uns nur zu Besuch.
Sie tragen noch das Galgenvogelkleid,
Sie hörten einst den rauhen Henkerfluch.

Was denken sie? Ach, du errätst es nicht!
Sie starren einsam vor sich hin.
Der Himmel hat ein milchig trübes Licht.
So war die Welt im ersten Anbeginn.

Nun naht vom Wald her sich ein neuer Gast.
Die andern sehen ihm nicht zu.
Er läßt sich nieder auf dem weißen Ast.
Und dann ertönt auch durch die Winterruh

So rauh wie hohl der alte Krähenschrei.
In ihm ist Langweil und Verdruß.
So hocken sie, das schwarze Einerlei,
Und wirbelnd fällt der Schnee, wohin er muß.

Arthur Rimbaud

Die Raben

O Herr, wenn dann die Wiese friert,
Wenn überm alternden Geländ
Das Aveläuten längst zu End

Und schon der Weiler sich verliert,
Dann schick vom hohen Himmel mehr
Der großen guten Raben her.

Seltsames Heer, gegrüßet sei!
Nach euren Nestern greift der Sturm.
Am gelben Fluß, im alten Turm,
Mit schwerer Schwinge, schrillem Schrei,
Am Graben hier, am Kreuze dort,
Fliegt hin und wieder – fort und fort –

Umkreist zu tausend Frankreichs Feld,
Die Toten von vorgestern nacht:
Nicht wahr, ihr habet strenge acht,
Daß jeder Wandrer innehält?
Krächz unsre Schuld uns in das Ohr,
Du schwarzer Totenvogelchor!

Doch, Heilige am Eichenast,
– Verlornem Mast, verwunschnem Hang –
Vergönnt der Maienlerche Sang
Dem Wald, wo unter Rasenlast
In dunkler Erd nach dunklem Tun
Die hoffnungslos Besiegten ruhn.

Georg Trakl

Die Raben

Über den schwarzen Winkel hasten
Am Mittag die Raben mit hartem Schrei.
Ihr Schatten streift an der Hirschkuh vorbei
Und manchmal sieht man sie mürrisch rasten.

O wie sie die braune Stille stören,
In der ein Acker sich verzückt,
Wie ein Weib, das schwere Ahnung berückt,
Und manchmal kann man sie keifen hören

Um ein Aas, das sie irgendwo wittern,
Und plötzlich richten nach Norden sie den Flug
Und schwinden wie ein Leichenzug
In Lüften, die von Wollust zittern.

Unbekannter deutscher Barockdichter

Wachtelschlag

Hört, wie die Wachtel im Grünen schön schlägt:
»Lobet Gott, lobet Gott!
Mir kommt kein Schauer«, sie sagt.
Flieget von einem ins andre grün Feld
Und uns den Wachstum der Früchte vermeldt;
Rufet zu allen mit Lust und mit Freud:
»Danke Gott, danke Gott!
Der du mir geben die Zeit.«

Morgens sie ruft, eh der Tag noch anbricht:
»Guten Tag, guten Tag!
Wartet der Sonnen ihr Licht.«
Ist sie aufgegangen, so jauchzt sie vor Freud,
Schüttert die Federn und strecket den Leib,
Wendet die Augen dem Himmel hinzu:
»Dank sei Gott, Dank sei Gott!
Der du mir geben die Ruh.«

Blinket der kühlende Tau auf der Heid:
»Werd ich naß, werd ich naß!«

Zitternd sie balde ausschreit;
Flieget der Sonne entgegen und bitt,
Daß sie ihr teile die Wärme auch mit,
Laufet zum Sande und scharret sich ein:
»Hartes Bett, hartes Bett!«
Sagt sie und legt sich darein.

Kommt nun der Waidmann mit Hund und mit Blei:
»Fürcht mich nicht, fürcht mich nicht!
Liegend ich beide nicht scheu;
Steht nur der Weizen und grünet das Laub,
Ich meinen Feinden nicht werde zum Raub;
Aber die Schnitter die machen mich arm,
Wehe mir, wehe mir!
Daß sich der Himmel erbarm.«

Kommen die Schnitter, so ruft sie ganz keck:
»Tritt mich nicht, tritt mich nicht!«
Liegend zur Erde gestreckt.
Flieht von geschnittenen Feldern hindann,
Weil sie sich nirgends verbergen mehr kann,
Klaget: »Ich finde kein Körnlein darin,
Ist mir leid, ist mir leid!«
Flieht zu den Saaten dahin.

Ist nun das Schneiden der Früchte vorbei:
»Harte Zeit, harte Zeit!«
Schon kommt der Winter herbei;
Hebt sich zum Lande zu wandern nun fort
Hin zu dem andern weit fröhlichern Ort;
Wünschet indessen dem Lande noch an:
»Hüt dich Gott, hüt dich Gott!«
Flieget in Frieden bergan.

Karl Wilhelm Ramler

Nänie

Weint, ihr Kinder der Freude! weine, Jokus!
Weine, Phantasus! Alle des Gesanges

Töchter, alle des jungen Frühlings Brüder,
Sirenetten und Zephyretten, weinet!
Ach! *die Wachtel* ist tot! Naidens Wachtel!
Die so gern in Naidens hohler Hand saß,
Und, gestreichelt von ihrer Rechten, achtmal
Ihren Silberschlag so hellgellend anschlug,
Daß das purpurbemalte Porzellan klang.
Wenn das Mädchen zu singen und zu spielen
Anhub, lauschte sie still, und nickte freundlich;
Wenn das Mädchen zu singen und zu spielen
Abließ, hüpfte die kleine Liederfreundin
Auf die Laute des Mädchens, lockte horchend
In die Laute, daß alle sieben Saiten,
Bauch und Boden der Laute wiedertönten.
Wenn das Mädchen versenkt in Traum und stumm saß,
Flog die Gauklerin dem Pagoden Lama
Auf den Wackelkopf, wiegte mit dem Kopfe
Des Pagoden sich weidlich hin und wieder.
Ach! kein Vogel war diesem gleich! der Juno
Vogel nicht, der nur schön war; auch der Pallas
Vogel nicht, der nur klug war, und nicht scherzte.
Unser Vogel war schön und klug. Naide
Scherzt' und kosete gern mit unserm Vogel,
Und der Vogel verstand Naiden: gab ihr
Nickend Antwort, schlug an, sobald sie winkte,
Ging und kam auf ihr Wort, und saß ihr rüstig
Auf der Schulter, und ließ sich küssen, ließ sich
Aus den Lippen der trauten Wirtin ätzen.
Welcher menschliche Geist belebte diesen
Vogel? Rede, du kleiner lieber Liebling,
Eh die bräunliche Seide dich umwickelt,
Und dies Grab dich auf ewig einschließt, warst du
Nicht ein lieblicher Flötenspieler? warst du
Nicht vor Zeiten ein süßer Minnesinger?
Nichts! er redet nicht mehr; es hat ihn seiner
Schönen Stimme der Tod beraubt und seines
Schönen Nickens: der böse Tod, gestaltet
Als ein Geiergeripp, der nächtlich alle
Kleinen Vögel erwürgt und alle großen.
Doch sein niedlicher Schnabel soll nicht sterben:
Unter Perlen und Gold und edle Steine

Will das Mädchen ihn wohldurchbalsamt legen,
Oft mit Seufzen ihn ansehn, oft mit Tränen,
Oft ihn herzlich an ihre Lippen drücken.
Hier nun ruhe sein kalter Leichnam, unter
Diesem Rosenbaum. Maienblumen pflanz' ich
Auf sein Grab, und von bunten Tausendschönchen
Einen Kranz. Sein vergnügter Geist, das weiß ich,
Ist gen Himmel geflohn, gleich einem kleinen
Funken. Laß ihn auf deiner Schulter sitzen,
Schnittermädchen des Himmels, die du Weizen
In den Händen und Mohn im Körbchen trägest.

Han Shan

Die Mandarinenten [1]

Seht wie die Mandarinenten die Nacht verbringen
Ein Männchen und ein Weibchen ducken sich zusammen
Sie picken Blütenblätter, teilen jeden Bissen
Putzen sich gegenseitig das Gefieder
Sie steigen sich umspielend auf in duftge Wolken
Kehren zum Schlafen ans steinige Ufer zurück
Liebevoll von Natur leben sie stets in Freuden
Und trachten nicht, den Teich des Phönixpaares einzunehmen.

1 Wegen der in diesem Gedicht beschriebenen typischen Verhaltensweisen sind die Mandarinenten in der chinesischen Literatur Symbol für Zärtlichkeit und Liebe.

Oldřich Mikulášek

Wildenten

Die weiten grauen Teiche
hoben sich und schwebten,
schleppten des Sommers Kleid hinter sich
dem Süden zu dem fernen –
Wildenten. Sie flogen auf,
ohne Schrei. Traurig macht das Fortgehn,
unschuldiger Oldřich!

Verwitwet das Schilf am Ufer des Flusses,
die Luft streichelt die Enten,
liebkost ihre Bäuche.
Der Wind spielt mit einer verrauften Feder,
sie fällt ohne Trauer.
Eine kleine Wildente fühlt meinen Schmerz,
zögert aufzufliegen und bleibt.

John Masefield

Die Wildenten

Zwielicht. Das Rot im Westen.
Dunkelheit. Noch ein Glühn auf dem Wald.
Räderrasseln verhallt.
Nun sammeln die Wildenten sich.
Oh unausdeutbare Seelen,
Welch wilde Klage ihr klagt überm Teich!
Was haben die Enten auf den Höfen vernommen,
Daß sie so schrein – schnattern und schrein?
Sie haben erkannt die schweifende Seele,
Gierig, begierig, die schreckende,
Erkannt über der Kugel des Mondes,
Über dem Wald, der in Röte brennt,
Die Flügel reihenden, Hälse vorstreckenden
Keile und haben gehört den Schrei.

– – –

Schrei einer endlosen Pein,
Die das Schilfrohr behaust verdorbener Moräste
In Ländern, die keiner kennt.

Lars Gustafsson

Der Haubentaucher

An reinen, klaren Herbstabenden
in kleinen Gruppen vor dem Bug des Motorboots.
Und sie verschwinden, ohne Angst und ohne Hast,
nur weil dies:
zu verschwinden,
ihre selbstverständliche Kunstart ist.

Oft habe ich mir gewünscht,
ich könnte ihm folgen,
auch auf diesem andern Flug.
Sieht er die Wasseroberfläche
als einen zweiten Himmel?
Wie schwer ist jetzt sein Flügelschlag?

Sieht er sich als denselben Vogel
in zwei getrennten Welten?
Die eine von Winden beherrscht,
die andre von kühlen Tiefenströmungen?
Der Baum mit dem zitternden Laubwerk.
Das lange Haar des Seegrases,

wo die kalte Bodenquelle mündet.
Wie kann er zwei so verschiedene Dinge
in einem Leben zusammenbringen?
Oder sieht er sich als
zwei Vögel,
die sich für einen Augenblick begegnen
im stummen, atemlosen Punkt der Wasseroberfläche?

Vaganten-Lied

Dereinst war ich so rund gemäst't,
Mir stand der schmucke Balg aufs best,
Dieweil ich noch ein Schwan gewest!
O Schmerz, O Schmerz!
Nun lauter Schwärz,
Verbronnen allerwärts.

Der Bratenwender dreht mich frisch,
Das Feuer bäht und brät mich risch,
Der Truchseß bringt mich auf den Tisch.
O Schmerz, O Schmerz!
Nun lauter Schwärz,
Verbronnen allerwärts!

Im Wasser möcht ich leben, hei!
In Lüften möcht ich leben frei,
Statt hier im scharfen Pfefferbrei.
O Schmerz, O Schmerz!
Nun lauter Schwärz,
Verbronnen allerwärts!

Vor Zeiten weißer als der Schnee –
Kein'n schönern Vogel gab es je –,
Nun schwärzer als ein Rab, o weh!
O Schmerz, O Schmerz!
Nun lauter Schwärz,
Verbronnen allerwärts!

Nun lieg ich in der Schüssel hier,
Ein wehrlos flügellahmes Tier –
Und alles bleckt die Zähn nach mir.
O Schmerz, O Schmerz!
Nun lauter Schwärz,
Verbronnen allerwärts!

William Butler Yeats

Die wilden Schwäne von Coole

Die Waldung ruht im herbstlichen Duft,
   Mein Pfad gibt mir die Sicht,
Die Wasserfläche in dunstiger Luft
   Spiegelt Oktoberlicht.
Am steinigen Ufer will ich stehn,
Die vielen Schwäne zu sehn.

Mit neunzehn Jahren stand ich hier
   Und zählte, wieviel es wohl sind,
Und als ich zählte, gab's ein Gewirr,
   Und sie hoben sich auf geschwind
Und flogen und schwenkten auf Schwanenweis'
Und zogen den dröhnenden Kreis.

Wie lauscht ich damals der Flügelgewalt!
   So lausch ich nun nicht mehr,
Mein heißes Herz ward alt und kalt,
   Seit ich kam durchs Zwielicht daher,

Und das Laub vor den jungen Schritten aufstob,
Und der Schwingenton sich erhob.

Die Schwäne aber, noch immer zu Zwein
  Treiben sie's in der Rund,
Einträchtig kommen und fallen sie ein;
  Sie sind geblieben jung.
Liebe und Beute, wo immer der Ort,
Bleibt ihnen hier wie dort.

Noch steh ich am Wasser und darf sie schaun,
  Als mein geheimes Fest;
In welchem Schilf einst werden sie baun,
  An welchen Teichen ihr Nest
Und wem zur Lust, wenn ich wiederkehr
Und find meine Schwäne nicht mehr?

Edna St. Vincent Millay

Wilde Schwäne

Ich sah in mein Herz, als die wilden Schwäne vorüberglitten;
  Und was erkannt ich, das ich nicht hatte gesehn vorher?
  Nur eine Qual mehr, eine weniger, die ich erlitten;
Nichts, dem Flug wilder Vögel vergleichbar
  in wolkigen Meilen.
Verödetes Herz, darin Leben und Tod gemeinsam verweilen!
Raum ohne Aufwind! Ich schließ deine Tür
  und seh dich nicht mehr.
Wilde Schwäne, kommt über die Stadt, kommt geglitten
Noch einmal mir über die Stadt in schreienden Keilen!

Anders Österling

Winterschwan

Auf tief verschneitem Weg, der fernher führte
und sich verlor in dämmerdunkler Decke,
hört' ich, unirdisch, einen Ton, der rührte
von Schwänen her – der silberweißen Strecke!

Mit dem Gefieder, rosig lichtumgeben,
schien diese Schar die Stunde zu erfassen,
um mit den Sonnenstrahlen fortzustreben,
das schattenblaue Flachland zu verlassen.

Sie zogen über Häuser, die verloren
zusammenkrochen und des Tages harrten.
Noch ist die Kraft des Blutes nicht erfroren!
rief die Trompete. Offne Wasser warten!

Ich sah sie bis zum Strand des Ringsees wandern,
nur einen nicht, der fort aus dem Gewimmel –
vergebens riefen die bestürzten andern –
nach Norden flog in seinem hellen Himmel.

Ergriffnen Blickes folgt' ich seinen Wegen,
wie wild und schön er und von Stolz gehoben
die Schwingen schlug, der Winterwelt entgegen,
aus Lebens Drang, das Leben zu erproben.

Georg von der Vring

Schwäne

Wo's Gras wir sahn
Im Wintersalz,
Umschlang der Schwan
Der Schwänin Hals;

Die allzu früh
Berührt, entflog,
An Wipfeln wie
Im Zorn hinzog;

Die flockenleis
Und wem zulieb
Am Schwanenweiß
Der Wolke trieb.

Johann Burckhard Mencke

(d.i. Philander von der Linde)

Grabschrifft eines Storchs

In einem Sonnet, darzu die seltzamen Reime ehe, als die Materie, fürgegeben worden

Hier liegt der edle Storch,
in einer schlechten Ritzen,
Nichts reget sich an ihm;
denn er ist Mause-tot.
Und alles, was er hat,
wiegt kaum ein halbes Lot:
Sein Schau-Spiel über ihm
war donnern oder blitzen,
Und sein Ergötzen,
sich mit Schlangen zu verfitzen.
Denn diese waren ihm so,
wie sein täglich Brot.
Wenn er spazieren ging,
so trat er in den Kot,
Da fand er seine Kost,
den Trank in einer Pfitzen:
Die Feuer-Mauer war ihm
Bette, Stub und Tisch:
Die Reißer dienten ihm
zu einem starken Walle
Und ist mir anders recht,
das nächste Dach zum Stalle:
Er trug aus Ubermut
nicht Sammet oder Plisch:
Die Federn zierten ihn,
als wie die Haut das Kalb;
Jedoch sie zierten ihn;
ietzt hat er sie kaum halb.

Aus des Knaben Wunderhorn

An den Storchschnabel

Storch, Storch, Steiner
Mit den langen Beiner,
Flieg mir in das Bäckerhaus,
Hol mir ein warmen Weck heraus!

Ist der Storch nit ein schönes Tier?
Hat einen langen Schnabel und säuft kein Bier.

Sándor Petőfi

Der Storch

Viele Vögel gibt es, manche Arten haben
herrliches Gefieder,
andere indessen liebt man wegen ihrer
wundervollen Lieder.
Ich, ich liebe einen, dem Gott nicht gegeben
des Gesanges Gabe,
der schwarz-weiß gekleidet, schlicht, wie ich es selber
stets bevorzugt habe.

Ja, von allen Vögeln sah den Storch im Frühling
ich am liebsten wieder.
Hier im weiten Alföld, meiner schönen Heimat,
läßt er gern sich nieder.
Aufgewachsen bin ich hier mit ihm zusammen,
hörte ihn schon klappern,
als ich in der Wiege weinend noch gelegen,
noch kein Wort konnt' plappern.

Freundschaft mit ihm schließen sah man schon frühzeitig
mich, den ernsten Jungen.
Bin nicht wie die andren heimkehrenden Kälbern
albern nachgesprungen,
liebte es, im Hofe hinterm Schilfrohrkegel

still mich zu verstecken,
mich daran zu freuen, wie die Storchenkinder
ihre Flügel recken.

Immer wieder sah ich's, und ich weiß noch heute,
was ich dabei dachte:
Warum wohl der Herrgott uns, den Menschenkindern,
keine Flügel machte?
Mit zwei Beinen kann man wandern in die Ferne.
Wenig, nur die Nähe
sieht man immer wieder; ich wollt gern betrachten
alles aus der Höhe.

Hoch hinauf zur Sonne strebte ich zu fliegen,
konnt sie fast beneiden,
sah ich sie mit ihrer goldnen Strahlenkrone
unsre Welt bekleiden.
Traurig aber dacht ich, sah ich sie im Sinken
wie verblutend enden:
Sollte das der Lohn sein, der bestimmt all denen,
die ihr Licht verschwenden?

Herbst, das ist für Kinder eine Zeit der Freude.
In den Erntetagen
kommt er wie die Mütter, die in schweren Körben
Obst nach Hause tragen.
Doch trotz Birnen, Äpfeln sah ich ihn erscheinen
stets mit Unbehagen.
Geh, sprach ich, du kommst nur, meine lieben Störche
aus dem Nest zu jagen.

Mit betrübtem Herzen sah ich sie sich sammeln,
bis sie südwärts zogen,
sah sie fern entschwinden wie heut meine Jugend,
die so schnell verflogen,
sah die leeren Nester auf dem First der Dächer,
und mir war, als mahnte
mich ein leiser Windhauch an die eigne Zukunft,
die ich fröstelnd ahnte.

Wenn sich Mutter Erde nach des Winters Abzug
frei vom Schneepelz machte

und im grünen Dolman mit den Blumenschnüren
wie verjüngt erwachte,
und auch meine Seele wie im Festtagskleide
blühte ganz verändert,
bin ins nächste Dörfchen, Störchen aufzulauern,
ich gar oft geschlendert.

Dann, als meine Sehnsucht, feuriger geworden,
mir die Brust beengte,
Ungeduld der Jugend mich verzehrte, schwang ich
mich aufs Pferd und sprengte
mit verhängtem Zügel durch der Pußta Weiten,
daß kaum meinesgleichen
je der Wind getroffen, der sich eilen mußte,
um mich zu erreichen.

Heißgeliebte Pußta, oft auf schnellem Renner
hab ich dich durchritten,
die geheimsten Pfade, wo noch nie ein Fuß ging,
bin ich froh geschritten,
und wo ich auch immer bin vom Pferd gestiegen,
um im Gras zu liegen
still an einem Weiher, sah ich Störche stelzen,
über mich hinfliegen.

Wo wir uns begegnet, träumten wir zusammen,
so, wenn mich's entzückte,
lustige Spiegelbilder anzustaunen, während
er ins Wasser blickte.
Ja, seit meiner Kindheit waren mir die Störche
wie geliebte Brüder,
wenn sie auch nicht singen, wenn auch schlicht und einfach,
farblos ihr Gefieder.

Diese Liebe dauert, werd ihr bis ans Ende
nimmermehr entsagen!
Storch, du bleibst das Sinnbild meiner schönsten Träume
aus der Kindheit Tagen.
Jedes Jahr erwarte ich wie einst dein Kommen
noch in gleicher Weise,
wünsche, wenn du scheidest, dir wie einst als Knabe
heut noch gute Reise.

Christian Wagner

Die Störche

Mutter, die Störche sind da! So jubeln herin in die Stube
Heute die Kinder, es steht dampfend das Essen bereit.
Kaum sie es achten, es ist ein jegliches satt von der Botschaft:
Da sind die Störche! – Hinab polterts der Kirche nun zu.

Peter Gan

Die Störche

I

O du blindes, du mein Weltvertrauen,
das den Himmel in der Hölle preist
und die eignen bitterbösen schlauen
Gegengründe, statt sie zu durchschauen,
übersieht und so dein Recht beweist!

Heil dir, sicherste der Sicherheiten,
ob du auch geheim vom Zittern lebst
und dich täglich trotz der schlimmen Zeiten
eigensinnig, ohne viel zu streiten,
aus des Zweifels Widertaufe hebst!

›Wovon sprichst du?‹ fragen mich die Weisen
ganz mit Recht, denn dunkel klingt mein Wort.
Hört mich an: auf unsichtbaren Gleisen
Störche sah ich durch den Himmel reisen
über mir; und meine Angst war fort.

Hinterm Horizont lag fern ein Süden,
ganz aus Nirgendwo und Sonnenschein,
innerlich zu sehn; und meiner müden

Seele ward so weit ums Herz, als lüden
sie die Störche fromm in ihren Süden
und zu einer letzten Reise ein.

II

Störche, Störche, liebe Lebensretter,
unter allen Himmeln wohnt Betrug!
Jenes Südens seliges Sonnenwetter
wär' dem Müden doch nur Heimat, hätt' er
jenseits je am Paradies genug.

Doch ihn foltert, über sein Verstehen,
ungestillte stillere Begier.
Doch wonach? Von oben kommt ein Wehen,
sternenkühles Durch-die-Blätter-gehen,
und verrät es und veschweigt es mir.

Li-Tai-Pe

Der Silberreiher

Im Herbst kreist einsam überm grauen Weiher
Von Schnee bereift ein alter Silberreiher.

Ich stehe einsam an des Weihers Strand,
Die Hand am Blick, und äuge stumm ins Land.

Harry Martinson

Der Reiher

Wie ist der Himmel klar im reinen Herbst.
Gold atmet jeder Atemzug im Baum, die Quelle deckt das Gelb,
und eine Erle blutet, frisch gefällt.

Am Morgen stand der graue Reiher da;
er rastete, stand wie der Kranich steht,
knapp unterhalb der leichten Nebelschleier.

Ich sah ihn, wie er stand:
nicht wissend, was bisher geschah
und was die Welt verändert hat im Grunde.

Der Lärm des Zuges hinterm Nebel schreckte ihn,
kam näher, und der Reiher floh mit Würde,
unwissend, aber kunstvoll wild und friedlich.

Vernon Watkins

Der Reiher

Der wolkenrückige Reiher regt sich nicht:
Er starrt in den Fluß.
Bewegungslos steht er, während die Möwen
und Austernfischer schreien.
Er hört sie nicht, er sieht sie nicht,
die großen weißen Wogenrosse,
sondern hält den Blick gerichtet auf die Stille
unter ihrem fliehenden Gespann.

Wie lange wird er bleiben, wie lange
sind die grauen Wälder schon grün?
Den Himmel und des Himmels Bild,
ihren Spiegel hat er nicht gesehen,
aber schweigsam wie ein Stückchen Sand,
das Meer und das Land deutend,

reißt sein Sturzflug das Gebilde nieder
all dieser windigen Szene.

Wolken und Wälder im Rücken segelte er dahin,
hielt ein in gemächlichem Fluge
und ließ, fußfassend, sich nieder auf einem Stein,
der herabgefallen war von den Sternen der Nacht.
Er stand dort, unbekümmert um den Tag,
taub gegen das Brausen der Bucht,
einen Stein im Wasser beobachtend,
eines Fisches verborgenes Licht.

Scharfe Felsen werfen die brechenden Wellen zurück,
durchsetzen Wasser mit Luft,
gebündelte Gischt, berghoch geblasen,
ließ den Kiesstrand entblößt zurück.
Ein schiffbrüchiger Anker, in Felsen verkeilt,
vom donnernden Äquinoktionalsturm gelöst,
trennt die Wasserherden voneinander,
den Hengst und die Stute.

Aber keine Ablenkung stört die Wache
dieses zeitvernichtenden Vogels.
Er steht unbewegt auf dem Stein;
seit der Morgendämmerung hat er sich nicht gerührt.
Um ihn herum schreiendes Unheil,
doch er hat seine goldenen Augen gerichtet
auf des Wassers gewellte Tafel,
auf des Lichtes reflektiertes Wort.

Rainer Maria Rilke

Flamingos

In Spiegelbildern wie von Fragonard
ist doch von ihrem Weiß und ihrer Röte
nicht mehr gegeben, als dir einer böte,
wenn er von seiner Freundin sagt: sie war

noch sanft von Schlaf. Denn steigen sie ins Grüne
und stehn, auf rosa Stielen leicht gedreht,
beisammen, blühend, wie in einem Beet,
verführen sie verführender als Phryne

sich selber; bis sie ihres Auges Bleiche
hinhalsend bergen in der eignen Weiche,
in welcher Schwarz und Fruchtrot sich versteckt.

Auf einmal kreischt ein Neid durch die Volière;
sie aber haben sich erstaunt gestreckt
und schreiten einzeln ins Imaginäre.

Bo Djii-I

Ich habe meinen Kranich verloren

Er ging verloren, weil
Der Schnee vorm Hause stob,
Er ist verschwunden, weil
Sich meerwärts Wind erhob.

Gefunden hat sich wohl
Hoch oben ein Gefährte,
Da seit drei Nächten er
Nicht heim zum Käfig kehrte.

Sein Ruf, unhörbar hier,
In blauen Wolken hallt,
Und in den hellen Mond
Eintauchte die Gestalt.

In meinem Haus und Zimmer
Wer aber wird fortan
Noch als Gefährte bleiben
Bei einem alten Mann?

Nicolaus Lenau

Der Kranich

Stoppelfeld, die Wälder leer,
Und es irrt der Wind verlassen,
Weil kein Laub zu finden mehr,
Rauschend seinen Gruß zu fassen.

Kranich scheidet von der Flur,
Von der kühlen, lebensmüden,
Freudig ruft er's, daß die Spur
Er gefunden nach dem Süden.

Mitten durch den Herbstesfrost
Schickt der Lenz aus fernen Landen
Dem Zugvogel seinen Trost,
Heimlich mit ihm einverstanden.

O wie mag dem Vogel sein,
Wenn ihm durch das Nebeldüster
Zückt in's Herz der warme Schein,
Und das ferne Waldgeflüster!

Hoch im Fluge über's Meer
Stärket ihn der Duft der Auen;
O wie süß empfindet er
Ahnung, Sehnsucht und Vertrauen!

Nebel auf die Stoppeln taut;
Dürr der Wald; – ich duld' es gerne,
Seit gegeben seinen Laut
Kranich, wandernd in die Ferne.

Hab ich gleich, als ich so sacht
Durch die Stoppeln hingeschritten,
Aller Sensen auch gedacht,
Die in's Leben mir geschnitten;

Hab' ich gleich am dürren Strauch
Andres Welk bedauern müssen,

Als das Laub, vom Windeshauch
Aufgewirbelt mir zu Füßen:

Aber ohne Gram und Groll
Blick' ich nach den Freudengrüften,
Denn das Herz im Busen scholl,
Wie der Vogel in den Lüften:

Ja, das Herz in meiner Brust
Ist dem Kranich gleich geartet,
Und ihm ist das Land bewußt,
Wo mein Frühling mich erwartet.

Anastasius Grün

Paradiesvogel

Wie er im raschen Flug
Hin durch die Wolken schiffte,
Stumm durch den zwitschernden Zug,
Der Ahasver der Lüfte!

Stumm wie ein irrer Komet
Mit glänzendem Leibeskerne,
Die sprühende Schleppe weht
Ihm nach weithin in die Ferne.

Der Tod ihn nimmer ruft,
Noch sah kein Aug' ihn modern;
Vielleicht daß er mag in Duft,
Wie sterbende Sterne, verlodern?

Ihn lockt nicht die blühende Au,
Um Nahrung herabzuwallen,
Aus Wolken pflückt er den Tau
Im Flug, wie Blumen im Fallen.

Und weil sie sein Nest im Wald
Sein Grab nicht sahn auf der Wiese,

Drum hieß er dem Volk alsbald
Der Vogel vom Paradiese.

Die Sage aber erzählt:
Als Nachtigall einst geboren,
Von Rosenliebe beseelt,
War er zum Gesang erkoren.

Er sang, daß starres Erz
Selbst Blütentrieb verspürte;
O daß er des Lenzes Herz,
Des flücht'gen, zum Bleiben rührte!

Fortzog der Lenz durch das All
Mit Rosen, Liedern und Scherzen,
Da ahnte die Nachtigall
Den Tod vom gebrochenen Herzen.

Sie fleht in der Seele Pein:
»Herr, heb' empor mich von hinnen!
Laß mich bei dir allein,
Dem Unvergänglichen, minnen!«

Da ging aus des Herren Hand
Als Adler sie neugeboren,
Von Sonnenlieb' entbrannt,
Zum Himmelsflug erkoren.

Der flog zum Quell des Lichts
Fort, fort durch Wolken und Sterne,
Schon schwand ihm die Erd' in Nichts,
Die Sonne doch blieb gleich ferne!

Sein Aug' von Kristall schon brach,
Schon schmolz ihm die eherne Schwinge;
Im Niedersinken doch sprach
Er so zum Herrn der Dinge:

»Darf nicht bei dir ich im Licht,
Dem Unvergänglichen, wohnen,
O schleudre zurück mich nicht
Zu niedern Erdenzonen!«

Da bannt' ihn der Herr im Flug
Und schuf ihn, wie dort er schiffte
Stumm durch den zwitschernden Zug,
Der Ahasver der Lüfte.

Nicht erdwärts schwebt er, daß nicht
Befleckt sein rein Gefieder,
Nicht sonnenwärts zum Licht,
Vorm Ziele sänk' er ja wieder.

Sein Herz nicht überfließt's
Von Flammen des Liederdranges;
Was oben, unsingbar ist's,
Was unten, nicht wert des Gesanges!

Ein Stern des Himmels erglüht
Er hell den Ird'schen hüben;
Eine Blume der Erde blüht
Er bunt den Geistern drüben.

Und wenn er vorbei euch zieht,
Stumm durch den singenden Reigen,
Verstandet ihr einst nicht sein Lied,
Lernt jetzt verstehn sein Schweigen.

Ovid

Auf Korinnas Papagei

Korinnas Sittich starb, der Plaudervogel
aus Indien!. . . Vögel, folgt im Zug der Leiche!
Folgt, fromme Vögel, schlagt mit euern Flügeln
die Brust, zerreißt das zarte Angesicht
mit harten Klauen – statt betrübten Haars
rauft euch die aufgesträubten Federn aus!
Klag um ihn schmerzlich, Freundin Turteltaube!
Durchs ganze Leben band euch volle Eintracht,
und bis zum Ende hielt die alte Treue.
Doch was frommt Treue, Farbe seltner Schönheit,
was Stimme, hochbegabt im Tönewechsel?
Was frommt es, daß die Liebste, als du ihr
geschenkt warst, gleich an dir Gefallen fand?
Du Ärmster, aller Vögel Krone, starbst!
Dein Fittich ließ Smaragde stumpf erscheinen,
den Schnabel trugst du purpurn-safranrot.
Kein Vogel ahmte besser Stimmen nach.
Entrafft hat dich der Neid. Du warst kein Kämpfer,
ein Schwätzer nur, ein stiller Friedensfreund . . .
Wozu erzähl ich, wie die Liebste bang
für dich manch fromm Gelübde tat – erfolglos!
Es kam der siebte Tag, der keinen andern
mehr haben sollte hinter sich, zu End
gesponnen war dein Lebensfaden! Dennoch –
nicht stockte dir das Wort in träger Kehle,
nein, sterbend riefst du: »Lebe wohl, Korinna!«
Am Hügel im Elysium, dicht belaubt
mit schwarzen Eichen, steht ein Hain. Die Erde,
ewig betaut, sie grünt von frischem Gras.
Darf man der Sage traun, soll dort die Stätte
der frommen Vögel, fern den wilden, sein.
Dort nähren sich weithin unschuldge Schwäne,
der ewige Phönix, immer einzig nur,
und Junos Pfau schlägt stolz sein buntes Rad,
und schmeichelnd küßt den Täuber seine Taube.
Dort in des Haines Ruhstatt aufgenommen,
beginnt Korinnas Papagei zu sprechen,

und all die frommen Vögel lauschen ihm.
Ein Hügel deckt ihn, groß für den so kleinen,
darauf ein Stein mit Versen, klein wie er:
›Was ich der Herrin galt, mein Grabmal tut es kund,
so gut wie ich sprach keines andern Vogels Mund!‹

Anne Luise Karschin

Klagelied

über den Tod eines Kanarien-Vogels
(Zu Magdeburg 1761.)

Du Sänger, aus dem Lande
Das feinen Zucker zeugt;
Erstarrt liegst du im Sande,
Und deine Kehle schweigt!

Dir klopfte viele Tage
Mit ungestümem Schmerz
Und wiederholtem Schlage
Der Tod ans kleine Herz!

In tiefer Todes-Stille
Befand dein Häuschen sich,
Daß, auch der kleinste Wille,
Zum Singen dir entwich.

Mit kläglichem Geschreie
Im andern Bauer rief
Dich deines Freundes Treue,
Wenn früh noch alles schlief.

Du starbst, geliebter Kleiner,
Von deiner Frau beklagt!
Da von den Vögeln keiner
Nach deinem Grabe fragt,

Da weint sie bittre Zähren,
Zu kostbar, Vogel, dir!

Wenn Würmer mich verzehren,
Weint sie auch über mir.

Auf meine Asche nieder
Weint meiner Freunde Leid;
Sie klagen meine Lieder
Mein Herz voll Zärtlichkeit.

Ich singe, wie du sangest
Nach täglichem Gebrauch,
Und was du itzt erlangest,
Erlang ich künftig auch.

Den Staub auf dich gebreitet,
Wirft man auch über mich,
Mein Grab, mehr ausgeweitet
Als deines, öffnet sich

Den Körper zu empfangen,
Den jetzt ein Geist belebt,
Der sehnlich mit Verlangen,
In mir nach Ruhe strebt.

Bei deiner Körner Essen
Und Wasser, hüpftest du;
Viel wird mir zugemessen:
Ich fordre mehr dazu.

Das Glück, das ich schon habe,
Ist meinem Geist zu klein.
Für ihn muß überm Grabe
Mehr Glück, mehr Ruhe sein.

Rainer Maria Rilke

Papageien-Park

Jardin des Plantes, Paris

Unter türkischen Linden, die blühen, an Rasenrändern,
in leise von ihrem Heimweh geschaukelten Ständern
atmen die Ara und wissen von ihren Ländern,
die sich, auch wenn sie nicht hinsehn, nicht verändern.

Fremd im beschäftigten Grünen wie eine Parade,
zieren sie sich und fühlen sich selber zu schade,
und mit den kostbaren Schnäbeln aus Jaspis und Jade
kauen sie Graues, verschleudern es, finden es fade.

Unten klauben die duffen Tauben, was sie nicht mögen,
während sich oben die höhnischen Vögel verbeugen
zwischen den beiden fast leeren vergeudeten Trögen.

Aber dann wiegen sie wieder und schläfern und äugen,
spielen mit dunkelen Zungen, die gerne lögen,
zerstreut an den Fußfesselringen. Warten auf Zeugen.

Stefan George

Meine weissen ara haben
safrangelbe kronen.
Hinterm gitter wo sie wohnen
Nicken sie in schlanken ringen
Ohne ruf ohne sang.
Schlummern lang.
Breiten niemals ihre schwingen –
Meine weissen ara träumen
Von den fernen dattelbäumen.

Charles Baudelaire

Der Albatros

Oft kommt es, daß das schiffsvolk zum vergnügen
die albatros, die großen vögel, fängt,
die sorglos folgen, wenn auf seinen zügen
das schiff sich durch die schlimmen klippen zwängt.

Kaum sind sie unten auf des deckes gängen,
als sie, die herrn im azur, ungeschickt
die großen weißen flügel traurig hängen
und an der seite schleifen wie geknickt.

Er, sonst so flink, ist nun der matte, steife.
Der lüfte könig duldet spott und schmach:
der eine neckt ihn mit der tabakspfeife,
ein andrer ahmt den flug des armen nach.

Der dichter ist wie jener fürst der wolke.
Er haust im sturm, er lacht dem bogenstrang.
Doch hindern drunten zwischen frechem volke
die riesenhaften flügel ihn am gang.

Harry Martinson

Der Albatros

Als des Hungers und der Liebe Sendbote
schwangst du dich
aus den Windglocken des Sunds.
Mit gewaltig rauschendem Flügelschlag
bist du durch den Monsun geschwommen.
Du wolltest nichts weiter, als der Vogelklippe Comia,
die wie ein Späher brutgesprenkelt
aus den Nebeln Westfalklands aufragt,
deinen wilden Hunger entgegenschreien –
und du wolltest dort auch
eine alte Vogelliebschaft aus Kamtschatka treffen.

Nach langen Tagen des Wartens
kam sie aus einem heulenden Ostwind geschossen,
sturmzerzaust und vom Regen zugerichtet.

Ach, ihr Sturmvögel,
wenn der Paarungsjubel verstummt ist,
taucht ihr hungernd und traurig schreiend
wieder in die Nebel der Erde.
Albatrosse und Fregattvögel,
ihr verlorenen Kinder in Gottes Stürmen.

Alfred Tennyson

Der Seeadler

Die Krall umgriff den Felsenrand.
Der Sonne nah, im fernen Land,
Umstrahlt vom Azurblau er stand.

Die See rann hin, als sähe sie's.
Er äugte, was der Strand ihm wies.
Hinab als Donnerkeil er stieß.

Joseph von Eichendorff

Adler

Steig nur, Sonne,
Auf die Höhn!
Schauer wehn,
Und die Erde bebt vor Wonne.

Kühn nach oben
Greift aus Nacht
Waldespracht,
Noch von Träumen kühl durchwoben.

Und vom hohen
Felsaltar
Stürzt der Aar
Und versinkt in Morgenlohen.

Frischer Morgen!
Frisches Herz,
Himmelwärts!
Laß den Schlaf nun, laß die Sorgen!

Paula von Preradović

Die letzten Adler

Siehst du die Adler sich heben,
Schwindend zu zweien schweben
Hoch über Jochen und Grat,
Kreisen in ruhender Eile
Auf luftig blauender Steile
Altunvordenklichem Pfad?

Tief unter dem Flaumicht der Fänge
Eräugen im Nebelgedränge
Almen sie, Tobel und Firn.
Doch auf in kobaltene Ferne,

Unter die stürzenden Sterne
Ragt ihre stoßende Stirn.

Trauern sie wohl nach den Läuften,
Da in gewaltig gehäuften
Lagen verknorrten Geflechts
Noch drohten in jedem Forste,
Auf jedem Gipfel die Horste
Ihres erlauchten Geschlechts?

Sie haben nicht ihresgleichen.
Der Herrschaft uraltes Zeichen,
Brausen die Letzten einher.
Sie sterben dahin ohne Klage,
Sie sind nur noch Sinnbild und Sage,
Sie glauben sich selber nicht mehr.

Jedoch in Gottes Gedächtnis,
Ein heldisches Vermächtnis,
Bleiben sie aufbewahrt.
Es kreist ob den ewigen Hügeln
Mit unversehrbaren Flügeln
Ihre entschwundene Art.

Wenn dann die Erdtage enden,
Wird Gott seine Adler senden
In reisiger Engel Chor.
Mit dröhnendem Gefieder
Steigen sie klafternd hernieder
Und scheuchen die Toten empor.

Gertrud Kolmar

Der Tag der großen Klage

So brach der Tag der großen Klage an.

Sie stiegen aus den Wassern, Meere voll,
Sie sprangen von dem blauen Bett der Himmel
Und füllten so die Erde mit Gewimmel,
Daß wie ein Brodeltopf sie überquoll.

Von abgelegnem Hofe, Burg und Dorf
Auf alle Wege zogen Qualgestalten,
Um schaurig mit Gebresten, Rissen, Falten
Das Feld zu decken als ein dunkler Schorf.

In Städten fielen Menschen auf die Knie
Und murmelten Gebete, heiß vor Grauen,
Doch mancher ragte ganz allein in Auen,
Der, irr geworden, fuchtelte und schrie.

Denn wie mit schwärzlichem Geflock beschneit,
Verhüllten Fenster sich und Straßensteine,
Da Fliegenstummel krochen, ohne Beine
Und ohne Flügel. Menschengrausamkeit.

Aus Wäldern hoben sich der Mittagsglut
Die stummen Augen blindgestochner Sänger,
Maulwürfe liefen – und da war kein Fänger –
An jeder Schnauze hing das Krümchen Blut.

Und Karpfen schnellten mit zerfetztem Bauch
Und rote Krebse lebend aus dem Tiegel,
Von Mauern rollte Wunderarztes Igel,
Geschwärzt in einer Zauberesse Rauch.

Doch aus dem weißen Saal der Wissenschaft
Begann ein Strömen wie aus offner Schleuse
Zerschnittner Ratten und entstellter Mäuse,
Ein Treiben unergründlich ekelhaft.

Und was an Raubgetier im Gitterhaus,
In ödem Tierpark sich die Brust zersehnte,
Verging in einer Pilgerschar, die dehnte
Sich zwischen siebzig Städten endlos aus.

Und alle nahten riesigem Gefild,
Das plötzlich da war, jäh, für diese Stunde
Zuletzt noch arme, demütige Hunde,
Die Steuermarke um als Heiligenbild.

Da, an die Welten flog ein großer Schrei.
Mit braunem Pferd, dem Eselhengst, dem Stiere
Sprach der Gerichtstag totgeplagter Tiere
Den Menschen nicht von seinen Morden frei.

Und tausend Leiber wiesen ihm ihr Grab
Und hunderttausend ihre Folterstätten,
Es schwebte keine Taube, ihn zu retten,
Kein Lämmlein trug ihm selbst den Hirtenstab.

Und dieser Helfer, dran er sich gesonnt,
Zerschlug wie Glas mit ungeheurem Krachen,
Und eine neue Gottheit spie wie Drachen
Die Flamme einem neuen Horizont.

Eine poetische Arche Noah

»Denn Los der Menschen und Los der Tiere ist einerlei Los. Wie die einen sterben, so sterben die andern: den gleichen Odem haben sie all. Nichts hat der Mensch dem Tier voraus; denn alles ist eitel.« *Prediger Salomonis*

»Mit zunehmender Erkenntnis werden die Tiere den Menschen immer näher sein. Wenn sie dann wieder so nahe sind wie in den ältesten Mythen, wird es kaum mehr Tiere geben.«
Elias Canetti[1]

»Jedes Wesen ist ein stummer Schrei danach, anders gelesen zu werden.« *Simone Weil*[2]

Als unlängst der Philosoph und Ethnologe Claude Lévi-Strauss nach einem »unerreichten Ziel seines Lebens« gefragt wurde, antwortete er: »Ich hätte mich gern einmal richtig mit einem Tier verständigt. Das ist ein unerreichtes Ziel. Es ist schmerzhaft für mich zu wissen, daß ich nie wirklich herausfinden kann, wie die Materie beschaffen ist oder die Struktur des Universums. Das hätte es für mich bedeutet, mit einem Vogel sprechen zu können. Aber da ist die Grenze, die nicht überschritten werden kann.«[3] Heilige, so wurde uns überliefert, hätten diese Grenze schon überschritten; auch Kinder und Narren. Ganz sicher war solche Grenzüberschreitung immer wieder ein Ziel derer, die Kindern und Narren, gelegentlich sogar Heiligen so ähnlich sind: ein Ziel der Künstler. Angefangen von den Höhlenzeichnungen aus der Kindheit der Menschheit, in der die Grenzen zwischen Mensch und Tier noch fließend waren, bis hin zu den künstlerischen Ausdrucksformen unserer Tage, wo etwa in dem Film »Au hasard Balthazar« von Robert Bresson die Leidensgeschichte eines Esels und die eines Mädchens sich ergreifend ineinander verflechten, waren Tiere seit jeher Kunst-Anreger und Kunst-Akteure, erkannten sich Menschen immer neu in Tieren. Zumal in der Literatur spielten Tiere stets eine überragende Rolle. »Zögen sich die Tiere aus der ihnen von den Dichtern zugewiesenen Rolle zurück, beschlössen sie den spurlosen Auszug aus den Buchseiten: Aberhunderte von Dramen

– von den ›Vögeln‹ und ›Fröschen‹ des Aristophanes bis zu Ionescos ›Nashörnern‹ –, auch Gedichte und unzählige Prosawerke, darunter vor allem Kinderbücher, verlören so viel an Substanz, büßten so viel an Inhalt ein, daß sie unverständlich würden«.[4]

Die schlüssigste Geschichte der Menschheit wäre für mich jedenfalls jene, die das sich unaufhörlich wandelnde und widerspruchsvolle Verhältnis der Menschen zu den Tieren beschriebe. In seinen »Ideen zur Philosophie der Geschichte der Menschheit« stellte Herder fest: »Der Menschen ältere Brüder sind die Tiere. Ehe jene da waren, waren diese. Jede Geschichte der Menschheit also, die ihn außer diesem Verhältnis (zum Tier) betrachtet, muß mangelhaft und einseitig werden.«[5] Herder sah dieses Verhältnis mit erstaunlich wenig Menschen-Hochmut, er meinte, »... daß die Menschen, indem sie sich allmählich die Herrschaft über die Tiere erwarben, das meiste von den Tieren selbst lernten. Diese waren die lebendigen Funken des göttlichen Verstandes, von denen der Mensch in Absicht auf Speise, Lebensart, Kleidung, Geschicklichkeit, Kunst, Triebe in einem größeren oder kleineren Kreise die Strahlen auf sich zusammenlenkte: Je mehr, je heller er dieses tat, je klügere Tiere er vor sich fand, je mehr er sie zu sich gewöhnte und im Krieg und Frieden vertraut mit ihnen lebte, desto mehr gewann auch seine Bildung, und die Geschichte seiner Kultur wird sonach einem größten Teil nach *zoologisch* und *geographisch*.«[6]

Der anthropozentrische Standpunkt, der sich hier äußerst zurückhaltend, der sich aber von Paracelsus (»Und aller Tier Weisheit, Klugheit, Listigkeit, Fürsichtigkeit, Vernunft, Verstand ist alles im Menschen zusammengeknüpft ... und also ist der Mensche das höchst Tier und das größt Tier und übertrifft alle Tier«) bis hin zu Goethes Gedicht »Metamorphose der Tiere«, in dem der Mensch als »höchstes Geschöpf der Natur« fungiert, meist ganz ungebrochen selbst feierte, ist nach allem, was Menschen sich selbst und der Natur angetan haben, ein Anachronismus. Der Mensch, der – wie bereits Schopenhauer wußte – zu wesentlich Schlimmerem abrichtbar ist als jedwedes Tier, kann sich nur um den Preis völliger Selbstverblendung noch länger als »Krone der Schöpfung« betrachten. Schon 1580 hatte Montaigne geschrieben, daß wir »nur aus wahnwitzigem Stolz und aus Halsstarrigkeit uns selbst den Vorrang vor den anderen Lebewesen geben«[7] könnten, und er traute den Tieren nicht nur mehr Kunstfertigkeit, sondern sogar ein ausgeprägteres moralisches Empfinden zu.

Es war dann Nietzsche, der – hierin Schopenhauer folgend – das

Verhältnis Mensch – Tier radikal umdachte: »Wir haben umgelernt. Wir leiten den Menschen nicht mehr vom Geist von der ›Gottheit‹ ab, wir haben ihn unter die Tiere zurückgestellt. Er gilt uns als das stärkste Tier, weil er das listigste ist: eine Folge davon ist seine Geistigkeit. Wir wehren uns andererseits gegen eine Eitelkeit, die auch hier wieder laut werden möchte: wie als ob der Mensch die große Hinterlassenschaft der tierischen Entwicklung gewesen sei. Er ist durchaus keine Krone der Schöpfung: jedes Wesen ist neben ihm auf der gleichen Stufe der Vollkommenheit.«[8] Heute geht jemand wie Elias Canetti noch einen Schritt weiter als Nietzsche in seinem Bekenntnis zu den Tieren: »Ich bin zu den Tieren gegangen und bin an ihnen wieder erwacht. – Es macht nichts, daß sie ebenso gern essen wie Leute, denn sie reden nicht darüber. Ich glaube, es wird das Letzte, das Allerletzte in meinem Leben sein, das mir noch Eindruck macht: Tiere. Ich habe nur über sie gestaunt. Ich habe sie nie erfaßt. Ich habe gewußt: das bin ich, und doch war es jedesmal etwas anderes.«[9]

Elias Canetti hat hier endlich einmal den Grundwiderspruch benannt, der unser Verhältnis zu den Tieren von Anfang an belastet: daß wir nämlich vom Fleische derer, von denen zu lernen und die zu lieben wir vorgeben, *essen*; daß wir Tiere töten, Tiere millionenfach abschlachten, um selbst zu leben. Der Urmensch der Frühzeit, der ausschließlich Jäger war, dem aber das gejagte Tier auch ungeheure Furcht einflößte, erhöhte das gejagte Tier deshalb noch zum Gott. Der Jagd folgte das Sühneopfer. In den frühesten Jagdliedern, die uns erhalten sind, wird vom Tier nicht nur mit allergrößter Hochachtung gesprochen, sondern es wird – etwa bei Pygmäen und Eskimos – sogar ausdrücklich um Verzeihung gebeten; so tanzt der Pygmäen-Häuptling auf dem Leib des getöteten Elefanten-Bullen und singt dazu: »Unsere Speere haben sich verirrt, o Vater Elefant, / Wir wollten dich nicht töten, / Wir wollten dir nichts antun, o Vater Elefant! / Nicht unsere Krieger beendeten dein Leben, / Das Schicksal entschied, daß deine Stunde gekommen ist. / Drum kehre nicht zurück, unsere Hütten niederzustampfen / O Vater Elefant!«[10] Für die Naturvölker gab es einen wirklichen Wesensunterschied zwischen Mensch und Tier nicht, beide waren noch verwandlungsfähige Verkörperungen ursprünglich verwandter Lebensenergien, beide waren aneinander gebunden im Schicksalszusammenhang. In den überlieferten Mythen erscheinen nicht von ungefähr so viele Götter halb als Mensch und halb als Tier oder werden Götter von Tieren flankiert oder als Tiere dargestellt.

Auch sind Tiere in der Frühzeit noch erklärtermaßen Lehrmeister des Menschen; so bedeutet etwa in Sanskrit das Wort »marga« zugleich »das Wild verfolgen« und »der Weg«.[11] Schließlich sah der Mensch, um wieviel müheloser als ihm den Tieren das meiste gelang. Bei einigen Indianerstämmen verkörpert das Tier ausdrücklich den Heilsbringer; bei einem beschließen die Tiere, »jenseits des großen Sees« den Menschen einen Erlöser zu senden, der sie Tierweisheit und Unsterblichkeit lehrt.[12]

Ob der Stier bei den Babyloniern, die Kuh bei Ägyptern und Indern, der Löwe bei den Persern, der Fuchs bei Chinesen und Japanern, der Wolf oder Werwolf bei den Germanen, immer waren Tiere Sinnbild kosmischer Vorgänge, immer vermittelten Tiere zwischen dem Menschen und seinem Ursprung, immer standen Tiermetaphern als Vermittler zwischen dem Naturgeheimnis der Berge und Meere, weil die Tiere mit dem Menschen das Wesentlichste, nämlich Geburt und Tod, gemeinsam haben, aber doch auch der Sphäre des scheinbar Immergleichen angehören. Auch bei den Griechen dienten Tiermetaphern dazu, Welt-Erfahrung abzubilden; das Zeichen für jede der zwölf Stunden des Tages war ein Tier, und so wie zu Zeus Adler und Schlange gehörten, war der Stier Dionysos, die Eule Athena, der Pfau Hera zugesellt, und man darf vermuten, daß diese Tiere ursprünglich nicht nur Attribute der Götter, sondern diese selbst waren. Noch die Umfunktionierung der Orpheus-Figur von einem Tier*bezwinger* zu einem, der die Fähigkeit besitzt, mit Tieren zu *sprechen* – und so ging die Gestalt des Orpheus sogar ins Frühchristentum ein, wo sie in Malereien der römischen Calixtus-Katakomben zwischen Lämmern, Löwen, Kamelen und Vögeln parallel zum ›guten Hirten‹ Christus auftaucht –, zeugt vom unstillbaren Wunsch der Menschheit, sich Tiererfahrung zu eigen zu machen, um dem Geheimnis des eigenen Ursprungs näherzukommen.

Auch das Christentum, in dem Gott doch ausdrücklich als *Mensch* durch seinen Kreuzestod die Welt vom Sündenfall erlöst (an dem – gleichsam als Relativierung der Schuld – ein Tier, die Schlange, mitschuldig gewesen sein soll), kommt ohne Tiermetaphern und Tiersymbolik nicht aus. Im Alten Testament wurde der kommende Erlöser als »Löwe aus dem Stamme Juda« prophezeit, im Neuen Testament wird er dann zum »Lamm Gottes«, der Heilige Geist erscheint in Gestalt einer Taube, und den Evangelisten sind Tiersymbole zugeordnet. An dieser Stelle sei an den schönen Satz aus Robert Musils Erzählung »Die Portugiesin«

erinnert: »Wenn Gott Mensch werden konnte, kann er auch Katze werden.«

In der frühchristlichen Kunst, vornehmlich der Bauornamentik, nimmt das Tier noch eine herausragende Stellung ein. Erst in der Gotik werden die transzendenten Tierfiguren der Romanik durch Säulenheilige abgelöst. Der Mensch glaubt, nicht länger auf die Mittlerrolle der Tiere angewiesen zu sein, er glaubt, die Natur jetzt selbst beherrschen zu können – und beherrschen zu dürfen, wenngleich er dazu wiederum auf die körperliche Hilfe von Tieren, Arbeitstieren, angewiesen ist. Eine frappierend modern wirkende Abhandlung des Bernhard von Clairvaux (1091-1153), in der er allerschärfsten Protest gegen die Tierornamentik an den Klosterbauten von Cluny einlegt, zeugt vom neuen Geist: »... überall zeigt sich eine ebenso vielfältige als wundersame Mannigfaltigkeit verschiedenartiger Bildungen, daß man mit mehr Vergnügen in den Steinen wie in den Bildern liest und den ganzen Tag lieber jene Sonderbarkeiten bestaunt, als Gottes Wort beherzigt: Großer Gott, wenn man sich der Possen nicht schämt, warum scheut man nicht wenigstens die Unkosten?«[13] So also kündigt sich die Aufklärung, so kündigt sich der moderne Materialismus an. Tiere sind jetzt bald keine »göttlichen Erscheinungen« mehr, sondern nur noch mit erstaunlichen und unerklärlichen Eigenschaften ausgerüstete *Naturwesen*. Und gefragt sind folglich *Naturkundige, Naturforscher*. Wissenschaft löst allmählich den Mythos ab, der nur noch im kollektiven Unterbewußten und in den Künsten Zuflucht findet.

Der Mensch der Moderne triumphiert über das Tier und bezieht einen Großteil seines Selbstbewußtseins jetzt von der gelungenen Unterwerfung der Tiere, er wird sich seiner Überlegenheit und Macht überhaupt erst ganz in der Macht über das Tier bewußt, handle es sich dabei um das erjagte oder das gefangene und dressierte Tier, das ›Haustier‹, das Arbeitstier oder das Tier im Zoo-Käfig. Ob 1515 der König Muzafar von Kambodscha dem König Emanuel dem Glücklichen von Portugal ein Rhinozerus zum Geschenk macht (wir kennen dieses Tier aus einem Holzschnitt Dürers und einer Novelle von Reinhold Schneider), oder ob heute noch etwa die Volksrepublik China anderen Ländern als kleine Aufmerksamkeit Panda-Bären zukommen läßt: damals wie heute plaudert sich in derartigen Tiergeschenken die Lust an der Macht – und sei's nur die über das Tier – aus. Die *Dialektik der Aufklärung* sieht jedenfalls bis heute für das Tier so aus: »Dem Menschen gehört die *Vernunft*, die unbarmherzig abläuft; das Tier, aus dem er den blutigen Schluß zieht, hat nur das *unvernünftige* Entsetzen, den Trieb zur Flucht, die ihm abgeschnitten ist« (Max Horkheimer/Theodor W. Adorno).[14]

Um sich ein gutes Gewissen bei seinem Unterwerfungsgeschäft zu verschaffen und den Grundwiderspruch zu verdrängen, daß er das Fleisch der Tiere, die zu hüten er doch vorgibt, selbst frißt, muß der aufgeklärte Mensch allerdings das Tier, das er gerade erst entgöttlicht hat, rasch wieder dämonisieren, indem er es – wie etwa den Wolf – zur *Bestie* erklärt und es mit den eigenen als verwerflich geltenden Attributen ausstattet. Um nochmals Horkheimer zu zitieren: »Indem man den tierischen Räuber zur ›Bestie‹ stempelt, schlägt man draußen mit abgefeimter Brutalität, was man drinnen in sich selbst nicht ausrotten kann, das Vor-Zivilisatorische. Es kommt darüber hinaus in dem bestialischen Haß gegen den Wolf aber noch weiter zum Ausdruck, daß man den eigenen Fraß, dem die Schafe ausschließlich vorbehalten bleiben sollen, insgeheim als die grauenvolle Praxis empfindet, die sie wirklich ist . . . Der eigene Widerwille gegen den Mord am Beschützten, gegen den Verkauf an den Schlächter, ist in die untersten seelischen Schichten verstoßen und steigt in der Wut gegen den illegalen Fresser, der soviel harmloser ist als der verräterische Hirte selbst, mit blutunterlaufenen Augen herauf. Im Mord am Wolf bringt man das eigene Gewissen zum Schweigen.«[15]

Nur scheinbar harmloser äußert sich der Unterwerfungs- und Überlegenheitstrieb des vernunftstolzen *zoon politikon* in seinen Schimpfwörtern, die sich an der vermeintlichen Ungestalt des Tieres weiden oder die das, was nur Menschen den Menschen antun können, bis heute als *›tierisch‹*, *›viehisch‹* und *›unmenschlich‹* bezeichnen; und auch in seinem Drang, das Tier abzurichten, es auszustellen und vorzuführen, läßt sich leicht der menschliche Wille zur Macht ablesen. Um auch seine Tötungs- und Abrichtungspraxis guten Gewissens besorgen zu können, mußte der Mensch dem Tier nicht bloß die Vernunft, sondern auch jene stolzeste seiner eigenen Errungenschaften, die *Seele*, absprechen, mußte er – wie Descartes (1596-1650) und sogar noch der Schöpfer der »Histoire naturelle« Buffon (1707-1788) oder der radikale Frühsozialist Charles Fourier (1772-1837) es taten – das Tier »auf das Modell einer Maschine reduzieren«, eines nützlichen oder aber unnützen *Gegenstandes*, bestenfalls Anschauungs-Gegenstands (noch der spätere Brehm bietet einen bizarren Abklatsch dieses Denkens).

Die Tiere wurden – wie John Berger es formulierte – zu *»Objek-*

ten unseres sich immer weiter ausdehnenden Wissens; was wir über sie wissen, ist das Maß unserer Machtfülle, und daher ein Maß dessen, was uns von ihnen trennt: je mehr wir wissen, desto weiter sind sie von uns entfernt.«[16] Es scheint mir eben dieses Entferntsein, das Pietro Longhi 1751 so eindrucksvoll festgehalten hat in seinem Bild vom Rhinozerus, um das sich die menschlichen Gaffer scharen, deren affektierte Überlegenheits-Haltung als die Verkörperung der puren Dummheit wirkt: »Wie weise wirkt das dumme Tier auf dem Bild vor den törichten Menschen, die zu jener Zeit gerade ihre eigenen Gattungsgenossen folterten und verbrannten, vorgeblich, weil sie vom Glauben abwichen, in Wirklichkeit aus Gründen, die sie selbst nicht kannten«.[17]

Sicher gab es immer wieder bedeutende Ausnahmen, die im Tier mehr als ein Objekt erblickten; neben dem schon zitierten Montaigne (1533-1592) war es vor allem Spinoza (1632-1677), der portugiesische Jude in Holland, der »alle Individuen, wenn auch in verschiedenen Graden, für beseelt«[18] hielt. Und Leibniz (1646-1716) bestand in seiner Monadenlehre darauf, daß »alles Körperliche aus kleinsten beseelten Einheiten besteht und selbst die anorganische Materie mit einer unsterblichen Seele ausgestattet«[19] ist. Die eigentlichen ›Entdecker‹ der Tierseele, denen eine Emanzipation des Menschen nur im Einklang mit einer des Tieres möglich schien, waren jedoch die Künstler, zunächst vor allem Maler. Gleich ihren Vorzugsheiligen Franz von Assisi und Antonius von Padua betrachteten sie das Tier als *»Bruder Tier«*, erkannten sie sich und ihre eigene Not im Tier und wurden sich der Schuld des Menschen am Los des Tieres bewußt. Der Künstler Mitleid gab dem Tier seine Seele wieder zurück.

Es war ein Zeitgenosse Spinozas, der erstmals Tiere nicht mehr lediglich als Studienobjekte, sondern sie individuell und seelenvoll wie Menschen malte: Paulus Potter, ein frühreifes Genie, das 1654 neunundzwanzigjährig starb. Bei Potter gibt es auch ein *Gericht der Tiere über den Jäger*[20] (ein in der Folge oft wiederholtes Motiv), ein Bild, in dem die Tiere den Frieden symbolisieren und die Menschen den Krieg. Viel später, im 19. Jahrhundert, verstärkt sich dieses Motiv von den friedlich-seelenvollen Tieren und den bestialisch-seelenlosen Menschen bei einem Schriftsteller, bei Swift, aber auch bei Grandeville, in dessen Zeichnungen Tiere zum Richter über Menschen werden oder Tiere die menschlichen Gemeinheiten persiflieren und dem Menschen die angemaßte Hauptrolle entreißen und ihm Nebenrollen zudiktieren.[21]

Noch in unserem Jahrhundert der weltweit erfolgreichen sozialistischen Ideen und des angewandten ›wissenschaftlichen Materialismus‹ wunderte sich Witold Gombrowicz, warum sogar die erklärte Fortschritts-Ideologie, warum »die kommunistische Gerechtigkeit ebenso wie die katholische die Tiere nicht umfaßt. Die Menschlichkeit dieser Doktrin endet beim Menschen. Sie verbietet die Ausbeutung des Menschen durch den Menschen, stimmt aber der Ausbeutung der Tiere zu. Was nicht sehr logisch ist. Nicht in Ordnung ist. Denn wenn eine Religion die Tiere als Seelenlose an den Rand drängt, so kann es doch für den Materialismus keinen grundsätzlichen Unterschied zwischen leidender Materie und menschlicher Materie geben.«[22] Die Frage *beseeltes oder unbeseeltes Tier* löst Elias Canetti (der an die Adresse der Kirche schon einmal die Frage gerichtet hatte: »Und welches ist die Erbsünde der Tiere? Warum erleiden die Tiere den Tod?«) in seinen »Aufzeichnungen« auf sehr originelle Art und Weise, indem er sich zum Sprachrohr der Tiere macht und erklärt: »Die Tiere wollen die Seele des Menschen nicht, sie verabscheuen sie, sie ist ihnen zu gedunsen und zu häßlich. Sie ziehen ihre anmutige Armut vor und weit lieber als von Menschen lassen sie sich von Tieren fressen.«[23]

Auch Nietzsche hatte sich in seiner »Fröhlichen Wissenschaft« gewissermaßen in die Tiere versetzt und aus ihrer Perspektive den Menschen als bedauernswertes Opfer (seiner selbst) beschrieben: »Ich fürchte, die Tiere betrachten den Menschen als ein Wesen ihresgleichen, das in höchst gefährlicher Weise den gesunden Tierverstand verloren hat, – als das wahnwitzige Tier, als das lachende Tier, als das weinende Tier, als das unglückselige Tier.«[24] Freilich setzt eben das unglückliche Bewußtsein, in dem sich der Mensch – und gerade der Künstler – als »unglückseliges Tier« erkennt, ihn erst in die Lage, im Tier mehr als ein mehr oder weniger exotisches oder aber ein mehr oder weniger nützliches Wesen zu erblicken, für das notfalls Tierschutz und Tierheilkunde – die beide erst im 19. Jahrhundert gesetzlich verankert wurden – zuständig sind. Die *Identifikation mit dem Tier*, wie sie sich in vielen der in diesem Buch versammelten Gedichte und Prosastücke ausdrückt und wie sie erstmals und gleich am bewegendsten beschworen wurde von Karl Philipp Moritz (1756-1793), dessen junger *Anton Reiser* ein Kalb so anhaltend und intensiv betrachtet, bis er glaubt, selbst das Tier zu sein,[25] solche Identifikation mit dem Tier, wie sie in der Folge so eindrucksvoll vielleicht doch mehr noch den Malern und auch Musikern (man denke nur an die entsprechenden sinfonischen

Passagen bei Gustav Mahler)[26] als den Schriftstellern gelang, ist allerdings auch wieder nur eine Übergangsstufe im spannungsreichen Verhältnis des Menschen zum Tier, an dessen vorläufigem Ende die Katze aus Peter Handkes Theaterstück »Das Mündel will Vormund werden« stehen mag, zu deren Bühnenexistenz eine tautologische Regieanweisung anmerkt: »Die Katze tut, was sie tut«.[27] Hier also wären beide Souverän: Mensch wie Tier. Freilich nur für einen täuschenden Theaterabend lang.

In Wahrheit tut die Katze, tut das Tier bis heute – und heute sogar mehr als je zuvor – vor allem das, was Menschen ihr, was Menschen dem Tier zu tun erlauben. Inzwischen hängt ja Sein oder Nichtsein der ganzen Gattung vom Willen des Menschen ab, der je nach Belieben Arten ausrotten oder schützen kann, der sich erlaubt, eine Hündin – die unvergessene Laika – zum Mond zu befördern, und nicht nur für medizinische und kosmetische Tierversuche, sondern auch für des Bürgers Huhn im Topf Tier-KZs unterhält. Nie zuvor wurde jedenfalls dem Tier der Lebensraum vom Menschen ähnlich brutal streitig gemacht wie heute. »Überall verschwinden die Tiere. In den Zoos sind sie das lebende Monument ihres eigenen Untergangs geworden . . . Und der Verdrängung der Tiere folgt heute die Verdrängung und die Abschaffung der einzigen Klasse, die in der Geschichte immer mit Tieren vertraut gewesen war und sich jene Weisheit bewahrt hatte, die eine solche Vertrautheit mit sich bringt: der mittlere und der kleine Bauer« (John Berger).[28]

Manchmal scheint es heute fast, »als wollten sich die Menschen an den stummen Tieren für die eigene Ratlosigkeit gegenüber den großen Sinnfragen rächen« (Silvia Bovenschen).[29] In dieser für Mensch und Tier fatalen Situation ist es also wohl angebracht, so etwas wie eine Arche Noah für die bedrohten Tiere zu errichten – und sei's auch im vorliegenden Falle nur eine *poetische Arche Noah*, die jene Art Tier-Dichtung versammelt, in der das Tier nicht bloß als Gleichnis oder Vehikel für eigene Gebrechen oder Genüsse gebraucht, sondern in der ihm sein eigener Rang, seine Souveränität, seine Authentizität, eben seine *Natur* belassen, diese überhaupt erst herauszufinden versucht wird.

Die Geschichte der Tier-Dichtung ist ja nicht weniger wechselhaft und widerspruchsvoll als die von mir hier knapp skizzierte Entwicklungsgeschichte der Mensch-Tier-Beziehungen und spiegelt sie ziemlich genau. Auch an ihrem Beginn steht erst einmal die aus Angst und Staunen gemischte Preisung des göttlichen Tiers, des unbegreiflichen Tiers – und erst sehr spät wird so etwas wie ein Dialog mit dem Tier versucht, wird das Tier den Menschen näher und näher gerückt und schließlich selbst zum Sprechen gebracht. Souverän wird das Tier auch in der Dichtung im Grunde erst ab der Mitte des vorigen Jahrhunderts. Noch die Weimarer Klassik-Firma Goethe & Schiller ist nicht sonderlich berührt vom Tierleben und man könnte mit Adorno aus Goethes Desinteresse am Tier geradezu auf »die Grenzen seiner Humanität« schließen. Anorganisches fesselte ihn jedenfalls weit mehr, und es mag als gelungene Tier-Rache aufgefaßt werden, daß ausgerechnet ein Hund es war – ein Hund auf der Weimarer Hofbühne –, der Deutschlands berühmtesten Theater-Intendanten zum endgültigen Abgang vom Theater bewog. Bezeichnenderweise war es nicht das Tier »getreu nach der Natur«, sondern die Tierparabel, das Tierepos, in denen das Tier aufs Demonstrationsobjekt für menschliche Moral bzw. Unmoral reduziert wird, die Goethe zur Nachahmung und Neubelebung reizten; sein »Reineke Fuchs« benützt, wie die Tierepen der Vergangenheit (der früheste »Reinhart Fuchs« wurde 1182 von dem elsässischen Dichter Heinrich von Glîchesâre verfaßt) und wie die vielen Tierfabeln von Äsop bis Lafontaine und Krylow, das Tier lediglich als Vorwand, als ein Wesen, das sich besonders leicht typisieren, also auf *einen* Wesenszug festlegen läßt.[30]

Tierepos und Tierfabel mit ihren radikal typisierten Charakteren machten einen Sinn nur in der ständisch gegliederten Gesellschaft mit ihren sozialen Prototypen und ihrer starren Rangordnung, in der die direkte Polemik noch mit viel zu viel Gefahr verbunden war (Luther lobte den »Reineke Fuchs« als »werklich Gedicht«, weil es eine »lebendige Kontrafaktur des Hoflebens« biete). Und der Antagonismus von stark und schwach, der die alten Sklavengesellschaften bestimmte, ließ sich durch nichts einfacher veranschaulichen als am Beispiel der Tiere und ihres Daseinskampfes, der ja auch Hoffnung machte, denn: lebte der Wurm nicht neben dem Elefanten, die Mücke nicht trotz des Löwen, ja, waren es nicht sogar die kleineren, schwächeren Tiere, welche die stärkeren überlisteten?

Erst die Emanzipation des Bürgertums und mit ihr das Heraufkommen des bürgerlichen Romans mit seinen differenzierten und widerspruchsvollen Charakteren erlaubte auch eine andere, eine individuellere und psychologisierende Sicht des Tieres, wie sie uns am ergreifendsten in Erzählungen von Marie von Ebner-Eschenbach – vor allem in ihrem »Krambambuli« – überliefert ist und wie sie sich auch in bedeutenden Erzählungen von Nikolaj Lesskow, Guy de Maupassant, Rudyard Kipling oder Jack London findet. Das Tier wird also auch in der Literatur als autonomes Wesen sehr spät entdeckt. Noch im 17. und 18. Jahrhundert wurde das Tier auch literarisch vorwiegend unter dem Gesichtspunkt seiner Annehmlichkeit und Nützlichkeit verarbeitet. Die meisten Autoren feierten das als »natürliche Ordnung«, was in Wahrheit nur ihrer Vorherrschaft und der Legitimation ihrer Hack- und Schlachtordnung diente. In jener Stilepoche der englischen Poesie beispielsweise, die sich ausdrücklich »arkadisch« nannte, bestand das Arkadien des Tieres darin, Schlachtvieh sein zu dürfen mit Genuß; diese Pervertierung ließ etwa einen Ben Jonson den Gutsherrn von Penshurst so bedichten: »Zur Krönung deiner offnen Tafel bietet / Der Purpurfasan mit seiner gesprenkelten Seit' sich an, / Das bunte Rebhuhn liegt in jedem Feld / Und wartet drauf, auf deinem Tisch zu enden«.[31] Und bei Thomas Carew, einem Jonson-Zeitgenossen, wird die unrühmliche Rolle des Menschen folgendermaßen ins Idyll umgebogen: »Lerche, Rebhuhn und Fasan / Flogen in mein Haus wie in die Arche, / Der Ochs kam willig, wie von selbst, / Nach Haus zum Schlachten, das Lamm / Und alle andren Tiere brachten / Selbst hierher als Opfer sich. / Der Schwarm der Fische fand viel größren Spaß / Im Topf zu schwimmen als im Bach.«[31]

Von dieser Carewschen Art ist die von mir hier errichtete poetische Arche sicher nicht. In sie fanden weder derartig »arkadische« Dichtung noch Tierfabel, Tiermärchen, Tierallegorie oder Tierepos Aufnahme, und auch die Tiererzählung in der psychologischen Art der Marie von Ebner-Eschenbach oder der zoologisch aufklärenden von Svend Fleuron oder Paul Eipper wurde bewußt ausgeklammert. Mir ging es vornehmlich um jene Annäherung an das Tier, die in ihm nicht nur die Verwandtschaft erkennt, sondern auch die unbegreifliche Fremdheit als Wunder bestaunt – wie das etwa Ingeborg Bachmann zum Ende ihres großen Gedichts »Erklär mir Liebe« gelang: »Erklär mir, Liebe, was ich nicht erklären kann: / sollt ich die kurze schauerliche Zeit / nur mit Gedanken Umgang haben und allein / nichts Liebes kennen und nichts Liebes tun? / Muß einer denken? Wird er nicht vermißt? // Du sagst: es zählt ein andrer Geist auf ihn . . . / Erklär mir nichts. Ich seh den Salamander / durch jedes Feuer gehen. / Kein Schauer jagt ihn, und es / schmerzt ihn nichts«.[32] Eine solche Annäherung an das Tier (wie sie Lévi-Strauss noch ausschloß), die das Tier sogar zum Sprechen bringen kann, scheint mir nur mittels poetischer Imaginationskraft möglich. Deshalb enthält das vorliegende Buch vorwiegend Gedichte oder das, was man früher gern – verkleinernd – lyrische Prosa nannte, und nur in Ausnahmefällen – gleichsam im großen poetischen Kontext – finden sich hier auch einige Texte, die derartig nicht zu charakterisieren sind und meinetwegen aufs Konto herausgeberischer Willkür verbucht werden können.

Sicher birgt diese Arche vor allem Gedichte und kurze Prosastücke, die sich durch Anteilnahme am Los derer auszeichnen, die in unsere Hand und Verantwortung gegeben sind, der Haustiere also, der Tier-Gefährten – in dieser Kategorie wirken Texte auffallend oft wie Nachrufe oder gleichen Schuldeingeständnissen, Selbstbezichtigungen –, mehr Wichtigkeit maß ich jedoch solchen Texten bei, die das Tier in größerem Zusammenhang als allein dem des häuslichen oder räumlichen Nebeneinander begreifen, Texte, die gleichsam zurücksuchen bis zum gemeinsamen menschlich-tierischen Ursprung und deshalb oft durch eine quasi religiöse oder mystische Komponente auffallen. Ein Zitat aus E. M. Ciorans Buch »Vom Nachteil geboren zu sein« mag das Gemeinte verdeutlichen: »Eine Fernsehsendung über die Wölfe mit Beispielen von Geheul. Welche Sprache! Es gibt keine herzzerreißendere. Nie werde ich sie vergessen, und in Zukunft wird es mir in Augenblicken allzu großer Einsamkeit genügen, mich ihrer deutlich zu erinnern, um zu fühlen, daß ich einer Gemeinschaft angehöre.«[33]

Es handelt sich um eine Gemeinschaft, die heute vom Grunde auf bedroht ist, und die uns alle, Menschen wie Tiere, zu potentiellen Opfern einer neuen Sintflut macht – als Opfer, als Ausgebeutete waren sich Menschen und Tiere ja seit jeher am nächsten –; Elias Canetti hat von dieser bedrohten Gemeinschaft in seinen »Aufzeichnungen« gesprochen: *»Alle Geschöpfe sind vorsintflutlich, aus der Zeit vor der Atombombe«*![34] Vielleicht verweist uns diese gemeinsame, diese universale Bedrohung auf den gemeinsamen Ursprung und läßt Tier und Mensch in einem guten Sinn näher zusammenrücken, läßt beide einen Schritt näher jenem Ziel gelangen, das Mircea Eliade als »zugleich paradiesisches und eschatologisches Syndrom« beschrieben hat, nämlich der Freundschaft mit den wilden Tieren und dem wirklichen Verstehen ihrer Sprachen. »An dem Tag, an dem der Säugling mit der Schlange spielen und die Ziege neben dem Leoparden liegen wird, ist die Geschichte ans Ziel gelangt, und die Zeit des Messias wird nahe sein«.[35] In einigen poetischen Gebilden ist dieser messianische Zustand antizipiert; zumindest in der *poetischen* Arche Noah liegt die Ziege bereits friedlich neben dem Leoparden und der Säugling spielt mit der Schlange wie diese mit dem Dichter.

Peter Hamm, Herbst 1983,
als der Hund »Hund« starb

Nachbemerkung. Die vorliegende poetische Arche Noah enthält nur einen Teil des Materials, das ich im Laufe von vielen Jahren gefunden und gesammelt habe. Daß etliche Tiere ganz in ihr fehlen, liegt nicht immer daran, daß sie von den Dichtern ignoriert wurden – es gibt bevorzugte und benachteiligte Tiere in der Gunst der Autoren –, sondern z. T. auch daran, daß einige Texte, die mir vorlagen, freilich in fremden Sprachen, schlicht unübersetzbar schienen (ich nenne stellvertretend nur Marianne Moores Gedichte auf eine Giraffe und an ein Chamäleon).

Bei der Errichtung dieser poetischen Arche erfuhr ich mannigfach fremde Hilfe und Freundeshilfe, für die ich mich an dieser Stelle herzlich bedanken möchte. Mein besonderer Dank gilt neben Marianne und Michel, die dieses Unternehmen von Anfang an mit Sympathie begleiteten, vor allem Frau Monika Hillen vom Hanser Verlag, die mit großem persönlichen Einsatz dafür sorgte, daß diese Arche schließlich auch verlegerisch wasserfest und schiffbar wurde.

P. H.

1 Elias Canetti, *Die Provinz des Menschen*, München 1973

2 Simone Weil, *Schwerkraft und Gnade*, München 1954

3 *Zwischen Marx und Rousseau, ein ZEIT-Gespräch mit dem Philosophen und Ethnologen Claude Lévi-Strauss* / Von Fritz J. Raddatz, ZEIT Nr. 36 – 2. Sept. 1983, Hamburg 1983

4 Hans Schumacher, *Die armen Stiefgeschwister des Menschen* – Das Tier in der deutschen Literatur, Zürich 1977

5 J. G. Herder, Ideen zur Philosophie der Geschichte der Menschheit, *Werke* (ed. Suphan), XIII, o. O., o. J.

6 ebd.

7 Michel de Montaigne, *Essais* (1580), Buch II, Kap. XII, o. O., o. J.

8 Friedrich Nietzsche, *Der Antichrist, Werke* II, herausgegeb. von Karl Schlechta, München 1967

9 Elias Canetti, *Aufzeichnungen 1980*, in Jahresring 81/82, Jahrbuch für Kunst und Literatur, Stuttgart 1982

10 zit. nach C. Maurice Bowra, *Poesie der Frühzeit*, München 1967

11 ebd.

12 ebd.

13 zit. nach Wera von Blankenburg, *Heilige und dämonische Tiere*, Köln 1975

14 Max Horkheimer u. Theodor W. Adorno, *Dialektik der Aufklärung*, Frankfurt am Main 1981 (8. Aufl.)

15 Max Horkheimer, *Notizen 1950-1969*, Frankfurt a. M. 1974

16 John Berger, *Warum sehen wir Tiere an?*, in Akzente, Zeitschrift für Literatur, herausgegeben von Michael Krüger, Heft 2/April 1981, München

17 Max Horkheimer, ebd.

18 Baruch Spinoza, *Ethik*, Frankfurt 1972

19 Gottfried Wilhelm Leibniz, *Hauptschriften zur Grundlegung der Philosophie*, herausgegeben von E. Cassirer, Leipzig 1906, Hamburg 1966

20 Potters Bild besitzt die Eremitage in Leningrad

21 Grandville, *Bilder aus dem Staats- und Familienleben der Tiere*, unter Mitarbeit von P. d. Musset, L. Viardot, H. d. Balzac, A. d. Musset, G. Sand, Frankfurt 1976

22 Witold Gombrowicz, *Die Tagebücher*, Pfullingen 1970

23 Elias Canetti, *Die Provinz des Menschen*, ebd.

24 Friedrich Nietzsche, *Werke* I, ebd.

25 K. P. Moritz, Werke in zwei Bänden, Berlin/DDR 1976 (2. Aufl.)

26 siehe hierzu Theodor W. Adorno, *Mahler*, Frankfurt 1960

27 Peter Handke, *Stücke 2*, Frankfurt 1973

28 John Berger, ebd.

29 Silvia Bovenschen, *Tierische Spekulationen*, Bemerkungen zu den kulturellen Mustern der Tier-Projektionen, in Neue Rundschau Heft 1/1983, Frankfurt 1983

30 siehe hierzu *Reineke der Fuchs* in Kurt Batt, *Widerspruch und Übereinkunft*, Leipzig 1978

31 zit. nach Raymond Williams, *Arkadische und gegen-arkadische Dichtung* – Über englische Landhausgedichte, in: *Innovationen – Über den Prozeßcharakter von Literatur und Kultur*, Frankfurt 1977

32 Ingeborg Bachmann, *Anrufung des großen Bären*, München 1956

33 E. M. Cioran, *Vom Nachteil geboren zu sein*, Wien/München/Zürich 1977

34 Elias Canetti, ebd.

35 Mircea Eliade, *Fragments d'un Journal*, Paris o. J.

Anhang

Quellenverzeichnis

HANS ASSMANN FREIHERR VON ABSCHATZ
Würbitz 1646-1699 Liegnitz
Dachses Grabschrift . . . . *S. 195*
Aus: Die stumme Kreatur (hrsg. v. Siegfried Freiberg). Bläschke Verlag, 1980.

VICENTE ALEIXANDRE
Sevilla 1898
Der Pillendreher . . . . *S. 272*
Aus: V. A., Die Zerstörung oder die Liebe. Ü: Fritz Vogelgsang. Verlagsgemeinschaft Klett-Cotta, Stuttgart, 1978.
Lichtlos . . . . *S. 344*
Aus: V. A., Nackt wie der glühende Stein. Ü: Fritz Vogelgsang. © Rowohlt Verlag, Reinbek bei Hamburg, 1977.

ION ALEXANDRU
bei Bukarest 1942
Das Fohlen . . . . *S. 172*
Die Schildkröte . . . . *S. 316*
Die Lerchen . . . . *S. 434*
Aus: I. A., Gedichte. Ü: Bernd Jentzsch. Verlag Volk und Welt, Berlin, 1976.

DAMASO ALONSO
Madrid 1898
Elegie an eine blaue Schmeißfliege . . . . *S. 238*
Aus: D. A., Söhne des Zorns. Ü: Karl August Horst. Suhrkamp Verlag, Frankfurt/Main, 1954.

PETER ALTENBERG
Wien 1859-1919 ebd.
Der Vogel Pirol . . . . *S. 452*
Aus: P. A., Das Glück der verlorenen Stunden. Kösel Verlag, München, o. J.

ANAKREON
Teos 580-495 v. Chr. Abdera
An die Zikade . . . . *S. 263*
Aus: Lyrik des Abendlandes. Ü: J. W. v. Goethe. Carl Hanser Verlag, München 1978[6].

Aus: J. J. A., Confabularium. Ü: Kajo Niggestich. Suhrkamp Verlag, Frankfurt/Main, 1980.

H. C. ARTMANN
Wien 1921

Aus: H. C. A., Verbarium. Walter-Verlag, Olten.

ASCH-SCHIBLI
867-946

Aus: Lyrik des Ostens. Ü: Friedrich Rückert. Carl Hanser Verlag, München, 1978[6].

MIGUEL ANGEL ASTURIAS
Ciudad Guatemala 1899-1974 Madrid

Aus: M. A. A., Porträt und Poesie. Ü: Günther W. Lorenz. Verlag Luchterhand, Darmstadt, 1968.

CYRUS ATABAY
Teheran 1929

Aus: C. A., Salut den Tieren, ein Bestiarium. © Verlag Eremiten-Presse, Düsseldorf, 1983.

WYSTAN HUGH AUDEN
York 1907-1973 Wien

Aus: W. H. A., Gedichte. Ü: Friederike Mayröcker. Deutscher Taschenbuch Verlag, München, 1976.

MICHAIL BABITS
Szekszárd (Ungarn) 1883-1941 Budapest

Aus: Neue ungarische Lyrik. Ü: Heinrich Horvát. Georg Müller Verlag, München, 1918.

INGEBORG BACHMANN
Klagenfurt 1926-1973 Rom

Aus: I. B., Anrufung des großen Bären. Piper Verlag, München, 1956.

Charles Baudelaire
Paris 1821-1867 ebd.
Die braven Hunde .... S. 38
Aus: Ch. B., Die Blumen des Bösen. Ü: Carl Fischer. Winkler Verlag, München, 1979.
Die Katze .... S. 78
Die Eulen .... S. 438
Der Albatros .... S. 499
Aus: Stefan George, Sämtliche Werke. Baudelaire. Die Blumen des Bösen. Umdichtungen. Ü: Stefan George. Verlagsgemeinschaft Klett-Cotta, Stuttgart, 1983.

Samuel Beckett
Dublin 1906
Die Fliege .... S. 241
Aus: S. B., Gedichte. Ü: Elmar Tophoven. © Limes Verlag, Wiesbaden, 1959.

Walter Benjamin
Berlin 1892-1940 Port Bou
Schmetterlingsjagd .... S. 282
Aus: W. B., Gesammelte Schriften. Suhrkamp Verlag, Frankfurt/Main, 1980.

Gottfried Benn
Mansfeld 1886-1956 Berlin
Schöne Jugend .... S. 186
Aus: G. B., Gesammelte Werke, Bd. 3, Gedichte. Verlagsgemeinschaft Klett-Cotta, Stuttgart, 1981[6].

William Blake
London 1757-1827 ebd.
Weissagungen der Unschuld .... S. 9
Tiger .... S. 338
Aus: W. B., Gedichte. Ü: Georg von der Vring. Insel Verlag, Frankfurt/Main, 1958.
Das Lamm .... S. 117
Die Fliege .... S. 231
Aus: W. B., Werke. Ü: Walter Wilhelm. Aufbau-Verlag, Berlin, 1958.

Ernst Blass
Berlin 1890-1939 ebd.
Der Hund .... S. 52
Aus: E. B., Die Straße komme ich entlang geweht. Sämtliche Gedichte. Carl Hanser Verlag, München, 1980.

Gottfried August Bürger
Molmerswende (Unterharz) 1747-1794 Göttingen
Zum Spatz .... *S. 419*
Aus: G. A. B., Gedichte. Verlag Franz Haas, Wien u. Prag, 1811.

Iwan Bunin
Voronež 1870-1953 Paris
Der Hund .... *S. 54*
Aus: Russische Lyrik. Ü: Hans Baumann. Sigbert Mohn Verlag, Gütersloh 1963.

Jim Burns
Preston 1936
Der Goldfisch spricht aus seinem Grab .... *S. 340*
Aus: J. B., Fred Engels bei Woolworth. Ü: Rolf Eckart John und Jürgen Theobaldy. Rotbuch Verlag, Berlin, 1977.

Robert Burns
Allowway 1759-1796 Dumfries
Des alten Farmers Neujahrsmorgengruß an seine alte Mähre Maggie .... *S. 149*
An eine Maus .... *S. 176*
Aus: R. B., Gedichte und Lieder. Ü: Helmut T. Heinrich. Aufbau-Verlag, Berlin, 1974.
Der wunde Hase .... *S. 206*
Aus: Englische Dichtung. Ü: Max Geilinger. Huber u. Co., Frauenfeld, 1945.

Christine Busta
Wien 1915
Vorsprache eines Hundes im Himmel .... *S. 67*
Aus: Ch. B., Die Scheune der Vögel. Otto Müller Verlag, Salzburg, 1958.
Auf ein Rind .... *S. 105*
Bewahrung .... *S. 343*
Aus: Ch. B., Lampe und Delphin. Otto Müller Verlag, Salzburg, 1955

Lord Byron
London 1788-1824 Mesolongion/Griechenland
Inschrift auf dem Denkmal eines Neufundländer-Hundes .... *S. 28*
Aus: L. B., Sämtliche Werke Band II. Ü: Carl Fischer. Winkler Verlag, München, 1977.

Giosue Carducci
Valdicastello 1835-1907 Bologna
Dich lieb ich, frommer Ochse ... S. 93
Aus: Lyrik des Abendlandes. Ü: Grimm. Carl Hanser Verlag, München, 1978[6].

Hans Carossa
Tölz 1878-1956 Rittsteig bei Passau
An eine Katze ... S. 81
Aus: H. C., Sämtliche Werke in zwei Bänden. Insel Verlag, Frankfurt/Main, 1962.

Catull
Verona 84 v. Chr.-54 v. Chr. Rom
Nänie auf den Tod eines Sperlings ... S. 418
Ü: Eduard Mörike. Aus: E. M., Sämtliche Gedichte. Carl Hanser Verlag, München, 1964.

Luis Cernuda
Sevilla 1902-1963 México
Toter Vogel ... S. 402
Möwen in den Parks ... S. 465
Aus: L. C., Das Wirkliche und das Verlangen. Ü: Erich Arendt. Reclam Verlag, Leipzig, 1978.

Adalbert von Chamisso
Schloß Boncourt (Champagne) 1781-1838 Berlin
Der Bettler und sein Hund ... S. 30
Aus: A. v. Ch., Sämtliche Werke in zwei Bänden, Bd. 1. Carl Hanser Verlag, München, 1982.

René Char
Isle-sur-Sorgues 1907
Klage der verliebten Eidechse ... S. 312
Aus: R. Ch., Dichtungen. Ü: Gerd Henniger. S. Fischer Verlag, 1957.
Die junge Viper ... S. 325
Aus: ebd. Ü: Lothar Klünner.
Der Turmsegler ... S. 426
Aus: ebd. Ü: Johannes Hübner u. Lothar Klünner.

Aus dem Chinesischen
(Anonymus der Sammlung Thang-schi-yie-tsai)
Schmetterlinge ... S. 274
Aus: Das kleine Schmetterlingsbuch (hrsg. v. Rudolf Fleischmann). Ü: Klabund. Wilhelm Heyne Verlag, München, 1979.

Charles-Albert Cingria
Genf 1883-1954 ebd.
Die Natter .... *S. 323*
Aus: Ch.-A. C., Œuvres complètes. Ü: Friedhelm Kemp. L'Age d'Homme, Lausanne.

Matthias Claudius
Reinfeld 1743-1815 Hamburg
Als der Hund tot war .... *S. 27*
Der Esel .... *S. 134*
Schreiben eines parforcegejagten Hirschen .... *S. 215*
Aus: M. C., Sämtliche Werke. Winkler Verlag, München, 1975[4].

Max Dauthendey
Würzburg 1867-1918 Malang (Java)
Nachtfalter .... *S. 280*
Aus: M. D., Werke, Bd. 4. Albert Langen-Georg Müller-Verlag, München, 1925.

G. R. Dershawin
Gouv. Kasan 1743-1816 Swanka
Nachtigall im Traum .... *S. 408*
Aus: Die Lyra des Orpheus. Ü: Elfriede Eckardt-Skalberg. Zsolnay Verlag, Wien, 1952.

Marceline Desbordes-Valmore
Douai 1786-1859 Paris
Die Vögel .... *S. 399*
L'Arc de Triomphe .... *S. 423*
Aus: M. D.-V., Ausgewählte Gedichte. Ü: Karl Schwedhelm. Roland Verlag, Bühl-Baden, 1947.

Emily Dickinson
Amherst (Mass.) 1830-1886 ebd.
Die Schlange .... *S. 317*
Aus: Englisch Horn. Ü: Georg von der Vring. © Kiepenheuer & Witsch, Köln, 1953.

Fedor M. Dostojewski
Moskau 1821-1881 Petersburg
Fürst Myschkin erzählt .... *S. 135*
Aus: F. M. D., Der Idiot. Ü: E. K. Rahsin. Piper Verlag, München, 1922.

Aus: Ensemble 4. Ü: Helmut Winter. Langen-Müller Verlag, München, 1973. Mit freundlicher Genehmigung von Faber and Faber, London, aus T. G., My sad captains.

LARS GUSTAFSSON
Västerås 1936

Aus: L. G., Die Stille der Welt vor Bach. Ü: Verena Reichel. Carl Hanser Verlag, München, 1982.

MICHAEL GUTTENBRUNNER
Althofen (Kärnten) 1919

Aus: M. G., Opferholz. Otto Müller Verlag, Salzburg, 1954. © M. G.

FRANTIŠEK HALAS
Brünn 1901-1949 Prag

Aus: Aus Böhmens Hain und Flur. U: Louis Fürnberg. Dietz Verlag, Berlin, 1961.

MOJSCHE LEJB HALPEM
Galizien 1886-1932 New York

Aus: Mameloschen. Ü: Otto F. Best. Insel Verlag, Frankfurt/Main, 1973.

PETER HAMM
München 1937

Original-Beitrag

HAN SHAN
?-? (vermutlich 7. Jahrh.)

Aus: H. S., 150 Gedichte vom Kalten Berg. Ü: Stephan Schuhmacher. © Eugen Diederichs Verlag, Düsseldorf, 1974.

THOMAS HARDY
Dorchester 1840-1928 ebd.

Aus: Englisch Horn. Ü: Georg von der Vring. © Kiepenheuer & Witsch, Köln, 1953.

Aus: J. G. H., Zerstreute Blätter. Verlag Wilhelm Ettinger, Gotha, 1791.

GEORG HEYM
Hirschberg 1887-1912 Berlin
Der Affe .... *S. 376*
Aus: G. H., Dichtungen und Schriften, Bd. 1. Ellermann Verlag, München, 1964.

PAUL HEYSE
Berlin 1830-1914 München
Die Schlange .... *S. 318*
Aus: P. H., Gesammelte Werke. Berlin, 1871-86.

AUS DEM BUCH HIOB
Das Flußpferd .... *S. 360*
Aus: Zürcher Bibel, Hiob 40. Vers. Zürich, 1931.

LUDWIG HOHL
Netstal 1904-1980 Genf
Von einer Löwin .... *S. 387*
Der Sperling .... *S. 420*
Aus: L. H., Die Notizen oder Von der unvoreiligen Versöhnung. Suhrkamp Verlag, Frankfurt/Main, 1981.

HO CHI MINH
Kim Lien 1890-1969 Hanoi
Ich höre den Hahn .... *S. 109*
Aus: H. C. M., Gefängnis-Tagebuch. Ü: Helga u. Eberhard Scherner. Verlag Volk und Welt, Berlin, 1976.

HOMER
lebte im 8. Jh. v. Chr. in Smyrna (Kleinasien)
Wiedersehen mit Argos .... *S. 21*
Aus: Wiedersehen mit Argos (hrsg. v. Jost Perfahl). Ü: Roland Hampe. Verlag Philipp von Zabern, Mainz, o. J.

MIROSLAV HOLUB
Pilsen 1923
Die Fliege .... *S. 242*
Aus: M. H., Obwohl. Ü: Franz Peter Künzel. Carl Hanser Verlag, München, 1969.

WALTER HÖLLERER
Sulzbach-Rosenberg 1922
Blauer Silberhäher .... *S. 448*

Aus: W. H., Der andere Gast. Carl Hanser Verlag, München, 1952.

LUDWIG CHRISTOPH HEINRICH HÖLTY
Mariensee 1748-1776 Hannover
Elegie auf eine Nachtigall .... *S. 407*
Aus: Deutsche Dichtung im 18. Jahrhundert. Carl Hanser Verlag, München, 1968[3].

MAX HORKHEIMER
Stuttgart 1895-1973 Nürnberg
Selbstmitleid .... *S. 301*
Aus: M. H., Notizen 1950-1969. S. Fischer Verlag, Frankfurt/Main, 1974.

GERARD MANLEY HOPKINS
Stratford 1844-1889 Dublin
Kuckucksruf .... *S. 455*
Aus: Englisch Horn. Ü: Georg von der Vring. © Kiepenheuer & Witsch, Köln, 1953.

PETER HUCHEL
Lichterfelde 1903-1981 Staufen i. Br
Hahnenkämme .... *S. 113*
Die Kreatur .... *S. 143*
Die Viper .... *S. 326*
Delphine .... *S. 348*
Die Wasseramsel .... *S. 416*
Aus: P. H., Gezählte Tage. Suhrkamp Verlag, Frankfurt/Main, 1972.
Kreuzspinne .... *S. 293*
Aus: P. H., Die Sternenreuse. Piper Verlag, München, 1967.

LANGSTON HUGHES
Joplin 1902-1967 New York
Die Schnecke .... *S. 301*
Aus: L. H., Meine schwarzen Hände. Nymphenburger Verlagshandlung, München, o. J.

TED HUGHES
Mytholmroyd 1930
Blick auf ein Schwein .... *S. 131*
Aus: Moderne englische Lyrik. Ü: Ute u. Werner Knoedgen. Reclam Verlag, Stuttgart, 1976. Mit freundlicher Genehmigung

von Faber and Faber, London, aus T. H., Lupercal, Wodwo, und Moortown.

Fuchsjagd .... *S. 197*

Aus: Jahresring 83-84. Ü: Harald Hartung. Deutsche Verlagsanstalt, Stuttgart. Mit freundlicher Genehmigung von Faber and Faber, London, aus T. H., Lupercal, Wodwo, und Moortown.

Ein Otter .... *S. 328*

Aus: T. H., Gedanken-Fuchs. Ü: Ekbert Faas und Martin Schletzki. LCB-Edition, Berlin

Jaguar bei genauerem Hinsehen .... *S. 393*

Aus: T. H., Gedichte. Ü: Karl Heinz Berger. Verlag Volk und Welt, Berlin, 1974. Mit freundlicher Genehmigung von Faber and Faber, London, aus T. H., Lupercal, Wodwo, und Moortown.

VICTOR HUGO

Besancçn 1802-1885 Paris

Die Fledermaus .... *S. 188*

Ü: Ferdinand Freiligrath. Aus: F. F., Sämtliche Werke. Hansa-Verlag, Hamburg, o. J.

YUSSUF IDRIS

geb. 1927 El-Birum/Provinz Scharkiya (Ägypten)

Der Trug .... *S. 373*

Aus: Farahats Republik – Zeitgenössische ägyptische Erzählungen (hrsg. v. Nagi Naguib). Ü: Nagi Naguib. Verlag Der Olivenbaum, Berlin, 1980.

GYULA ILLYÉS

Rácegrespuszta (Ungarn) 1902-1983 Budapest

Unter fliegenden Steinen .... *S. 58*

Aus: G. I., Mein Fisch und mein Netz. Ü: Heinz Kahlau. Verlag Volk und Welt, Berlin, 1973.

Fische .... *S. 342*

Aus: Literatur und Kritik. Ü: Paul Kruntorad und Martha Szepfalusi. Otto Müller Verlag, Salzburg.

INDIANISCH

Ind. Büffelgesang .... *S. 107*

Ind. Pferdelied (Navaho) .... *S. 146*

Ind. Schnitterlied .... *S. 274*

Aus: Claire Goll, Roter Mond/Weißes Wild. Ü: Claire Goll. Wilhelm Rothe Verlag, Heidelberg, 1955.

Irischer Dichter, unbekannt

Der Mönch und sein Lieblingskater (9. Jahrhundert) .... S. *72*

Aus: Irische Harfe. Ü: Hans Transil. Langewiesche-Brandt, Ebenhausen, 1957.

Lêdo Ivo

Maceió/Alagoas (Brasilien) 1924

Die Fledermäuse .... S. *191*

Aus: Brasilianische Poesie des 20. Jahrhunderts. Herausgegeben und übertragen von Curt Meyer-Clason. Deutscher Taschenbuch Verlag, München, 1975.

Jaroslaw Iwaszkiewicz

Kalnik (Ukraine) 1894-1980 Warschau

Der alte Dichter .... S. *15*

Aus: Literatur und Kritik, Okt. 1978. Ü: Oskar Jan Tauschinski. Otto Müller Verlag, Salzburg.

Edmond Jabès

Kairo 1912

Die Giraffe (1) und (2) .... S. *371*

Aus: Akzente, Heft 3, 1983. Ü: Felix Philipp Ingold. Carl Hanser Verlag, München.

Rolf Jacobsen

Oslo 1907

Gummi .... S. *294*

Aus: Museum der modernen Poesie (hrsg. von Hans Magnus Enzensberger). Ü: Hans Magnus Enzensberger. Suhrkamp Verlag, Frankfurt/Main, 1960.

Hans Henny Jahn

Stellingen bei Hamburg 1894-1959 Hamburg

Aus: Norwegisches Tagebuch .... S. *389*

Aus: H. H. J., Werke und Tagebücher in sieben Bänden. © Hoffmann und Campe, Hamburg, 1974.

Francis Jammes

Tournay 1868-1938 Hasparen

Von der Barmherzigkeit gegen die Tiere .... S. *12*

Aus: F. J., Das Paradies. Ü: E. A. Reinhardt. Verlag Kurt Wolff, Leipzig, o. J.

Mein niedrer Freund .... S. *41*

Gebet, mit den Eseln ins Himmelreich einzugehen .... S. *137*

Aus: F. J., Die Gebete der Demut. Ü: Ernst Stadler. Verlag Kurt Wolff, Leipzig, 1917.

Ernst Jandl
Wien 1925
Ottos Mops . . . . S. *70*
Aus: E. J., Der Künstliche Baum. © Luchterhand Verlag, Darmstadt, 1970.

Gustav Januš
Podrošca 1939
Die Henne . . . . S. *114*
Aus: G. J., Gedichte. Ü: Peter Handke. Suhrkamp Verlag, Frankfurt/Main, 1983.

Sergej Jessenin
Konstantinovo 1895-1925 Leningrad
Gesang von der Hündin . . . . S. *56*
Aus: Neue Russische Lyrik. Ü: Johannes von Günther. S. Fischer-Bücherei, Frankfurt/Main, 1960.
Die Pferde . . . . S. *158*
Aus: Der Glockenturm. Russische Verse und Prosa. Ü: Sigismund von Radecki. Scientia AG, Zürich, 1940.

Robinson Jeffers
Pittsburgh 1887-1962 Carmel (Kalifornien)
Tiere . . . . S. *359*
Aus: R. J., Gedichte. Ü: Eva Hesse. Andreas Haller Verlag, Passau, 1984.

Juan Ramón Jiménez
Moguer (Spanien) 1881-1958 San Juan (Puerto Rico)
Platero . . . . S. *138*
Der Schindanger . . . . S. *139*
Aus: J. R. J., Platero und ich. Ü: Doris Deinhard. Insel Verlag, Frankfurt/Main, 1977.

Marcel Jouhandeau
Guéret 1888-1979 Rueil
Die Fledermaus . . . . S. *190*
Aus: M. J., Der Sohn des Schlächters. Ü: Friedhelm Kemp. © Rowohlt Verlag, Reinbek bei Hamburg, 1973.

Helvi Juvonen
Helsinki 1919-1959 ebd.
Bär . . . . S. *228*
Aus: Moderne finnische Lyrik. Ü: Manfred Peter Hein. Vandenhoeck und Ruprecht, Göttingen, 1962.

Gotthold Ephraim Lessing
Kamenz (Lausitz) 1729-1781 Braunschweig
Auf den Tod eines Affen .... S. 375
Grabinschrift auf ebendenselben .... S. 376
Aus: G. E. L., Werke in drei Bänden, Bd. 1. Carl Hanser Verlag, München, 1982.

Theodor Lessing
Hannover 1872-1933 Marienbad
Die Hyänen .... S. 365
Aus: Th. L., Meine Tiere. Verlag Osterheld, Berlin, o. J. Mit freundlicher Genehmigung von Matthes & Seitz, München.

Mechtilde Lichnowsky
Schloß Schönberg (Ndb.) 1879-1958 London
Das Wiesel .... S. 203
Aus: M. L., An der Leine. © Bechtle, Esslingen, 1950.

Detlev von Liliencron
Kiel 1844-1902 Alt-Rahlstedt bei Hamburg
Das sterbende Schwein .... S. 130
Zwei Meilen Trab .... S. 155
Aus: D. v. L., Werke (hrsg. v. Benno von Wiese). Insel Verlag, Frankfurt/Main, 1977.

Hermann Lingg
Lindau 1820-1905 München
Rotkehlchen .... S. 428
Aus: H. L., Gedichte (hrsg. v. E. Geibel). Verlag Cotta, Stuttgart, 1855.

Li Tai Pe
Westturkestan 701-762 bei Nanking
Leuchtkäfer .... S. 269
Der Silberreiher .... S. 487
Aus: Lyrik des Ostens. Ü: Günter Eich. Carl Hanser Verlag, München, 1978[6].

Oskar Loerke
Jungen 1884-1941 Berlin
Des Hundes Nickel Antwort .... S. 48
Das frische Hundegrab .... S. 48
Die Vogelstraßen .... S. 397
Vogelbotschaft unterm Regenbogen .... S. 442
Aus: O. L., Gedichte. Suhrkamp Verlag, Frankfurt/Main, 1983.

Robert Lowell
Boston 1917-1977 New York
Herr Edwards und die Spinne .... *S. 292*
Aus: Amerikanische Lyrik vom 17. Jahrhundert bis zur Gegenwart. Ü: Annemarie und Franz Link. Reclam Verlag, Stuttgart, 1974. Mit freundlicher Genehmigung von Harcourt Brace Jovanovich, Inc., aus: Lord Weary's Castle, © 1946, 1974 by Robert Lowell.

Malcolm Lowry
Merseyde (Cheshire) 1909-1957 Ripe (Sussex)
Die verwundete Fledermaus .... *S. 190*
Aus: M. L., Fünfunddreißig Mescals in Cuantla. Ü: Christa Cooper und Joachim Sartorius. © Rowohlt Verlag, Reinbek bei Hamburg, 1983.

Artur Lundkvist
Oderljunga 1906
Elster .... *S. 449*
Aus: A. L., Gedichte. Ü: Peter Hamm. © Kiepenheuer und Witsch, Köln, 1963.

Rosa Luxemburg
(Polen) 1870-1919 Berlin
Brief an Gertrud Zlottko .... *S. 115*
Aus: R. L., Das Menschliche entscheidet, Briefe an Freunde. Paul List Verlag, München, 1958.

Antonio Machado
Sevilla 1875-1939 Collioure
Durch ein Kirchenfenster .... *S. 438*
Aus: Spanische Gedichte. Ü: Karl Krolow. Insel Verlag, Frankfurt/Main, 1962.

Mechthild von Magdeburg
Erzbistum Magdeburg 1207-1283 Helfta/Eisleben
Eia, liebe Taube .... *S. 457*
Aus: Irdene Schale, Frauenlyrik seit der Antike. Verlag Lambert Schneider, Heidelberg, o. J.

Wladimir Majakowski
Bagdadi (heute Majakowski) 1893-1950 Moskau
Gute Behandlung der Pferde .... *S. 159*
Aus: W. M., Die Gedichte. Ü: Hugo Huppert. Insel Verlag, Frankfurt/Main, o. J.

Aus: S. P., Gedichte. Ü: Martin Remané. Verlag Corvina, Budapest, o. J.

Francesco Petrarca
Arezzo 1304-1374 Arquà bei Padua

Aus: F. P., Das lyrische Werk. Ü: Benno Geiger. Hermann Luchterhand Verlag, Darmstadt, 1958.

Alfred Polgar
Wien 1873-1955 Zürich

Aus: A. P., Kleine Schriften, Bd. 2, Kreislauf. © Rowohlt Verlag, Reinbek bei Hamburg, 1983.

Francis Ponge
Montpellier 1899

Aus: F. P., Stücke, Methoden. Ü: Gerd Henninger. S. Fischer Verlag, Frankfurt/Main, 1968.

Vasko Popa
Grebenac 1922

Aus: V. P., Wolfserde. Ü: Milo Dor. Hanser Verlag, München, 1979.

Paula von Preradović
Wien 1887-1951 ebd.

Aus: Die stumme Kreatur (hrsg. v. Siegfried Freiberg). Bläschke Verlag, St. Michael, 1980.

Jacques Prévert
Neuilly-sur-Seine 1900-1977 Omonville-la-Petite

Aus: J. P., Gedichte und Chansons. Ü: Kurt Kusenberg. © Rowohlt Verlag, Reinbek bei Hamburg, 1962.

Max Pulver
Bern 1889-1952 Zürich

Aus: M. P., Auffahrt. Insel Verlag, Leipzig, 1919.

Von einem Affen und einer Kokosnuß ... *S. 378*
Aus: R. U., Erzählungen, Prosastücke, Gedichte. 2 Bd. Hrsg. v. F. Kemp. Kösel Verlag, München, 1978.

UNBEKANNTER DEUTSCHER BAROCKDICHTER
Wachtelschlag ... *S. 471*
Aus: Deutsche Dichtungen aus dem Barock. Hrsg. v. Edgar Hederer. Carl Hanser Verlag, München, o. J.

VAGANTEN-POESIE
Schwanenlied ... *S. 477*
Aus: Lyrik des Abendlands (gem. mit Hans Hennecke, Curt Hohoff und Carl Vossler ausgew. v. Georg Britting). Ü: (aus dem Lat.) Ludwig Laistner. Carl Hanser Verlag, München, 1953.

MIROSLAW VÁLEK
Trnava 1927
Ode auf den Gott der Tiere ... *S. 17*
Aus: M. V., Gedichte. Ü: Michael Arndt. Suhrkamp Verlag, Frankfurt/Main, 1969.

PAUL VALÉRY
Sète 1871-1945 Paris
Fliegen ... *S. 234*
Aus: P. V., Windstriche. Ü: Bernhard Böschenstein. Suhrkamp Verlag, Frankfurt/Main, 1971.

CÉSAR VALLEJO
Santiago de Chuco (Peru) 1892-1938 Paris
Die Spinne ... *S. 291*
Aus: C. V., Gedichte. Ü: Hans Magnus Enzensberger. Suhrkamp Verlag, Frankfurt/Main, 1963.

JOS VANDELOO
Zonhoven (Belgisch Limburg) 1925
Es gibt noch Pferde ... *S. 166*
Aus: Literatur und Kritik, 100 (1970). Ü: Paul Wimmer. Otto Müller Verlag, Salzburg.

EMILE VERHAEREN
Sint-Amands 1855-1916 Rouen
Die Kuh ... *S. 94*
Die Krähen ... *S. 467*
Aus: E. V., Gedichte. Ü: Erna Rehwoldt. Axel Duncker, Stuttgart, 1909.

Paul Verlaine

Metz 1844-1896 Paris

Dame Maus trottet .... *S. 178*

Aus: Armer Lelian, Ged. v. P. V. Ü: Alfred Wolfenstein. Verlag Paul Cassirer, Berlin, 1925.

Berthold Viertel

Wien 1885-1953 ebd.

Bauernpferde .... *S. 162*

Aus: B. V., Die Spur. Kurt Wolff Verlag, Leipzig, 1913.

Alfred de Vigny

Schloß Loches (Indre-et-Loire) 1797-1863 Paris

Der sterbende Wolf .... *S. 218*

Aus: Franz. Dichter des XIX. u. XX. Jahrh. in deutschen Übertragungen. Ausgew. u. eingel. von Otto Heuschele. Ü: Hans Kaeslin. Roland Verlag, Bühl/Baden, 1948.

Georg von der Vring

Brake 1889-1968 München

Nacht der Grillen .... *S. 269*

Schwäne .... *S. 481*

Aus: G. v. d. V., Kleiner Faden blau. Claassen Verlag, Hamburg, 1954.

Der Nachtfalter .... *S. 287*

Der tote Fisch .... *S. 343*

Aus: G. v. d. V., Abendfalter. Piper Verlag, München, 1952.

Christian Wagner

Warmbronn 1835-1918 ebd.

Auf der Lichtung .... *S. 280*

Aus: Ch. W., Sonntagsgänge. Jürgen Schweier Verlag, Kirchheim/Teck, o. J.

Ich habe der Lerchen so viele .... *S. 435*

Aus: Ch. W., Gedichte. Konrad Theiss-Verlag, Stuttgart, 1973.

Zitronenfalter .... *S. 279*

Die Störche .... *S. 486*

Aus: Ch. W., Weihegeschenke. Jürgen Schweier Verlag, Kirchheim/Teck, o. J.

Robert Walser

Biel 1878-1956 Herisau

Das Kätzchen .... *S. 79*

Liebe kleine Schwalbe .... *S. 424*

Aus: R. W., Das Gesamtwerk. Suhrkamp Verlag, Zürich/Frankfurt/Main, 1978.

Rajzel Zychlinski
Gabin (Polen) 1910

Aus: R. Z., Vogelbrot. Ü: Hubert Witt. Insel Verlag, Leipzig, 1981.

Register der in der Arche vorkommenden Tiere
(in alphabetischer Reihenfolge)